SEU horóscopo pessoal PARA 2021

JOSEPH POLANSKY

SEU horóscopo pessoal PARA 2021

Tradução
PATRÍCIA AZEREDO

1ª edição

BestSeller

Rio de Janeiro | 2020

CIP-BRASIL. CATALOGAÇÃO NA PUBLICAÇÃO
SINDICATO NACIONAL DOS EDITORES DE LIVROS, RJ

Polansky, Joseph
P816s Seu horóscopo pessoal para 2021 / Joseph Polansky ; tradução Patricia Azeredo. – 1. ed. – Rio de Janeiro : BestSeller, 2020.

Tradução de: You personal horoscope 2021
ISBN 978-65-5712-011-8

1. Astrologia. 2. Horóscopos. I. Azeredo, Patricia. II. Título.

20-66134 CDD: 133.54
CDU: 133.52

Leandra Felix da Cruz Candido - Bibliotecária - CRB-7/6135

Texto revisado segundo o novo Acordo Ortográfico da Língua Portuguesa.

Título original: Your Personal Horoscope 2021

Star Data, Inc.
200 Winston Drive, # 1017
Cliffside Park, NJ 07010
USA
www.stardata-online.com
info@stardata-online.com

Impresso no Brasil

ISBN 978-65-5712-011-8

SUMÁRIO

AGRADECIMENTOS

Os agradecimentos especiais do autor vão para a Star Data, que encomendou este trabalho. Sem seu auxílio financeiro e técnico este livro não teria sido escrito.

INTRODUÇÃO

Bem-vindo ao complexo e fascinante universo da Astrologia!

Há milênios o movimento dos planetas e de outros corpos celestes instiga as mentes mais argutas de cada geração. A vida não encerra maior desafio ou alegria do que o conhecimento do nosso ser e do universo que habitamos. E a Astrologia revela-se uma chave mestra nesse processo de conhecimento.

Seu horóscopo pessoal para 2021 permite que você, leitor, tenha acesso à milenar sabedoria astrológica. Além de esboçar os traços gerais do seu caráter e as tendências básicas em sua vida, este livro vai ensiná-lo a fazer uso das influências planetárias para aproveitar ao máximo o novo ano.

Os capítulos reservados a cada signo incluem um "Perfil Pessoal", uma análise das "Tendências Gerais" para 2021 e detalhadas "Previsões Mensais", com as influências dos planetas. O "Glossário" da página 11 esclarece alguns termos astrológicos com os quais, porventura, você não esteja familiarizado.

Outra particularidade bastante útil desta obra é a listagem dos dias "mais benéficos" e "mais tensos", que antecede as "Previsões Mensais" para cada signo. Verifique essa listagem para saber quais dias serão, de modo geral, mais favoráveis e os mais auspiciosos para as finanças ou para o amor. Marque-os em seu calendário ou agenda, pois você deverá aproveitá-los bem. Tome nota, também, dos dias mais tensos. Evite marcar reuniões importantes ou tomar decisões de peso tanto nesses dias como naqueles em que planetas importantes no seu horóscopo estiverem *retrógrados* (deslocando-se em aparente marcha à ré no céu zodiacal).

A seção "Tendências Gerais", referente a cada signo, assinala os períodos em que sua vitalidade estará realçada ou debilitada, bem como os momentos em que o relacionamento com colegas de trabalho e entes queridos poderá exigir um esforço maior de sua parte. Se estiver atravessando uma fase difícil, dê uma olhada na cor, no metal, na pedra ou no perfume mencionados na seção do seu "Perfil Pessoal" intitulada "Em um Relance". Usar joias ou acessórios que contenham seu metal ou sua pedra acentuará sua vitalidade; da mesma forma, vestir-se ou decorar seu escritório com tons pertencentes ao seu signo, usar perfumes ou consumir chás feitos com ervas regidas por ele vai ajudá-lo a manter o seu astral alto.

Este livro o auxiliará a conhecer não apenas a si próprio, mas também os que o rodeiam: seus amigos, colegas de trabalho, sócios, cônjuge e filhos. A leitura do "Perfil Pessoal", com previsões mensais para os signos dessas pessoas, irá muni-lo de valiosa compreensão quanto aos sentimentos e ao comportamento delas. Você saberá, por exemplo, quando deve ser mais tolerante, por compreender que elas se encontram mais suscetíveis ou propensas à irritação.

Tenho você, leitor, como meu cliente pessoal. Ao estudar o seu horóscopo solar, adquiro um profundo conhecimento do que ocorre em sua vida, de como se sente, daquilo que almeja e dos desafios que terá de enfrentar. Faço, então, o melhor que posso para lhe transmitir cuidadosamente essas diretrizes. Sendo assim, considere este livro a melhor alternativa a uma consulta pessoal com um astrólogo!

Espero sinceramente que *Seu horóscopo pessoal para 2021* melhore a qualidade de sua vida, facilite sua caminhada e ilumine a sua trajetória, banindo a escuridão e tornando-o mais consciente de sua ligação pessoal com todo o Universo. A Astrologia — quando bem-entendida e sabiamente empregada — constitui grande guia para a compreensão de si mesmo, dos outros e dos fenômenos existenciais. Mas lembre-se sempre de que o uso que fará dessa compreensão depende, antes de tudo, de você.

GLOSSÁRIO DE TERMOS ASTROLÓGICOS

ALÉM-FRONTEIRAS

Os planetas se deslocam pelo Zodíaco obedecendo a diversos ângulos em relação ao Equador celeste (traçando uma projeção imaginária do Equador terrestre em direção ao Universo, obtemos o Equador celeste). O deslocamento do Sol, por este ser a influência hegemônica no Sistema Solar, é utilizado pelos astrólogos como padrão. O Sol nunca se desloca mais de 23 graus ao norte ou ao sul do Equador celeste. Durante o solstício de inverno, ele atinge o grau máximo de declínio em sua órbita, e durante o solstício de verão, o ápice de sua angulação orbital norte. Sempre que um planeta transpõe essa fronteira solar — e ocasionalmente eles o fazem —, diz-se que está "além-fronteiras". Isso significa que o planeta penetra em domínios estranhos, que transcendem os limites determinados pelo Sol, regente do Sistema Solar. O planeta que se acha nessa condição realça e intensifica a própria autoridade, convertendo-se em influência proeminente em um horóscopo.

ASCENDENTE

Vivenciamos as sensações de dia e noite porque a Terra efetua uma rotação completa sobre o próprio eixo a cada 24 horas. Por causa desse movimento de rotação, o Sol, a Lua e os planetas parecem subir e descer no horizonte. O Zodíaco constitui uma faixa fixa (imaginária, mas bastante real em termos espirituais) que envolve a Terra como um cinturão. À medida que a Terra vai girando, os diferentes signos zodiacais dão ao observador a impressão de ascender em um ponto do horizonte. Em um período de 24 horas, todos os signos do Zodíaco percorrem esse ponto do horizonte, cada um em seu devido momento.

O signo que ocupa um ponto do horizonte em determinado instante recebe o nome de "Signo Ascendente". O "Ascendente" sintetiza nossa imagem pessoal, corpo e autoconceito — o ego pessoal, em oposição ao eu espiritual, representado pelo signo solar.

ASPECTOS

"Aspectos" são interações angulares entre planetas: a maneira como um planeta estimula ou influencia outro. Se um planeta se encontra em aspecto harmonioso com outro (ou em relação harmoniosa), ele tende a estimular este último de forma positiva e útil. Se o aspecto for tenso, também o estímulo será tenso ou desconfortável, causando perturbações na influência planetária habitual.

CASAS

Existem 12 signos zodiacais e 12 Casas ou âmbitos de vivência. Os 12 signos representam tipos de personalidade e meios pelos quais determinado planeta se expressa. As Casas indicam o âmbito de sua vida em que essa expressão tende a se manifestar. Cada Casa abrange uma área de interesse distinta, conforme se observa na lista a seguir. Uma Casa pode adquirir importância ou potencializar-se, convertendo-se em Casa de Poder para você de diversas formas: se contiver o Sol, a Lua ou o regente de seu mapa astral, se contiver mais de um planeta ou sempre que o regente da Casa estiver recebendo estímulos inusitados de outros planetas.

Casa 1: Corpo e Imagem Pessoal (o "Eu")
Casa 2: Finanças, Posses e Dinheiro
Casa 3: Comunicação
Casa 4: Vida Doméstica e Familiar
Casa 5: Divertimento, Lazer, Criatividade, Especulação e Casos Amorosos
Casa 6: Saúde e Trabalho
Casa 7: Amor, Romance, Casamento e Atividades Sociais
Casa 8: Eliminação, Transformação e Bens de Terceiros

Casa 9: Viagens, Educação, Religião e Filosofia
Casa 10: Carreira
Casa 11: Amigos, Atividades em Grupo e Aspirações Íntimas
Casa 12: Sabedoria Espiritual e Caridade

FASES LUNARES

Após o plenilúnio, a Lua começa a diminuir de tamanho (do ponto de vista terreno), até tornar-se invisível a olho nu, quando advém a "Lua Nova". Essa fase lunar é conhecida como "Quarto Minguante".

Após a Lua Nova, a Lua volta a crescer, gradualmente (sob o prisma da Terra), até alcançar seu tamanho máximo na "Lua Cheia". Esse período recebe a denominação de "Quarto Crescente".

CARMA

É a lei de causa e efeito que rege todos os fenômenos no Universo. A situação em que nos achamos deriva do carma gerado pelos atos que praticamos no passado. O Universo constitui um sistema tão equilibrado que qualquer ação, automaticamente, põe forças corretivas em movimento, que recebem a denominação de "carma".

LUNAR

Relativo à Lua.

MOVIMENTO DIRETO

Quando os planetas se deslocam para a frente — como normalmente fazem — pelo céu zodiacal, diz-se que estão em movimento direto.

MOVIMENTO RETRÓGRADO

Os planetas deslocam-se ao redor do Sol em diferentes velocidades. Mercúrio e Vênus movem-se muito mais rápido do que a Terra, ao passo que Marte, Júpiter, Saturno, Urano, Netuno e Plutão deslocam-se mais lentamente. Em decorrência disso, há períodos nos quais os planetas, baseando-se em um referencial terrestre, parecem deslocar-se para trás no Zodíaco por algum tempo. Esse movimento recebe a denominação de "retrógrado" e tende a debilitar a influência normal de determinado planeta.

NATAL

Literalmente, significa "nascimento". Astrologicamente, esse termo é empregado para diferenciar posições planetárias características do instante do nascimento (natal) das progressões planetárias atuais (trânsitos). Por exemplo, o Sol natal, no que diz respeito a você, alude à posição do Sol no instante de seu nascimento; já um trânsito do Sol indica a posição dele em um dado momento, que geralmente não coincide com a posição na hora de seu nascimento.

PLANETAS LENTOS

Os planetas que levam um tempo maior para completar uma volta ao redor do Sol são denominados "planetas lentos". São eles: Júpiter (que permanece cerca de um ano em cada signo), Saturno (que fica dois anos e meio em cada signo), Urano (sete anos), Netuno (14 anos) e Plutão (de 15 a 30 anos). Os planetas lentos assinalam tendências duradouras em uma determinada área da existência e são, por essa razão, importantíssimos para o astrólogo quando ele faz prognósticos de longo prazo. Pelo fato de tais planetas permanecerem tanto tempo em um signo, há períodos no ano em que "os planetas rápidos" se juntam a eles, ativando e aumentando a importância de determinada Casa.

PLANETAS RÁPIDOS

São os corpos que se deslocam rapidamente, a saber: a Lua (permanece em um signo apenas dois dias e meio), Mercúrio (de 20 a 30 dias), o Sol (30 dias), Vênus (aproximadamente um mês) e Marte (cerca de dois meses). Como esses planetas se deslocam velozmente, exercem uma influência a curto prazo. Revelam, pois, as propensões cotidianas em um horóscopo.

QUALIDADES ASTROLÓGICAS

Existem três tipos de qualidades astrológicas: *cardeal*, *fixa* e *mutável*. Cada um dos 12 signos zodiacais se enquadra em uma dessas categorias.

A qualidade cardeal se manifesta como princípio da atividade e iniciativa. Os signos cardeais (Áries, Câncer, Libra e Capricórnio) são excelentes quando se trata de fazer deslanchar um novo projeto.

A qualidade fixa encerra estabilidade, perseverança, tenacidade e perfeccionismo. Os signos fixos (Touro, Leão, Escorpião e Aquário) são excelentes em levar a cabo os empreendimentos.

A qualidade mutável se manifesta como flexibilidade, adaptação e equilíbrio. Os signos mutáveis (Gêmeos, Virgem, Sagitário e Peixes) exibem natureza criativa, porém nem sempre prática.

TRÂNSITO

Alude ao movimento dos planetas em determinado momento. Os astrólogos empregam o termo "trânsito" para estabelecer a diferença entre a posição natal de um planeta no horóscopo e seu deslocamento atual nos céus. Por exemplo: se no dia em que você nasceu Saturno estava no signo de Câncer, em sua Oitava Casa, mas agora está se movendo através de sua Terceira Casa, dizemos que ele está "transitando" por sua Terceira Casa. Os trânsitos constituem algumas das mais importantes ferramentas para os prognósticos astrológicos.

♈

ÁRIES

O CARNEIRO

Nascidos entre 21 de março e 20 de abril

PERFIL PESSOAL

ÁRIES EM UM RELANCE

Elemento: Fogo
Planeta Regente: Marte
Planeta da Carreira: Saturno
Planeta do Amor: Vênus
Planeta das Finanças: Vênus
Planeta do Divertimento, do Lazer, da Criatividade e das Especulações: Sol
Planeta do Lar e da Vida Familiar: Lua
Planeta da Fortuna e da Abundância: Júpiter
Cores: carmim, vermelho, escarlate
Cores que promovem o amor, o romance e a harmonia social: verde, verde-jade
Cor que propicia ganhos: verde
Pedra: ametista
Metais: ferro, aço
Perfume: madressilva
Qualidade: cardeal (= atividade)
Qualidade essencial ao equilíbrio: cautela
Maiores virtudes: energia física abundante, coragem, honestidade, independência, autoconfiança
Necessidade mais profunda: ação

Características a evitar: precipitação, impetuosidade, excesso de agressividade, imprudência
Signos de maior compatibilidade: Leão, Sagitário
Signos de maior incompatibilidade: Câncer, Libra, Capricórnio
Signo mais útil à carreira: Capricórnio
Signo que fornece maior suporte emocional: Câncer
Signo mais prestativo em questões financeiras: Touro
Melhor signo para casamento e associações: Libra
Signo mais útil em projetos criativos: Leão
Melhor signo para sair e se divertir: Leão
Signos mais úteis em assuntos espirituais: Sagitário, Peixes
Melhor dia da semana: terça-feira

COMPREENDENDO A PERSONALIDADE ARIANA

Áries é o ativista zodiacal por excelência. A necessidade que sente de agir beira a compulsão, o que faz com que aqueles que não compreendem a fundo a personalidade ariana empreguem esse termo um tanto forte para descrevê-la. Na realidade, a "ação" constitui o cerne da psicologia ariana, e quanto mais direta, franca e sem rodeios, melhor. Trata-se, sem dúvida, do perfil psicológico perfeito do guerreiro, do pioneiro, do atleta e do gerente.

Os nativos deste signo apreciam executar tarefas, e, em seu zelo passional, muitas vezes perdem de vista as consequências que desencadeiam para si e para os demais. Sim, muitas vezes *tentam* agir com diplomacia e tato, mas a tarefa é demasiadamente dura para eles. Ao agir assim, sentem-se desonestos ou falsos. É difícil para os arianos até mesmo compreender a mentalidade do diplomata, do articulador de consensos, do executivo testa de ferro. Como podem essas pessoas perder tanto tempo com reuniões intermináveis, discussões, conversas e negociações, quando há tanto trabalho a ser feito, tantas realizações práticas a serem concluídas? Ele até consegue entender, desde que lhe seja bem explicado que as conversas e as negociações — as chamadas concessões sociais — geram ações mais eficazes. O interessante no temperamento do ariano é que ele raramente se torna rancoroso ou mal-intencionado, mesmo quando trava um combate. Os arianos combatem seus oponentes sem ódio. Para eles tudo não passa de um divertimento sadio, de uma grande aventura ou de um jogo.

Quando se veem às voltas com algum problema, muitas pessoas dirão: "Bem, analisemos a situação para tentar encontrarmos uma solução." Mas nunca um ariano, que invariavelmente pensa: "Algo tem de ser feito, logo, mãos à obra!" Naturalmente, nenhuma dessas atitudes isoladas soluciona a questão. Por vezes, a ação imediata se faz necessária, mas em outras situações é importante fazer bom uso do pensamento frio e analítico. Contudo, o ariano tende a errar quase sempre, por ser precipitado.

Os princípios da ação e da reflexão possuem naturezas radicalmente diferentes. A atividade física pressupõe a utilização, em certa medida, de força bruta. A ponderação, por sua vez, requer a imobilidade e a suspensão temporária do uso da força. Não será proveitoso para um atleta perder tempo considerando qual deve ser o próximo movimento; isso apenas retardaria suas reações. O atleta tem de agir por instinto, de forma instantânea. E é assim que os nativos de Áries tendem a se comportar na vida. São ágeis, tomam decisões instintivamente e sem demora as convertem em ações. Se sua intuição estiver aguçada e em boa sintonia, seus atos serão coroados de poder e êxito. Mas, se estiver mal sintonizada, os resultados podem ser desastrosos.

Não pense que isso assusta ou intimida um ariano. Como bom guerreiro, ele sabe que no decorrer do combate pode vir a sofrer um ou outro revés. Todo ariano parece perceber intimamente que, permanecendo fiel à própria verdade, arrisca-se a ficar sujeito a mais de um acidente. Isso faz parte das regras do jogo, e ele dispõe de forças para aguentar qualquer contratempo.

Muitos arianos, todavia, são intelectuais brilhantemente criativos. Qualquer que seja a área a que se dediquem, tendem a ser pioneiros, inusitados e francos. Esse tipo de nativo do signo tende a transformar o combate físico em combate de natureza mental ou intelectual. São pensadores vigorosos.

De modo geral, a confiança que os arianos nutrem em relação a si mesmos deveria servir de exemplo aos demais signos. É essa confiança básica e ferrenha que lhes permite atravessar, incólumes, situações de grande turbulência. Sua coragem e autoconfiança fazem deles líderes natos, e essa liderança é exercida mais pelo exemplo do que por meio da imposição de controle.

FINANÇAS

Os nativos de Áries são excelentes construtores e corretores imobiliários. O dinheiro em si não é, para eles, tão importante quanto a ação, a aventura e as atividades esportivas. São movidos por forte necessidade de apoiar emocionalmente seus parceiros e de conservar uma boa imagem aos olhos deles. Os arianos funcionam melhor trabalhando por conta própria ou gerindo o próprio departamento (em se tratando de uma grande empresa). Quanto menos dependerem de ordens superiores, melhor. Também se mostram mais eficientes em trabalhos de campo do que atrás de uma escrivaninha.

São trabalhadores tenazes e dotados de muita resistência física; podem acumular *grandes* somas de dinheiro quase exclusivamente por causa de sua robustez e abundante energia.

Vênus é seu planeta das Finanças, o que significa que necessitam desenvolver mais a cortesia social a fim de que seu pleno potencial de ganhos se concretize. Apenas executar o serviço — ponto em que os nativos do signo se destacam — não basta. É preciso obter a cooperação alheia. Fregueses, clientes e companheiros de trabalho precisam sentir-se à vontade. É primordial tratar bem as pessoas para que o sucesso ocorra. Quando os arianos desenvolvem essa habilidade — ou contratam alguém para fazê-la por eles —, seu potencial financeiro torna-se ilimitado.

CARREIRA E IMAGEM PÚBLICA

É de se esperar que espíritos pioneiros anseiem por romper com as convenções sociopolíticas vigentes. Mas isso não ocorre com os arianos. Eles são pioneiros dentro dos limites do convencional, no sentido de que preferem iniciar um negócio próprio em um ramo já estabelecido a trabalhar para outra pessoa.

Capricórnio ocupa a cúspide da Décima Casa, da Carreira, do horóscopo solar ariano. Saturno é o planeta que governa o trabalho de suas vidas e suas aspirações profissionais. Isso revela alguns fatos interessantes sobre o temperamento ariano. Primeiramente, para chegar ao auge do potencial de sua carreira eles precisam desenvolver certas qualidades um pouco incomuns à sua natureza básica. Precisam tornar-se melhores administradores e organizadores. Têm de aprender a lidar melhor com detalhes e a vislumbrar seus projetos, bem como a própria carreira, a longo prazo. É impossível superar um ariano na execução de metas imediatas, mas uma carreira se constrói ao longo do tempo. Não é o tipo de meta que se alcance rapidamente!

Alguns arianos enfrentam grande dificuldade em levar um projeto até o fim. Entediam-se facilmente. E sua constante necessidade de buscar aventuras faz com que prefiram delegar antigos projetos ou tarefas a outras pessoas, para começar algo novo. Os arianos que aprendem a adiar a busca do novo, até que o antigo esteja concluído, alcançam grande sucesso em sua carreira e na vida profissional, em sentido amplo.

De modo geral, os nativos de Áries apreciam que a sociedade os julgue por seus próprios méritos, com base em suas realizações e conquistas efetivas. Elogios recebidos lisonjeiramente soam falsos aos seus ouvidos.

AMOR E RELACIONAMENTOS

No amor e nas associações, os arianos gostam de parceiros gentis, táticos, passivos e diplomáticos — possuidores de charme social e de habilidades que eles próprios não têm. Os parceiros que escolhemos representam, amiúde, uma parcela oculta de nós mesmos — o eu que pessoalmente não conseguimos externar.

Os arianos tendem a partir agressivamente no encalço do que almejam. Costumam mergulhar de cabeça nas relações e no casamento. Isso se mostra particularmente verdadeiro quando tanto Vênus quanto o Sol se encontram em Áries. Se um ariano se encantar por você, não aceitará facilmente um "não" como resposta; tentará minar sua resistência e não desistirá até que você se renda.

Embora os arianos possam ser enervantes ao extremo em um relacionamento — sobretudo se não forem bem-compreendidos pelo cônjuge —, não é por crueldade ou malícia. Ocorre, apenas, que eles são tão independentes e seguros de si que dificilmente conseguem perceber o ponto de vista ou a posição dos outros. É por isso que necessitam de parceiros com transbordante traquejo social.

Entre seus aspectos mais positivos destaca-se a honestidade. Um ariano é alguém com quem se pode contar e cujo posicionamento em relação a você será sempre bem claro. O que lhe falta em diplomacia é compensado em integridade.

VIDA DOMÉSTICA E FAMILIAR

Obviamente, é o ariano quem governa a casa. São os mandachuvas do lar. Mas os nativos do sexo masculino tendem a delegar muitas decisões domésticas à mulher, e as nativas de Áries também apreciam "cantar de galo". Ambos são jeitosos na labuta doméstica. Apreciam famílias numerosas e acreditam na importância do grupo. Os arianos, geralmente, são bons membros de família, embora parem pouco em casa, preferindo perambular por aí.

Considerando sua natureza notoriamente combativa e caprichosa, os nativos do signo revelam-se surpreendentemente suaves, gentis e até vulneráveis ao lidar com os filhos e com o cônjuge. O signo de Áries, regido pela Lua, ocupa a cúspide da Quarta Casa Solar, que é a do Lar e da Família. Sempre que os aspectos com a Lua estiverem harmônicos, produzindo influências favoráveis, o nativo se mostrará terno com a família e buscará sustento e apoio na vida familiar. Os arianos apreciam regressar ao lar, no fim de um dia árduo na batalha da vida, para os braços compreensivos do cônjuge e para o apoio e o amor incondicionais que a família oferece. Sentem que há contendas demais lá fora, e embora adorem participar delas, quando regressam à casa, querem apenas desfrutar o conforto e o aconchego domésticos.

ÁRIES
PREVISÃO ANUAL PARA 2021

TENDÊNCIAS GERAIS

O ano de 2020 representou uma grande melhora em relação a 2018 e 2019. E 2021 será ainda melhor do que 2020, visto que dois planetas lentos (Saturno e Júpiter) estavam em alinhamento tenso com você e agora se afastaram. A saúde e a energia estarão muito melhores este ano, e mais energia significa mais sucesso.

Existe apenas um planeta lento em alinhamento tenso com você, Plutão, o que vem acontecendo há muitos anos. A esta altura você já sabe lidar com esses desafios. Este aspecto mostra várias questões e enfrentamentos em relação à morte, talvez cirurgias e experiências de quase morte que parecem envolver chefes, pais, figuras paternas ou maternas ou pessoas envolvidas em sua carreira.

Dois planetas lentos (Saturno e Júpiter) estão na Décima Primeira Casa (dos Amigos) este ano. Com isso, as amizades terão momentos bons e ruins. Por um lado, você vai fazer novas amizades, que serão importantes e felizes. Por outro, terá decepções com os amigos atuais. Você parece ter duas ideias diferentes em relação aos amigos: uma parte quer diminuir a quantidade deles, enquanto outra quer expandi-la. Voltaremos a esse assunto em breve.

A espiritualidade é algo importante na sua vida há muitos anos. Netuno está na Décima Segunda Casa (da Espiritualidade) há muitos anos e continuará lá por outros tantos, mas este ano Júpiter ficará na Décima Segunda Casa entre 14 de maio e 29 de julho. Isso será um anúncio do que está por vir: Júpiter vai trazer uma expansão da vida espiritual. Muitos vão encontrar um professor ou guru e terão avanços espirituais importantes. Haverá bastante progresso nessa área, e ano que vem ele será ainda maior, pois Júpiter vai entrar na Décima Segunda Casa no dia 30 de dezembro e continuará lá por um bom tempo.

O seu mapa está muito interessante neste ano, pois todos os planetas lentos estarão no setor oriental o ano inteiro, o que é incomum. Isso também aconteceu no ano passado. O setor oriental é o que se relaciona ao "eu", aos seus interesses e o que você deseja fazer. Os relacionamentos serão relativamente menos importantes. Até haverá momentos em que o setor ocidental social será mais forte, mas nunca será dominante. Se você puder encontrar um amor que lhe dê independência, o relacionamento pode dar certo. Contudo, você precisa fazer tudo do seu jeito nesses dias e isso pode ser um problema para os solteiros.

As suas principais áreas de interesse nesse ano serão: finanças, carreira; grupos, atividades em grupo e amizades; espiritualidade.

Os caminhos de maior realização este ano são comunicação e interesses intelectuais; amizades, grupos e atividades em grupo (de 1º de janeiro a 14 de maio e de 29 de julho a 30 de dezembro); espiritualidade (de 14 de maio a 29 de julho e a partir de 30 de dezembro em diante).

SAÚDE

(Esta é uma perspectiva astrológica sobre a saúde, não uma visão médica. No passado essas perspectivas eram idênticas, mas hoje podem ocorrer diferenças significativas. Para obter uma opinião com base em diagnósticos da medicina convencional, consulte seu médico ou um profissional da área da saúde.)

Conforme já mencionamos, a saúde melhorou imensamente nos últimos anos. Em 2021, existe apenas um planeta lento em alinhamento tenso com você — Plutão. Todos os outros estão em aspecto harmonioso ou deixarão você em paz, então a saúde deve ficar boa. Se você tiver doenças pré-existentes, deverá sentir uma melhora nelas.

Claro que haverá momentos no ano em que a saúde e a energia estarão mais em baixa que o habitual, momentos talvez até estressantes, mas serão períodos temporários causados por trânsitos e não representam tendências para este ano. Quando os trânsitos desafiadores dos planetas rápidos passarem, a saúde e a energia voltarão ao normal.

Por mais que a saúde esteja boa, você poderá deixá-la ainda melhor dando mais atenção às seguintes áreas, que são as mais vulneráveis do seu mapa.

Cabeça, rosto e couro cabeludo. São sempre importantes para o ariano (Áries rege a cabeça e o rosto). Os reflexos aparecem em seu mapa. Massagens regulares no rosto e no couro cabeludo sempre são boas. A terapia craniossacral é ótima para a cabeça, pois as placas do crânio precisam ficar corretamente alinhadas.

Glândulas suprarrenais. Também são importantes para o ariano. Os reflexos aparecem em seu mapa. Como nossos leitores assíduos já sabem, é fundamental evitar a raiva e o medo, as duas emoções que estressam essas glândulas.

Musculatura. Também é importante para o ariano. Não é preciso ser fisiculturista, basta ter um bom tônus muscular, porque músculos fracos ou flácidos podem desalinhar a coluna e o esqueleto, gerando vários problemas. Portanto, exercícios físicos vigorosos (levando em consideração a idade e a fase da vida) são importantes.

Pulmões, braços, ombros, intestino delgado e sistema respiratório. Sempre são muito importantes para os arianos (Mercúrio, seu Planeta da Saúde, rege essas áreas.). Os reflexos aparecem em seu mapa. Os braços e ombros devem receber massagens regulares, especialmente os ombros, pois a tensão costuma se acumular neles e precisa ser liberada.

Nossos leitores assíduos também já sabem que o Planeta da Saúde, Mercúrio, é um planeta rápido. Durante o ano ele vai passar por todos os signos e casas do horóscopo. Portanto, haverá muitas tendências financeiras de curto prazo que dependem de onde Mercúrio está e dos aspectos que recebe. Isso será abordado com mais profundidade nos relatórios mensais.

Mercúrio, o Planeta da Saúde, ficará retrógrado três vezes esse ano (o que é normal para ele): de 30 de janeiro a 20 de fevereiro, de 29 de maio a 21 de junho e de 27 de setembro a 17 de outubro. Não são períodos para fazer mudanças drásticas na alimentação ou rotina de saúde, nem para marcar procedimentos ou exames médicos, pois os resultados costumam ser errados ou inconclusivos em períodos retrógrados. São momentos para refletir e obter clareza mental sobre a saúde.

LAR E FAMÍLIA

A sua Quarta Casa (do Lar e da Família) não fica proeminente há alguns anos, então não há muitas novidades nessa área, que não será um interesse principal para você. A carreira e as atividades externas parecem mais importantes.

Contudo, ao longo do ano haverá um período que elas ganham importância: de 2 de junho a 31 de julho. Contudo, esta é uma tendência de curto prazo, que não acontecerá o ano inteiro.

Lembre-se também de que haverá dois eclipses lunares este ano, um no dia 26 de maio e o outro em 19 de novembro. Eles tendem a trazer dramas familiares e consertos em casa. Isso será abordado com mais profundidade nos relatórios mensais.

Quando uma casa (uma área da vida) está vazia, mostra uma situação do tipo *status quo*. Você tende a se contentar com a situação como está e não precisará fazer grandes mudanças. Isso pode ser visto como algo bom.

O cônjuge, parceiro ou interesse amoroso atual parece mais produtivo este ano. Ele ou ela vai querer fazer reformas em casa, mas uma mudança de endereço não parece provável.

Um pai, mãe, figura paterna ou materna estará concentrado nas finanças e prosperará este ano. O outro pai, mãe, figura paterna ou materna terá um ano mais ou menos *status quo* nas finanças. Nenhum deles tem probabilidade de mudar de endereço.

Os irmãos ou figuras fraternas em sua vida também terão um ano do tipo *status quo* em termos familiares. Mudanças de endereço não são prováveis, mas eles terão sucesso na carreira. E 2022 será ainda melhor nessa área.

Os filhos ou figuras filiais podem fazer reformas em casa e, embora os relacionamentos sejam testados, não faltará amor na vida deles. Já os netos (caso você os tenha) têm maior probabilidade de se mudar em 2022 do que neste ano.

Se você planeja fazer grandes reformas em casa, entre 12 de junho e 31 de julho será um bom momento. Se estiver apenas redecorando de modo mais estético ou comprando objetos de arte para o lar, entre 2 e 27 de junho será um bom momento para isso.

O Planeta da Família (a Lua) é o mais rápido de todos. Enquanto os outros planetas rápidos levam um ano para percorrer todos os signos e casas do seu horóscopo, a Lua faz isso em um mês. Portanto, muitas questões de curto prazo envolvendo o lar e a família vão acontecer todos os meses, mas elas terão vida curta. Por exemplo, sempre que a Lua passar por Touro, Leão, Escorpião ou Aquário, em aspecto com o volátil Urano, poderá haver dramas familiares de curto prazo e perturbações emocionais. Isso será abordado com mais profundidade nos relatórios mensais.

DINHEIRO E CARREIRA

A Casa do Dinheiro está forte desde março de 2019, quando Urano entrou lá, e continuará assim por vários anos. Isso é um bom sinal em termos financeiros, pois mostra foco e interesse nessa área. Pela lei espiritual, nós conseguimos tudo em que nos concentramos, seja bom, ruim ou indiferente. Este foco também indica uma disposição de superar todos os obstáculos que surgirem nas finanças e tende à prosperidade.

Muitas das tendências que discutimos nos anos anteriores ainda estão em vigor, pois Urano é um planeta bastante lento. Por isso, você vem descartando os manuais de finanças e está descobrindo o que funciona para você. Não há nada de errado com os manuais, mas você trabalha de uma forma muito específica, e o que dá certo para os outros pode não funcionar no seu caso. Você está aprendendo a lidar com dinheiro por meio de tentativa, erro e experimentação, e é assim que se adquire o verdadeiro conhecimento.

Urano rege a ciência, astronomia, alta tecnologia, as invenções, inovações e o mundo da internet, então todas essas áreas podem gerar lucro. Elas serão boas para trabalhos, negócios ou investimentos. Você tem uma boa intuição para esse tipo de empresa.

Urano também rege a astrologia, então você poderá lucrar com uma empresa baseada em astrologia ou usando os conhecimentos astrológicos na vida financeira. (Alguns de vocês podem até praticar o ofício de astrólogo.)

Urano gosta do "novo", o que favorece as startups. Muitos de vocês estão envolvidos nesse tipo de iniciativa atualmente. Isso pode acontecer em nível pessoal, seja abrindo uma empresa do tipo, arrumando um emprego ou investindo em uma startup.

Os amigos parecem ajudar na vida financeira, e o mesmo vale para a sua habilidade de fazer contatos. Saturno afeta Urano este ano, com graus diversos de exatidão, portanto os ganhos podem ser mais lentos que o usual. Ele acrescentará um pouco de cautela às decisões financeiras (sinto que isso será bom, pois você tende a ser impulsivo demais e especulativo por natureza).

Como nossos leitores assíduos já sabem, Vênus é o Planeta das Finanças. É um planeta rápido, que passa por todos os signos e casas do seu mapa ao longo de um ano (e este ano ele vai passar pela Décima Casa duas vezes), portanto existem várias tendências financeiras de curto prazo que serão abordadas com mais profundidade nos relatórios mensais.

Em termos de carreira, você está extremamente ambicioso nos últimos anos. Você trabalhou com afinco, fez de tudo para agradar seus chefes e o resultado está aparecendo agora. A carreira parece estar no "embalo" e você está experienciando a recompensa de todo o seu trabalho. As conquistas profissionais colocaram você em um novo círculo social. Você está mais amigável e sociável com chefes e superiores. Os amigos também estão ajudando na vida profissional. O Planeta da Carreira (Saturno) estará na Décima Primeira Casa o ano inteiro. Isso indica sucesso, pois a Décima Primeira Casa é sempre benéfica. As maiores esperanças e sonhos profissionais vão se realizar. Além disso, seus conhecimentos em alta tecnologia ganham importância na vida financeira e na vida profissional.

AMOR E VIDA SOCIAL

A Sétima Casa (a do Amor) não estará proeminente este ano. Haverá momentos em que ela fica ativa e poderosa, mas serão tendências de curto prazo causadas pelo trânsito de planetas rápidos, não representando tendências para o ano. Na maior parte de 2021, a Sétima Casa estará vazia, o que já vem acontecendo há alguns anos. Vejo isso como algo bom, pois mostra uma tendência ao *status quo*, significando que você está basicamente satisfeito com a situação atual e não tem um desejo urgente de mudar. Os casados tendem a permanecer casados e os solteiros tendem a continuar solteiros.

Existe outra questão relacionada ao amor que já discutimos anteriormente. Nos últimos anos, o setor oriental do horóscopo está dominante. Todos os planetas de longo prazo estão congregados no Leste (o setor do "eu"). E embora o setor ocidental social ganhe força em determinados momentos, ele nunca será dominante. Portanto, você estará em um ciclo de independência, no qual vai fazer tudo do seu jeito e cuidar do que mais importa: os seus interesses, desejos e objetivos. Os outros não terão tanta importância e a vida social não será tão atraente. Quem se envolver romanticamente com um ariano precisará entender isso. Deixe que o nativo de Áries faça tudo do jeito dele, desde que não seja destrutivo.

Vênus é o seu Planeta do Amor e, como já foi mencionado, é um planeta muito rápido. Ao logo de um ano, ele passa por todos os signos e casas do seu horóscopo (este ano ele vai passar pela sua Décima Casa duas vezes.) Portanto, haverá muitas tendências de curto prazo no amor que dependerão de onde Vênus estiver e dos aspectos que receber. Isso será abordado com mais profundidade nos relatórios mensais.

Até agora, estávamos falando de amor e romance, mas a área das amizades parece muito mais ativa. (A Sétima Casa rege as amizades do coração, enquanto a Décima Primeira Casa rege as amizades da mente.) A situação aqui será mais complexa. Por um lado, você quer limitar as amizades e, por outro, deseja expandi-las. Sinto que você terá sucesso nessa área. O seu Planeta da Carreira (Saturno) vai passar o ano na Décima Primeira Casa (a dos Amigos), mostrando que essa área será uma grande prioridade na sua vida e você estará disposto a superar qualquer desafio ou decepção. Além disso, mostra que você está se unindo a pessoas que podem ajudar na sua carreira e a sua capacidade de fazer contatos vai ajudar na vida profissional.

Com Júpiter na Décima Primeira Casa quase o ano inteiro, você vai expandir o círculo de amigos. Alguns parecem vir de países estrangeiros. Oportunidades para viagens em grupo também parecem que vão acontecer. (Você prefere viajar em grupo em vez de sozinho.)

Pais, mães e figuras paternas ou maternas terão um ano do tipo *status quo* em termos sociais. Os filhos e figuras filiais encontrarão o amor em 2021 e talvez até casamento, se tiverem idade para isso. Os irmãos e figuras fraternas terão um ano do tipo *status quo* no amor e na vida social.

AUTOAPRIMORAMENTO

Prepare-se para mudanças imensas e substanciais. A vida espiritual, que está ativa há muitos anos, ficará ainda mais em 2021. Os que já estão no caminho espiritual (e é o caso de muitos de vocês) verão os resultados do trabalho anterior neste ano. Júpiter vai se juntar a Netuno na Décima Segunda Casa (a da Espiritualidade) em 2021. Neste ano, será apenas um flerte. Ele vai entrar lá no dia 14 de maio e depois fazer um movimento retrógrado de volta para a Décima Primeira Casa em 29 de julho. Isso é apenas um prenúncio do que está por vir. Portanto, durante este período (de 14 de maio a 29 de julho), suas habilidades e percepções espirituais vão aumentar, e o mesmo vale para a percepção extrassensorial. Você terá avanços espirituais importantes e decisivos. E quando eles acontecerem, vão mudar toda a sua perspectiva em relação à vida. Você viverá o auge das experiências espirituais este ano, e mais ainda em 2022.

Netuno na Décima Segunda Casa favorece o caminho espiritual Bhakti Yoga, voltado para o amor e a devoção. É um caminho poderoso, que geralmente envolve recitar mantras, dançar, cantar e tocar tambores, envolvendo práticas que elevam as emoções. Contudo, quando Júpiter entrar na Décima Segunda Casa, isso vai favorecer a exploração dos caminhos místicos da sua religião nativa. Toda religião tem o seu lado místico, não importa o quanto ela pareça dogmática e regimentada. Geralmente, ele é ignorado, mas 2021 será o ano para explorá-lo.

Para os que não estiverem no caminho espiritual (e existe alguém de Áries que não esteja?), este será o ano para embarcar nele. Como diz o dito popular, você vai descobrir que "há mais mistérios entre o céu e a terra do que sonha a nossa vã filosofia". O mundo espiritual e os anjos e mestres que moram nele sabem chamar sua atenção. Você viverá todo tipo de sincronicidade ou coincidências significativas que não poderão ser explicadas pela lógica. Você vai sonhar ou pensar em uma pessoa e ela vai ligar para você logo depois. Você terá a intuição de ficar longe de um determinado local e depois vai descobrir que houve algum acidente terrível ou um crime por lá. Estes e outros tipos de experiência vão colocar você no caminho.

Os hindus se referem a Júpiter como "guru", um nome adequado. A entrada deste planeta na sua Casa da Espiritualidade mostra que um guru vai entrar em sua vida, alguém que vai lhe guiar pelas próximas etapas. Meu professor costumava dizer que encontrar um verdadeiro guru é o ponto alto da vida e, se isso acontecer, você pode considerar sua vida um sucesso.

Dois eclipses acontecem na Nona Casa (a da Religião e Filosofia) este ano. Um no dia 26 de maio e o outro no dia 4 de dezembro. Isso mostra uma reformulação, um teste de suas crenças religiosas, teológicas e filosóficas, geralmente causada por um aumento na espiritualidade e revelações espirituais. Isso é bom. Muitas dessas crenças precisam ser corrigidas, modificadas e às vezes descartadas. Este será um ano de revelação espiritual, mas 2022 será ainda mais.

PREVISÕES MENSAIS

JANEIRO

Melhores dias: 1º, 2, 9, 10, 18, 19, 28, 29
Dias mais tensos: 5, 6, 12, 13, 26, 27
Melhores dias para o amor: 2, 5, 6, 10, 21, 22, 30, 31
Melhores dias para o dinheiro: 2, 5, 10, 14, 21, 22, 23, 24, 30, 31
Melhores dias para a carreira: 5, 12, 13, 14, 23

A saúde em geral estará boa em 2021, mas este não será um dos seus melhores períodos nessa área. A saúde precisa de mais atenção. Descanse bastante. Até o dia 8 dê mais atenção à coluna, joelhos, dentes e ossos. Massagens nas costas e nos joelhos vão melhorar a saúde. Depois do dia

8, dê mais atenção aos tornozelos e panturrilhas com massagens regulares. Siga também as indicações descritas no relatório anual.

Embora a saúde pudesse estar melhor, a vida ainda tem muitos pontos positivos. Você está no meio de um ápice profissional anual até o dia 20. Os dias 23 e 24 também parecem bons. A Lua Nova do dia 13 vai esclarecer muitas questões relacionadas à carreira ao longo do mês. Todas as informações necessárias virão até você de um jeito muito normal e natural.

Este mês também parece próspero. Até o dia 9, o seu Planeta das Finanças estará em Sagitário (Nona Casa), um sinal positivo para as finanças. A melhora nos ganhos vai aumentar a sua confiança. No dia 7, Marte entrará na Casa do Dinheiro, indicando um grande foco nessa área. E o foco é a chave do sucesso. Pela lei espiritual, nós alcançamos tudo o que nós mentalizamos. No dia 9, o seu Planeta das Finanças (Vênus) entra em Capricórnio. Embora isso signifique menos empolgação e despreocupação nas finanças, indica um julgamento sólido. Os chefes, idosos, pais, mães e figuras paternas ou maternas (quem tiver autoridade sobre você) parecem apoiar seus objetivos financeiros. Aumentos de salário (oficiais ou não) podem acontecer. A boa reputação profissional vai trazer novos trabalhos e ganhos extras.

O ímpeto planetário está majoritariamente avançado. Sempre haverá pelo menos noventa por cento dos planetas se movendo para a frente. Em alguns momentos (do dia 14 ao dia 30), todos os planetas vão avançar, indicando progresso rápido nos seus objetivos. Tudo vai acontecer com rapidez, tanto no mundo quanto na sua vida. (Exatamente do jeito que você gosta.)

O amor estará mais feliz antes do dia 9 do que depois. Vênus (o Planeta do Amor) não fica muito feliz em Capricórnio, então você (ou seu parceiro) pode estar muito sério e com os pés no chão. Será preciso ter um pouco mais de leveza. Haverá mais cautela no amor. A boa notícia é que você vai avançar na carreira pela via social.

Marte viaja com Urano do dia 18 até o dia 21. Este é um trânsito dinâmico. Evite ter pressa, raiva ou se envolver em atividades arriscadas. O lado positivo é que haverá encontros felizes com os amigos.

FEVEREIRO

Melhores dias: 6, 7, 15, 16, 25, 26
Dias mais tensos: 2, 3, 8, 9, 23, 24
Melhores dias para o amor: 2, 3, 10, 11, 20, 21
Melhores dias para o dinheiro: 2, 3, 10, 11, 18, 19, 20, 21
Melhores dias para a carreira: 2, 8, 9, 10, 11, 20

A saúde melhorou dramaticamente depois de 20 de janeiro e ficará maravilhosa o mês inteiro. Você terá toda a energia de que precisa para conquistar os objetivos que deseja. As doenças preexistentes vão desaparecer como em um passe de mágica. Embora a saúde esteja boa, poderá ficar ainda melhor com massagens nos tornozelos e panturrilhas. O seu Planeta da Saúde ficará retrógrado até o dia 21, então evite fazer grandes mudanças na rotina de saúde até lá.

Este mês será muito social. Não necessariamente romântico, mas social. Você estará muito envolvido com amizades, grupos e atividades em grupo. Amizades novas e importantes surgirão. Esta é a tendência para o ano inteiro, mas especialmente neste mês.

A Décima Primeira Casa é benéfica e, como o poder está nela este mês, fevereiro será feliz. As suas esperanças e sonhos vão se realizar. Claro que depois que isso acontecer, você vai criar um novo conjunto de esperanças e sonhos. Essa é a natureza da vida.

Embora os seus aspectos para o amor estejam bons neste mês, o problema parece ser a falta de interesse. Todos os planetas estão no hemisfério oriental do "eu", então você estará muito independente e confortável consigo mesmo, preferindo fazer tudo do seu jeito (e esta tendência vai ficar ainda mais forte nos próximos meses). Você pode não prestar muita atenção no romance, pois as amizades permitem mais liberdade e serão mais interessantes.

Nos dias 5 e 6, o seu Planeta das Finanças (Vênus) viaja com Saturno. Existe o lado bom e o ruim nisso. O bom é que o julgamento financeiro estará sólido e conservador. Você terá uma perspectiva realista sobre as finanças. Os chefes, pessoas mais velhas, pais, mães e figuras paternas ou maternas parecem solícitos, mas também controladores. O lado negativo é que mais responsabilidades financeiras talvez caiam em cima de você. Além disso, você poderá sentir que falta algo, mesmo que esteja prosperando, mas tudo isso vai passar depois do dia 6. Vênus viaja com Júpiter entre os dias 8 e 11 e isso deverá trazer um bom pagamento. Os ganhos vão aumentar. (Entre os dias 8 e 11 também serão bons para o romance, mas será que você vai manter o interesse nessa área?)

Quando Mercúrio se mover para a frente no dia 21, todos os planetas estarão avançando, levando os eventos no mundo e na sua vida a progredir bem rápido.

MARÇO

Melhores dias: 5, 6, 14, 15, 24, 25
Dias mais tensos: 1º, 2, 7, 8, 22, 23, 28, 29
Melhores dias para o amor: 1º, 2, 3, 4, 12, 13, 24, 28, 29
Melhores dias para o dinheiro: 1º, 2, 3, 4, 9, 10, 12, 13, 16, 17, 18, 19, 20, 24, 28, 29
Melhores dias para a carreira: 1º, 7, 8, 9, 19, 28

A saúde e a energia continuam excelentes este mês e vão melhorar depois do dia 20. Se você quiser deixá-las ainda melhor, dê mais atenção aos tornozelos e panturrilhas até o dia 16 e aos pés (com massagens) depois disso. Os métodos de cura espiritual serão muito poderosos a partir do dia 16, especialmente entre os dias 29 e 31.

Este mês será muito espiritual. Será normal querer mais solidão, sentir a própria aura e fugir da multidão. Não há nada errado com você. Na verdade, esta solidão é um grande presente. Os eventos que mudam a vida raramente acontecem na multidão ou na feira livre, mas sim na quietude e no silêncio da sua comunhão com o Divino. Por fora, parece que nada acontece, mas por dentro há um movimento intenso. Aprecie a solidão.

Este mês será feliz e próspero. No dia 20, o Sol atravessa o seu ascendente e entra na Primeira Casa. Você começará um ápice anual de prazer pessoal (um deles). É o momento de apreciar todos os prazeres do corpo.

Os avanços espirituais que você fez no início do mês vão se manifestar como prazeres pessoais. Além disso, Vênus entra no seu signo no dia 21. Mesmo se você não estiver procurando o amor, ele vai encontrá-lo. Não há escapatória. Além disso, ele vai acontecer nos seus termos. Se você estiver em um relacionamento, a pessoa que ama parecerá fazer de tudo para agradá-lo. O mesmo acontecerá nas finanças. Heranças ou outro tipo de sorte financeira inesperada vão surgir, assim como oportunidades nessa área. Elas vão encontrar você. As pessoas do dinheiro em sua vida parecem dedicadas a você e querendo fazer de tudo para agradá-lo.

Roupas e acessórios virão até você após o dia 20, e será um ótimo momento para comprá-los. O seu senso estético estará particularmente apurado nesse período.

A saúde está boa, conforme já mencionamos, e você também terá uma boa aparência e carisma dignos de uma estrela de cinema. Vênus no seu signo proporciona graça e beleza, e as pessoas certamente vão notar isso.

Vênus, que é o seu Planeta do Amor e das Finanças, terá um solstício entre os dias 23 e 25. Ele ficará estacionário (em movimento latitudinal) e depois mudará de direção, trazendo uma pausa social e financeira na sua vida. É uma pausa que renova. Logo depois, virá a mudança de rumo.

ABRIL

Melhores dias: 1º, 2, 10, 11, 12, 20, 21, 29, 30
Dias mais tensos: 3, 4, 18, 19, 25, 26
Melhores dias para o amor: 1º, 2, 11, 12, 23, 24, 25, 26
Melhores dias para o dinheiro: 1º, 2, 7, 11, 12, 13, 14, 16, 17, 23, 24, 26
Melhores dias para a carreira: 3, 4, 6, 7, 15, 16, 25, 26

O poder planetário agora está na posição oriental máxima, então você estará ainda mais independente do que nos meses anteriores. Você pode e deve fazer tudo do seu jeito, que é o melhor no momento. Os outros devem ser tratados com respeito, mas se não houver acordo, siga o seu caminho. O cosmos apoiará a sua decisão. Isso não é egoísmo. Como você vai conseguir ajudar os outros se não estiver bem? Então, faça as mudanças necessárias e projete a sua vida para obter a felicidade. Você pode fazer isso nos próximos meses, mas não vai ser tão fácil quanto agora. Além disso, com todos os planetas avançando até o dia 27, essas mudanças deverão acontecer rapidamente.

Este será um mês feliz e próspero para os nativos de Áries. Aproveite. Até o dia 20, você ainda estará em um ápice anual de prazer pessoal. Após o dia 20, quando o Sol entrar na sua Casa do Dinheiro, você vai começar um ápice financeiro anual. A Casa do Dinheiro será a mais forte do horóscopo após o dia 20, pois quarenta por cento dos planetas estarão lá. Isso representa um bocado de poder financeiro.

A saúde e a energia continuam excelentes este mês. Nos dias 24 e 25, o Planeta da Saúde viaja com Júpiter, então você terá boas notícias nessa área. Uma boa oportunidade de trabalho vai surgir. Filhos ou figuras filiais terão dias bons em termos de finanças.

Vênus viaja com Urano nos dias 22 e 23, o que pode trazer dinheiro inesperado. Às vezes, traz uma despesa inesperada, mas o dinheiro para ela também virá. Você pode ter que fazer algumas mudanças ou ajustes financeiros. Este trânsito também mostra encontros românticos ou convites sociais inesperados.

O Sol viaja com Urano nos dias 29 e 30. Este será um ótimo período para o romance ou a vida social dos filhos ou figuras filiais.

Marte entrou na sua Terceira Casa no mês passado e continuará lá até o dia 24. Por ser o senhor do seu horóscopo, Marte é um planeta muito importante. A comunicação e as atividades intelectuais serão de grande interesse e os estudantes terão sucesso nos estudos.

Mercúrio terá um solstício nos dias 6 e 7. Ele faz uma pausa no céu (em latitude) e depois muda de direção. Isso significa uma pausa no trabalho e na sua vida intelectual, seguida por uma mudança de rumo.

MAIO

Melhores dias: 7, 8, 9, 18, 19, 26, 27

Dias mais tensos: 1º, 2, 15, 16, 22, 23, 28, 29
Melhores dias para o amor: 1º, 2, 13, 22, 23
Melhores dias para o dinheiro: 1º, 2, 4, 10, 11, 13, 14, 15, 22, 23, 24
Melhores dias para a carreira: 1º, 2, 3, 4, 13, 14, 22, 23, 28, 29, 30, 31

Este será um mês bastante agitado, com várias mudanças. Júpiter vai fazer uma grande movimentação, saindo de Aquário e entrando em Peixes, sua Décima Segunda Casa. A atividade retrógrada está aumentando e, no final do mês, trinta por cento dos planetas estarão retrógrados. Isso está longe do máximo para este ano, mas ainda é um aumento significativo em relação aos meses anteriores. Para completar, teremos um eclipse lunar no dia 26. As peças do tabuleiro de xadrez cósmico estão sendo reorganizadas.

Apesar de tudo, este mês parece saudável e próspero. As mudanças serão basicamente positivas. Mais atividade retrógrada provavelmente será irritante, mas nada grave. A entrada de Júpiter em Peixes alimentará a vida espiritual. Até o eclipse lunar será basicamente positivo, embora seja bom ter uma agenda mais tranquila nesse período.

Este eclipse ocorre na Nona Casa e afeta o regente desta casa, Júpiter. Para os estudantes universitários (ou que desejam entrar para a universidade) haverá mudanças de escola ou de planos educacionais. Também poderá haver abalos na universidade, envolvendo mudança de currículo, de escola ou de curso. Além disso, haverá abalos em seu local de culto, envolvendo dramas no local propriamente dito ou na vida dos líderes religiosos. Não é um bom momento para viagens ao exterior. Se você precisar viajar, evite o período do eclipse. Se estiver envolvido em problemas jurídicos, haverá uma virada dramática, para um lado ou para o outro. Todo eclipse lunar traz dramas em casa e na vida dos parentes. Este não será diferente. A boa notícia é que o senhor do seu horóscopo, Marte, estará na Quarta Casa o mês inteiro, então você vai prestar atenção nessa área.

Você ainda estará em um ápice financeiro anual até o dia 21, então os ganhos serão bons. No dia 21, os objetivos financeiros de longo prazo serão conquistados e você vai direcionar a atenção para o desenvolvimento mental e para a educação. (O objetivo do dinheiro não é justamente dar liberdade para que a pessoa se desenvolva?) Este mês será excelente para estudantes abaixo do nível superior, que terão sucesso nos estudos. As faculdades mentais e de comunicação estarão ampliadas e o aprendizado vai fluir melhor.

Os solteiros vão encontrar o amor e oportunidades românticas enquanto buscam seus objetivos financeiros ou com pessoas envolvidas nas suas finanças até o dia 9. Após o dia 9, as oportunidades românticas acontecerão no seu bairro, talvez com vizinhos, ou na escola, em palestras ou seminários.

JUNHO

Melhores dias: 4, 5, 14, 15, 23
Dias mais tensos: 11, 12, 13, 18, 19, 24
Melhores dias para o amor: 11, 12, 18, 19, 21
Melhores dias para o dinheiro: 1º, 6, 7, 8, 11, 12, 20, 21, 27
Melhores dias para a carreira: 18, 19, 24, 25, 26

A atividade retrógrada aumenta ainda mais este mês. No final de junho, quarenta por cento dos planetas estarão retrógrados, uma porcentagem alta. Isso significa que os eventos estão desacelerando e você vai precisar lidar com mais atrasos. Os bebês nascidos neste período tendem a amadurecer tarde. Eles vão exercer o potencial completo mais adiante na vida e os pais precisarão entender isso.

No dia 10, teremos um eclipse solar que ocorre na sua Terceira Casa (da Comunicação e dos Interesses Intelectuais). Este eclipse é o oposto do eclipse lunar do mês passado. Aquele afetava os universitários e este afetará os estudantes abaixo do nível superior. Poderá haver mudança de escola e planos educacionais, além de dramas e abalos na escola. Carros e equipamentos de comunicação podem ficar temperamentais, muitas vezes exigindo reparos ou substituições. Dirija de modo mais defensivo nesse período. Todo eclipse solar afeta os filhos ou figuras filiais em sua vida, então eles devem ficar longe do perigo e ter uma agenda mais tranquila.

A saúde também precisa de mais cuidados este mês, especialmente após o dia 21. Não será nada grave, apenas o estresse de curto prazo causado pelos planetas rápidos. Então, descanse bastante, isso é sempre fundamental. Melhore a saúde das formas mencionadas no relatório anual e evite fazer grandes mudanças na rotina de saúde até o dia 21. Ter boa saúde mental será importante este mês, então mantenha os pensamentos positivos e construtivos.

O poder planetário está na posição mais baixa do horóscopo. É a meia-noite do seu ano que está chegando, então o foco deverá estar no lar, na família e no bem-estar emocional. A carreira é importante, mas pode ficar em segundo plano em junho. Este é o mês para criar a infraestrutura psicológica e conseguir o sucesso na carreira mais adiante. É o mês para o progresso psicológico em vez do profissional.

Vênus, o seu Planeta do Amor e das Finanças, estará "fora dos limites" entre os dias 1º e 17, o que significa que você estará fora da sua esfera normal no amor e nas finanças. Provavelmente não haverá soluções na esfera normal e será necessário olhar para outros lugares. Às vezes isso indica que o cônjuge, parceiro ou interesse amoroso atual também está fora da esfera normal.

Vênus forma aspectos muito bons com Júpiter entre os dias 3 e 5, trazendo ganhos financeiros e uma experiência romântica feliz.

JULHO

Melhores dias: 1º, 2, 11, 12, 20, 21, 28, 29, 30
Dias mais tensos: 8, 9, 10, 16, 17, 22, 23
Melhores dias para o amor: 1º, 2, 12, 16, 17, 21, 31
Melhores dias para o dinheiro: 3, 4, 5, 8, 18, 26, 31
Melhores dias para a carreira: 6, 7, 16, 17, 22, 23, 24, 25

Continue a prestar atenção na saúde até o dia 21. Melhore essa área com uma dieta rígida e massagens abdominais. (Massagens no ponto do reflexo do estômago também serão boas, de acordo com a seção de reflexologia do relatório anual.) Após o dia 21, a saúde vai melhorar dramaticamente. Você terá a energia de dez pessoas, além de entrar em outro ápice anual de prazer pessoal. É o momento de curtir a vida. Com quarenta por cento dos planetas retrógrados este mês, você poderá aproveitar, já que não haverá muitos acontecimentos no mundo.

A criatividade pessoal vai aumentar muito em julho. Isso acontecerá o mês inteiro, mas especialmente após o dia 21. Os que estiverem envolvidos nas artes criativas ficarão muito inspirados.

A família como um todo terá um mês excelente nas finanças, especialmente o pai, mãe, figura paterna ou materna. O eclipse solar do mês passado obrigou esta pessoa a fazer mudanças, cujo resultado aparece este mês.

Embora você continue muito independente e obstinado, haverá mais planetas rápidos no setor ocidental social do seu mapa, então a vida social estará mais ativa. Você vai prestar mais atenção nos outros e nos interesses deles. Eu diria que você também estará mais popular nesse período. Você vai equilibrar os seus interesses com os dos outros, sem deixar ninguém de lado.

Vênus, o seu Planeta do Amor e da Vida Social, estará na Quinta Casa até o dia 22, indicando dinheiro feliz. Você poderá ganhá-lo de um jeito feliz ou gastá-lo desta forma. É provável que você também esteja mais especulativo, embora seja bom ter cautela, pois Saturno estará em oposição a Vênus. No dia 22, Vênus entra em Virgem, (Sexta Casa). Eu considero isso bom para as finanças. Talvez não seja tão divertido quanto no início do mês, mas o julgamento financeiro estará melhor. Os arianos desempregados terão boas oportunidades de trabalho no fim do mês, mas agosto será ainda melhor para isso. Até quem estiver empregado terá oportunidades para fazer horas extras ou trabalhos paralelos.

Marte estará em alinhamento tenso com Urano nos dias 3 e 4. Portanto, é bom evitar conflitos, ataques de raiva e situações arriscadas em geral. Tenha cuidado no plano físico. Além disso, poderá haver discordâncias com um amigo.

Vênus viaja com Marte entre os dias 12 e 13 trazendo oportunidades financeiras e amorosas.

AGOSTO

Melhores dias: 7, 8, 16, 17, 24, 25
Dias mais tensos: 5, 6, 12, 13, 18, 19
Melhores dias para o amor: 1º, 11, 12, 13, 20, 30, 31
Melhores dias para o dinheiro: 1º, 11, 13, 20, 21, 27, 28, 30, 31
Melhores dias para a carreira: 2, 3, 12, 18, 19, 20, 30

A atividade retrógrada fica ainda maior neste mês. Após o dia 20, cinquenta por cento dos planetas estarão retrógrados, uma porcentagem bem alta. E mês que vem a porcentagem será ainda maior. Portanto, a lição nesses dias, especialmente para os nativos de Áries, será a paciência. Muita paciência. Desacelere e faça tudo do jeito mais perfeito possível. Isso não vai impedir os atrasos, mas conseguirá minimizá-los.

Você ainda estará no ápice anual de prazer pessoal (um deles) até o dia 23. Leve a vida menos a sério. Afaste a cabeça dos problemas e faça algo prazeroso. Não existe solução rápida com tantos planetas retrógrados, então o tempo vai resolver tudo. Contudo, quando você mudar o foco e permitir que a alegria surja, as soluções vão aparecer, uma vez que o estresse estava lhe bloqueando.

Embora não esteja tão forte quanto o setor oriental, o setor ocidental social está com a força máxima para este ano. Isso significa que você estará em um período mais sociável. Embora não abra mão da independência, você vai equilibrar as suas necessidades com as dos outros.

A saúde e a energia continuam boas este mês. E você poderá deixá-la ainda melhor dando atenção ao coração (com massagens no peito e no ponto do reflexo cardíaco) até o dia 12; abdômen (com massagens abdominais) e intestino delgado entre os dias 12 e 30; e os quadris e rins a partir do dia 30. O poder na Sexta Casa este mês (que será a mais forte do seu horóscopo) mostra um grande foco na saúde. Como nada aparenta estar errado nessa área, eu presumo que este foco envolva a prevenção e um estilo de vida saudável.

Este será outro mês bom para quem procura emprego, pois haverá muitas oportunidades nessa área. Você estará no clima para o trabalho (especialmente após o dia 23) e os empregadores vão perceber isso.

Como aconteceu no mês passado, mesmo quem estiver empregado terá oportunidade para fazer horas extras ou trabalhos paralelos.

Vênus em Virgem é bom para ganhar dinheiro à moda antiga, por meio do trabalho e do serviço produtivo. Porém, este aspecto não é bom para o amor. Tenha cuidado para não julgar demais, nem fazer críticas destrutivas, pois isso acaba com qualquer romance. A vida amorosa melhora após o dia 16, quando Vênus entra no romântico signo de Libra. O seu traquejo social estará muito mais forte.

SETEMBRO

Melhores dias: 4, 5, 12, 13, 21, 22, 23
Dias mais tensos: 1º, 2, 8, 9, 14, 15, 29, 30
Melhores dias para o amor: 8, 9, 19, 29, 30
Melhores dias para o dinheiro: 9, 18, 19, 24, 25, 27, 29, 30
Melhores dias para a carreira: 8, 14, 15, 16, 17, 26

A atividade retrógrada estará no máximo para este ano até o dia 27. Sessenta por cento dos planetas estarão retrógrados, um número impressionante. Como no mês passado, tenha muita paciência. Em geral, esses movimentos retrógrados não põem a sua vida em risco, causando apenas aborrecimentos e frustrações, mas entender o que está acontecendo ajuda muito a lidar com a situação.

O momento de Mercúrio retrógrado (de 27 de setembro até 18 de outubro) deste ano será mais forte que os anteriores. Isso acontece porque existem vários outros planetas retrógrados junto com ele. Se Mercúrio estiver retrógrado sozinho ou com apenas um ou dois planetas, é uma coisa, mas quando vários planetas estão retrógrados junto com ele, as consequências são muito mais fortes. Portanto, tenha cuidado na hora de se comunicar. Reserve mais tempo para ir de um lugar a outro. Uma ligação de atendimento ao cliente que deveria levar cinco ou dez minutos pode se estender por várias horas, às vezes até dias, até a situação ser resolvida.

O destaque do mês vai para o amor e o romance. A sua Sétima Casa (a do Amor) será a mais forte do horóscopo, tanto em termos quantitativos quanto qualitativos. A partir do dia 22, você estará em um ápice amoroso e social anual. (E provavelmente vai sentir isso bem antes do dia 22, visto que Marte entra na Sétima Casa no dia 15.)

Você estará mais proativo no amor e vai correr atrás dele. Os solteiros não vão fazer joguinhos. Se eles gostam de alguém, a pessoa vai saber disso. Você será claro e direto, e também tende a ser mais popular e a ajudar as pessoas com quem se envolve. Os solteiros terão várias oportunidades românticas. Embora elas não pareçam levar a um casamento, você poderá curti-las. O setor das amizades também parece ativo e feliz.

A saúde precisará de mais atenção a partir do dia 23. No geral, ela está excelente. Esta é apenas uma questão de curto prazo causada pelos planetas rápidos, portanto não se esqueça de descansar bastante. O desempenho atlético e em atividades esportivas provavelmente não estará no auge devido ao seu nível de energia. Melhore a saúde com massagens nos quadris e nos reflexos dos rins (veja o mapa de reflexologia no relatório anual). Trabalhe para manter a harmonia com o cônjuge, parceiro, interesse amoroso atual ou amigos. Ter boa saúde para você é uma questão de boa saúde social. Os problemas nessa área podem afetar a saúde física.

Uma oportunidade romântica e financeira muito feliz vai surgir nos dias 5 e 6. Tenha cuidado para não gastar demais nos dias 29 e 30.

OUTUBRO

Melhores dias: 1º, 2, 10, 11, 18, 19, 20, 28, 29, 30
Dias mais tensos: 5, 6, 12, 13, 26, 27
Melhores dias para o amor: 5, 6, 10, 18, 19, 29, 30
Melhores dias para o dinheiro: 6, 7, 10, 15, 18, 19, 21, 22, 24, 25, 29, 30
Melhores dias para a carreira: 5, 12, 13, 14, 23

A atividade retrógrada cresce este mês e depois cai. Outubro começa com sessenta por cento dos planetas retrógrados e acaba com apenas vinte por cento, uma queda acentuada. Os projetos empacados começam a andar e os eventos do mundo e na sua vida vão avançar.

Você ainda estará em um ápice amoroso e social anual neste mês. Você já teve ápices sociais mais fortes na vida, mas este será o máximo para 2021.

A saúde ainda precisará de atenção até o dia 23, então reveja a discussão sobre essa área no mês passado. A boa notícia é que você verá grandes avanços no nível de energia a partir do dia 23.

Vênus, o seu Planeta do Amor e das Finanças, mais uma vez estará "fora dos limites" a partir do dia 11. É um longo período, então a busca pelo romance vai sair da sua esfera normal. Talvez o cônjuge, parceiro ou interesse amoroso atual também esteja fora da esfera normal. E o mesmo vale para a situação financeira. As respostas não estarão nos lugares de sempre. Você precisará pensar "fora da caixa".

Haverá boas oportunidades de trabalho nos dias 2 e 3 e nos dias 8 e 9. Embora a energia pudesse estar melhor, a área da saúde terá boas notícias este mês. Haverá experiências felizes com filhos ou figuras filiais nos dias 7 e 8, além de atividades de lazer felizes.

No dia 23, o Sol entra na sua Oitava Casa, seguido por Marte no dia 31. Portanto, o cônjuge, parceiro ou interesse amoroso atual terá um excelente período financeiro. As finanças provavelmente estavam meio devagar para essa pessoa, mas agora isso muda. Você estará em um excelente período para regimes de desintoxicação ou emagrecimento, e o mesmo vale para os filhos ou figuras filiais. Este será um bom período para o planejamento tributário e de compra de imóveis (se você tiver idade adequada). Também será bom para pagar ou fazer dívidas, dependendo da sua necessidade.

Vênus entra em Sagitário no dia 7 e ficará lá pelo resto do mês, o que é excelente tanto para o amor quanto para o dinheiro. O único problema é a impetuosidade. Você poderá entrar rapidamente em um relacionamento amoroso ou financeiro. Reserve um tempo para pensar bem antes de agir.

NOVEMBRO

Melhores dias: 6, 7, 15, 16, 25, 26

Dias mais tensos: 2, 3, 8, 9, 22, 23, 29, 30
Melhores dias para o amor: 2, 3, 8, 17, 18, 27, 28, 29, 30
Melhores dias para o dinheiro: 3, 8, 11, 17, 18, 21, 27, 28, 30
Melhores dias para a carreira: 2, 8, 9, 10, 20, 29

Vênus continua "fora dos limites" o mês inteiro. Portanto, como no mês passado, a sua busca por dinheiro e amor vai levar você para longe da esfera habitual de atividades. As pessoas do dinheiro na sua vida e talvez o cônjuge, parceiro ou interesse amoroso atual também estarão fora do círculo habitual. Não existem respostas por lá, portanto você (e essas pessoas) precisará sair desse círculo. É um mergulho no desconhecido, que muitas vezes traz insegurança no amor e nas finanças.

O eclipse lunar no dia 19 acontece na sua Casa do Dinheiro, aumentando a insegurança financeira. Será preciso fazer mudanças nessa área. O seu pensamento e planejamento financeiro não andam muito realistas e será preciso mudar de rumo. Este eclipse lunar será relativamente benigno para você, mas poderá trazer dramas em casa e com parentes, especialmente pai, mãe, figura paterna ou materna. Esta pessoa em questão terá dramas pessoais e com os amigos. Os filhos e figuras filiais estão fazendo mudanças na carreira. Os netos (caso você os tenha) ou os que têm esse papel em sua vida terão dramas no trabalho, incluindo mudanças de emprego que podem acontecer agora ou nos próximos meses. Este eclipse afetará Júpiter (mas não diretamente, é algo mais indireto), significando que pode atingir os estudantes universitários. Podem acontecer mudanças de escola, planos educacionais ou de curso. Haverá dramas no seu local de culto e na vida dos líderes religiosos.

A saúde, contudo, vai bem. No dia 7, todos os planetas estarão em alinhamento harmonioso com você ou deixarão você em paz. A saúde ficará ainda melhor a partir do dia 22.

O poder estará na sua Oitava Casa o mês inteiro e na Nona Casa a partir do dia 22. Portanto, este mês será excelente para as finanças do cônjuge, parceiro ou interesse amoroso atual. Você parece muito envolvido nas finanças deste parceiro. Além disso, será um bom período para fazer planejamento tributário ou de compra de imóveis e atrair investidores externos para seus projetos, caso tenha boas ideias. Como no mês passado, é bom eliminar o que é irrelevante da sua vida, sejam objetos de que não precisa mais ou hábitos mentais e emocionais que não ajudam. Será um bom mês para dar à luz (ou acelerar o nascimento) do "eu" ideal.

O poder em sua Nona Casa após o dia 22 será maravilhoso para universitários, pois indica foco nos estudos. Também será bom para viagens ao exterior e para fazer avanços religiosos ou filosóficos. Se você estiver envolvido em problemas jurídicos, será um bom mês para se concentrar neles.

DEZEMBRO

Melhores dias: 4, 12, 13, 22, 23, 31
Dias mais tensos: 5, 6, 19, 20, 21, 27, 28
Melhores dias para o amor: 5, 6, 14, 15, 24, 25, 27, 28
Melhores dias para o dinheiro: 5, 6, 8, 9, 14, 15, 16, 18, 24, 25, 28
Melhores dias para a carreira: 5, 6, 7, 8, 17, 18, 27, 28

O quarto (e último) eclipse do ano acontecerá no dia 4. É um eclipse solar que ocorre em sua Nona Casa. Embora você tenha um desejo de viajar, evite fazer isso no período do eclipse. Agende para alguns dias antes ou depois. Este eclipse traz mais mudanças educacionais para os estudantes universitários, e talvez dramas e abalos na universidade. O cônjuge, parceiro ou interesse amoroso atual deverá dirigir com mais cuidado, e o mesmo vale para você. Como este eclipse afetará Mercúrio, os estudantes abaixo do nível superior também vão sentir seus efeitos, com mudanças de planos educacionais e contratempos na escola. Os irmãos e figuras fraternas serão obrigados a redefinir a própria imagem e como eles desejam ser vistos pelos outros, então haverá uma mudança de imagem e na apresentação pessoal como um todo nos próximos meses. Além disso, o casamento ou relacionamento deles será testado. O pai, mãe, figura paterna ou materna precisará fazer mudanças financeiras e também poderá mudar de emprego. Tudo vai dar certo no final, mas causará transtornos ao longo do processo.

Apesar dos dramas trazidos pelo eclipse, este mês será feliz e bem-sucedido. A saúde estará mais delicada a partir do dia 21 e o nível de energia poderia estar melhor, mas você terá sucesso na vida e nos objetivos externos e entrará em um ápice profissional anual no dia 21.

Vênus (o seu Planeta do Amor e das Finanças) faz um raro movimento retrógrado (uma vez a cada dois anos) no dia 19 e ficará assim pelo resto do mês. Portanto, o amor vai ficar mais delicado. Os relacionamentos parecem andar para trás em vez de avançar e haverá hesitação no amor. A confiança social não estará como antes. Por isso, evite tomar decisões importantes no amor a partir do dia 19. Espere até Vênus se mover para a frente no ano que vem.

O mesmo vale para a vida financeira. Talvez os ganhos sejam mais lentos que o habitual. Eles vão acontecer, mas com atrasos e problemas. Evite fazer compras ou investimentos importantes a partir do dia 19. (Faça as compras de Natal antes do dia 19.)

Melhore a saúde com massagens nas coxas até o dia 14 e com massagens nas costas e joelhos depois disso. Visitar um quiropraxista ou osteopata pode ser uma boa ideia. Não é nada grave, apenas um período de energia mais baixa.

♉

TOURO

O TOURO

Nascidos entre 21 de abril e 20 de maio

PERFIL PESSOAL

TOURO EM UM RELANCE

Elemento: Terra

Planeta Regente: Vênus

Planeta da Carreira: Urano

Planeta do Amor: Plutão

Planeta das Finanças: Mercúrio

Planeta do Lar e da Vida Familiar: Sol

Planeta da Fortuna e da Abundância: Júpiter

Cores: tons terrosos, verde, amarelo e alaranjado

Cores que promovem o amor, o romance e a harmonia social: violeta, púrpura

Cores que propiciam ganhos: amarelo, amarelo-ouro

Pedras: coral, esmeralda

Metal: cobre

Perfumes: amêndoa, rosa, baunilha, violeta

Qualidade: fixa (= estabilidade)

Qualidade essencial ao equilíbrio: flexibilidade

Maiores virtudes: resistência, lealdade, paciência, estabilidade, boa disposição

Necessidades mais profundas: conforto, segurança material, riqueza

Características a evitar: rigidez, teimosia, tendência à possessividade e ao materialismo

Signos de maior compatibilidade: Virgem, Capricórnio

Signos de maior incompatibilidade: Leão, Escorpião, Aquário
Signo mais útil à carreira: Aquário
Signo que fornece maior suporte emocional: Leão
Signo mais prestativo em questões financeiras: Gêmeos
Melhor signo para casamento e associações: Escorpião
Signo mais útil em projetos criativos: Virgem
Melhor signo para sair e se divertir: Virgem
Signos mais úteis em assuntos espirituais: Áries, Capricórnio
Melhor dia da semana: sexta-feira

COMPREENDENDO A PERSONALIDADE TAURINA

Touro é o mais terreno dos signos de Terra. Se compreendermos que a Terra, mais que um elemento físico, é também uma atitude psicológica bem-definida, fica mais fácil compreender os taurinos.

Os nativos desse signo dispõem do mesmo potencial para a ação que os arianos. Mas, para os taurinos, a ação não se justifica por si mesma. Ela tem de ser produtiva, prática e produzir riquezas. Se um taurino não perceber valor prático em uma ação, não moverá um dedo para executá-la.

O forte dos taurinos é o dom de tornar realidade as próprias ideias e as dos demais. Em geral, não são muito criativos, mas conseguem aperfeiçoar as ideias alheias, conferindo-lhes maior praticidade e utilidade. O mesmo se aplica aos projetos; não são bons em iniciá-los, mas, caso se envolvam em algum, o concluem. Eles sempre acabam o que começam. Gostam de ir até o fim, e só não o farão se alguma calamidade inevitável ocorrer.

Muitos julgam os taurinos como excessivamente teimosos, conservadores, fixos e inamovíveis. É compreensível, pois eles não apreciam alterações nem em seu habitat nem em sua rotina. Também detestam mudar de opinião! Por outro lado, é justamente essa sua maior virtude. O eixo de uma roda não pode ficar oscilando o tempo todo. Deve ser fixo, estável. Os taurinos são o eixo dos círculos sociais e dos céus. Sem a sua estabilidade e famigerada teimosia, a roda do mundo (e também a dos negócios) não giraria.

Eles amam a rotina. E a rotina, quando boa, possui muitas virtudes. Trata-se de uma maneira fixa, e idealmente perfeita, de lidar com as situações. A espontaneidade pode originar erros, que causam grande desconforto e intranquilidade, algo inaceitável para um taurino. Mexer no conforto e na segurança de um nativo de Touro é receita infalível para irritá-lo e encolerizá-lo.

Enquanto os arianos adoram a velocidade, os taurinos apreciam a calma. Pensam devagar. Mas não caia no erro de julgá-los beócios, pois são bastante inteligentes. É que gostam de ruminar bem as ideias, ponderá-las antes de decidir. Só aceitam uma ideia ou tomam uma decisão depois de muita reflexão. Demoram para se aborrecer, mas, se forem provocados, não fique por perto!

FINANÇAS

Os nativos de Touro são bastante conscienciosos financeiramente. A riqueza ocupa em suas vidas um lugar mais importante do que para os nativos de outros signos. Ela significa conforto e segurança, que se traduzem em estabilidade. Outros signos sentem-se ricos em virtude de suas ideias, seus talentos ou suas habilidades, mas os taurinos só conseguem apreciar claramente as riquezas que podem ver ou tocar. Sua filosofia de vida os leva a crer que o talento nada vale se não se converter em casas, móveis, carros e férias em locais aprazíveis.

É pelas razões acima que os taurinos brilham no ramo imobiliário e no agronegócio. Parecem destinados a possuir terras. Adoram sentir a ligação com elas. A fartura material começa na agricultura, com o arar do solo. Possuir um lote de terra corresponde à mais antiga forma de riqueza, e os taurinos insistem em conservar essa tradição primeva.

É na busca da riqueza que os nativos do signo desenvolvem sua capacidade intelectual e seus dons de comunicação de forma mais acentuada. É em razão dessa busca, e por necessidade de negociar, que aprendem a desenvolver um pouco de flexibilidade. São também esses processos que lhes ensinam o valor prático do intelecto, para que possam de fato chegar a admirá-lo. Não fosse pela busca da riqueza e do conforto material, é possível que os taurinos jamais despertassem para o intelecto.

Embora alguns taurinos sejam muito sortudos e costumem ganhar com frequência em jogos e apostas, isso só ocorre quando outros fatores no horóscopo os predispõem a agir dessa forma, que não condiz com sua natureza essencial, pois não têm o jogo no sangue. São trabalhadores que apreciam conseguir o que ganham por meio do próprio esforço. O seu conservadorismo nato faz com que abominem riscos desnecessários nas finanças e nas demais áreas de suas vidas.

CARREIRA E IMAGEM PÚBLICA

Por serem essencialmente práticos e simples, os taurinos encaram com admiração a originalidade, a inventividade e a ausência de convencionalismo. Apreciam que seus chefes sejam criativos e originais, uma vez que se regozijam em aperfeiçoar as ideias deles. Admiram os que exibem ampla consciência sociopolítica e sentem que, um dia (quando desfrutarem todo o conforto e a segurança de que necessitam), também se envolverão com essas questões cruciais.

Nos negócios, os nativos de Touro podem ser muito espertos, o que os torna valiosíssimos para os empregadores. Nunca demonstram preguiça, gostam de trabalhar e de obter bons resultados. Não toleram assumir riscos desnecessários e se dão bem em posições de comando e autoridade, o que faz deles bons gerentes e supervisores. Sua capacidade de gerenciamento é reforçada por seu talento natural para a organização e para lidar com detalhes, para não falar de sua paciência e constância. Conforme mencionado, em virtude de sua forte conexão com a terra, também se saem bem na agricultura e em atividades correlatas.

De modo geral, os taurinos perseguem mais o dinheiro e a capacidade de ganhá-lo em abundância do que o prestígio e o reconhecimento público. Preferem uma posição com uma remuneração mais alta, embora menos prestigiosa, a um cargo pomposo com salário reduzido. Os nativos de outros signos nem sempre pensam dessa forma, mas os taurinos nem sequer hesitam, sobretudo se inexistirem elementos em seu mapa astral que atenuem essa característica. Só se disporão a perseguir o prestígio e a glória se lhes for mostrado que terão impacto direto e imediato no bolso.

AMOR E RELACIONAMENTOS

No amor, os taurinos gostam de possuir e manter. São do tipo que adora casar. Apreciam envolvimentos e compromissos, desde que os termos da relação sejam claramente definidos. Detalhe fundamental: os taurinos gostam de ser fiéis a um único amante, e esperam a mesma fidelidade. Se isso não ocorre, seu mundo desaba. Quando apaixonados, são leais, mas também intensamente possessivos. São capazes de grandes ataques de ciúme quando magoados.

Em um relacionamento, um nativo de Touro se compraz com o essencial. Se você estiver envolvido romanticamente com alguém do signo, não precisa gastar muito ou fazer agrados o tempo todo à pessoa amada. Bastará lhe dar amor, comida e abrigo confortável, e o ente amado ficará muito contente por permanecer em casa e desfrutar sua companhia. E será leal a você por toda a vida. Faça com que um taurino se sinta confortável e, principalmente, seguro na relação e raramente terá problemas.

No amor, tendem a cometer o erro de tentar controlar os parceiros, o que costuma ocasionar mágoas para ambos os lados. O raciocínio por trás dessa forma de agir é simples: o taurino sente-se um pouco dono do ser amado e, em todos os setores de sua vida, procura modificar as coisas no sentido de aumentar o próprio conforto geral e segurança. O raciocínio é acertadíssimo no tocante a objetos materiais e inanimados. Mas é perigoso querer fazer o mesmo com as pessoas. Por isso, é preciso que você, taurino, tenha extremo cuidado e atenção.

VIDA DOMÉSTICA E FAMILIAR

A família e o lar são vitais para os taurinos. Eles adoram filhos. Também apreciam uma casa confortável e até um pouco glamourosa, pois, às vezes, gostam de se exibir. Tendem a comprar móveis de madeira maciça, pesados, geralmente da melhor qualidade possível. Agem assim porque gostam de sentir consistência em seu meio ambiente. A casa não é apenas seu lar, mas também seu nicho de criatividade e lazer. O lar de um nativo de Touro é seu castelo. Se pudesse escolher livremente, ele optaria por uma casa no campo em vez de uma residência na cidade. Quando isso não é possível, por causa do trabalho, gosta de passar fins de semana no campo, e, ao se aposentar, procura áreas rurais onde possa estar mais próximo da terra.

Em casa, o taurino é como um esquilo silvestre: o senhor da toca. Trata-se de um anfitrião do tipo mão-aberta, que aprecia fazer com que seus convidados experimentem a mesma satisfação e segurança que ele sente em seu lar. Se você for convidado para jantar na casa de um taurino, espere boa comida e muita diversão. Esteja preparado para conhecer todos os aposentos e para ouvir o "dono do castelo" discorrer satisfeito, e com um pouquinho de exibicionismo e orgulho, sobre suas posses.

Eles gostam de crianças, mas geralmente são severos com elas. Tendem a tratá-las — como fazem com quase tudo na vida — como propriedades pessoais. O lado bom disso é que os filhos serão sempre bem-cuidados e bem-supervisionados. E terão satisfeitas todas as necessidades materiais de que carecem para se desenvolver adequadamente. O lado negativo é que os nativos de Touro tendem a ser muito repressivos com os filhos. Ai do filho que ousar perturbar a rotina diária que um pai (ou mãe) taurino adora cumprir! Estará arrumando uma grande encrenca com ele (ou ela).

TOURO
PREVISÃO ANUAL PARA 2021

TENDÊNCIAS GERAIS

Desde que Saturno entrou em aspecto tenso com você em março de 2020, a saúde e a energia ficaram mais delicadas e estão mais baixas que em 2018 e 2019. Mesmo assim, a saúde estará boa no geral. Há alguns anos talvez você conseguisse pedalar trinta quilômetros de bicicleta ou fazer muitas flexões e abdominais e agora isso não é mais tão fácil. Voltaremos a esse assunto em breve.

A carreira será o destaque deste ano, como aconteceu em 2020. Ano passado foi de muito sucesso e este será mais ainda. Haverá promoções e você será um imã para oportunidades profissionais. Voltaremos a esse assunto em breve.

Desde que Saturno saiu do seu Planeta do Amor no ano passado, a vida amorosa está bem melhor. Os solteiros certamente vão namorar mais e ter mais confiança social, mas o casamento ou compromisso sério vai ser desafiador. Voltaremos a esse assunto em breve.

Urano está em seu signo desde março de 2019 (e alguns meses de 2018). Ele ficará lá pelo resto deste ano e por mais um bom tempo, então muitas tendências que discutimos nos últimos anos ainda estão em vigor. Você está aprendendo a aceitar a mudança, que passará a ser sua amiga. Você está saindo da rotina estabelecida e explorando mais a liberdade pessoal. Não é fácil para o taurino aceitar a mudança, mas esta é a lição espiritual desses dias. Voltaremos a esse assunto em breve.

O romance pode ser instável, mas as amizades e atividades em grupo serão felizes e vão ficar ainda melhores no ano que vem. Você vai encontrar pessoas espiritualizadas e artísticas. Voltaremos a esse assunto em breve.

As principais áreas de interesse este ano serão: corpo, imagem e aparência física; religião, teologia, filosofia, viagens ao exterior e educação superior; carreira; amigos, grupos e atividades em grupo.

Os caminhos de maior realização em 2021 serão: finanças; carreira (de 1º de janeiro a 14 de maio e de 29 de julho a 30 de dezembro); amigos, grupos e atividades em grupo (de 14 de maio a 29 de julho e a partir de 30 de dezembro).

SAÚDE

(Esta é uma perspectiva astrológica sobre a saúde, não uma visão médica. No passado essas perspectivas eram idênticas, mas hoje podem ocorrer diferenças significativas. Para obter uma opinião com base em diagnósticos da medicina convencional, consulte seu médico ou um profissional da área da saúde.)

A saúde ficará razoável este ano. Existem dois planetas lentos (Saturno e Júpiter) em alinhamento tenso com você, mas a tensão de Júpiter deve ser suave. Além disso, Júpiter não estará em alinhamento tenso o ano inteiro. De 14 de maio a 29 de julho, ele estará em alinhamento harmonioso, então embora a energia não esteja como em 2019 e 2020, ainda estará razoável. Com Saturno em aspecto tenso, ouça as mensagens enviadas pelo seu corpo: ele está enviando avisos. Se você estiver se exercitando e sentir alguma dor ou desconforto, faça uma pausa. Não é aconselhável aguentar firme e seguir em frente. Se você sentir cansaço, descanse. Apesar disso, a saúde estará boa no geral.

Contudo, embora a saúde esteja boa, ela pode ficar ainda melhor. Dê mais atenção aos seguintes pontos, que são as áreas vulneráveis este ano.

Coração. Esta não costuma ser uma área vulnerável para o taurino, mas desde 2020 passou a ser. Os reflexos aparecem em seu mapa. Há um consenso entre os curadores espirituais que a preocupação e a ansiedade são as causas dos problemas cardíacos, portanto é bom desenvolver mais a fé.

Rins e quadris. São sempre importantes para os nativos de Touro. Os quadris devem ser massageados regularmente. Isso não só vai ajudar os rins e os quadris, como também a parte inferior das costas. Uma desintoxicação dos rins com ervas de vez em quando pode ser uma boa ideia, especialmente se você estiver se sentindo indisposto.

Pescoço e garganta. Também são sempre importantes para os taurinos. Massagens regulares no pescoço serão boas, pois a tensão tende a se acumular nessa região e precisa ser liberada. A terapia craniossacral também é excelente para o pescoço.

Vênus é o senhor do seu horóscopo, e também o seu Planeta da Saúde, o que envia mensagens importantes. Primeiro, mostra que você vai se concentrar na saúde, o que é basicamente muito bom. Em segundo lugar, mostra um componente de vaidade. Ter boa saúde para você significa ter boa aparência, não é apenas uma questão de ausência de sintomas. O seu estado de saúde afeta dramaticamente a aparência física (não é assim para todos), então a boa saúde vai fazer mais pela sua aparência do que um monte de cremes e loções. Se você estiver indisposto, compre uma roupa nova, mude o cabelo, faça algo para melhorar a aparência e você vai começar a se sentir melhor.

Como nossos leitores assíduos já sabem, Vênus (o seu Planeta da Saúde) é um planeta rápido. Ao longo do ano, ele vai se mover por todos os signos e casas do seu mapa e, em 2021 ele vai passar pela Nona Casa duas vezes. Portanto, haverá muitas tendências de saúde de curto prazo que dependem de onde Vênus está e do tipo de aspectos que recebe. Isso será abordado com mais profundidade nos relatórios mensais.

Os irmãos ou figuras fraternas poderão passar por cirurgias este ano. Talvez elas sejam apenas recomendadas para eles, que terão uma tendência para isto. O mesmo vale para um pai, mãe, figura paterna ou materna. Os filhos e figuras filiais parecem muito concentrados na saúde. Caso aconteça algum problema, o resultado será o melhor possível.

LAR E FAMÍLIA

A sua Quarta Casa do Lar e da Família não está proeminente há alguns anos. Como nossos leitores assíduos já sabem, isso tende ao *status quo* e indica uma sensação de contentamento. Não há necessidade de fazer mudanças dramáticas, nem de dar atenção exagerada ao lar e à família.

O seu Planeta do Lar e da Família (o Sol) terá dois eclipses este ano, um no dia 10 de junho e o outro em 4 de dezembro. Eles podem trazer dramas familiares, reparos em casa e emoções instáveis. Vamos falar disso nos relatórios mensais.

Como nossos leitores assíduos já sabem, o Sol é um planeta rápido, que se move por todos os signos e casas do seu horóscopo ao longo do ano. Portanto, haverá tendências de curto prazo que dependem de onde o Sol está e dos aspectos que recebe. Isso será abordado com mais profundidade nos relatórios mensais.

Um pai, mãe, figura paterna ou materna terá o relacionamento ou casamento testado. Isso começou em 2020, mas a situação está mais fácil agora. Apesar disto, este pai, mãe, figura paterna ou materna terá um ano bom em termos sociais.

Os irmãos e figuras fraternas terão uma situação familiar do tipo *status quo*. Mudança de endereço será pouco provável, embora não haja nada contra isso. Os filhos e figuras filiais encontrarão o amor este ano, talvez até o casamento, mas mudanças de endereço serão pouco prováveis. Os netos (caso você os tenha) vão bem financeiramente, com pouca probabilidade de mudarem de endereço. Nada contra elas, mas nada especificamente a favor.

Se você planeja fazer reformas ou grandes reparos em casa, o período entre 31 de julho e 16 de setembro será excelente para isso. Se você planeja uma redecoração do tipo estético, entre 27 de junho e 22 de julho será um bom período para isso. Este também será um bom momento para comprar objetos para embelezar o lar.

DINHEIRO E CARREIRA

O dinheiro é sempre importante para o taurino, mas em 2021 será um pouco menos que o usual. (Isso já vem acontecendo há alguns anos.) O foco estará mais na carreira do que nas finanças. O seu status público e profissional será mais importante que o dinheiro. (Em geral, quando a carreira vai bem, as finanças acompanham, então é um bom pensamento da sua parte, embora talvez seja preciso esperar pelo aumento nas finanças.)

A Casa do Dinheiro vazia indica um ano financeiro do tipo *status quo*. Você está basicamente satisfeito com os ganhos e não tem necessidade de fazer mudanças dramáticas ou prestar mais atenção nessa área.

O nódulo norte da Lua estará na sua Casa do Dinheiro o ano inteiro, indicando sorte nas finanças. Isso também indica "excesso." Talvez você tenha excesso de fundos e não saiba o que fazer com eles. Às vezes, ter muito pode ser um problema tão grande quando não ter nada.

Haverá um eclipse solar na Casa do Dinheiro no dia 10 de junho, o que pode gerar mudanças financeiras importantes. Geralmente são mudanças positivas, mas o processo pode não ser muito confortável. Os eventos do eclipse vão mostrar que o pensamento e o planejamento financeiro foram deixados de lado e este será o momento para corrigi-los.

Mercúrio (o seu Planeta das Finanças) é o planeta mais rápido de todos. Só a Lua se move mais rapidamente que ele. Os movimentos de Mercúrio frequentemente são erráticos. Às vezes, ele acelera pelo céu; às vezes, ele se move lentamente; às vezes, fica parado; e três vezes por ano ele vai para trás (movimento retrógrado). A sua vida financeira seguirá a mesma trajetória. Isso também mostra uma pessoa flexível nas finanças, que pode mudar de ideia rapidamente e lucrar com as flutuações de curto prazo no mercado. Portanto, existem várias tendências financeiras de curto prazo que dependem de onde Mercúrio está e dos aspectos que recebe. Isso será abordado com mais profundidade nos relatórios mensais.

Mercúrio ficará retrógrado três vezes este ano: de 30 de janeiro a 20 de fevereiro, de 29 de maio a 21 de junho e de 27 de setembro a 19 de novembro. Como nossos leitores assíduos já sabem, esses não serão momentos para fazer grandes compras ou investimentos. É o período de "esperar para ver," pesquisando e analisando suas finanças.

A carreira está em destaque e vai muito bem, com vários aspectos positivos. A sua Décima Casa (da Carreira) será a mais poderosa do horóscopo, indicando ambição e motivação. Ela também mostra disposição para superar qualquer desafio. O Planeta da Carreira (Urano) está em seu signo desde março de 2019, indicando um grande relacionamento com gente poderosa. As pessoas de autoridade na sua vida estarão dedicadas a você. Isso mostra que boas oportunidades profissionais vão cair no seu colo, sem que você precise se esforçar. (Depois que as ofertas forem aceitas, haverá muita agitação, mas não será necessário fazer algo especial para atrair as oportunidades.) Você terá a imagem do sucesso e vai se vestir como tal. As pessoas verão você como bem-sucedido e vão pedir sua ajuda. Você vai parecer uma pessoa poderosa.

Júpiter passará boa parte do ano na sua Décima Casa (da Carreira). É um indicador clássico de sucesso e expansão. O seu horizonte profissional vai se ampliar e expandir. Você está trabalhando muito e conquistando o sucesso (Saturno na Décima Casa mostra isso), mas verá o resultado de todo esse esforço. Saturno na Décima Casa também indica muitas viagens relacionadas ao trabalho em 2021.

Júpiter, que rege a Oitava Casa, mostra no dia 10 que você poderá enfrentar dramas na vida de um pai, mãe, figura paterna ou materna e das pessoas envolvidas em sua carreira. Poderá haver cirurgias ou experiências de quase morte na vida deles (às vezes, acontece uma morte real, mas é raro). Porém, tudo isso servirá para aumentar o seu status público e profissional. Se você estiver envolvido na política, este será um bom ano para concorrer a um cargo eletivo.

AMOR E VIDA SOCIAL

Conforme já mencionamos, o afastamento de Saturno do seu Planeta do Amor no ano passado acabou com muitos bloqueios nessa área, mas ainda é aconselhável ir devagar e deixar que os relacionamentos se desenvolvam naturalmente.

Plutão (o seu Planeta do Amor) está em Capricórnio há muitos anos e continuará lá por outros tantos, significando uma atitude conservadora no amor. Você não vai se apaixonar logo de cara. O processo vai exigir tempo e você precisa deixar rolar. Haverá uma cautela saudável em relação ao amor. (Nos últimos anos, isso podia ser medo, o que não é bom.)

Como nos últimos anos, haverá uma atração por estrangeiros, pessoas religiosas e altamente educadas. Você ficará atraído por mentores, os estudantes tenderão a se apaixonar pelos professores e poderá acontecer uma forte atração pelo líder religioso no seu local de culto. As oportunidades românticas podem acontecer na escola, no local de culto ou em eventos nesses lugares. Elas também podem acontecer no exterior. Uma viagem a um país interessante pode levar ao romance ou melhorar o romance atual.

Contudo, existe outra questão que vai complicar o amor. Urano está em seu signo desde 2019 e continuará lá por vários anos, deixando o taurino apaixonado pela liberdade pessoal. Por um lado, você será uma pessoa mais interessante e divertida de se ter por perto. Por outro, a sua independência e liberdade não serão úteis no amor. Um relacionamento sempre limita a liberdade porque diz respeito a "nós" em vez do "eu." A independência em si é boa, mas em um relacionamento pode não ser. Além disso, você poderá atrair pessoas que não querem compromisso sério. Então, conforme mencionamos anteriormente, o amor parece instável. Os solteiros vão namorar mais, mas a questão é: serão relacionamentos estáveis?

Com Urano em seu signo e na sua Primeira Casa, você viverá uma redefinição pessoal contínua e vai mudar de imagem e personalidade o tempo todo: você a aprimora constantemente — e isso pode complicar o amor. O seu interesse amoroso se apaixonou por uma pessoa, mas agora você se transformou em outra completamente diferente. Será que ele ou ela vai amar essa nova pessoa?

O casamento não parece provável. (E nem seria aconselhável.) Quem já estiver casado terá o casamento testado. Se você estiver em um envolvimento romântico com um taurino, dê a esta pessoa o máximo de espaço possível, desde que não seja destrutivo. Um compromisso sério pode até funcionar, desde que haja muita liberdade no relacionamento.

As amizades, que são relacionamentos platônicos, parecem muito mais felizes e estáveis que o amor. A sua Décima Primeira Casa (a dos Amigos) está muito forte. Júpiter vai entrar na Décima Primeira Casa rapidamente este ano, de 14 de maio a 29 de julho, indicando o surgimento de novas e importantes amizades. Como Júpiter rege a Oitava Casa, isso indica relacionamentos do tipo "amizade colorida". Não necessariamente românticos, mas de natureza sexual.

AUTOAPRIMORAMENTO

A sua Décima Segunda Casa da Espiritualidade está vazia este ano. Apenas planetas rápidos vão passar por lá, com influência temporária. Portanto, parece que a vida espiritual não será tão importante, e nem foco principal em 2021, mas a vida dá um jeito de oferecer lições fora da prática espiritual normal. Você viverá isso.

Nós discutimos o trânsito de Urano pelo seu signo em termos de carreira e do amor, mas lições importantes também acontecerão em outras áreas. Como já mencionamos, é preciso se sentir confortável com a mudança e com o inesperado, o que não é fácil para os nativos de Touro. O taurino ama o *status quo*, a rotina e a previsibilidade, mas agora tudo pode acontecer a qualquer momento e sua rotina será abalada. Este será o jeito do cosmos libertar você. Ao sair da chamada zona de conforto (que em muitos casos era uma prisão), um novo horizonte vai se abrir. O inesperado deixa tudo mais interessante. Aceite as mudanças e a imprevisibilidade. Aproveite.

Urano no seu signo também terá outros efeitos. Você vai se reinventar constantemente, conforme já mencionamos, e isso inclui experimentações com o corpo, que tem mais capacidade do que sabemos. A maioria dos limites do corpo são impostos por nós, então ao testar esses limites dele podemos fazer mais do que imaginávamos. Contudo, essas experimentações precisam ser feitas com segurança. Gosto de exercícios como Yoga, Tai Chi Chuan ou artes marciais. Evite as proezas mais ousadas, embora muitos de vocês ficarão tentados a fazer algo do tipo.

Netuno, o mais espiritual dos planetas, está na Décima Primeira Casa há muitos anos, então você vai atrair amigos espiritualizados. Embora a sua prática espiritual pessoal não pareça muito importante agora, você provavelmente vai receber ensinamentos e orientações dos amigos.

A astrologia, regida pela Décima Primeira Casa, também ficará mais importante este ano. (Ela vem ganhando importância há alguns anos, já que Urano, o planeta que rege a astrologia, está passando pelo seu signo.) Para ler mais sobre astrologia e outros assuntos metafísicos, visite meu site *www.spiritual-stories.com*.

PREVISÕES MENSAIS

JANEIRO

Melhores dias: 3, 4, 12, 13, 21, 22, 30, 31
Dias mais tensos: 1º, 2, 7, 8, 14, 15, 28, 29
Melhores dias para o amor: 2, 4, 7, 8, 10, 13, 21, 22, 30, 31
Melhores dias para o dinheiro: 3, 4, 5, 14, 15, 23, 24
Melhores dias para a carreira: 3, 12, 14, 15, 21, 30

Este mês será feliz e de sucesso. A carreira vai bem o mês inteiro, e talvez haja bastante trabalho a partir do dia 20. Você estará em um ápice profissional anual após o dia 20, mas ele tem um preço: mais trabalho. Até os parentes vão ajudar seus objetivos profissionais neste mês. Talvez eles considerem isso um "projeto familiar." Além disso, a família em geral parece mais elevada e bem-sucedida nesse período.

A saúde também precisará de mais atenção a partir do dia 20. As demandas profissionais serão fortes, então é preciso ter cuidado para não trabalhar demais. Não se esqueça de descansar bastante. Até o dia 9, você poderá melhorar a saúde com massagens nas coxas (massagens no ponto do reflexo do fígado também serão boas. Veja o mapa de reflexologia no relatório anual.) Após o dia 9, massagens nas costas e nos joelhos serão boas. Fazer uma visita ao quiropraxista ou osteopata também pode ser uma boa ideia.

Marte entrará no seu signo no dia 7. Isso será bom e ruim. No lado positivo, dá mais energia, coragem e vigor. Você é uma pessoa dinâmica, que gosta de fazer e acontecer. Além disso, você estará no auge em regimes atléticos ou de exercícios físicos. Como Marte é o seu Planeta Espiritual, você também estará mais idealista. Talvez um professor espiritual entre na sua vida. Você vai aprender a usar técnicas espirituais para moldar o corpo. Do lado negativo, você pode ficar combativo demais (inconscientemente). Você não vai levar desaforo para casa, vai procurar os conflitos (e definitivamente não vai fugir deles), o que pode levar à impaciência. A pressa e a afobação podem causar lesões e acidentes. Marte viaja com Urano entre os dias 18 e 21, intensificando essas tendências. Portanto, você até pode se apressar, mas use a atenção plena.

Dirija defensivamente e com mais cuidado entre os dias 18 e 21. Também é bom evitar conflitos no trabalho e na vida profissional nesse período.

Janeiro parece próspero. Mercúrio em Capricórnio até o dia 8 fornece um julgamento financeiro sólido e uma abordagem conservadora nas finanças. Você até pode sentir um aperto financeiro nos dias 9 e 10, mas não vai durar muito. Os dias 11 e 12 vão trazer um bom pagamento. Tente fazer grandes compras e investimentos antes do dia 30, pois nesse dia Mercúrio começa o movimento retrógrado. O amor parece feliz este mês, e em fevereiro será ainda melhor.

FEVEREIRO

Melhores dias: 1º, 8, 9, 18, 19, 27, 28
Dias mais tensos: 4, 5, 11, 12, 25, 26
Melhores dias para o amor: 1º, 2, 4, 5, 9, 10, 11, 19, 20, 21, 28
Melhores dias para o dinheiro: 2, 3, 11, 12, 20, 21
Melhores dias para a carreira: 8, 11, 12, 18, 27

A carreira ainda vai muito bem, com muito sucesso. Aumentos de salário (oficiais ou não) e promoções podem acontecer. Você está no topo do seu mundo e as pessoas vão procurá-lo. Provavelmente você tem a aparência e as roupas correspondentes a esse sucesso.

A saúde estará ainda mais delicada do que no mês passado. O importante agora, como nossos leitores assíduos já sabem, é manter a energia em alta, que é sempre a primeira defesa contra as doenças. Uma pessoa com a aura (o sistema imunológico espiritual) fortalecida vai afastar qualquer vírus ou bactéria destrutiva, portanto descanse quando o cansaço vier. Massagens nos tornozelos e panturrilhas serão benéficas até o dia 26. Depois do dia 26, massagens nos pés (veja o mapa no relatório anual) serão poderosas, desde que todo o pé seja massageado.

Com o ímpeto planetário majoritariamente avançado este mês (noventa por cento estão se movendo para a frente até o dia 21 e todos vão se mover para a frente depois disso), os eventos acontecerão rapidamente, tanto em termos pessoais quanto no mundo.

Mercúrio (o seu Planeta das Finanças) vai se mover para a frente a partir do dia 21. Até lá, tenha cuidado nas finanças. Você até pode comprar itens básicos e necessários, mas os objetos caros ou grandes investimentos devem esperar até depois do dia 21.

Mercúrio passa o mês inteiro na sua Décima Casa (da Carreira), o que envia várias mensagens. As finanças terão alta prioridade e um foco maior que o usual. Muitas vezes isso indica aumentos de salário (oficiais ou não). Chefes, idosos, pai, mãe ou figuras paternas ou maternas (as figuras de autoridade na sua vida), estarão favoráveis aos seus objetivos financeiros. A boa reputação será importante em termos financeiros, então cuide bem dela.

Mercúrio retrógrado não vai impedir os ganhos, apenas desacelerá-los um pouco. Haverá bons pagamentos neste mês, mas com atrasos. O Sol e Mercúrio viajam juntos nos dias 7 e 8, indicando que um pai, mãe, figura paterna ou materna vai ajudar nas finanças. Você poderá gastar mais com o lar. Entre os dias 8 e 11, Vênus viaja com Júpiter, o que também deve render bons pagamentos. Mercúrio viaja com Vênus e Júpiter nos dias 13 e 14, indicando outro bom período para as finanças.

Marte ainda está no seu signo o mês inteiro, então reveja a discussão sobre isso no mês passado. Tenha mais atenção no plano físico nos dias 6 e 7 e também no dia 20. Dirija com mais cuidado e evite conflitos.

MARÇO

Melhores dias: 7, 8, 16, 17, 18, 26, 27
Dias mais tensos: 3, 4, 9, 10, 24, 25, 30, 31
Melhores dias para o amor: 3, 4, 8, 12, 13, 18, 24, 27, 30, 31
Melhores dias para o dinheiro: 1º, 2, 9, 10, 19, 20, 22, 23, 28, 29, 30, 31
Melhores dias para a carreira: 7, 9, 10, 16, 17, 26

A saúde vai melhorar dramaticamente no dia 18 de fevereiro e ficará ainda melhor ao logo do mês. Você ainda tem dois planetas lentos em alinhamento tenso com você, mas os planetas rápidos agora estão em alinhamento harmonioso. Portanto, você pode deixar a saúde ainda melhor com massagens nos pés e técnicas de cura espiritual até o dia 21. Após o dia 21, massagens no rosto e no couro cabeludo serão poderosas. Também é bom se exercitar mais, de acordo com sua idade e fase da vida.

Embora você não esteja mais no pico profissional, a carreira ainda vai bem. Aumentos de salário (oficiais ou não) ainda podem acontecer. O movimento de Mercúrio para a frente restaura a confiança e a clareza nas finanças, mas este setor ainda terá mais novidades. Marte (o seu Planeta Espiritual) vai entrar na sua Casa do Dinheiro no dia 4 e continuará lá pelo resto do mês. O seu Planeta das Finanças (Mercúrio) entrará no espiritual signo de Peixes no dia 16. Isso envia muitas mensagens. A sua intuição financeira estará muito mais forte que o usual e você estará mais generoso e caridoso este mês. Além disso, você vai se aprofundar nas dimensões espirituais da riqueza e terá "dinheiro milagroso", que virá de formas que você nunca imaginou. As informações financeiras virão até você de formas espirituais, por meio de sonhos, videntes, leitores de tarô, astrólogos e canais espirituais. Você vai descobrir que o Divino está muito interessado na sua prosperidade.

Este mês será ótimo para a vida social, mas nem tanto para o romance (embora esta área também esteja boa). Março será melhor para amizades, grupos e atividades em grupo. Você vai achar esse tipo de envolvimento não apenas divertido, como lucrativo. Entre os dias 9 e 11 será um bom momento para trabalhos em equipe na família. No geral, você vai atrair amigos espiritualizados e eles parecem importantes para o seu crescimento.

No dia 20, o Sol entra na sua Décima Segunda Casa (da Espiritualidade). Vênus, o senhor do seu horóscopo, vai para lá no dia seguinte, 21, marcando a entrada em um período profundamente espiritual. Você está mais perto do mundo invisível e seus habitantes fazem questão de deixar claro para você que estão presentes. A vida onírica estará mais ativa. Haverá também um aumento nas experiências de sincronicidade e percepção extrassensorial. Os seus estudos e práticas espirituais vão melhorar.

Como o Sol é o seu Planeta do Lar e da Família, a mensagem do horóscopo é que a compreensão e o crescimento espiritual vão ajudar a entender suas questões familiares. Encontre o caminho espiritual certo e a situação familiar vai se acertar também.

ABRIL

Melhores dias: 3, 4, 13, 14, 23, 24
Dias mais tensos: 6, 7, 20, 21, 27, 28
Melhores dias para o amor: 1º, 2, 4, 11, 12, 14, 23, 24, 27, 28
Melhores dias para o dinheiro: 7, 10, 11, 15, 16, 17, 23, 26
Melhores dias para a carreira: 3, 4, 6, 7, 13, 14, 23, 24

O ímpeto planetário continua majoritariamente avançado neste mês. Até o dia 27 todos os planetas estarão se movendo para a frente. Após o dia 27, a porcentagem passa a ser de noventa por cento se movendo para a frente, que ainda é bem alta. Portanto, os eventos na sua vida e no mundo vão avançar rapidamente, indicando progresso rápido em direção a seus objetivos. Para os que nasceram no início do signo de Touro (de 20 a 26 de abril), será um ótimo período para lançar novos produtos ou projetos. Os planetas estão se movendo para frente e você estará nos ciclos solar cósmico e pessoal. Nem o movimento retrógrado de Plutão no dia 27 vai deixar de ser favorável e os seus projetos terão mais apoio cósmico para se realizarem.

O setor oriental do seu mapa (o que trata do "eu") estará poderosíssimo este mês. Oitenta (e às vezes noventa) por cento dos planetas estarão no Leste. O mesmo aconteceu no mês passado, mas agora os planetas rápidos estão entrando na posição oriental máxima. Você estará em um período de independência extrema, sendo mais fácil fazer tudo do seu jeito. Você sabe o que é melhor para si e este será o momento de correr atrás e fazer mudanças necessárias para isso. A sua felicidade cabe a você. Outras mudanças podem ser feitas mais para a frente neste ano, mas serão mais difíceis. Os outros podem discordar dos seus planos, mas siga em frente mesmo assim. Eles vão acabar mudando de ideia.

Você ainda estará em um período bastante espiritual até o dia 20, então cultive a solidão, que é um presente, e concentre-se na prática e nos estudos espirituais. A Lua Nova do dia 12 vai tornar os enigmas espirituais compreensíveis de um jeito normal e natural ao longo do mês. As informações de que você precisa simplesmente virão.

No dia 20, o Sol entra na Primeira Casa e você começará um dos seus ápices anuais de prazer pessoal. Os familiares parecem mais dedicados a você e vão fazer de tudo para agradá-lo. Haverá sorte inesperada e oportunidades felizes nas finanças a partir do dia 19, quando o Planeta das Finanças entra no seu signo. Você terá boa aparência e carisma de estrela e as pessoas vão notar isso.

O amor também parece feliz neste mês. O único problema é o seu Planeta do Amor estar retrógrado no dia 27. Isso não vai impedir que o amor aconteça e os solteiros ainda vão namorar e conhecer pessoas, mas tudo vai desacelerar. O seu Planeta do Amor (Plutão) ficará retrógrado por vários meses, então vá com calma na vida amorosa. Não há motivo para ter pressa. Deixe que o amor se desenvolva naturalmente.

MAIO

Melhores dias: 1º, 2, 10, 11, 20, 21, 28, 29
Dias mais tensos: 3, 4, 18, 19, 24, 25, 30, 31
Melhores dias para o amor: 1º, 2, 12, 13, 21, 22, 23, 24, 25, 29
Melhores dias para o dinheiro: 2, 4, 13, 14, 15, 22, 23, 24, 30, 31
Melhores dias para a carreira: 1º, 2, 3, 4, 10, 11, 20, 21, 28, 29, 30, 31

A entrada de Júpiter em Peixes no dia 14 será um breve flerte e vai trazer amigos espirituais, que serão importantes. Além disso, a vida sexual estará elevada, refinada e espiritualizada. É um bom período para estudar o lado espiritual do sexo em disciplinas como tantra, Kundalini Yoga e ciência hermética.

A entrada de Júpiter também melhora a saúde e a energia. Júpiter sai de um alinhamento tenso para um harmonioso, então a saúde estará basicamente boa este mês. Você terá energia, boa aparência e vai se vestir bem. Você poderá deixar a saúde ainda melhor com massagens no pescoço e na garganta até o dia 9, e nos braços e ombros após o dia 9.

Um eclipse lunar no dia 26 acontece na Oitava Casa, então faça uma agenda mais tranquila nesse período. Este eclipse pode trazer encontros com a morte (geralmente em nível psicológico) ou quase morte (experiências do tipo "por um triz"). Considere isto como mensagens de amor vindas do cosmos. A vida é curta e pode acabar a qualquer momento, então faça o que você nasceu para fazer. Este eclipse obriga o cônjuge, parceiro ou interesse amoroso atual a fazer mudanças financeiras. A estratégia e o pensamento precisam mudar nessa área. Todo eclipse lunar afeta os irmãos ou figuras fraternas em sua vida e esse não será diferente. Eles vão precisar redefinir a própria imagem e como desejam ser vistos pelos outros. Nos próximos meses, eles vão apresentar uma nova imagem para o mundo. Se eles foram descuidados em questões alimentares, o eclipse pode trazer a desintoxicação do corpo (não será uma doença, embora os sintomas possam ser parecidos). Os carros e equipamentos de comunicação podem ficar temperamentais, muitas vezes exigindo reparos ou substituições. Será bom dirigir com mais cuidado. Os estudantes abaixo do nível superior terão dramas na escola e mudança de planos educacionais. Eles também poderão mudar de escola. O pai, mãe, figuras paternas ou maternas vão fazer mudanças espirituais importantes.

Você ainda estará no meio de um ápice anual de prazer pessoal até o dia 21. Portanto, é bom aproveitar todos os prazeres da carne e conseguir o corpo que você deseja. No dia 21, você começará a ápice financeiro anual, e provavelmente vai sentir isso até antes. Então, o próximo mês também será próspero. Maio será basicamente um mês feliz, com alguns desafios causados pelo eclipse só para você ficar mais atento e deixar a vida mais interessante.

JUNHO

Melhores dias: 6, 7, 8, 16, 17, 24
Dias mais tensos: 14, 15, 20, 21, 26, 27
Melhores dias para o amor: 8, 11, 12, 17, 20, 21, 24
Melhores dias para o dinheiro: 1º, 9, 10, 11, 18, 19, 20, 25, 26, 27
Melhores dias para a carreira: 6, 7, 16, 17, 24, 26, 27

Você ainda estará no meio de um ápice financeiro anual até o dia 21, portanto o foco estará nas finanças e é assim que deve ser. Haverá prosperidade, mas ela será complicada nesse período. Em primeiro lugar, o seu Planeta das Finanças (Mercúrio) estará retrógrado até o dia 21. Isso não impede a prosperidade, mas desacelera um pouco. Além disso, haverá um eclipse solar no dia 10 que ocorre na Casa do Dinheiro, obrigando você a fazer mudanças financeiras importantes. Os seus planos, estratégias e pensamentos nessa área não eram muito realistas (os eventos do eclipse vão mostrar os motivos) e será preciso corrigir o rumo. Não é um bom período para especulações. Os filhos e figuras filiais também serão afetados por este eclipse, então deixe que eles tenham uma agenda mais tranquila e evitem atividades estressantes. Assim como acontece com você, um pai, mãe, figura paterna ou materna também precisará fazer mudanças financeiras importantes, pelos mesmos motivos: o pensamento e planejamento nessa área não andam muito realistas. Todos vocês devem ter mais cuidado ao dirigir, especialmente os irmãos e figuras fraternas. Se eles forem estudantes, haverá mudanças nos planos educacionais. As finanças se resolvem após o dia 21, quando a poeira do eclipse baixar e o seu Planeta das Finanças começar a avançar.

A carreira será importante o ano inteiro, mas agora que a maioria dos planetas está abaixo do horizonte, na metade inferior do seu mapa, o foco deverá estar mais no lar, na família e no seu bem-estar emocional. Transfira o foco da carreira para o lar. Por sinal, Marte entra na sua Quarta Casa no dia 12, indicando um bom momento para fazer consertos ou reformas em casa.

A saúde estará boa o mês inteiro, mas após o dia 12 ela vai precisar de mais atenção, pois Marte vai entrar em alinhamento tenso com você. Melhore a saúde fazendo uma alimentação adequada e massagens abdominais até o dia 27. Após o dia 27, massagens no peito e massagem no ponto do reflexo cardíaco serão boas.

Encare o amor de forma mais leve e permita que tudo aconteça naturalmente. Este não será um ano para casamento, e o mesmo vale para este mês. Você será uma pessoa interessante e intrigante nesses dias e as pessoas vão gostar de estar ao seu lado. Você será um sopro de ar fresco para os outros, mas o seu Planeta do Amor continua retrógrado e não há pressa para se comprometer.

JULHO

Melhores dias: 3, 4, 5, 13, 14, 23, 24, 31
Dias mais tensos: 11, 12, 18, 19, 24, 25
Melhores dias para o amor: 1º, 2, 5, 12, 14, 18, 19, 21, 23, 31
Melhores dias para o dinheiro: 6, 7, 8, 9, 10, 18, 20, 21, 26, 31
Melhores dias para a carreira: 3, 4, 5, 13, 14, 22, 23, 24, 25, 31

A atividade retrógrada aumentou no mês passado e vai aumentar ainda mais neste mês. Quarenta por cento dos planetas estão retrógrados este mês, uma porcentagem bem alta. Por isso, tudo vai desacelerar no mundo. Os objetivos levarão mais tempo para serem conquistados. A atividade retrógrada pode ser irritante e frustrante, mas tem sua razão de ser. Ela nos obriga a desacelerar, a fazer um balanço, analisar os objetivos e ver onde é possível melhorar. É o momento de obter clareza mental em muitas áreas da vida. Assim, quando os planetas voltarem a se mover para a frente daqui a alguns meses, você está pronto para avançar com eles. Os movimentos retrógrados são frustrantes, mas você lida com eles muito bem, melhor do que a maioria das pessoas, porque é paciente por natureza. Embora tenhamos muita atividade retrógrada, ainda não chegamos ao máximo para esse ano, o que acontecerá em setembro.

A carreira ainda será importante nesse momento. Júpiter voltará no fim do mês para a sua Décima Casa (da Carreira), mas neste mês o poder estará na sua Quarta Casa (do Lar e da Família). Quarenta e às vezes cinquenta por cento dos planetas vão passar por lá, uma porcentagem bem alta. O seu desafio será equilibrar uma carreira de sucesso (e as grandes exigências que caem sobre você) com uma vida doméstica feliz e harmoniosa. Você tenderá a alternar entre uma e outra, mas é preciso se concentrar mais no lar e na família.

Julho ainda será bom para fazer reformas, consertos e redecorar a casa. Também será um bom mês para fazer progressos psicológicos. Quem fizer terapia formal sentirá novos avanços e percepções, mas isso vai acontecer mesmo se não for o seu caso. O passado vai aparecer espontaneamente. Lembranças e traumas antigos vão ressurgir, para que você possa analisá-los com a consciência de hoje. O que era traumático para uma criança de seis anos traz apenas sorrisos atualmente. As opiniões que você tinha ou julgamentos que você fez quando estava estressado serão refeitas no presente. Você não vai mudar a história, apenas reinterpretá-la e isso traz a cura.

Este mês será próspero. Mercúrio passa rapidamente por três signos e casas do seu mapa, indicando confiança e muitos avanços. Os ganhos vão exigir mais esforço entre os dias 12 e 28, mas eles virão.

AGOSTO

Melhores dias: 1º, 10, 11, 18, 19, 27, 28
Dias mais tensos: 7, 8, 14, 15, 20, 21
Melhores dias para o amor: 1º, 11, 14, 15, 19, 20, 28, 29, 30, 31
Melhores dias para o dinheiro: 1º, 2, 3, 4, 7, 8, 13, 18, 19, 21, 28, 29, 30, 31
Melhores dias para a carreira: 1º, 10, 11, 18, 19, 20, 21, 27, 28

O foco no lar e na família continua forte até o dia 23. Reveja nossa discussão sobre o tema no mês passado. No dia 23, o Sol entra na Quinta Casa e você começará mais um de seus ápices anuais de prazer pessoal. Este será um pouco diferente do que você teve em abril e maio. Aquele foi mais voltado para os prazeres físicos, enquanto este será mais dedicado ao lazer e aos prazeres criativos. É o momento das férias. Mesmo se você não estiver oficialmente de férias, haverá mais atividades divertidas e de lazer.

Embora a atividade retrógrada fique ainda maior do que no mês passado, com cinquenta por cento dos planetas retrógrados a partir do dia 20, isso não parece afetar as finanças. Mercúrio continua se movendo rapidamente. Como aconteceu em julho, ele vai passar por três signos e casas, indicando que o dinheiro e as oportunidades financeiras acontecerão de várias formas e por meio de pessoas e situações diferentes. Até o dia 12 ele veio pela família e pelas conexões familiares. Você também vai gastar mais com o lar e a família. Entre os dias 12 e 30, o dinheiro virá de um jeito divertido, pois você está se divertindo ou se envolvendo em atividades de lazer. Você também vai gastar mais com diversão e será um período de dinheiro feliz. As especulações também estarão mais favoráveis. Nos dias 30 e 31, ela virá por meio do trabalho e das conexões sociais. Haverá uma breve pausa na vida financeira, pois Mercúrio terá um solstício entre os dias 28 e 30. Ele faz uma pausa no céu (em latitude) e depois muda de direção. É exatamente o que vai acontecer em termos financeiros: uma pausa, seguida pela mudança de rumo.

A família como um todo vai prosperar este mês, especialmente um pai, mãe, figura paterna ou materna. Haverá oportunidades profissionais muito felizes a partir do dia 12. O amor também parece feliz nesse período. Contudo, a vida amorosa estará complicada, pois Plutão (o seu

Planeta do Amor) continua retrógrado. Ainda haverá uma necessidade de clareza mental e emocional no amor. Os solteiros terão opções entre casos amorosos divertidos ou um amor comprometido e sério, mas novamente não é preciso se apressar nessa área.

Vênus, o senhor do seu horóscopo, também terá um solstício entre os dias 16 e 19. Ele faz uma pausa no céu e depois muda de direção (em latitude), indicando uma pausa nos seus assuntos, seguida por uma mudança de rumo. Será uma pausa boa e renovadora.

SETEMBRO

Melhores dias: 6, 7, 14, 15, 24, 25
Dias mais tensos: 4, 5, 10, 11, 17, 18
Melhores dias para o amor: 7, 9, 10, 11, 15, 16, 19, 25, 29, 30
Melhores dias para o dinheiro: 8, 9, 17, 18, 26, 27
Melhores dias para a carreira: 6, 7, 14, 15, 17, 18, 24, 25

O setor ocidental social do seu mapa ficou poderoso em julho e está se aproximando do máximo neste mês. Ele jamais será dominante, pois boa parte dos planetas lentos está no Leste, mas estará mais forte que o usual. Isso significa um período mais sociável. Embora você tente estar presente para os outros, eles nunca serão mais importantes que você. Portanto, você vai trabalhar para equilibrar os seus interesses com os interesses alheios.

A atividade retrógrada chegará ao máximo para este ano no dia 27, quando sessenta por cento dos planetas estarão retrógrados. Veja bem: a maioria do sistema solar vai estar se movendo para trás! Isso vai desafiar a vida dos bebês nascidos neste período. Eles vão amadurecer tarde na vida e os pais precisam entender isso. Essas pessoas vão precisar de muito desenvolvimento interno.

Um Mercúrio que fica retrógrado enquanto outros planetas estão retrógrados é muito mais forte do que se acontecesse sozinho, então tenha cuidado nas comunicações. Reserve um tempo para entender o que os outros realmente estão dizendo e certifique-se de que a sua mensagem seja transmitida corretamente. Como Mercúrio é o seu Planeta das Finanças, pegue leve na vida financeira. Se você precisa fazer grandes compras, investimentos ou tomar decisões importantes, então faça tudo isso antes do dia 27. Na vida, muitas vezes é melhor não fazer nada do que agir sem entender o que está acontecendo.

A Quinta Casa (da Diversão) continuará forte até o dia 22, então este é um bom momento para tirar férias. Nada de importante está acontecendo no mundo e você pode muito bem se divertir um pouco.

A Sexta Casa (da Saúde e do Trabalho) estará muito poderosa este mês, pois quarenta e às vezes cinquenta por cento dos planetas estarão lá ou passarão por lá. Este é um trânsito maravilhoso para quem procura emprego, embora seja preciso deixar os detalhes bem claros. Nem tudo será o que parece, e o mesmo vale se você estiver contratando. Haverá muitos candidatos, mas será preciso fazer mais pesquisas e verificações.

Setembro será um bom mês para fazer todos aqueles trabalhos entediantes e detalhistas que você vive adiando. Você estará mais no clima para esse tipo de tarefa, que ficará mais fácil. Os dias 5 e 6 e 19 e 20 serão bons para as finanças, embora tudo deva acontecer com atrasos nessa área.

OUTUBRO

Melhores dias: 3, 4, 12, 13, 21, 22, 31
Dias mais tensos: 1º, 2, 8, 9, 14, 15, 28, 29, 30
Melhores dias para o amor: 4, 8, 9, 10, 13, 18, 19, 22, 29, 30
Melhores dias para o dinheiro: 5, 6, 7, 14, 15, 23, 24, 25
Melhores dias para a carreira: 3, 4, 12, 13, 14, 15, 21, 22, 31

Nós teremos um estudo sobre extremos este mês. Outubro começa com sessenta por cento dos planetas retrógrados, o máximo para 2021, e acaba com apenas vinte por cento dos planetas retrógrados, uma redução drástica. Por isso, os projetos empacados vão avançar no fim de outubro. Daqui em diante, a atividade retrógrada vai diminuir gradualmente.

A saúde precisará de mais atenção a partir do dia 22. Então, como sempre, descanse bastante e faça de tudo para manter a energia em alta. Melhore a saúde com regimes de desintoxicação, massagens no cólon e no ponto do reflexo da bexiga até o dia 7. (Você encontra esses reflexos no mapa mostrado em seu relatório anual). É importante fazer sexo seguro e com moderação. Após o dia 7, massagens nas coxas e no ponto do reflexo do fígado serão boas, assim como uma desintoxicação do fígado com chás de ervas.

O seu Planeta do Amor (Plutão) começa a se mover para a frente no dia 6, após vários meses de movimento retrógrado, então haverá mais clareza no amor. O relacionamento atual vai avançar, pouco a pouco, mas para os solteiros será melhor curtir vários relacionamentos breves do que se comprometer com algo mais sério. Você estará em um forte período social (um ápice anual nessa área) a partir do dia 22, mas o casamento não é aconselhável. Aproveite a atividade social, pois ela pode ser bem divertida, independente do resultado. O cônjuge, parceiro ou interesse amoroso atual terá um bom mês, tendo boa aparência e sucesso. Você parece bastante envolvido nas finanças deste parceiro.

O seu Planeta das Finanças (Mercúrio) continuará retrógrado até o dia 18, então deixe grandes compras ou investimentos para depois do dia 18. O dinheiro parece vir do jeito antigo este mês, por meio do trabalho e do serviço produtivo. Também poderão surgir oportunidades para sociedades ou parcerias. O seu traquejo social e os contatos em geral serão importantes nas finanças.

No dia 22, a metade superior (o lado diurno) do seu horóscopo ficará dominante, então é hora de se concentrar mais na carreira e nas atividades externas. Como até os parentes vão ajudar nisso, você poderá deixar os problemas do lar e da família de lado por um tempo. Embora o seu Planeta da Carreira ainda esteja retrógrado, os outros planetas envolvidos com ele vão se mover para a frente neste mês, então muitos bloqueios à carreira vão acabar.

NOVEMBRO

Melhores dias: 1º, 8, 9, 17, 18, 27, 28

Dias mais tensos: 4, 5, 10, 11, 25, 26

Melhores dias para o amor: 1º, 4, 5, 8, 9, 17, 18, 27, 28

Melhores dias para o dinheiro: 2, 3, 11, 12, 13, 20, 21, 23, 24, 30

Melhores dias para a carreira: 1º, 8, 9, 10, 11, 17, 18, 27, 28

Um eclipse lunar no dia 19 parece forte em você, então é melhor pegar leve nesse período. As pessoas mais sensíveis podem perceber o eclipse com até duas semanas de antecedência, mas o cosmos vai mandar esta mensagem do jeito dele, de uma forma que você vai entender. Alguns acontecimentos bem estranhos vão ocorrer e servirão para alertar sobre o período do eclipse, indicando que é hora de pegar mais leve.

Este eclipse será forte por vários motivos. Primeiro, ele acontece no seu signo. Segundo, ele afeta Vênus, o senhor do seu horóscopo (um planeta muito importante). Terceiro, ele também afeta Júpiter, o senhor da sua Oitava Casa. Isso obriga você a se redefinir. Será melhor se você fizer isso, ou os outros vão definir você e isso não será muito agradável. Esta redefinição vai levar a uma nova postura diante do mundo nos próximos meses. Você vai mudar o cabelo, o modo de se vestir e os acessórios para criar uma imagem nova e atualizada. Se você não cuidar da alimentação, esse tipo de eclipse poderá trazer uma desintoxicação do corpo. Como Júpiter será afetado, poderão acontecer encontros com a morte (geralmente em nível psicológico, não físico). Cirurgias podem ser recomendadas, talvez você viva uma experiência de quase morte, ou talvez isso aconteça com alguém próximo a você, uma experiência do tipo "por um triz". Poderá acontecer um susto relacionado à saúde, além de mudanças no emprego ou dramas no local de trabalho. Os filhos ou figuras filiais precisarão fazer mudanças financeiras dramáticas. Um pai, mãe, figura paterna ou materna precisará dirigir com mais cuidado. O cônjuge, parceiro ou interesse amoroso atual também precisará fazer mudanças financeiras importantes, e poderá ter dramas na vida social envolvendo os amigos.

A saúde ainda precisará de cuidados até o dia 22. Então, conforme mencionamos no mês passado, descanse bastante. Melhore a saúde com massagens nas coxas e no ponto do reflexo do fígado até o dia 5. Após o dia 5, massagens nas costas e nos joelhos serão poderosas. A saúde e a energia vão melhorar dramaticamente após o dia 22.

Você ainda estará em um ápice amoroso e social anual. O casamento não parece provável, mas haverá mais namoros e atividades sociais. No dia 22, quando o Sol entrar na Oitava Casa, o cônjuge, parceiro ou interesse amoroso atual terá um excelente período financeiro.

As suas finanças serão boas no dia 1º (pois Mercúrio forma bons aspectos com Júpiter) e também nos dias 27 e 28, quando Mercúrio e o Sol viajam juntos. Tenha cuidado para não gastar demais nos dias 19 e 20. Uma oportunidade profissional muito feliz acontecerá nos dias 18 e 19.

DEZEMBRO

Melhores dias: 5, 6, 14, 15, 16, 24, 25
Dias mais tensos: 1º, 2, 7, 8, 22, 23, 29, 30
Melhores dias para o amor: 1º, 2, 5, 6, 14, 15, 16, 24, 25, 29, 30
Melhores dias para o dinheiro: 4, 8, 9, 13, 14, 17, 18, 24, 25, 28
Melhores dias para a carreira: 5, 6, 7, 8, 14, 15, 16, 24, 25

Vênus (o senhor do seu horóscopo) está "fora dos limites" desde 11 de outubro e continuará assim até o dia 7 de dezembro. Nos últimos meses você vem saindo dos seus círculos normais, especialmente nas questões relacionadas à saúde e ao trabalho. As responsabilidades profissionais, a busca por um novo emprego ou talvez as metas de saúde podem ter tirado você da zona de conforto, mas no dia 7 você voltará à esfera normal. Talvez ela tenha se expandido e agora seja o seu normal.

A saúde e a energia estarão boas este mês. Quando o Sol entrar em Capricórnio no dia 21, elas vão aumentar e, quando Júpiter sair de Aquário no dia 30, haverá outro avanço nessa área. Se você quiser deixar a saúde ainda melhor, massagens nas costas e nos joelhos serão poderosas. Também pode ser uma boa ideia fazer uma visita ocasional ao quiropraxista ou osteopata.

O amor também parece feliz neste mês. Para os solteiros, haverá um romance. Vênus (o Planeta do Amor genérico e senhor do seu horóscopo) faz uma parada longa bem no seu Planeta do Amor (Plutão), então algo vai acontecer nessa área. O único problema será a estabilidade. Lembre-se de que Urano está em seu signo a longo prazo.

O eclipse solar do dia 4 afetará suas finanças, mas fora isso será benigno. Ele acontece na sua Oitava Casa e por isso as finanças do cônjuge, parceiro ou interesse amoroso atual também enfrentarão problemas que exigirão mudanças. Poderá haver dramas envolvendo impostos, imóveis ou seguros. Também podem acontecer encontros com a morte, em um nível psicológico. Cirurgias podem ser recomendadas (mas não significa que você precise fazê-las). Talvez haja experiências de quase-morte, do tipo "por um triz", com você ou pessoas próximas. Estes encontros são mensagens de amor vindas de cima, lembretes de que a vida é curta e pode acabar a qualquer momento. Portanto, é melhor fazer o que você veio aqui para fazer. Os filhos e figuras filiais em sua vida também parecem ser afetados, devendo fazer uma agenda reduzida e evitar atividades estressantes neste período. Também poderá haver dramas no lar e com a família. Se houver falhas ocultas no lar, agora será o momento de descobri-las e corrigi-las.

Júpiter vai entrar na Décima Primeira Casa no dia 30 e ficar por um bom tempo, indicando amizades novas e significativas. Você vai adquirir equipamentos e aparelhos tecnológicos de alta qualidade. A sua compreensão sobre ciências, astronomia e astrologia vai aumentar. (Isso também vale para o ano que vem.) Muitas pessoas fazem o horóscopo pessoal nesse tipo de trânsito.

♊

GÊMEOS

OS GÊMEOS

Nascidos entre 21 de maio e 20 de junho

PERFIL PESSOAL

GÊMEOS EM UM RELANCE

Elemento: Ar
Planeta Regente: Mercúrio
  Planeta da Carreira: Netuno
  Planeta da Saúde: Plutão
  Planeta do Amor: Júpiter
  Planeta das Finanças: Lua
Cores: azul, amarelo, amarelo-ouro
Cor que promove o amor, o romance e a harmonia social: azul-celeste
Cores que propiciam ganhos: cinza, prateado
Pedras: ágata, água-marinha
Metal: mercúrio
Perfumes: alfazema, lilás, lírio-do-vale, estoraque (benjoim)
Qualidade: mutável (= flexibilidade)
Qualidades essenciais ao equilíbrio: profundidade de pensamento, pouca superficialidade
Maiores virtudes: grande habilidade comunicativa, pensamento ágil, rápida capacidade de aprendizagem
Necessidade mais profunda: comunicação
Características a evitar: tendência a fofocas e a magoar os outros com palavras ásperas, superficialidade, uso da oratória para desinformar ou desviar de assuntos
Signos de maior compatibilidade: Libra, Aquário

Signos de maior incompatibilidade: Virgem, Sagitário, Peixes
Signo mais útil à carreira: Peixes
Signo que fornece maior suporte emocional: Virgem
Signo mais prestativo em questões financeiras: Câncer
Melhor signo para casamento e associações: Sagitário
Signo mais útil em projetos criativos: Libra
Melhor signo para sair e se divertir: Libra
Signo mais útil em assuntos espirituais: Touro, Aquário
Melhor dia da semana: quarta-feira

COMPREENDENDO A PERSONALIDADE GEMINIANA

O signo de Gêmeos representa para a sociedade o que o sistema nervoso representa para o organismo. Não produz informações novas, mas constitui um transmissor vital entre os estímulos gerados pelos sentidos e pelo cérebro e vice-versa. O sistema nervoso não julga ou pondera esses impulsos; tal função é atribuição do cérebro ou dos instintos. Ele apenas transmite informações, e o faz com perfeição.

Essa analogia deve fornecer uma ideia do papel dos geminianos na sociedade. Eles são os comunicadores e transmissores de mensagens. Para um geminiano, o teor da verdade de uma mensagem é irrelevante; ele apenas transmite o que vê, ouve ou lê; apregoa o que os livros escolares ensinam e o que lhe é passado por seus superiores. Assim, os nativos de Gêmeos são capazes de espalhar os maiores disparates, bem como de trazer luz e verdade a um tema. Eles tendem, por vezes, a ser inescrupulosos em suas comunicações e podem usar esse poder para o bem ou para o mal. É por isso que Gêmeos é considerado um signo de dualidade.

A habilidade para se comunicar com facilidade faz dos geminianos excelentes professores, escritores e profissionais da mídia. Nesse aspecto, são ajudados pelo fato de que Mercúrio, o planeta regente dos nativos do signo, rege também essas atividades.

Os geminianos possuem o dom da eloquência. E que eloquência! Podem falar sobre qualquer tema, a qualquer hora e em qualquer lugar. Nada é mais divertido para eles do que uma boa conversa, sobretudo se com ela aprenderem algo novo. Eles adoram aprender e ensinar. Privar um geminiano de conversas, livros e revistas é uma punição extremamente cruel.

Eles costumam ser excelentes alunos e são bem-sucedidos nos estudos. Suas mentes armazenam vasto arsenal de informação, que inclui histórias, anedotas, trivialidades, curiosidades, fatos e estatísticas. Dessa forma, conseguem sustentar qualquer disputa intelectual a que se disponham. São assombrosos como debatedores, e quando envolvidos em política, oradores imbatíveis.

A eloquência de Gêmeos é tão impressionante que, mesmo quando os nativos do signo não têm a menor ideia do que estão falando, dão a impressão de que são especialistas no assunto. É impossível não se deixar ofuscar por seu brilhantismo.

FINANÇAS

Os geminianos tendem a se preocupar mais com a riqueza do aprendizado e das ideias do que com a riqueza material propriamente dita. Brilham em profissões ligadas à escrita, à didática, ao comércio e ao jornalismo. Nem todas essas profissões pagam bem! Mas sacrificar necessidades intelectuais por dinheiro é inconcebível para um geminiano. Ele sempre tenta conciliar os dois.

Câncer ocupa a Segunda Casa Solar geminiana (Finanças), o que indica que você, de Gêmeos, pode ganhar dinheiro extra de forma harmoniosa e natural, por meio de investimentos em restaurantes, hotéis, imóveis e pousadas. Em virtude de sua habilidade de oratória, você adora situações de barganha e negociação, principalmente quando há dinheiro envolvido.

A Lua, que rege a Segunda Casa Solar de Gêmeos, é o corpo sideral mais rápido do Zodíaco; percorre todos os signos e as Casas zodiacais a cada 28 dias. Nenhum outro astro ou planeta se equipara à Lua em capacidade de mudança rápida. A análise da Lua e de seus fenômenos nos ajuda a compreender melhor a postura financeira dos nativos deste signo. Ao lidar com finanças, eles são versáteis e flexíveis. Ganham dinheiro de diversas formas, e suas necessidades e atitudes financeiras parecem flutuar diariamente. O mesmo acontece com sua maneira de encarar o dinheiro: entusiasmam-se com ele em alguns momentos e, em outros, parecem não lhe dar a mínima importância.

Para o geminiano, as metas financeiras e o dinheiro são vistos como mera forma de sustento para constituir uma família; fora isso, têm pouco valor.

A Lua, regente das Finanças de Gêmeos, também envia outra importante mensagem para os geminianos: para concretizar plenamente seu potencial financeiro, eles precisam aprender a desenvolver profunda compreensão do aspecto emocional da vida. Necessitam combinar sua espantosa capacidade de raciocínio lógico com a compreensão da psicologia humana. Os sentimentos possuem lógica própria. É uma lição que os geminianos têm de aprender e aplicar na área das finanças.

CARREIRA E IMAGEM PÚBLICA

Os geminianos intuem que foram agraciados com o dom da comunicação e que esse é um poder capaz de produzir grande bem ou terrível mal-estar. Anseiam por colocar esse dom a serviço de ideais transcendentes e elevados. Sua principal meta consiste em comunicar verdades eternas e prová-las por meio da lógica. Respeitam poetas, artistas, músicos e místicos, por terem conseguido transcender o intelecto. Encantam-se com a vida dos santos e mártires. Para um geminiano, a transmissão da verdade, seja ela de caráter científico, histórico ou revelador, constitui a mais elevada das possibilidades de realização. Aqueles que conseguem transcender o intelecto assumem o papel de líderes naturais para eles, que têm perfeita consciência disso.

O signo de Peixes ocupa a Décima Casa Solar de Gêmeos, da Carreira. Netuno, o planeta da espiritualidade e do altruísmo, é o planeta da Carreira para os nativos do signo. Para que um geminiano se realize profissionalmente é preciso, portanto, que desenvolva seu lado transcendente, espiritual e altruísta. Ele deve compreender o vasto panorama cósmico e a maneira como a evolução humana flui, sua origem e seu destino. Somente então sua potência intelectual encontrará seu legítimo lugar, e ele poderá tornar-se "mensageiro dos deuses". Os geminianos precisam aprender a cultivar a inspiração, que não é algo que se origina *no* intelecto, mas *por meio* dele. Esse procedimento só tende a enriquecer e a fortalecer a mente geminiana.

AMOR E RELACIONAMENTOS

A tagarelice e o brilhantismo naturais dos geminianos refletem-se em sua vida amorosa e social. Uma boa conversa ou um bom bate-papo pode ser o interessante prelúdio de um novo romance. O único problema que enfrentam no amor é que seu intelecto é demasiado frio e apático para despertar ardor no outro. As emoções chegam a perturbar os nativos do signo, e seus(suas) companheiros(as) se queixam disso. Quem estiver apaixonado(a) por alguém do signo deve compreender por que isso ocorre. Os geminianos evitam paixões profundas porque elas interferem em sua habilidade de raciocínio e comunicação. Se eles parecerem frios para você, que é nativo de outro signo, compreenda que se trata da própria natureza deles.

Não obstante, os geminianos precisam entender que falar de amor é diferente de sentir o amor em toda a sua radiância e retribuí-lo. Falar sobre o amor não os levará a lugar algum. Precisam senti-lo e agir de acordo com isso. Esse sentimento pertence aos domínios do coração, não do intelecto. Se você deseja saber como um geminiano se sente em relação ao amor, não ouça o que ele diz; observe como ele age. Os geminianos tendem a ser bastante generosos com aqueles a quem amam.

Os nativos de Gêmeos apreciam companheiros refinados, educados e viajados. Se o consorte for mais rico do que eles, melhor ainda. Se você se apaixonou por um geminiano, é melhor ser um ótimo ouvinte.

O relacionamento ideal para um geminiano é o de natureza mental. É claro que ele também aprecia os aspectos emocionais e físicos de uma relação, mas se a comunhão intelectual não se fizer presente, ele sofrerá muito com essa ausência.

VIDA DOMÉSTICA E FAMILIAR

No lar, os geminianos se mostram incrivelmente organizados e meticulosos. Esperam que o cônjuge e os filhos mantenham o padrão ideal que eles mesmos seguem. Quando isso não ocorre, eles se lamentam e criticam, mas são bons membros de família e gostam de servi-la de maneira prática e útil.

O lar de um geminiano é confortável e aprazível. Ele gosta de receber convidados e é um ótimo anfitrião. Os nativos de Gêmeos também são bons em reparos, consertos e melhorias no lar. Nisso são impulsionados por sua necessidade de permanecer ativos e ocupados com algo que apreciem. Eles possuem muitos hobbies e passatempos, que os mantêm ocupados quando ficam sozinhos em casa.

Os geminianos compreendem as crianças e se dão muito bem com elas — em parte porque eles também são muito jovens de espírito. Como grandes comunicadores, sabem explicar as coisas aos mais moços e, assim, ganham seu respeito, seu amor e sua confiança. Encorajam os filhos a serem criativos e falantes, como eles próprios.

GÊMEOS
PREVISÃO ANUAL PARA 2021

TENDÊNCIAS GERAIS

Com apenas um planeta lento em alinhamento tenso com você (o que vem acontecendo há vários anos), a saúde deve estar boa e a energia, forte. Voltaremos a esse assunto em breve.

A vida amorosa será boa em 2021, mas isso é apenas um prenúncio do sucesso ainda maior que acontecerá em 2022. O seu Planeta do Amor (Júpiter) vai sair de Aquário rapidamente e entrar em Peixes de 14 de maio a 29 de julho. No fim do ano (30 de dezembro), ele vai entrar em Peixes por um bom tempo. Júpiter fica muito feliz no signo de Peixes, então o seu traquejo e magnetismo social estarão muito poderosos, mas isso não vai atrapalhar o amor. Voltaremos a esse assunto em breve.

A entrada de Júpiter em Peixes também terá impacto importante e muito positivo em sua carreira. Ele vai trazer sucesso, promoções e honrarias, mas isto é apenas o prenúncio do verdadeiro sucesso que acontecerá em 2022. Voltaremos a esse assunto em breve.

Urano está na Décima Segunda Casa (a da Espiritualidade) desde março de 2019, indicando que esta será uma área muito importante da sua vida em 2021 e por vários anos. Isso mostra muita experimentação na vida e na prática espiritual. Você vai girar em torno de vários ensinamentos e sistemas e provavelmente será como uma pessoa sagrada, que busca a sabedoria em muitos lugares. Por isso, você vai participar de vários grupos espirituais e experimentar diversos sistemas e métodos. Voltaremos a esse assunto em breve.

A saúde estará boa em 2021. Na maior parte do ano haverá apenas um planeta lento em alinhamento tenso com você. (Por um breve período haverá dois: entre 14 de maio e 29 de julho). Isso não causará grandes problemas. Voltaremos a esse assunto em breve.

As principais áreas de interesse este ano serão: transformação pessoal, reinvenção, sexo e estudos sobre ocultismo; viagens ao exterior, educação superior, religião, filosofia e teologia; carreira e espiritualidade.

Os caminhos de maior realização este ano serão: corpo, imagem e aparência pessoal; viagens ao exterior, educação superior, religião, filosofia e teologia (até o dia 14 de maio e de 29 de julho até 30 de dezembro); e carreira (de 14 de maio a 29 de julho e a partir de 30 de dezembro.)

SAÚDE

(Esta é uma perspectiva astrológica sobre a saúde, não uma visão médica. No passado essas perspectivas eram idênticas, mas hoje podem ocorrer diferenças significativas. Para obter uma opinião com base em diagnósticos da medicina convencional, consulte seu médico ou um profissional da área da saúde.)

Conforme já mencionamos, a saúde deverá estar boa em 2021. Em boa parte do ano, existe apenas um planeta lento em alinhamento tenso com você: Netuno. De 14 de maio a 29 de julho serão dois, pois Júpiter entra em cena. Mas Júpiter não coloca a saúde em risco. Todos os outros planetas lentos estarão em aspecto harmonioso ou vão deixar você em paz.

Contudo, haverá momentos no ano em que a saúde e a energia estarão piores que o habitual. Esses períodos, causados por trânsitos de curto prazo, serão temporários e não configuram tendências para 2021. Quando eles passarem, a saúde e a energia voltarão ao normal. Por mais que a saúde esteja boa, poderá ficar ainda melhor. Dê mais atenção às seguintes áreas em 2021, que são as mais vulneráveis do seu mapa.

Coração. (Será um problema apenas de 14 de maio a 29 de julho, e também em 2022.) Os reflexos aparecem em seu mapa. Como a maioria dos curadores espirituais vai atestar, o importante para o coração é evitar as duas emoções que o estressam: preocupação e ansiedade. Cultive a fé e a confiança.

Pulmões, braços, ombros e sistema respiratório. São sempre importantes para os nativos de Gêmeos, pois o signo rege estas áreas. Os reflexos aparecem em seu mapa. Massagens nos braços e nos ombros precisam fazer parte da sua rotina de saúde, pois a tensão costuma se acumular nos ombros e precisa ser liberada.

Cólon, bexiga e órgãos sexuais. Também são sempre importantes para os geminianos, visto que Plutão (o planeta que rege estes órgãos) é o seu Planeta da Saúde. É bom fazer uma limpeza do cólon com chás de ervas de vez em quando. O sexo seguro e feito com moderação também é sempre importante para você. Ouça o corpo em vez da mente e você vai saber a hora de parar.

Coluna, joelhos, dentes, ossos e alinhamento do esqueleto. Estas áreas são importantes desde que o Planeta da Saúde entrou em Capricórnio, há muitos anos. E continuarão importantes por outros tantos, por isso será muito bom massagear as costas e os joelhos, e também os reflexos das áreas mostradas anteriormente. Além disso, visitas regulares a um quiropraxista ou osteopata serão boas. As vértebras vão precisar se manter alinhadas, cuidar da higiene dental é importante e também será bom dar apoio aos joelhos quando se exercitar.

Plutão, o Planeta da Saúde, rege as cirurgias e também ocupa a Oitava Casa (das Cirurgias). Portanto, você terá uma tendência a passar por esses procedimentos médicos. Provavelmente você fez cirurgias nos últimos anos, mas lembre-se de que esses mesmos aspectos regem a desintoxicação e talvez seja bom começar por aí. O seu mapa mostra que você reage bem a desintoxicações. Este processo parece levar mais tempo, mas em muitos casos têm os mesmos resultados de uma cirurgia.

LAR E FAMÍLIA

A Quarta Casa do Lar e da Família não está proeminente há muitos anos. Embora a tendência tenha sido se dedicar à família este ano (e nos anteriores), vai ser menos que o usual. Eu vejo isso como positivo, pois tende ao *status quo*. Existe um contentamento básico com a situação atual e não há necessidade de fazer mudanças dramáticas ou prestar atenção especial a essas áreas.

Mercúrio é o senhor do seu horóscopo e o seu Planeta da Família, indicando a proximidade com os parentes. O que acontece a eles acontece a você e vice-versa. Quando tudo vai bem para eles, você também está bem, e vice-versa.

O ano de 2021 será mais dedicado à carreira, com foco voltado para os objetivos externos e mundanos do que o lar e a família. Haverá períodos em que as questões do lar e a família serão importantes, mas jamais serão dominantes este ano.

Pais, mães e figuras paternas ou maternas poderão ter abalos em casa (eles serão afetados por dois eclipses este ano), mas uma mudança de endereço parece improvável. Um pai, mãe, figura paterna ou materna terá um excelente ano em termos sociais, especialmente de 14 de maio a 29 de julho. Se essa figura estiver solteira, o casamento poderá acontecer em 2021 ou 2022.

Os irmãos e figuras fraternas encontrarão o amor. A vida amorosa deles teve decepções no ano passado, mas está melhor agora. Se eles forem solteiros, o casamento poderá acontecer, mas com atrasos e complicações. Mudanças de endereço não parecem prováveis este ano. Nada contra isso, mas não há algo que favoreça especificamente essa ideia.

Os filhos e figuras filiais estarão mais férteis este ano (se tiverem a idade adequada), mas uma mudança de endereço não parece provável. Se eles estiverem desempregados, terão oportunidades de trabalho maravilhosas. Já a vida social estará no *status quo* para eles. Os netos (caso você os tenha) ou as pessoas que desempenham esse papel em sua vida poderão se mudar várias vezes. Eles parecem instáveis, errantes.

Se você planeja fazer grandes consertos em casa, entre 16 de setembro a 1º de outubro será um bom momento. Se você paneja redecorar em nível estético ou adquirir objetos de arte para o lar, o período entre 22 de julho a 16 de agosto será bom.

DINHEIRO E CARREIRA

A sua Casa do Dinheiro está basicamente vazia este ano. Apenas planetas rápidos vão passar por lá e os efeitos serão breves. Portanto, não haverá muito foco nas finanças em 2021. Isso pode ser lido como algo bom. Você está contente com a situação atual e não precisa prestar muita atenção nessa área, que tenderá ao *status quo*. As finanças serão mais ou menos como no ano passado. Por outro lado, se surgirem problemas nessa área, vai ser por falta de atenção. Serão momentos em que o cosmos vai chamar você a ficar mais atento.

A carreira estará muito mais em foco do que as finanças. O seu prestígio e status significarão mais para você do que o dinheiro. Você vai preferir aceitar um cargo de maior prestígio ganhando menos do que uma remuneração maior com menos prestígio.

A Lua é o seu Planeta das Finanças. Embora o planeta mais rápido de todos precise de um ano para percorrer todos os signos e casas do seu mapa, a Lua faz isso todo mês. Portanto, os ganhos e as oportunidades financeiras virão até você de muitas formas, por meio de várias pessoas. Tudo depende de onde a Lua está e dos aspectos que recebe. Essas tendências de curto prazo serão vistas com mais detalhes nos relatórios mensais.

Em geral, podemos dizer que o seu poder financeiro e o seu entusiasmo nessa área serão mais fortes quando a lua estiver na sua fase crescente do que na minguante. A Lua Crescente é um bom momento para comprar algo que você deseje e aprecie o valor: ações, títulos ou objetos físicos. Já a Lua Minguante é boa para pegar o dinheiro extra e quitar dívidas. Se você é investidor, a Lua Crescente é boa para acumular ações, enquanto a Lua Minguante é boa para colher os lucros.

Embora o dinheiro não seja um problema em si, a carreira será o grande destaque deste ano. Esta área vem ganhando importância há vários anos, mas em 2021 haverá muito sucesso e elevação, pois Júpiter estará na sua Décima Casa. Também é provável que haja aumentos de salário e promoções. Se você for dono do próprio negócio, sua empresa vai ganhar status e prestígio.

A entrada de Júpiter na Décima Casa (da Carreira) de 14 de maio a 29 de julho traz sucesso profissional por meio das conexões sociais. Você vai se juntar a pessoas de poder e prestígio que poderão ajudá-lo profissionalmente, e elas parecem ansiosas por isso. O cônjuge, parceiro ou interesse amoroso atual terá sucesso e papel importante em sua carreira, dando apoio.

Então, será bom frequentar as reuniões sociais certas e talvez até ser o anfitrião de eventos do tipo. Em resumo, o traquejo social e a capacidade de fazer os outros gostarem de você talvez sejam mais importantes do que as habilidades profissionais. Conforme já mencionamos, 2022 vai trazer ainda mais sucesso que 2021.

AMOR E VIDA SOCIAL

A vida amorosa terá várias mudanças este ano. Júpiter (o seu Planeta do Amor) estará em Aquário (a sua Nona Casa) em boa parte do ano, de 1º de janeiro a 14 de maio e de 29 de julho a 30 de dezembro. Júpiter em Aquário vai favorecer as suas tendências inatas e mostra também uma atração por estrangeiros, pessoas bem-educadas e religiosas.

O lar natural de Júpiter é a Nona Casa, então ele estará forte. Em geral, você vai se sentir atraído por mentores e gostar de pessoas com quem possa aprender. Os alunos poderão se apaixonar pelo professor. Também haverá uma atração pelo líder espiritual do seu local de culto.

As oportunidades românticas podem acontecer na universidade ou em eventos universitários, no local de culto ou em eventos religiosos. As pessoas do seu local de culto e os professores podem bancar o cupido. Existem muitos cenários possíveis.

O amor também pode acontecer em terras estrangeiras ou durante uma viagem. Já ouvi falar de casamentos em que os noivos se conheceram no avião. Você terá esse tipo de aspecto em 2021. O relacionamento atual pode ser fortalecido com viagens do casal. O Planeta do Amor em Aquário também favorece o romance com pessoas de outras etnias.

A compatibilidade religiosa e filosófica é sempre importante para os nativos de Gêmeos, e neste ano será ainda mais. Não basta ter boa química sexual, será preciso ter a mesma orientação na vida e a metafísica parecida. Vocês não precisam concordar em tudo, mas terão que estar no mesmo ritmo.

Dois eclipses ocorrem na sua Sétima Casa este ano. Haverá um eclipse lunar em 26 de maio e um eclipse solar em 4 de dezembro. Ambos vão abalar e testar os relacionamentos atuais. Os bons relacionamentos vão enfrentar facilmente a tempestade, mas os problemáticos podem não resistir.

No dia 14 de maio, o seu Planeta do Amor entra em Peixes, a sua Décima Casa. É um trânsito importante, mas apenas um prenúncio do que está por vir. Isso muda a sua atitude no amor. Você ainda vai gostar de mentores, professores e líderes religiosos, mas agora também vai ficar de olho em quem tiver poder, prestígio e sucesso. Você vai girar em torno de chefes e pessoas com status acima do seu. E as oportunidades virão, mas tenha cuidado para não se envolver em relacionamentos de conveniência em vez de procurar o amor verdadeiro.

Júpiter gosta da Nona Casa, conforme já mencionamos, mas ele gosta ainda mais do signo de Peixes. De acordo com a astrologia clássica, Júpiter é o regente de Peixes, então você vai perceber que boa parte da socialização entre 14 de maio a 29 de julho estará relacionada à carreira.

Júpiter voltará para Aquário (a sua Nona Casa) no dia 29 de julho e ficará lá até 30 de dezembro. Depois, ele entrará em Peixes a longo prazo, indicando que o amor será ainda melhor em 2022. Para os solteiros, isso mostra um casamento ou uma relação semelhante a um casamento com alguém de posição ou status elevado, que também será uma pessoa muito espiritualizada.

AUTOAPRIMORAMENTO

Urano está na Décima Segunda Casa (a da Espiritualidade) desde 2019 e continuará lá por vários anos, então a vida espiritual ganhará destaque e será muito emocionante. Haverá muita experimentação e isso é bom. É assim que o verdadeiro conhecimento é adquirido. Você poderá trocar de professores, ensinamentos e práticas em um piscar de olhos e não vai ficar no mesmo caminho por muito tempo. Isso levará você à essência de todos os ensinamentos. No fim das contas, você vai achar o caminho que funciona melhor. Em última instância, você é o caminho. A trajetória é única para cada indivíduo. Nós já discutimos isso nos relatórios anteriores, mas essas tendências continuam em vigor.

Urano rege a Nona Casa, favorecendo os caminhos místicos e sobrenaturais da sua religião nativa. Todas as religiões têm um lado esotérico por trás de todas as regras, regulamentos e superstições, então será bom explorar essa área. Urano também rege a ciência e a tecnologia. Você tem inclinações intelectuais por natureza e esta intelectualidade também deve ser aplicada à vida espiritual. Não estamos falando da intelectualidade da mente tridimensional, e sim da mente superior. A mente tridimensional tem todo tipo de sofisma que vai obstruir o progresso espiritual, mas quando você chegar à ciência espiritual, o caminho passará a ser muito racional, algo que poderá ser compreendido pelo intelecto.

Como Urano também rege a astrologia, o caminho da astrologia esotérica (o lado espiritual da astrologia, que vai além das previsões mundanas) será um caminho espiritual viável e uma cosmologia muito bonita. A astrologia responde a muitas perguntas que os caminhos tradicionais não conseguem: por que isso está acontecendo comigo? Por que está acontecendo neste momento? Por que eu tendo para um caminho em vez de outro? E muito mais. Você pode ler mais sobre o lado espiritual da astrologia [em inglês] no meu site, *www.spiritual-stories.com*.

Com Peixes na cúspide da sua Décima Casa, você sempre será idealista em relação à carreira e vai querer uma profissão mais altruísta, que beneficie os outros e o mundo. Com Netuno na Décima Casa há muitos anos, essa vontade ganha mais força. E quando Júpiter se juntar a Netuno na sua Décima Casa, de 14 de maio a 29 de julho, isso vai se intensificar. Portanto, este é um ano em que você pode aceitar um emprego em uma organização sem fins lucrativos ou de caridade. Mesmo se tiver uma carreira mundana, você vai passar o tempo livre envolvido com organizações não governamentais e sem fins lucrativos. Haverá uma necessidade de sentir a "Ascensão Divina" na sua trajetória profissional.

PREVISÕES MENSAIS

JANEIRO

Melhores dias: 5, 6, 14, 15, 23, 24
Dias mais tensos: 3, 4, 9, 10, 16, 17, 30, 31
Melhores dias para o amor: 2, 5, 9, 10, 14, 21, 22, 23, 24, 30, 31
Melhores dias para o dinheiro: 3, 4, 5, 12, 13, 14, 23, 24, 26, 27
Melhores dias para a carreira: 7, 8, 16, 17, 26, 27

Você começa o ano com todos os planetas na metade superior (o lado diurno) do seu horóscopo. Só a Lua estará no hemisfério inferior, e apenas temporariamente. A família sempre será importante para você, mas agora será um pouco menos. Neste mês (e os próximos) o foco estará na carreira e nos objetivos externos.

A saúde parece boa este mês e vai melhorar após o dia 20. Se você quiser deixá-la ainda melhor, reveja a discussão sobre saúde no relatório anual.

O amor parece feliz em janeiro. A conjunção de Mercúrio com Júpiter (seu Planeta do Amor) nos dias 11 e 12 traz oportunidades românticas felizes para solteiros. O período também será bom para os casados, com experiências sociais felizes, talvez conhecendo gente nova e fazendo mais amizades.

Marte viaja com Urano entre os dias 18 e 21, um aspecto muito dinâmico. Tenha cuidado no plano físico, ao dirigir ou fazer as tarefas diárias. Evite também a raiva e os conflitos. Os equipamentos tecnológicos podem se comportar de modo errático nesse período.

As finanças não parecem ser um grande foco este mês, pois a Casa do Dinheiro está vazia. Apenas a Lua vai passar por lá nos dias 26 e 27, indicando que este mês será do tipo *status quo* em termos financeiros. Contudo, a sua energia e entusiasmo nas finanças serão mais fortes na Lua Nova e na Lua Cheia (dias 13 e 28) e na Lua Crescente, entre os dias 13 e 28. O cônjuge, parceiro ou interesse amoroso atual terá um mês forte para as finanças (repetindo o mês passado) e será capaz de resolver os problemas financeiros, caso existam.

Janeiro será um mês sexualmente ativo. Independente da sua idade ou fase da vida, a libido estará mais forte que o habitual. O período também será bom para projetos que envolvam transformação ou reinvenção pessoal, para entender melhor a morte e o renascimento e também para lidar com impostos, seguros e imóveis.

No dia 20, o Sol vai entrar na Nona Casa e se juntar a outros dois planetas lentos que estão lá (Júpiter e Saturno), então as terras estrangeiras vão chamar você. Haverá oportunidades de viagem e os universitários vão progredir nos estudos, pois haverá muito foco nessa área.

FEVEREIRO

Melhores dias: 2, 3, 11, 12, 20, 21
Dias mais tensos: 1º, 6, 7, 13, 14, 27, 28
Melhores dias para o amor: 2, 3, 6, 7, 10, 11, 20, 21
Melhores dias para o dinheiro: 2, 3, 11, 20, 21, 23, 24
Melhores dias para a carreira: 5, 13, 14, 24

Este será um mês feliz e de sucesso, geminiano, aproveite. Fevereiro também será um mês bastante acelerado, como no mês passado, pois noventa por cento dos planetas vão se mover para a frente até o dia 21. Depois disso, todos os planetas vão avançar, então haverá muito progresso e relativa tranquilidade rumo aos seus objetivos. O ritmo dos eventos no mundo também vai acelerar.

Mercúrio (o senhor do seu horóscopo) ficou retrógrado em 30 de janeiro e continuará até o dia 21, mas, como a maioria dos planetas está se movendo para a frente (Mercúrio será o único retrógrado este mês), o efeito desse movimento retrógrado não será tão forte. Será irritante, inconveniente e às vezes frustrante, mas não tão forte quanto os futuros movimentos retrógrados dele em 2021. Mesmo assim, é bom revisar seus objetivos e ver onde é possível melhorar.

O movimento retrógrado do senhor do horóscopo tende a enfraquecer a autoconfiança e autoestima, mas isso pode ser bom neste mês. A maioria dos planetas está no setor social ocidente, então este mês não será voltado para a iniciativa ou vontade pessoal, e sim para cultivar relacionamentos e estar presente para os outros. Deixe que os outros façam tudo do jeito deles, desde que não seja destrutivo.

A sua Nona Casa estará ainda mais poderosa do que no mês passado. Esta é uma condição feliz, pois a Nona Casa é muito benéfica. O momento será ótimo para viagens ao exterior, educação superior, estudos religiosos e teológicos. Com a Nona Casa tão forte, uma discussão teológica acalorada ou a visita de um guru será mais interessante do que uma noitada na cidade. Os universitários continuarão tendo sucesso nos estudos.

A saúde precisará de mais atenção a partir do dia 18. A saúde como um todo estará boa em 2021. Os planetas rápidos estão estressando você agora, mas isso vai passar no mês que vem. A solução é descansar mais. Melhore a saúde das formas mencionadas no relatório anual.

No dia 18, quando o Sol entrar na Décima Casa, você começará um ápice profissional anual e a carreira vai melhorar. Você vai progredir e avançar nos seus objetivos. As preocupações com o lar e a família poderão perfeitamente ser deixadas de lado (elas nunca serão ignoradas), pois você vai servir melhor à família tendo sucesso na carreira. As finanças continuam no *status quo*. A sua energia financeira estará mais forte entre os dias 11 e 27, durante a Lua Crescente.

MARÇO

Melhores dias: 1º, 2, 9, 10, 19, 20, 28, 29
Dias mais tensos: 5, 6, 12, 13, 26, 27
Melhores dias para o amor: 1º, 2, 3, 4, 5, 6, 9, 10, 12, 13, 19, 20, 24, 28, 29
Melhores dias para o dinheiro: 1º, 2, 3, 4, 9, 10, 12, 13, 19, 20, 22, 23, 24, 28, 29
Melhores dias para a carreira: 4, 12, 13, 23, 31

Todos os planetas vão se mover para a frente este mês. Não haverá atividade retrógrada, então março será bastante acelerado, tanto no mundo em geral quanto na sua vida. E como você ainda estará em um ápice profissional anual, os objetivos nessa área serão alcançados rapidamente. A carreira terá muito sucesso este mês, ainda mais do que no mês passado. Entre os dias 9 e 11 (o Sol viaja com o seu Planeta da Carreira); os dias 14 e 15 (Vênus viaja com o seu Planeta da Carreira) e entre os dias 29 a 31 (Mercúrio viaja com o seu Planeta da Carreira) serão períodos excelentes para a carreira, sendo que os dias 29 a 31 parecem especialmente bem-sucedidos.

O Sol vai entrar em Áries no dia 20 e esta é considerada a melhor energia para começar projetos deste ano. Se você unir isso ao movimento dos planetas para a frente, essa energia ficará ainda melhor. Portanto, este será um bom mês para lançar produtos e projetos no mundo, especialmente a partir do dia 20. Depois do seu aniversário também será um bom momento, mas haverá mais planetas retrógrados e complicações envolvidas.

A saúde precisará de ainda mais cuidados do que no mês passado. Essa é uma situação temporária causada pelos planetas rápidos. No geral, a saúde estará boa este ano, mas não se esqueça de descansar bastante. Você poderá deixar a saúde ainda melhor através das formas mencionadas no relatório anual. A saúde e a energia vão progredir dramaticamente após o dia 20.

Marte entrará em seu signo no dia 14 e continuará lá pelo resto do mês, trazendo a dedicação dos amigos e oportunidades sociais felizes (não necessariamente românticas). O período traz coragem e o espírito empreendedor. Após o dia 21 você estará no melhor momento para atividades atléticas e regimes de exercícios físicos. Muito conhecimento tecnológico virá até você, mas haverá alguns obstáculos. Você poderá ficar inconscientemente mais combativo, levando a mais discussões e conflitos e você não vai fugir da briga. Isso poderá causar lesões. Além disso, Marte tende a causar impaciência e pressa, o que poderá levar a acidentes. Portanto, como dizem os sábios, "não se apresse". Tenha mais atenção quando dirigir, lidar com ferramentas, facas ou outros equipamentos.

Nos dias 4 e 5, Mercúrio viaja com o seu Planeta do Amor, trazendo experiências sociais felizes e oportunidades românticas. Os casados ficarão mais perto de quem amam nesse período e os solteiros poderão conhecer uma pessoa nova, mas a verdadeira atividade social estará no campo das amizades, que parecem muito felizes. Não só a Décima Primeira Casa (dos Amigos) estará forte a partir do dia 20, como o senhor da Décima Primeira Casa, Marte, estará no seu signo. Como diz Platão, a mais alta forma de amor não é o romântico, mas o amor da mente, que são os relacionamentos da Décima Primeira Casa.

ABRIL

Melhores dias: 6, 7, 15, 16, 17, 25, 26
Dias mais tensos: 1º, 2, 8, 9, 23, 24, 29, 30
Melhores dias para o amor: 1º, 2, 7, 11, 12, 16, 17, 23, 24, 26, 29, 30
Melhores dias para o dinheiro: 1º, 2, 7, 11, 12, 16, 17, 18, 19, 23, 26
Melhores dias para a carreira: 8, 9, 19, 28

No mês passado, o poder planetário mudou do lado ocidental social do seu horóscopo para o lado oriental do "eu". Com isso, a independência pessoal vai ficar cada vez mais forte nos próximos meses. Não é egoísmo pensar nos seus interesses ou buscar o caminho para a felicidade. Como você conseguirá ajudar os outros se não estiver bem? Portanto, os outros serão importantes e devem ser tratados com respeito (lembre-se sempre da Regra de Ouro), mas você vai precisar menos deles. O sucesso virá da sua habilidade e iniciativa. Se as condições não estiverem felizes, faça as mudanças necessárias. Os outros vão se adaptar a você.

Marte continuará no seu signo até o dia 24, então a independência pessoal estará ainda mais forte do que mencionamos anteriormente. Além disso, lembre-se da nossa discussão sobre isso no mês passado.

A carreira será menos importante do que nos últimos dois meses. As metas profissionais, pelo menos as de curto prazo, foram alcançadas e você está pronto para buscar outros interesses, como a vida social, amizades, grupos e atividades em grupo. Um dos frutos do sucesso profissional será o aumento na vida social.

A sua Sétima Casa (do Amor) estará basicamente vazia este mês. Só a Lua vai passar por lá nos dias 1º, 2, 29 e 30, então o romance não parece ser muito importante, tendendo ao *status quo*. O romance ficará mais complicado após o dia 20. Talvez seja porque o ser amado está estressado ou você e o ser amado não estão concordando em relação a algo. Esse é um problema de curto prazo e vai passar logo.

No dia 20, a Décima Segunda Casa da Espiritualidade ganha força. Nesse momento, ela será a casa mais forte do seu horóscopo, então será um período espiritual, bom para meditação, práticas e estudos nessa área. É o momento do crescimento interno em vez do externo.

O senhor da Nona Casa receberá muito estímulo positivo a partir do dia 15, indicando viagens ao exterior (ou oportunidades para tal). Os universitários vão progredir nos estudos. Se você estiver envolvido em algum problema jurídico, tudo parece ir bem.

Marte vai entrar na Casa do Dinheiro no dia 24, então as finanças ficarão mais ativas. Você poderá especular e se arriscar mais nesse período. Poderá haver a tentação do dinheiro rápido, e é preciso ter cuidado, pois os golpistas podem se aproveitar disso. Por outro lado, isso indica que amigos vão ajudar nas finanças. As atividades on-line também serão lucrativas.

MAIO

Melhores dias: 3, 4, 13, 14, 22, 23, 30, 31
Dias mais tensos: 5, 6, 20, 21, 26, 27
Melhores dias para o amor: 1º, 2, 4, 13, 14, 15, 22, 23, 24, 27
Melhores dias para o dinheiro: 1º, 2, 4, 10, 11, 14, 15, 16, 22, 24, 30
Melhores dias para a carreira: 5, 6, 15, 16, 24, 25

Muita ação e mudanças vão acontecer neste mês. Júpiter, o seu Planeta do Amor, vai entrar na Décima Casa (da Carreira). Embora a carreira não esteja tão em foco no momento (menos do que nos meses anteriores), o sucesso vai acontecer nessa área. Além disso, haverá mudanças na vida amorosa.

A atividade retrógrada vai aumentar este mês. No final de março, trinta por cento dos planetas estarão retrógrados. Está longe do máximo para o ano, mas é um aumento substancial.

Por fim, teremos um eclipse lunar no dia 26 que parece lhe afetar. Ele acontece na Sétima Casa (a do Amor) e vai testar o relacionamento atual. Somado à mudança de signo do seu Planeta do Amor, isso mostra muita agitação na vida amorosa. Os bons relacionamentos vão sobreviver a tudo isso, mas os problemáticos correm perigo. A boa notícia é que o seu Planeta do Amor estará no alto do mapa, sendo o planeta mais elevado do horóscopo. Isso indica que o amor será importante para você, que estará disposto a dar atenção especial a esta área. Para os solteiros, isso indica novas necessidades no amor. Você vai se sentir atraído por pessoas poderosas e de prestígio, que vão ajudá-lo a avançar na carreira, e vai encontrar esse tipo de pessoa agora. Todo eclipse lunar traz mudanças de curso nas finanças e este não será diferente. Isso será basicamente bom, pois as finanças são fluidas e precisam de correções periódicas. Os tios e tias também precisarão mudar de rumo nas finanças. Faça uma agenda tranquila e reduzida nesse período.

Você ainda estará em um período bastante espiritual até o dia 21. A Lua Nova do dia 11 também acontece na Décima Segunda Casa (da

Espiritualidade), portanto informações espirituais importantes virão até você ao longo do mês. Muitos problemas vão se resolver naturalmente.

No dia 21, quando o Sol atravessar o seu ascendente e entrar na Primeira Casa, você começará um ápice anual de prazer pessoal. É o momento em que os prazeres do corpo e dos sentidos virão até você. Haverá boa comida, bom vinho, massagens e outros deleites sensoriais. Também será bom para conseguir o corpo e a imagem que você deseja. Além disso, oportunidades educacionais felizes virão. O seu dom de conversar, que normalmente já é maravilhoso, aumentará ainda mais. Você estará com boa aparência (Vênus está no seu signo) e vai se vestir bem. A autoconfiança e autoestima estarão boas. A entrada de Júpiter em Peixes será estressante para a saúde, mas haverá tantos planetas rápidos ajudando você que o efeito será praticamente imperceptível e a saúde ficará boa.

JUNHO

Melhores dias: 9, 10, 18, 19, 26, 27
Dias mais tensos: 1º, 2, 3, 16, 17, 23, 29, 30
Melhores dias para o amor: 1º, 11, 12, 20, 21, 22, 23, 27
Melhores dias para o dinheiro: 1º, 11, 12, 13, 18, 19, 20, 27
Melhores dias para a carreira: 1º, 2, 3, 11, 13, 20, 21, 29, 30

Embora a saúde pareça boa, um eclipse solar forte acontecerá em seu signo no dia 10, afetando o senhor do seu horóscopo, Mercúrio. Portanto, crie uma agenda tranquila e reduzida nesse momento, alguns dias antes e um ou dois dias depois dele. O cosmos vai sinalizar para você quando o eclipse estiver em vigor. Esse eclipse vai forçar uma redefinição da sua imagem e personalidade. Geralmente isso é bom. Nós crescemos e evoluímos e é bom parar e refletir de vez em quando, mas aqui você será obrigado a fazer isso pelos eventos do eclipse. Nos próximos meses você vai mudar sua apresentação para o mundo, na forma de vestir, usar acessórios, o cabelo etc. Para o cônjuge, parceiro ou interesse amoroso atual haverá dramas com amigos e mudanças na carreira. Como Mercúrio também é o seu Planeta do Lar e da Família, poderá haver dramas em casa, com parentes, pais, mães e figuras paternas ou maternas. Também poderá haver mudanças na carreira e muitas vezes dramas que poderão mudar a vida das pessoas envolvidas na sua carreira. Todo eclipse solar afeta carros e equipamentos de comunicação, que serão testados e poderão agir de modo temperamental. Às vezes, eles vão precisar de reparos ou substituição. Também será um bom momento para dirigir com mais cuidado.

Apesar do eclipse, este mês será basicamente feliz e próspero, Até o dia 21, você ainda estará em um ápice anual de prazer pessoal e terá mais probabilidade de se redefinir e projetar uma imagem nova e melhor para o mundo. No dia 21, quando o Sol entra na Casa do Dinheiro, você vai começar um ápice financeiro anual. Os ganhos serão fortes, você vai lucrar usando o dom natural da comunicação nas áreas de vendas, marketing, relações públicas e também escrevendo ou fazendo comércio. Vênus estará na Casa do Dinheiro entre os dias 2 e 27, quase o mês inteiro, indicando uma boa intuição financeira e mostrando mais generosidade e caridade. Na maioria das vezes isso indica "dinheiro milagroso", alguém que tem acesso ao suprimento espiritual.

O seu Planeta do Amor (Júpiter) ficará retrógrado no dia 20 e continuará assim por vários meses. Portanto, vá devagar no amor. Não tome grandes decisões nessa área e permita que o amor se desenvolva naturalmente. Agora e nos próximos meses será um bom momento para esclarecer o que você realmente quer na vida amorosa e no relacionamento. Veja o que pode melhorar e, quando Júpiter se mover para a frente, você poderá agir em relação a isso.

A carreira parece especialmente bem-sucedida este mês, apesar do eclipse, que provavelmente vai eliminar algumas obstruções.

JULHO

Melhores dias: 6, 7, 16, 17, 24, 25
Dias mais tensos: 13, 14, 20, 21, 26, 27
Melhores dias para o amor: 1º, 2, 8, 12, 18, 19, 21, 26, 31
Melhores dias para o dinheiro: 8, 9, 10, 18, 19, 26, 28, 29
Melhores dias para a carreira: 9, 10, 19, 26, 27

O seu Planeta do Amor ainda está no topo do mapa em julho, embora esteja retrógrado e vai mudar de signo novamente no final do mês. Júpiter volta para Aquário no dia 29, então o amor será a sua prioridade máxima, com grande foco este mês, mas será complicado. As oportunidades amorosas vão acontecer enquanto você busca seus objetivos profissionais ou com pessoas envolvidas na carreira. Poderá acontecer um romance no local de trabalho.

Julho será basicamente feliz. Você ainda estará em um ápice financeiro anual até o dia 23, então a prosperidade vai acontecer. E o mais importante: a Terceira Casa (da Comunicação) estará muito poderosa este mês, aumentando ainda mais os seus dons intelectuais e de comunicação, que já são fortes. Será um ótimo mês para estudantes, especialmente se estiverem abaixo do nível superior. Os escritores, professores, blogueiros e quem trabalha com vendas e marketing também estarão bem. O cosmos vai estimular você a fazer o que mais ama. O que pode ser melhor do que isso?

A atividade retrógrada aumenta este mês, com quarenta por cento dos planetas retrógrados, uma quantidade bem alta. Contudo, os seus desejos e finanças pessoais não parecem afetados por isso.

O seu Planeta da Carreira estará retrógrado este mês e os planetas rápidos estão majoritariamente abaixo do horizonte, no lado noturno do seu horóscopo. Então será melhor manter o foco no lar, na família e no seu bem estar emocional em vez da carreira. As questões profissionais vão levar tempo para se desenrolar, então é melhor se concentrar no lar e na vida doméstica. Essa é a infraestrutura que permitirá o sucesso profissional. Quanto mais alto o prédio, mais profunda e reforçada precisa ser a fundação.

A saúde e a energia estarão boas em julho, mas vão exigir cuidados no final do mês. Melhore a saúde das formas mencionadas no relatório anual.

Marte vai entrar em sua Quarta Casa no dia 30, indicando um bom momento para fazer reformas ou grandes reparos, desde que você reserve mais tempo para isso. A atividade retrógrada está forte neste mês.

Evite viagens ao exterior nos dias 3 e 4 e tenha mais paciência com superiores e pais nos dias 5 e 6. Já os dias 11 e 12 trazem um bom pagamento e uma experiência amorosa feliz.

AGOSTO

Melhores dias: 2, 3, 4, 12, 13, 20, 21, 30, 31
Dias mais tensos: 10, 11, 16, 17, 22, 23
Melhores dias para o amor: 1º, 11, 13, 16, 17, 20, 21, 30, 31
Melhores dias para o dinheiro: 1º, 5, 6, 7, 8, 13, 17, 21, 26, 31
Melhores dias para a carreira: 6, 15, 22, 23

O seu Planeta da Carreira ainda estará retrógrado o mês inteiro e a Quarta Casa do Lar e da Família ficará superpoderosa a partir do dia 23, então a mensagem do cosmos é bem clara: concentre-se no lar e na família e deixe a carreira de lado por enquanto. Ela precisa de tempo para se resolver. O momento também é bom para ganhar clareza sobre a carreira. Atenha-se aos dados e não tome decisões apressadas. Quando você tiver os dados, estará em posição de avançar na carreira quando Netuno começar a se mover para a frente no meio do ano.

Mercúrio, o senhor do seu horóscopo, terá um solstício entre os dias 28 e 30. Ele fará uma pausa no céu (em latitude) e depois mudará de direção. Portanto, o mesmo acontecerá com você: uma pausa nos seus assuntos, seguida por uma mudança de direção. É uma pausa que renova, não é motivo de preocupação.

A atividade retrógrada aumenta ainda mais este mês, com cinquenta por cento dos planetas retrógrados. É uma grande porcentagem, mas não é o máximo para este ano, que acontecerá no mês que vem. Isso significa que tudo vai desacelerar, para você e para o mundo. Os próximos meses exigirão paciência e perfeição em tudo o que fizer. Se você fizer tudo certo, embora desacelere o seu progresso, você vai diminuir as probabilidades de atrasos e problemas. (Eles vão acontecer de qualquer maneira, mas você poderá reduzi-los desta forma.)

A saúde precisará de mais atenção este mês, especialmente a partir do dia 23. Como sempre, é importante descansar bastante. Melhore a saúde das formas mencionadas no relatório anual. Além disso, dê mais atenção ao coração e faça massagens no ponto do reflexo cardíaco (veja o mapa de reflexologia no relatório anual).

As terras estrangeiras vão chamá-lo neste período porque a Nona Casa estará muito forte, mas evite viagens ao exterior a partir do dia 20.

Os dois planetas que as regem no seu mapa, Júpiter (o regente genérico) e Urano (o verdadeiro regente), estão retrógrados. Se você precisar viajar, reserve mais tempo para ir e voltar do destino. Faça seguro nas suas passagens para conseguir trocar a data da viagem, caso seja necessário.

Marte ainda está na sua Quarta Casa pelo mês inteiro, então será um bom momento para fazer reformas ou reparos em casa. Também será bom para redecorar tudo até o dia 16.

SETEMBRO

Melhores dias: 8, 9, 17, 18, 26, 27
Dias mais tensos: 6, 7, 12, 13, 19, 20
Melhores dias para o amor: 9, 12, 13, 18, 19, 27, 29, 30
Melhores dias para o dinheiro: 1º, 2, 6, 7, 9, 15, 18, 26, 27, 29, 30
Melhores dias para a carreira: 2, 11, 19, 20, 30

Quando Mercúrio (o senhor do seu horóscopo) ficar retrógrado no dia 27, sessenta por cento dos planetas estarão retrógrados, o máximo para 2021. Tudo parece andar para trás no mundo, e talvez na sua vida, embora as finanças não sejam afetadas. Esses movimentos retrógrados geralmente não colocam sua vida em risco, são apenas irritantes e frustrantes. Se você entender o que está acontecendo, poderá filosofar a respeito e enfrentar melhor a situação. Tudo isso acontece em um ótimo momento, pois a Quinta Casa (da Diversão, Filhos e Criatividade) está muito forte. O mundo da diversão e do lazer chama você, que poderá muito bem ceder aos desejos, já que não estará perdendo nada de importante no mundo. Basta um pouco de criatividade para deixar este período mais divertido.

A saúde ainda precisará de cuidados até o dia 22, mas depois disso haverá um avanço dramático. Enquanto isso, você poderá melhorar a saúde das formas mencionadas no relatório anual.

O amor está melhor do que no mês passado, mas o seu Planeta do Amor continua retrógrado. Então, vá devagar na vida amorosa e deixe que os relacionamentos se desenvolvam naturalmente. Não há necessidade de tomar decisões importantes nessa área. O tempo vai revelar o que precisa ser feito.

Setembro será o mês para fazer progressos psicológicos, assim como no mês passado. Independente de você estar fazendo terapia formal ou não, os avanços psicológicos vão acontecer. A Lua Nova do dia 6 vai esclarecer ainda mais as questões emocionais e familiares. As informações virão até você ao longo do mês, respondendo todas as suas perguntas.

As finanças não causarão problemas neste mês, pois a Casa do Dinheiro estará vazia. Só a Lua vai passar por lá nos dias 1º, 2, 29 e 30. Como a Lua vai passar pela Casa do Dinheiro duas vezes neste mês, os ganhos devem ser melhores que no mês passado. A energia e o entusiasmo nas finanças serão mais fortes entre os dias 6 e 20, durante a Lua Crescente. O dinheiro e as oportunidades financeiras virão de muitas formas e por meio de várias pessoas.

Tenha mais paciência com idosos, chefes, pais, mães e figuras paternas ou maternas nos dias 1º e 2. Os filhos e figuras filiais terão um bom período social nos dias 5 e 6. Os dias 19 e 20 serão bons para o romance, mas o Planeta do Amor estará retrógrado, então poderá haver adiamentos nessa área.

OUTUBRO

Melhores dias: 5, 6, 14, 15, 23, 24, 25
Dias mais tensos: 3, 4, 10, 11, 16, 17, 31
Melhores dias para o amor: 6, 7, 10, 11, 15, 18, 19, 24, 25, 29, 30
Melhores dias para o dinheiro: 5, 6, 7, 14, 15, 24, 25, 26, 27
Melhores dias para a carreira: 9, 16, 17, 27

A atividade retrógrada cairá bastante este mês, o que é incomum. O mês começa com sessenta por cento dos planetas retrógrados e termina com apenas vinte por cento. É uma mudança de quase sessenta e sete por cento então os projetos vão desempacar e os eventos do mundo e da sua vida vão avançar a cada dia.

O poder planetário agora está majoritariamente no setor ocidental social do seu mapa, indicando um bom período para cultivar suas habilidades sociais. Agora, o sucesso não estará ligado às habilidades em iniciativa pessoal, sendo medido pela capacidade de se dar bem com os outros, conseguir o apoio deles e fazer com que gostem de você. Tudo aconteceră por meio do consenso e pela ação pessoal direta. Deixe que os outros façam tudo do jeito deles, desde que não seja destrutivo.

A vida amorosa vai ganhar clareza agora, pois Júpiter começará a se mover para a frente no dia 18. A confiança social estará mais forte. Você também parece se dar bem com o cônjuge, parceiro ou interesse amoroso atual. Os solteiros terão boas oportunidades românticas (os dias 2 e 3 parecem particularmente bons para isso, mas o mês inteiro será bom). Vênus, o planeta genérico do amor, entra na Sétima Casa no dia 7 e continuará lá pelo resto do mês, o que indica alguém espiritualizado no seu círculo romântico. Também pode mostrar um caso amoroso, não necessariamente sério.

A saúde estará boa este mês. Você terá muita energia para conquistar tudo o que deseja. A Sexta Casa (da Saúde) ficará poderosa a partir do dia 23, indicando foco nessa área, provavelmente relacionado a um estilo de vida saudável.

O poder na Sexta Casa é excelente para quem procura emprego. Haverá pelo menos três oportunidades de trabalho este mês. Quem já estiver empregado terá oportunidade para fazer horas extras ou trabalhos paralelos. Já as finanças estarão *status quo*, pois a Casa do Dinheiro está vazia. Só a Lua passará por lá nos dias 26 e 27. A Lua Crescente (que acontece entre os dias 6 e 20) vai trazer mais entusiasmo e fortalecer o poder de ganhar dinheiro.

Vênus ficará "fora dos limites" a partir do dia 11. Ela estará fora da órbita normal (em latitude), significando que você estará fora da esfera normal em questões espirituais e na criatividade pessoal. Os filhos e figuras filiais também vão sair dos círculos habituais.

NOVEMBRO

Melhores dias: 2, 3, 10, 11, 20, 21, 29, 30
Dias mais tensos: 1º, 6, 7, 12, 13, 14, 27, 28
Melhores dias para o amor: 3, 6, 7, 8, 11, 17, 18, 21, 27, 28, 30
Melhores dias para o dinheiro: 3, 4, 5, 11, 12, 21, 22, 23, 25, 30
Melhores dias para a carreira: 5, 12, 13, 14, 23

Um eclipse lunar bem forte acontecerá no dia 19, afetando outros dois planetas, Vênus e Júpiter. Ele acontece na Décima Segunda Casa (da Espiritualidade), significando abalos nessa área. Poderá haver mudanças em suas práticas, ensinamentos e professores. Não será uma tragédia, pois na vida espiritual as práticas mudam à medida que o progresso acontece. O eclipse também vai trazer abalos nas organizações espirituais ou de caridade com as quais você está envolvido. Os gurus na sua vida terão dramas pessoais. Todo eclipse lunar traz mudanças financeiras e este não será diferente. Não será nada grave, é algo que acontece duas vezes por ano e obriga você a corrigir o rumo da vida financeira, o que também acontecerá na vida dos seus amigos. O cônjuge, parceiro ou interesse amoroso atual (ou quem desempenhe este papel em sua vida) terá uma mudança de emprego ou perturbações no local de trabalho. Também poderá haver mudanças na rotina de saúde, o que acontecerá ao longo dos próximos meses. Esta pessoa terá necessidade de redefinir a imagem e a personalidade e mudará a imagem e a apresentação para o mundo nos próximos meses. (Os eclipses vigoram por seis meses.)

A saúde estará boa até o dia 22, mas precisará de cuidados depois disso. Não é nada sério, apenas os planetas rápidos estão criando estresse, e os efeitos disso serão breves. A boa notícia é que o foco na saúde até o dia 22 vai preparar você para o que está por vir. Melhore a saúde das formas mencionadas no relatório anual, mas neste mês acrescente massagens no rosto e no couro cabeludo. Exercícios físicos vigorosos também serão bons. É importante manter o tônus muscular.

O eclipse vai abalar as finanças, conforme já mencionamos, mas esta área não será proeminente em novembro. Depois que as mudanças financeiras forem feitas, os ganhos devem manter o *status quo*. O período da Lua Crescente (entre os dias 4 e 19) fortalecerá o poder de ganhar dinheiro.

No dia 22, o Sol entra na Sétima Casa e você começará um ápice amoroso e social anual. Mercúrio (o senhor do seu horóscopo) entra nesta casa no dia 24, então você estará mais popular nesse período. Você também estará ao lado dos amigos e de quem você ama. Haverá mais namoros para os solteiros e mais festas, reuniões e eventos sociais para todos. Com Júpiter se movendo para a frente, haverá clareza no amor.

DEZEMBRO

Melhores dias: 7, 8, 17, 18, 27, 28
Dias mais tensos: 4, 10, 11, 24, 25, 31
Melhores dias para o amor: 3, 4, 5, 6, 8, 9, 14, 15, 18, 24, 25, 28, 31
Melhores dias para o dinheiro: 3, 4, 8, 9, 12, 13, 18, 19, 20, 21, 24, 28
Melhores dias para a carreira: 2, 10, 11, 20, 21, 30

Haverá um grande foco na vida amorosa este mês e isso é bom, pois você ainda está no meio de um ápice amoroso e social anual. Um eclipse solar no dia 4 vai testar os relacionamentos atuais, o que também deverá ser bom. Você vai conhecer todo tipo de gente e o eclipse vai testar a qualidade desses relacionamentos. Os bons vão sobreviver e melhorar, enquanto os relacionamentos problemáticos terão dificuldades.

Este eclipse solar será forte em você, então faça uma agenda mais tranquila. Ele afeta Mercúrio, o senhor do seu horóscopo, podendo trazer desintoxicações ou sensações estranhas no corpo. (Em geral, não é algo patológico, apenas o corpo reagindo à energia cósmica.) Os parentes também serão afetados, podendo haver dramas ou crises no círculo familiar.

Muitas vezes isso indica a necessidade de fazer reparos em casa. Todo eclipse solar afeta os irmãos e os vizinhos. Poderá haver abalos no seu bairro (às vezes, significando obras, demolição de prédios antigos ou outros tipos de drama). Os irmãos e figuras fraternas serão obrigados a redefinir a autoimagem e o conceito de si, mudando a apresentação deles para o mundo. Muitas vezes isso leva a mudanças de guarda-roupa, no cabelo etc. Todo eclipse solar tende a testar carros e equipamentos de comunicação, que costumam precisar de reparos ou substituição. Também será bom dirigir com mais cuidado. Os estudantes abaixo do nível superior vão fazer mudanças nos planos educacionais e talvez mudar de escola. Também pode haver dramas na escola.

Embora as finanças estejam mais ou menos *status quo* porque a Casa do Dinheiro está vazia, o cônjuge, parceiro ou interesse amoroso atual terá um mês financeiro forte e poderá ajudar você, que parece bastante envolvido nas finanças desta pessoa.

A Oitava Casa ficará poderosa a partir do dia 21, marcando um período sexualmente ativo. A libido estará mais forte que o habitual, mas isso também será bom para o planejamento de impostos e seguros, se você estiver na idade adequada para isso. Caso você tenha boas ideias, será um bom momento para atrair investidores externos para os seus projetos, e especialmente bom para projetos envolvendo transformação e reinvenção pessoal e para dar à luz ao seu "eu" ideal ou progredir em direção a ele.

No dia 30, Júpiter (o Planeta do Amor) entra na sua Décima Casa (da Carreira) por um bom tempo. 2022 será um ano de muito sucesso.

♋

CÂNCER

O CARANGUEJO

Nascidos entre 21 de junho e 20 de julho

PERFIL PESSOAL

CÂNCER EM UM RELANCE

Elemento: Água
Planeta Regente: Lua
  Planeta da Carreira: Marte
  Planeta da Saúde: Júpiter
  Planeta do Amor: Saturno
  Planeta das Finanças: Sol
  Planeta do Divertimento e dos Jogos: Plutão
  Planeta do Lar e da Vida Familiar: Vênus
Cores: azul, castanho-escuro, prata
Cores que promovem o amor, o romance e a harmonia social: preto, índigo
Cores que propiciam ganhos: dourado, alaranjado
Pedras: pedra da lua, pérola
Metal: prata
Perfumes: jasmim, sândalo
Qualidade: cardeal (= atividade)
Qualidade essencial ao equilíbrio: controle das variações de humor
Maiores virtudes: sensibilidade emocional, tenacidade, capacidade de cuidar
Necessidade mais profunda: harmonia no lar e na vida familiar
Características a evitar: hipersensibilidade, estados depressivos
Signos de maior compatibilidade: Escorpião, Peixes
Signos de maior incompatibilidade: Áries, Libra, Capricórnio

Signo mais útil à carreira: Áries
Signo que fornece maior suporte emocional: Libra
Signo mais prestativo em questões financeiras: Leão
Melhor signo para casamento e associações: Capricórnio
Signo mais útil em projetos criativos: Escorpião
Melhor signo para sair e se divertir: Escorpião
Signos mais úteis em assuntos espirituais: Gêmeos, Peixes
Melhor dia da semana: segunda-feira

COMPREENDENDO A PERSONALIDADE CANCERIANA

No signo de Câncer, o céu parece empenhado em desenvolver o lado emocional do Universo. Se pudéssemos resumir o canceriano em uma única palavra, seria *sentimento.* No que Áries tende a errar pelo excesso de ação, Touro, pela inércia, e Gêmeos pela frieza mental, Câncer erra por demasiada emotividade.

Os cancerianos parecem desconfiar da lógica. Talvez com razão. Para eles, não basta que um projeto ou argumento tenha aparência lógica; eles têm de *sentir* isso. Se não *sentirem* claramente que está tudo bem, rejeitarão a proposta ou se irritarão com ela. A frase "Siga seu coração" deve ter sido cunhada por um canceriano, pois descreve precisamente a atitude do nativo deste signo diante da vida.

A capacidade de sentir constitui um método mais direto de conhecimento do que a capacidade de pensar. O pensar nunca toca o objeto de sua análise, ao passo que o sentimento sempre encontra o alvo em questão e nos faz vivenciá-lo. A intuição emocional é quase um sexto sentido da raça humana, um sentido de natureza psíquica. E, tendo em vista que muitas das realidades com as quais deparamos são pungentes e até destrutivas, não é de surpreender que os cancerianos optem por erguer barreiras de defesa, que funcionam como carapaças para proteger sua natureza sensível e vulnerável. Para os cancerianos, é pura e simplesmente uma questão de bom senso.

Quando um nativo de Câncer está na presença de desconhecidos ou em um ambiente hostil, entra na carapaça, onde se sente protegido. As outras pessoas se queixam disso, mas é preciso questionar seus motivos. Por que essa proteção as incomoda tanto? Acaso gostariam de feri-lo e sentem-se frustradas por não poderem fazê-lo? Afinal, se as intenções forem louváveis, não haverá o que recear: basta um pouco de paciência e a carapaça se abrirá — o estranho será aceito como parte do círculo familiar e da esfera de amizades do canceriano.

Os processos de raciocínio são geralmente analíticos e fracionários. Para pensar com clareza, precisamos fazer distinções, comparações etc. Já o sentimento unifica e integra. Analisar algo com clareza equivale a distanciar-se dele. Sentir é aproximar-se. Tendo aceitado você como amigo, um canceriano não o renegará jamais. Você terá que fazer muito mal para chegar a perder a amizade de um canceriano. E, ao se relacionar com nativos do signo, você jamais conseguirá se desligar totalmente deles. Eles sempre procuram conservar algum tipo de laço, mesmo nas circunstâncias mais extremas.

FINANÇAS

Os nativos de Câncer intuem profundamente como os demais se sentem em relação a algo e por que o fazem. Essa faculdade representa um dom valiosíssimo no trabalho e no mundo dos negócios. É claro que também ajuda a formar um lar e a criar uma família. Mas, indubitavelmente, tem grande aplicação nas finanças. Os cancerianos, frequentemente, acumulam grandes fortunas em negócios familiares. Mesmo que não se trate de um negócio em família, eles o tratarão como tal. Se o canceriano trabalhar para alguém, encarará o chefe como figura paternal (ou maternal), e os colegas de trabalho, como irmãos e irmãs. Se o canceriano for o patrão, os demais serão tidos como filhos ou apadrinhados. Os nativos de câncer adoram ser vistos como provedores. Regozijam-se em saber que outras pessoas obtêm sustento direto ou indireto de suas ações. É outra forma de prover.

O fato de Leão ocupar a cúspide da Segunda Casa Solar de Câncer, das Finanças, faz dos cancerianos jogadores sortudos, com grandes possibilidades de êxito em transações imobiliárias, hoteleiras e gastronômicas. Estâncias, spas e casas noturnas também lhes proporcionam bons lucros. Eles se sentem atraídos por propriedades próximas à água, e embora tendam ao convencionalismo, gostam, por vezes, de tirar seu sustento de atividades glamourosas.

O Sol, regente das finanças de Câncer, acena com importante mensagem para os nativos. Em questões financeiras, eles devem procurar ser menos "de lua"; mais estáveis e fixos. Para se dar bem no mundo dos negócios, não podem deixar o humor oscilar a seu bel-prazer — estar hoje aqui e amanhã ali. Precisam desenvolver o amor-próprio e valorizar-se para realizar seu pleno potencial financeiro.

CARREIRA E IMAGEM PÚBLICA

Áries rege a Décima Casa (da Carreira) dos nativos de Câncer, indicando que eles anseiam por ter o próprio negócio, por se mostrarem mais ativos em público e na política e por serem mais independentes. Responsabilidades familiares, o medo de magoar os outros ou de se ferir amiúde os inibem de atingir essas metas. Mas isso é, no fundo, o que gostariam de fazer.

Os cancerianos apreciam que seus chefes e líderes concedam liberdade, mas que também saibam se impor quando necessário. Sabem como lidar com essas características em um superior. Eles esperam que seus líderes se comportem como guerreiros e que lutem sempre por seus liderados.

Quando ocupam posições de chefia, os cancerianos atuam como verdadeiros senhores feudais, dispostos a travar qualquer batalha em defesa dos vassalos sob sua proteção. É claro que as batalhas que travam não são só em autodefesa, mas em defesa daqueles por quem se sentem responsáveis. Se não possui esse instinto de luta, esse pioneirismo e essa independência, o nativo de Câncer encontra grande dificuldade em atingir suas metas profissionais mais elevadas, pois sua capacidade de liderança fica cerceada.

Por serem tão paternais, eles apreciam trabalhar com crianças, e são excelentes professores e educadores.

AMOR E RELACIONAMENTOS

Os cancerianos, da mesma forma que os taurinos, gostam de relacionamentos sérios. Funcionam melhor quando a relação é definida com clareza e cada uma das partes conhece bem seu papel. Quando se casam, é para toda a vida. São extremamente fiéis ao ser amado. Mas existe um segredinho que a maioria dos cancerianos oculta a sete chaves: tendem a encarar os compromissos e o relacionamento afetivo como uma obrigação ou dever.

Entram neles porque desconhecem outra forma de criar a família que desejam. A união para eles é apenas um caminho, um meio para se atingir uma finalidade, não um fim em si. A legítima finalidade para eles é a família.

Se estiver apaixonado por um nativo de Câncer, você terá de lidar com os sentimentos dele de maneira suave. Você, que não é do signo, levará um bom tempo para conhecer a delicada sensibilidade e suscetibilidade dos cancerianos. O menor clima de negatividade os perturba. O seu tom de voz, sua mais leve irritação, um olhar ou uma expressão mais severa podem revelar-se motivo de profunda tristeza para eles. Registram os mínimos gestos e reagem intensamente a eles. Pode ser difícil habituar-se de início, mas não desista de seu amor canceriano. São grandes companheiros depois que você passa a conhecê-los e aprende a lidar com eles. É importante entender que os cancerianos reagem não tanto ao que você diz, mas à maneira como você se sente no momento.

VIDA DOMÉSTICA E FAMILIAR

É nesse terreno que os cancerianos dão tudo de si. O ambiente doméstico e familiar por eles criado é como uma primorosa joia personalizada. Esforçam-se para desenvolver coisas belas que sobrevivam aos próprios criadores. E frequentemente o conseguem.

Os nativos de câncer sentem-se muito ligados à família, aos parentes e, sobretudo, às mães. Esses elos perduram por toda a vida e amadurecem à medida que eles envelhecem. Orgulham-se muito dos familiares bem-sucedidos e são bastante apegados aos bens herdados e às recordações familiares. Os cancerianos adoram crianças e gostam de provê-las com tudo aquilo que desejam e de que necessitam. Essa natureza nutriz e sensível os torna excelentes pais — sobretudo a mulher canceriana, que encarna o arquétipo da mãe zodiacal por excelência.

A postura dos pais cancerianos em relação aos filhos é sempre do tipo "certos ou errados, são meus filhos". A dedicação incondicional a eles está sempre na ordem do dia. Aliás, não importa o que um membro da família faça, os cancerianos sempre acabam perdoando-o; afinal, "somos uma família", argumentam eles. A preservação da instituição e da tradição familiar é uma das principais razões existenciais dos cancerianos. Nesse ponto, eles têm muitas lições a nos ensinar.

Por serem tão voltados para a família, seus lares se revelam sempre impecavelmente limpos, organizados e confortáveis. Apreciam mobiliário antigo, mas não dispensam os confortos da modernidade. Os cancerianos adoram hospedar, receber parentes e amigos e organizar festas. São excelentes anfitriões.

CÂNCER
PREVISÃO ANUAL PARA 2021

TENDÊNCIAS GERAIS

A saúde e a energia melhoraram um pouco em relação ao ano passado, e imensamente em relação a 2018 e 2019. Se você passou por esses anos com a saúde e a sanidade intactas, está muito bem. Este ano será bem mais tranquilo. Voltaremos a esse assunto em breve.

Dois eclipses na Sexta Casa em 2021 indicam mudanças de emprego e na rotina de saúde. Voltaremos a esse assunto em breve.

A Nona Casa está proeminente há muitos anos e, em 2021, ela vai ficar ainda mais proeminente quando Júpiter entrar lá, entre os dias 14 de maio e 29 de julho. Isso será excelente para os universitários e para quem deseja entrar na universidade. Eles terão sucesso nos estudos. E o ano que vem será ainda melhor. O ano de 2021 também será bom para viagens ao exterior e essas oportunidades certamente virão.

No geral, a Oitava Casa será a mais forte do horóscopo, indicando um ano sexualmente ativo. Independente da idade ou fase da vida, a libido estará mais forte que usual. Será um ótimo ano para projetos envolvendo desintoxicação, emagrecimento e reinvenção pessoal.

Urano está na Décima Primeira Casa (dos Amigos) há alguns anos, desde março de 2019. Portanto, haverá mudanças dramáticas no seu círculo social. Muitas vezes elas acontecerão devido a dramas pessoais na vida das pessoas que fazem parte desse círculo, não necessariamente causadas pelo relacionamento em si, mas nos próximos anos você terá um novo círculo de amigos, melhor que o atual.

Agora que Saturno saiu da sua Sétima Casa (do Amor), a vida amorosa deve melhorar bastante. Você parece menos tímido e mais disposto a novas experiências no amor. Nada contra um casamento para os solteiros, mas não há algo que o favoreça. Voltaremos a esse assunto em breve.

As principais áreas de interesse este ano serão: amor e romance; sexo, reinvenção e transformação pessoal e estudos sobre ocultismo; viagens ao exterior, educação superior, religião, teologia e filosofia; amigos, grupos e atividades em grupo.

Os caminhos de maior realização em 2021 serão: espiritualidade; sexo, reinvenção e transformação pessoal, estudos sobre ocultismo (de 1º de janeiro a 14 de maio e de 29 de julho a 30 de dezembro); viagens ao exterior, educação superior, religião, teologia e filosofia (de 14 de maio a 29 de julho e a partir de 30 de dezembro).

SAÚDE

(Esta é uma perspectiva astrológica sobre a saúde, não uma visão médica. No passado essas perspectivas eram idênticas, mas hoje podem ocorrer diferenças significativas. Para obter uma opinião com base em diagnósticos da medicina convencional, consulte seu médico ou um profissional da área da saúde.)

A saúde estará boa este ano. Há apenas um planeta lento em alinhamento tenso com você: Plutão. Todos os outros estão em alinhamento harmonioso ou deixando você em paz.

Você terá a energia para conquistar tudo o que deseja. Haverá períodos em que a saúde e a energia estarão mais em baixa que o habitual, mas serão causados pelos trânsitos dos planetas rápidos, sendo temporários e não representando tendências para o ano. O efeito deles será breve. Quando passarem, a saúde e a energia voltarão aos níveis normais.

Por mais que a saúde esteja boa, será possível deixá-la ainda melhor. Dê mais atenção às seguintes partes do corpo, que são as mais vulneráveis do seu mapa.

Estômago e seios. São sempre importantes para os cancerianos e neste ano não será diferente. Os reflexos aparecem em seu mapa. Uma dieta balanceada é uma questão importante para você e deverá ser analisada por um profissional. As necessidades alimentares raramente são estáticas, mudando de acordo com as condições, como carga de trabalho, tipo de emprego etc. Portanto, é bom atualizar a dieta periodicamente, mas tão importante quanto o que você come é como você come. O ato de comer deverá ser elevado de mero apetite animal e transformado em um ato de adoração e agradecimento. Isso não só vai mudar a estrutura molecular do alimento (conforme mostrado por Maseru Emoto) como também as vibrações do corpo e do sistema digestivo. Fazendo isso, você vai obter o melhor dos alimentos e facilitar a digestão. As refeições deverão ser feitas com muita calma e tranquilidade. Faça uma oração de agradecimento, com suas próprias palavras, antes e depois das refeições. O alimento deve ser abençoado. Se possível, coloque uma música suave de fundo enquanto come. O nosso estilo de vida acelerado dificulta este processo, mas é algo que deve ser feito — pelo menos faça um esforço para isso.

Fígado e coxas. São sempre importantes para os cancerianos, pois Júpiter (o senhor dessas áreas) é o seu Planeta da Saúde. Os reflexos aparecem em seu mapa. Massagens regulares nas coxas fortalecem não só o fígado e as coxas, como também a parte inferior das costas. Uma desintoxicação do fígado com chás de ervas será boa de vez em quando.

Tornozelos e panturrilhas. Ganharam importância desde 20 de dezembro do ano passado e continuarão importantes de 1º de janeiro a 14 de maio e de 19 de julho a 30 de dezembro. É bom massagear essas áreas nesses períodos. Além disso, dê mais apoio aos tornozelos quando se exercitar.

Pés. Ganham relevância entre 14 de maio a 29 de julho e a partir de 30 de dezembro. Eles também serão importantes em 2022. As massagens serão boas para a saúde (veja o mapa), pois você não só vai fortalecer os pés, como também o corpo inteiro.

Júpiter em Aquário na maior parte do ano indica a necessidade de moderação sexual e que você vai reagir bem a regimes de desintoxicação. Também haverá uma tendência a passar por cirurgias. Não significa que você vai fazê-las, mas elas podem ser recomendadas.

A entrada de Júpiter no espiritual signo de Peixes mostra que você vai se beneficiar de técnicas de cura espiritual. Se você se sentir indisposto, procure um curador espiritual.

LAR E FAMÍLIA

Se existe uma pessoa que é a definição de caseira, é o canceriano. A família não só é prioridade na vida, como a própria razão de sua existência.

Portanto, você sempre terá foco na família, mas como vimos nos últimos anos, um pouco menos que o usual. Tudo na vida é relativo.

A Quarta Casa (do Lar e da Família) está basicamente vazia este ano. Apenas planetas rápidos vão passar por lá e a influência deles será breve, não configurando tendências para este ano. Isso provavelmente é um sinal positivo, indicando que as questões do lar e da família estão basicamente *status quo* e não há necessidade de prestar mais atenção nessas áreas.

Os pais, mães e figuras paternas ou maternas terão um ano do tipo *status quo* no que diz respeito ao lar e a família, embora um deles possa fazer grandes reformas em casa, o que parece ter acontecido muitas vezes nos últimos anos. Estas figuras parentais parecem prósperas este ano. Um deles fará muitas experimentações nas finanças, enquanto o outro terá uma abordagem mais conservadora. Uma dessas figuras parece fértil este ano, se estiver na idade adequada.

Os irmãos e figuras fraternas terão ótimas perspectivas profissionais e o amor vai encontrá-los em 2021, mas uma mudança de endereço não parece provável. Nada contra, mas também não há algo que favoreça essa ideia. Eles também parecem mais férteis em 2021.

Os filhos e figuras filiais em sua vida poderão se mudar este ano, mas parece complicado, envolvendo muitos atrasos. Se tiverem a idade adequada, o casamento ou relacionamento deles será testado. Eles também parecem férteis neste e no ano que vem.

Os netos (caso você os tenha) ou as pessoas que desempenham esse papel em sua vida terão um ano espiritual forte. Eles também parecem férteis em 2021 e 2022, mas o lar e família parecem manter o *status quo* e uma mudança de endereço não parece provável.

Se você planeja fazer uma grande reforma em casa, o período entre 1º e 31 de outubro será bom para isso. Se você planeja redecorar, embelezando ou comprando objetos de beleza para o lar, o período entre 16 de agosto a 17 de setembro será bom para isso.

Como o planeta rápido Vênus é o Planeta da Família, ele passa por todo o seu horóscopo ao longo de um ano, então haverá muitas tendências de curto prazo relacionadas à família que serão abordadas com mais profundidade nos relatórios mensais.

DINHEIRO E CARREIRA

Como já vem acontecendo há alguns anos, sua Casa do Dinheiro está basicamente vazia. Apenas os planetas rápidos vão passar por lá ao longo do ano e o efeito deles será temporário. O seu ano financeiro será do tipo *status quo*. Você parece contente com a situação atual e não precisa prestar muita atenção nesta área.

Dois eclipses solares acontecerão este ano, um no dia 10 de junho e outro no dia 4 de dezembro, obrigando você a fazer mudanças que envolverão a estratégia, o pensamento e o planejamento na área financeira. Você passa por isso duas vezes ao ano e a essa altura já sabe o que fazer. Estas mudanças tendem a ser boas. Os eventos dos eclipses revelarão os pontos em que o pensamento e o planejamento financeiros não estão realistas. Geralmente, você vai descobrir que algumas suposições são falsas.

O seu Planeta das Finanças (o Sol) vai formar aspectos muito bons com Júpiter (o Planeta da Abundância) entre 24 a 29 de janeiro, 22 a 24 de junho, e 14 a 16 de outubro, que deverão ser períodos excelentes para as finanças e para quem procura emprego.

O Sol (o Planeta das Finanças) é um planeta rápido que passa por todos os signos e casas do seu horóscopo ao longo do ano, portanto haverá muitas tendências financeiras de curto prazo que dependem de onde o Sol está e dos aspectos que recebe. Isso será abordado com mais profundidade nos relatórios mensais.

Em geral, você terá uma boa intuição para o mundo do entretenimento, concessionárias de energia elétrica, empresas de energia e para indústrias voltadas para os jovens, mas, com o Sol passando por todo o horóscopo, o dinheiro e as oportunidades financeiras podem vir de vários lugares e pessoas diferentes. Embora as finanças pessoais pareçam manter o *status quo*, as do cônjuge, parceiro ou interesse amoroso atual estão prosperando. E esta pessoa vai ajudar você nessa área.

A carreira também parece manter o *status quo* em 2021. A Décima Casa (da Carreira) está basicamente vazia (apenas planetas rápidos passarão por lá, com efeitos breves), o que é basicamente positivo. Você está satisfeito com a situação atual e não precisa prestar muita atenção nessa área. Vejo isso como algo bom.

Marte (o seu Planeta da Carreira) não é exatamente um planeta rápido como o Sol, a Lua, Mercúrio ou Vênus, mas é relativamente rápido. Ao longo do ano ele vai passar por nove signos e casas do seu mapa, então haverá muitas tendências de curto prazo na carreira, que dependem de onde Marte está e dos aspectos que recebe. Isso também será abordado com mais profundidade nos relatórios mensais.

O cônjuge, parceiro ou interesse amoroso atual estará concentrado nas finanças e vai prosperar em 2021, mas a sua carreira parece *status quo*. Os irmãos e figuras fraternas terão um ano financeiro do tipo *status quo*, mas ainda assim terão excelentes oportunidades de emprego. A carreira também manterá o *status quo*. Os filhos e figuras filiais em sua vida também terão um ano do tipo *status quo* nas finanças. Os ganhos de 2021 devem estar na mesma faixa de 2020 e a carreira se manterá estável. Já os netos (caso você os tenha) começarão a prosperar entre 14 de maio e 29 de julho, mas a prosperidade será mais forte no ano que vem.

AMOR E VIDA SOCIAL

A Sétima Casa (a do Amor) está proeminente este ano. Não tanto quanto em 2018 e 2019, mas ainda será importante.

Saturno, o seu Planeta do Amor, agora está no signo de Aquário, que ama a liberdade, então você estará menos conservador do que o habitual no amor. Você estará disposto a tentar algo diferente, experimentar e ver o que funciona para você e sua vida social. Provavelmente essas experimentações não serão muito radicais, pois Saturno ainda é um planeta conservador, mas você estará mais experimental do que o habitual.

Saturno (o Planeta do Amor) vai passar o ano na Oitava Casa, enviando várias mensagens. O magnetismo sexual terá um papel mais importante que o habitual no amor. Isso é natural, mas lembre-se de que não é possível construir um relacionamento de longo prazo com base apenas nisso. Essa movimentação de Saturno também indica uma atração por pessoas do dinheiro, prósperas. Se você estiver casado, o cônjuge, parceiro ou interesse amoroso atual terá um excelente ano para as finanças e será mais generoso com você.

Você encontrará o amor e oportunidades amorosas na internet e nas redes sociais. Você poderá até viver um relacionamento amoroso pela internet ou por mensagens no celular. A tecnologia estará muito envolvida no amor. Além disso, o Planeta do Amor na Oitava Casa mostra que o romance e as oportunidades amorosas podem acontecer em funerais, velórios ou durante uma visita para confortar uma pessoa enlutada.

Como Saturno é o seu Planeta do Amor, você prefere pessoas mais velhas (não anciãs), mas com aparência jovem. Você vai girar em torno de pessoas corporativas e com situação econômica estável, talvez executivos de empresas de tecnologia.

Não vejo casamento este ano, contudo haverá casos amorosos. Eles podem parecer sérios, mas não acredito que levem ao casamento. Curta o relacionamento pelo que ele é.

A área das amizades parece agitada, porém instável. Conforme mencionamos anteriormente, muitas amizades serão testadas em 2021, como vem acontecendo nos últimos dois anos. Toda essa área da sua vida está mudando dramaticamente. Como já dissemos, quando Urano terminar com você, haverá um círculo social totalmente novo. (E será melhor do que o atual.)

AUTOAPRIMORAMENTO

Você terá duas casas poderosas no seu horóscopo este ano: a Oitava e a Nona Casas. As outras casas ficarão temporariamente fortes ao longo do ano devido à movimentação dos planetas rápidos, mas, no geral, essas serão as duas mais fortes.

A Oitava Casa tem má fama porque rege a morte, as experiências de quase morte, cirurgias, crises pessoas e similares, mas ela também rege a regeneração, renovação, renascimento e ressureição. Superficialmente, é assustadora, mas oferece tesouros para quem mergulha fundo nela.

Depois da morte, vem a ressurreição. Na verdade, não é possível separar os dois termos. O ano velho morre para o ano novo nascer. O mês antigo morre para o novo nascer. Se uma pessoa quiser se reinventar e dar à luz a pessoa que deseja ser, a morte está envolvida, pois a antiga pessoa (antiga natureza) precisa morrer para que a nova pessoa nasça. A morte tem muitas funções, faz parte inerente da vida. Portanto, este é o ano em que você faz as pazes com a morte. Você não vai morrer (não fisicamente), mas terá encontros com a morte e será obrigado a aprofundar sua compreensão sobre ela. Este será o ano em que você terá o poder e a energia para dar à luz a pessoa que você deseja ser, ao "eu" ideal. A morte estará envolvida, mas no sentido psicológico, não físico.

A Nona Casa tem uma reputação melhor, indicando expansão e liberdade. Ela representa a educação superior, viagens e uma atitude despreocupada. Não é por acaso que a Nona Casa vem depois da Oitava. Sem a morte, as mudanças e purgações psicológicas da Oitava Casa, a Nona Casa não funcionaria adequadamente. Tudo o que restringe a liberdade precisa morrer ou ser expurgado do sistema.

Júpiter vai entrar em sua Nona Casa brevemente este ano, de 14 de maio a 29 de julho, por aproximadamente dois meses e meio. No ano que vem ele ficará lá a longo prazo. Esta é a preparação. Júpiter vai trazer novas percepções para suas crenças teológicas e religiosas. E é a partir delas que nós vivemos a vida. Um ministro e filósofo disse que todos os problemas da vida são teológicos em seu cerne. O problema pode não parecer relacionado à teologia, pode ser um problema financeiro, de relacionamento ou de saúde, mas se mergulharmos fundo, a teologia está na raiz dele. Qual é o seu conceito de Divino? Resolva o problema teológico e o(s) outro(s) problema(s) vai(ão) desaparecer. Este será o ano para avanços religiosos e psicológicos, e o próximo ano também.

PREVISÕES MENSAIS

JANEIRO

Melhores dias: 7, 8, 16, 17, 26, 27
Dias mais tensos: 5, 6, 12, 13, 18, 19
Melhores dias para o amor: 2, 5, 10, 12, 13, 14, 21, 22, 23, 30, 31
Melhores dias para o dinheiro: 1º, 2, 3, 4, 5, 12, 13, 14, 23, 24, 28, 29
Melhores dias para a carreira: 2, 12, 13, 18, 19, 20, 21, 30, 31

Você começou o ano no meio de um ápice amoroso e social anual, então a vida social estará ativa, os solteiros vão namorar mais e os casados vão frequentar mais festas e reuniões sociais.

A saúde e a energia poderiam estar melhores. Embora a saúde tenha avançado visivelmente em relação ao ano passado, janeiro não será um de seus melhores meses nessa área. Tudo isso vem dos estresses causados pelos planetas rápidos, mas será temporário, então o melhor é descansar e relaxar mais. Melhore a saúde das formas mencionadas no relatório anual. Se você estiver sentindo algum sintoma, provavelmente não será tão ruim quanto imagina.

Apesar da energia relativamente baixa, haverá muitos pontos positivos: a vida social vai brilhar, a prosperidade parece sólida e a conjunção do Sol com Júpiter entre os dias 28 e 30 aumentará os ganhos. A passagem do Sol por Saturno (nos dias 23 e 24) poderá trazer uma oportunidade para sociedade ou parceria. Em geral, o Planeta das Finanças na sua Sétima Casa até o dia 20 significa que seus contatos sociais serão importantes financeiramente. O cônjuge, parceiro ou interesse amoroso atual parece ajudar nas finanças, enquanto as crianças ajudam ou inspiram os ganhos entre os dias 13 e 15 e o dinheiro será ganho de modo feliz nesse período.

Marte viaja com Urano entre os dias 18 e 21, podendo trazer mudanças ou abalos na carreira. Um pai, mãe, figura paterna ou materna deverá ter mais cuidado no plano físico. Você poderá enfrentar questões relacionadas à morte ou a uma experiência de quase morte, geralmente em nível psicológico.

A saúde e a energia melhoram a partir do dia 20, quando o Sol entra na Oitava Casa. Será um bom período para planejamento tributário e de compra de imóveis (se você tiver a idade adequada para isso). O cônjuge, parceiro ou interesse amoroso atual vai prosperar e você estará muito envolvido nessa prosperidade. Se você tiver boas ideias, será um excelente período para atrair investidores externos para os seus projetos. Você terá uma boa afinidade com o setor de tecnologia e o mundo da internet. Também será um bom período para pagar ou fazer dívidas, dependendo da necessidade.

Com o ímpeto planetário majoritariamente para a frente, este mês será acelerado, tanto no mundo quanto na vida pessoal. Noventa e às vezes cem por cento dos planetas vão se mover para a frente este mês.

FEVEREIRO

Melhores dias: 4, 5, 13, 14, 23, 24
Dias mais tensos: 2, 3, 8, 9, 15, 16
Melhores dias para o amor: 2, 8, 9, 10, 11, 20, 21
Melhores dias para o dinheiro: 2, 3, 11, 20, 21, 23, 25, 26
Melhores dias para a carreira: 8, 9, 15, 16, 18, 19, 27, 28

Uma discordância financeira com um chefe, pai, mãe, figura paterna ou materna no dia 1º será breve. Um pai, mãe, figura paterna ou materna parece excessivamente pessimista e deprimido nos dias 5 e 6. Tenha mais paciência com esta pessoa porque o humor vai mudar entre os dias 8 e 11. Já os dias 5 e 6 serão bons para receber amigos em casa.

A sua Oitava Casa será facilmente a mais forte do horóscopo este mês, pois cinquenta e às vezes sessenta por cento dos planetas estarão ou passarão por ela. Portanto, o cônjuge, parceiro ou interesse amoroso atual vai prosperar, tendo um excelente ano para as finanças. Como no mês passado, fevereiro também será bom para o planejamento tributário ou para a compra de imóveis, se você estiver na idade adequada. Heranças também podem aparecer (com sorte, ninguém vai precisar morrer: você pode ser nomeado em um testamento ou indicado como administrador de um espólio). Se você tiver boas ideias, haverá investidores dispostos a ouvi-las.

Fevereiro será especialmente bom para a transformação e reinvenção pessoal. É o mês para dar à luz o seu "eu" ideal. Obviamente isso não vai acontecer em um mês, mas haverá um bom progresso.

Este também será um bom momento para limpar e organizar a vida em todos os níveis, incluindo objetos pessoais, finanças e padrões emocionais. A Oitava Casa é onde nós crescemos cortando os excessos, portanto menos será mais em fevereiro. Analise seus objetos pessoais: venda ou doe o que não estiver sendo usado para alguma instituição de caridade. E o mais importante: preste atenção na sua saúde mental e os hábitos emocionais. Eles são úteis ou estão distraindo você e desperdiçando energia? Livre-se dos que não forem úteis. (A meditação será de grande ajuda nisso.) Pense nesses hábitos como placas ou coágulos nas artérias. Quando você se livra deles, a vida flui. O novo e melhor entra em cena.

A saúde e a energia estarão boas neste mês e ficarão ainda melhor após o dia 18. Você terá toda a energia de que precisa para conquistar o que deseja. O desafio será usar essa energia a mais de modo construtivo em vez de desperdiçá-la.

O seu Planeta das Finanças (o Sol) vai entrar na Nona Casa no dia 18, enviando um possível sinal positivo para as finanças. Os ganhos devem aumentar e a intuição financeira estará excelente.

MARÇO

Melhores dias: 3, 4, 12, 13, 22, 23, 30, 31
Dias mais tensos: 1º, 2, 7, 8, 14, 15, 28, 29
Melhores dias para o amor: 1º, 3, 4, 7, 8, 9, 12, 13, 19, 24, 28
Melhores dias para o dinheiro: 1º, 2, 3, 4, 9, 10, 12, 13, 19, 20, 24, 25, 28, 29
Melhores dias para a carreira: 9, 14, 15, 19, 20, 28, 29

Este mês será próspero e feliz, com muito sucesso exterior. É isso que um nível incrivelmente alto de energia pode fazer. Quando a mesma situação acontece com a energia elevada, temos um resultado bem diferente de quando a energia está baixa.

Todos os planetas vão se mover para a frente este mês, então tudo acontecerá rapidamente na sua vida e no mundo. Março será um bom mês para lançar novos produtos, projetos ou empreendimentos após o dia 20. O Sol em Áries costuma ter a melhor energia inicial do zodíaco e com tanto impulso para a frente nos planetas, haverá muita ajuda cósmica para os seus objetivos.

A sua Nona Casa estava poderosa no mês passado e ficará ainda mais neste mês, pois quarenta e às vezes cinquenta por cento dos planetas estarão lá ou vão passar por ela. Isto indica felicidade e boa fortuna, pois a Nona Casa talvez seja a mais benéfica de todas as casas (alguns astrólogos podem discordar, mas certamente é uma das mais benéficas.)

Portanto, haverá oportunidades para viagens ao exterior, os universitários terão sucesso nos estudos e haverá uma sensação geral de otimismo e de "eu consigo fazer isso." As oportunidades educacionais virão até para quem não está na universidade. A intuição financeira estará excelente (especialmente nos dias 14 e 15). Preste atenção nos sonhos, pois eles darão orientação financeira. Além disso, videntes, leitores de tarô, astrólogos e canais espirituais terão bons conselhos para as finanças. Os estrangeiros poderão ser importantes na vida financeira, na forma de investidores ou de empresas estrangeiras.

No dia 20, o Sol vai entrar na sua Décima Casa (da Carreira), marcando o início de um ápice profissional anual. Chefes, pais, mães e figuras paternas ou maternas vão ajudar os seus objetivos financeiros. Aumentos de salário (oficiais ou não) poderão acontecer. A sua boa reputação profissional traz recomendações e lucros. No dia 21, Vênus também entrará na Décima Casa (da Carreira), tendo vários significados. A família, especialmente um pai, mãe, figura paterna ou materna, dará apoio aos seus objetivos profissionais. A família como um todo estará mais elevada e bem-sucedida neste período. Você estará trabalhando para deixar o escritório mais confortável e parecido com um lar. Os limites entre a casa e o escritório se fundem, aproximando os dois.

A saúde vai precisar de mais cuidados a partir do dia 20, mas não será nada grave, apenas estresses temporários causados pelo movimento dos planetas rápidos. Descanse bastante e melhore a saúde das formas mencionadas no relatório anual.

ABRIL

Melhores dias: 8, 9, 18, 19, 27, 28
Dias mais tensos: 3, 4, 10, 11, 12, 25, 26
Melhores dias para o amor: 1º, 2, 3, 4,6, 7, 11, 12, 15, 16, 23, 24, 25, 26
Melhores dias para o dinheiro: 1º, 2, 7, 11, 12, 16, 17, 20, 21, 23, 26
Melhores dias para a carreira: 6, 7, 10, 11, 12, 16, 17, 27

Continue a prestar atenção na saúde até o dia 20. As exigências profissionais serão fortes e você provavelmente não vai conseguir evitá-las. Melhore a saúde das formas mencionadas no relatório anual e, acima de tudo, descanse bastante.

Você ainda estará em um ápice profissional anual até o dia 20, então haverá muito sucesso externo. Com o Planeta das Finanças na Casa da Carreira, haverá uma tendência a medir o sucesso em termos financeiros, em vez de status ou prestígio. Embora o seu ápice profissional anual termine no dia 20, a carreira continuará boa depois disso. O Planeta da Carreira (Marte) vai entrar em seu signo no dia 24, trazendo oportunidades profissionais felizes. Você nem vai precisar se esforçar, elas virão até você. Também mostra que as pessoas poderosas na sua vida estarão a seu favor e dedicados a você. Além disso, você vai cultivar a imagem do sucesso, vestindo-se e usando acessórios adequados. As pessoas verão você como bem-sucedido.

Marte no seu signo traz muitos pontos positivos. Você terá mais energia, coragem e disposição para fazer tudo rapidamente e será visto como uma pessoa proativa. No mapa das mulheres, isso indica a chegada de homens jovens, mas esse aspecto também traz algumas desvantagens: você poderá ficar mais impaciente e a sensação de pressa poderá levar a lesões ou acidentes. Você poderá ser visto como uma pessoa combativa pelos outros e estará mesmo com o pavio curto nesse período, então faça o possível para evitar conflitos. Tenha pressa, mas de modo consciente.

A saúde vai melhorar dramaticamente a partir do dia 20. Vênus viaja com Urano nos dias 22 e 23. Um pai, mãe, figura paterna ou materna (e também parentes) devem dirigir com mais cuidado e ter mais atenção no plano físico. Cirurgias podem ser recomendadas para eles.

O Planeta das Finanças viaja com Urano nos dias 29 e 30, podendo trazer dinheiro repentino ou uma despesa súbita e inesperada, mas o dinheiro para cobrir essa despesa virá. Haverá uma necessidade de mudança de rumo nas finanças nesse período. A boa notícia é que haverá boa cooperação financeira entre você e o cônjuge, parceiro ou interesse amoroso atual.

MAIO

Melhores dias: 5, 6, 15, 16, 24, 25
Dias mais tensos: 1º, 2, 7, 8, 9, 22, 23, 28, 29
Melhores dias para o amor: 1º, 2, 3, 4, 13, 14, 22, 23, 29, 29, 30, 31
Melhores dias para o dinheiro: 1º, 2, 4, 10, 11, 14, 15, 18, 19, 22, 24, 30
Melhores dias para a carreira: 5, 6, 7, 8, 9, 15, 16, 24, 25

Muitas mudanças acontecerão neste mês. As peças do xadrez cósmico estão sendo reorganizadas. A atividade retrógrada aumenta em maio.

Começaremos o mês com apenas dez por cento dos planetas retrógrados e terminaremos com trinta por cento. A vida não para, mas vai desacelerar um pouco. A entrada de Júpiter em Peixes no dia 14 vai melhorar a saúde e a energia. É um trânsito maravilhoso para estudantes universitários (ou que desejam entrar para a universidade), que levará ao melhor cenário possível. Caso você esteja envolvido em problemas jurídicos, a situação estará favorável. Por fim, haverá um eclipse lunar no dia 26.

Todo eclipse lunar tem impacto em você, pois a Lua (o planeta eclipsado) rege o seu horóscopo. Portanto, haverá uma necessidade de se redefinir e atualizar o conceito de si e a imagem que projetará para o mundo, o que é algo basicamente saudável. Você poderá fazer isso duas vezes por ano. Poderá acontecer uma desintoxicação do corpo, especialmente se você não tomou cuidado com a alimentação. O eclipse acontece na sua Sexta Casa e afeta o senhor da Sexta Casa (Júpiter), indicando mudanças de emprego na sua empresa atual ou em uma nova empresa e problemas no local de trabalho. Se você for empregador, poderá enfrentar rotatividade de pessoal e dramas na vida dos funcionários. Nos próximos meses haverá mudanças dramáticas na sua rotina de saúde e os filhos e figuras filiais serão obrigados a fazer mudanças financeiras importantes. Além disso, os pais, mães e figuras paternas ou maternas deverão dirigir defensivamente.

O amor será mais complicado este mês. Primeiro, o seu Planeta do Amor (Saturno) ficará retrógrado no dia 23. Depois, ele receberá aspectos tensos até o dia 21. Isso significa que você precisará trabalhar mais no relacionamento atual. Os solteiros enfrentarão desafios no romance, mas o amor vai melhorar bastante após o dia 21. Porém, o Planeta do Amor estará retrógrado, então tenha paciência nessa área, não leve os obstáculos muito a sério e evite tomar decisões amorosas importantes nos próximos meses. Use o período retrógrado para obter clareza sobre o amor, definir o que você quer e ver o que pode melhorar. Quando Saturno começar a se mover para a frente, você poderá colocar os planos em prática.

As finanças estarão no *status quo*, o que provavelmente é bom. Você está satisfeito com a situação atual e não precisa prestar muita atenção nessa área. Marte estará no seu signo o mês inteiro. Reveja nossa discussão sobre isso no mês passado. Além disso, poderá haver viagens relacionadas à carreira nos dias 21 e 22.

JUNHO

Melhores dias: 1º, 2, 3, 11, 12, 13, 20, 21, 29, 30
Dias mais tensos: 4, 5, 18, 19, 24
Melhores dias para o amor: 11, 12, 18, 19, 21, 24, 25, 26
Melhores dias para o dinheiro: 1º, 11, 14, 15, 18, 19, 20, 27
Melhores dias para a carreira: 2, 3, 4, 5, 14, 23

Este mês nós teremos um eclipse solar no dia 10. Felizmente ele não terá tanta influência em você, pelo menos não será tão forte quanto poderia. De qualquer modo, é bom ter uma agenda reduzida, pois as energias ficam agitadas durante os períodos de eclipse.

Este eclipse acontece na sua Décima Segunda Casa (da Espiritualidade) e indica mudanças nas práticas, ensinamentos, professores e atitudes espirituais. Muitas vezes isso acontece devido a novas percepções e revelações. Quando uma nova percepção surge, é natural trocar de prática, pois o jeito antigo deixa de ser válido. Também poderá haver abalos e perturbações na organização espiritual ou de caridade na qual você estiver envolvido e dramas na vida dos gurus na sua vida. Os amigos serão obrigados a fazer mudanças financeiras importantes. O cônjuge, parceiro ou interesse amoroso atual poderá ter mudanças de emprego, talvez perturbações no local de trabalho. Esta pessoa fará mudanças importantes na rotina de saúde nos próximos meses, o que também poderá trazer um susto relacionado à saúde. (Se isso acontecer, é recomendável pedir uma segunda opinião.) Todo eclipse solar traz mudanças de rumo na vida financeira. A essa altura você já está acostumado com isso, pois acontece duas vezes por ano. Portanto, o pensamento e a estratégia nas finanças precisam mudar. Como este eclipse também afetará Mercúrio e Netuno, não será um bom período para viajar. Caso a viagem seja necessária, marque para antes ou depois do eclipse. Os estudantes universitários poderão mudar de escola ou de planos educacionais, enquanto os filhos e figuras filiais terão mudanças na carreira. Também poderá haver encontros psicológicos com a morte (não é a morte literal). Os irmãos e figuras fraternas também terão mudanças na carreira.

Apesar do eclipse, junho será um mês feliz. A saúde parece boa, especialmente após o dia 21. Você terá boa aparência e prosperidade. Sorte e oportunidades inesperadas nas finanças virão. Você vai gastar consigo mesmo e a aparência pessoal será um grande fator nos ganhos. Talvez o mais importante seja que você vai estar em um período de independência máxima. Este será o mês para fazer as mudanças necessárias rumo a sua felicidade. É hora de fazer tudo do seu jeito. Os outros sempre trataram você com respeito, mas se eles não concordarem com suas ideias, siga o seu caminho. O cosmos vai ajudar você. Não é egoísta cuidar de si mesmo, pois você não vai conseguir ajudar ninguém se não estiver bem.

JULHO

Melhores dias: 8, 9, 10, 18, 19, 26, 27
Dias mais tensos: 1º, 2, 16, 17, 22, 23, 28, 29, 30
Melhores dias para o amor: 1º, 2, 6, 7, 12, 16, 17, 21, 22, 23, 24, 25, 31
Melhores dias para o dinheiro: 8, 9, 11, 12, 18, 19, 26, 28, 29
Melhores dias para a carreira: 1º, 2, 11, 12, 21, 28, 29, 30, 31

Este será um mês feliz, saudável e próspero, canceriano. Aproveite. Agora que a poeira dos eclipses anteriores baixou, você poderá curtir mais a vida. Você ainda estará no meio do ápice anual de prazer pessoal (um deles) até o dia 23. Então, os prazeres do corpo vão se abrir para você. Será bom para se concentrar em obter o corpo e a imagem que você deseja e, como o setor oriental do "eu" ainda está dominante, será bom fazer as mudanças necessárias para a sua felicidade.

A prata é sempre uma cor boa para você, além de um bom metal precioso, mas neste mês será ótima para usar como acessório com ouro, o que vale tanto para o metal quanto para a cor (até o dia 23).

Julho será próspero. O Planeta das Finanças estará no seu signo até o dia 23, então sorte inesperada e oportunidades financeiras vão procurá-lo. As pessoas do dinheiro na sua vida estarão dedicadas a você. Além disso, você viverá em um padrão mais alto que o habitual. No dia 23, o Sol entra na Casa do Dinheiro e você vai começar um ápice financeiro anual, significando um ciclo de aumento de ganhos. Muitos planetas estarão na Casa do Dinheiro ou passando por ela (quarenta e às vezes cinquenta por cento deles). A Casa do Dinheiro será facilmente a mais forte do horóscopo, portanto o seu foco estará nessa área e, pela lei espiritual, nós conseguimos tudo em que nos concentramos. Como o dinheiro parece vir facilmente esses dias, você poderá estar mais especulativo que o usual e mais disposto a correr riscos.

A atividade retrógrada agora está em quarenta por cento dos planetas, uma porcentagem alta, mas que ainda não será o máximo para 2021. Tudo está desacelerando na sua vida e no mundo, mas as finanças não parecem afetadas. (O seu Planeta das Finanças, o Sol, nunca fica retrógrado.)

O amor parece mais estressante este mês, especialmente após o dia 23. O Planeta do Amor não só está retrógrado como recebendo aspectos tensos temporariamente, portanto tenha mais paciência com a pessoa amada este mês. Parece haver discordâncias financeiras com ela em julho, mas isso não vai durar. Será preciso ceder para resolvê-las.

A saúde estará excelente. Haverá dias (quando a Lua entrar em aspecto tenso com você) em que a saúde não estará tão boa, mas serão problemas de curto prazo e vão passar logo. Se quiser, você pode melhorar a saúde das formas mencionadas no relatório anual. O Planeta da Saúde (Júpiter) continua bem perto do Meio do Céu, indicando foco na saúde. Tenha cuidado para não exagerar um problema menor e transformá-lo em algo imenso. Confie na sua boa saúde.

AGOSTO

Melhores dias: 5, 6, 14, 15, 22, 23
Dias mais tensos: 12, 13, 18, 19, 24, 25
Melhores dias para o amor: 1º, 2, 3, 11, 12, 18, 19, 20, 30, 31
Melhores dias para o dinheiro: 1º, 7, 8, 13, 17, 21, 26, 31
Melhores dias para a carreira: 1º, 10, 11, 18, 19, 24, 25, 28, 29

A saúde continua boa este mês. O movimento retrógrado do seu Planeta da Saúde (que começou no dia 20 de junho) sugere cuidado ao fazer mudanças radicais na rotina de saúde. Provavelmente não será um bom momento para exames ou procedimentos médicos. É melhor remarcá-los para depois.

A atividade retrógrada aumenta em relação ao mês passado. Após o dia 20, cinquenta por cento dos planetas estarão retrógrados, então a vida e os eventos vão desacelerar. Será preciso ter paciência e compreensão para lidar com os vários atrasos que vão acontecer. (Este é um dos motivos pelos quais entender a astrologia é tão importante. Ela não pode impedir os eventos, mas ajuda a compreendê-los.)

Este mês continuará próspero. Talvez não tanto quanto julho, mas ainda será bom. Você continuará em um ápice financeiro anual até o dia 23 e neste dia, o Planeta das Finanças vai entrar em Virgem e você parecerá mais cuidadoso e menos especulativo do que no mês passado. O julgamento financeiro estará mais sólido, favorecendo os ganhos por meio da comunicação, envolvendo vendas, marketing, publicidade e relações públicas. Tudo o que você fizer em termos de marketing e bom uso dos meios de comunicação será importante. Isso também favorece o comércio, além da compra e venda no varejo. Você vai gastar mais em livros, palestras, seminários e educação em agosto. Os seus investimentos (caso você os tenha) deverão trazer mais dividendos ou render juros. Talvez você compre novos equipamentos de comunicação ou acessórios automotivos. Os irmãos e figuras fraternas terão um bom mês. A vida amorosa parece empacada, mas a autoestima e a confiança deles estarão em dia.

Uma discordância financeira com o cônjuge, parceiro ou interesse amoroso atual parece intensa nos dias 6 e 7, mas deverá passar depois disso. Tenha cuidado para não gastar demais nos dias 19 e 20.

A vida amorosa continuará complicada, pois o Planeta do Amor continua retrógrado, mas tudo melhora depois do dia 23. A pessoa que você ama vai se sentir melhor e menos estressada. Os solteiros ainda precisam ir devagar no amor e não tentar apressar a situação. As finanças da pessoa que você ama vão progredir no dia 29 de julho e ficarão ainda melhores em agosto.

Os dois planetas que regem as viagens ao exterior estarão retrógrados este mês, portanto é melhor evitá-las. Contudo, se você precisar viajar, reserve mais tempo para ir e voltar do seu destino, faça seguro para suas passagens e não escolha conexões com horários muito próximos.

Os universitários ficarão indecisos quanto aos planos educacionais e os problemas jurídicos vão sofrer muitos atrasos.

SETEMBRO

Melhores dias: 1º, 2, 10, 11, 19, 20, 29, 30
Dias mais tensos: 8, 9, 14, 15, 21, 22, 23

Melhores dias para o amor: 8, 9, 14, 15, 16, 17, 19, 26, 29, 30
Melhores dias para o dinheiro: 4, 5, 6, 7,9, 15, 18, 26, 27
Melhores dias para a carreira: 7, 16, 17, 21, 22, 23, 26

Uma discordância financeira com a pessoa que você ama parece resolvida nos dias 5 ou 6. Vocês vão concordar e cooperar entre si. Os contatos sociais ajudam as finanças nos dias 28 e 29. Um pai, mãe, figura paterna ou materna terá um bom pagamento nos dias 5 e 6.

A atividade retrógrada chegará ao máximo para o ano a partir do dia 27, quando Mercúrio se junta ao grupo de planetas retrógrados. Aliás, sessenta por cento dos planetas estarão retrógrados após o dia 27. Este Mercúrio retrógrado será muito mais forte do que os dois anteriores, pois ocorre quando vários outros planetas estão retrógrados. Portanto, tenha mais cuidado nas comunicações. Tente minimizar os atrasos prestando mais atenção aos detalhes: escreva os endereços de cartas e e-mails corretamente, confira as datas e assinaturas nos cheques e outros documentos e pode ser bom mandar as correspondências mais importantes como cartas registradas.

O poder planetário agora está na posição máxima no lado noturno. A metade inferior do mapa estará no ponto mais forte de 2021, então será bom se concentrar no lar, na família e no seu bem estar emocional. Até o Planeta da Carreira (Marte) estará na Quarta Casa a partir do dia 15, mostrando que a sua missão agora é a família, que também será a sua carreira.

Embora a saúde precise de cuidados a partir do dia 22, setembro ainda será um mês feliz. O poder na Quarta Casa mostra que o cosmos está estimulando você a fazer o que mais gosta: envolver-se com o lar e a família. Se você planeja fazer reformas ou grandes reparos em casa, a partir do dia 15 será um bom momento. Contudo, reserve mais tempo para o projeto, pois pode haver atrasos. Se você estiver redecorando, entre os dias 1º e 11 será bom para isso.

O Planeta da Carreira na Quarta Casa indica que será bom buscar os objetivos profissionais pelos métodos da noite, em vez de usar a ação direta. Imagine-se onde deseja estar profissionalmente, entre nesse clima, sinta isso. Depois, quando o poder planetário mudar, as ações diretas vão acontecer naturalmente.

A saúde vai precisar de mais atenção, conforme já mencionamos. O importante é descansar muito e também entender que a saúde como um todo estará boa. Os sintomas que você sentir serão temporários e causados pelos estresses dos planetas rápidos. No mês que vem esses estresses vão passar, trazendo a saúde e a energia de volta aos níveis normais. Enquanto isso, melhore a saúde das formas mencionadas no relatório anual. E, como sempre, descanse bastante.

OUTUBRO

Melhores dias: 8, 9, 16, 17, 26, 27
Dias mais tensos: 5, 6, 12, 13, 18, 19, 20
Melhores dias para o amor: 5, 10, 12, 13, 14, 18, 19, 23, 29, 30
Melhores dias para o dinheiro: 1º, 2, 5, 6, 7, 14, 15, 24, 25, 26, 28, 29, 30
Melhores dias para a carreira: 5, 6, 14, 15, 18, 19, 20, 24, 25, 31

A saúde ainda precisa de cuidados até o dia 22. Reveja nossa discussão sobre isso no mês passado. Você deverá sentir uma melhora dramática a partir do dia 22. Talvez algum terapeuta, remédio ou erva leve o crédito, mas a verdade é que o poder planetário mudou a seu favor. Todo o resto eram apenas efeitos colaterais.

A sua Quarta Casa continuará poderosa até o dia 22. Você vai gastar com a casa, mas poderá ganhar com ela também. Haverá um bom apoio da família em outubro e as conexões familiares terão papel importante nas finanças. Você terá uma compreensão psicológica sobre as finanças, que será útil nessa área. Ainda será um bom período para fazer reparos ou reformas em casa. (Mais uma vez será preciso reservar mais tempo para que elas aconteçam.)

A vida amorosa vai melhorar este mês. Saturno (o Planeta do Amor) começará a se mover para a frente no dia 11 e vai receber aspectos muito bons. Haverá mais clareza no romance e na vida social. Um relacionamento empacado começa a avançar. Os que já estiverem em uma relação amorosa também terão um bom momento, pois a pessoa que você ama estará se sentindo melhor. Após o dia 11, será mais seguro para tomar decisões importantes no amor.

A atividade retrógrada vai diminuir muito em outubro. Começamos o mês com sessenta por cento dos planetas retrógrados, mas vamos terminá-lo com vinte por cento, uma grande redução. Os eventos no mundo e na vida vão avançar, indicando progresso mais rápido nos seus objetivos.

A sua Quinta Casa ficará poderosa a partir do dia 22 e você vai começar um ápice anual de prazer pessoal. Outubro será um mês divertido. Você estará muito envolvido com os filhos e figuras filiais em sua vida. Além disso, vai ganhar dinheiro de modo feliz e gastar da mesma forma. Provavelmente você vai gastar mais com os filhos ou figuras filiais, mas eles poderão inspirá-lo a ganhar mais e poderão dar apoio material, se tiverem idade para isso. O Planeta das Finanças na Quinta Casa deixará você mais especulativo e indica mais sorte nas especulações, mas evite esse tipo de atitude nos dias 29 e 30.

A família como um todo vai prosperar a partir do dia 22, especialmente a pai, mãe, figura paterna ou materna. Os irmãos e figuras fraternas prosperam até o dia 22 (tudo ficará bem depois disso, mas a prosperidade será mais forte antes do dia 22 do que depois).

Embora outubro não seja um mês forte para a carreira, haverá uma experiência profissional feliz nos dias 17 e 18. Além disso, os dias 14 e 15 trazem aumento nos ganhos.

NOVEMBRO

Melhores dias: 4, 5, 12, 13, 14, 22, 23
Dias mais tensos: 2, 3, 8, 9, 15, 16, 29, 30
Melhores dias para o amor: 2, 8, 9, 10, 17, 18, 20, 27, 28, 29
Melhores dias para o dinheiro: 3, 4, 5, 11, 12, 13, 21, 25, 26, 30
Melhores dias para a carreira: 4, 12, 13, 15, 16, 22, 23

Todo eclipse lunar será forte em você, e este que ocorrerá no dia 19 não será diferente. Vá devagar e evite atividades estressantes neste período. Um eclipse nunca deve nos impedir de fazer o que precisa ser feito, mas se for algo eletivo, poderá ser remarcado sem problemas. Este eclipse afetará mais dois planetas, Vênus e Júpiter, aumentando o seu poder.

O eclipse acontece na sua Décima Primeira Casa (a dos Amigos), então as amizades poderão ser testadas. Muitas vezes isso acontecerá por causa dos dramas na vida dos amigos e não pelo relacionamento em si. Equipamentos e aparelhos tecnológicos como computadores, software, modems e similares estarão mais temperamentais. Não se esqueça de fazer cópias de segurança dos seus arquivos e verificar se os antivírus e programas contra hackers estão atualizados. A tecnologia é maravilhosa quando funciona bem, mas pode ser um verdadeiro pesadelo quando dá problema. Preste atenção, pois a vida vai parar. Poderá haver dramas em casa e na vida de parentes, especialmente um pai, mãe, figura paterna ou materna. Tenha mais paciência com ele ou ela neste período. O impacto do eclipse em Júpiter indica mudanças de emprego ou perturbações no local de trabalho. Se você for empregador, poderá haver drama na vida dos funcionários e rotatividade de pessoal. Os irmãos e figuras fraternas serão obrigados a corrigir o rumo das finanças e também deverão dirigir com mais cuidado.

A sua rotina de saúde deverá mudar dramaticamente nos próximos meses. Todo eclipse lunar exige uma redefinição do conceito de si e da forma pela qual as outras pessoas veem você. É algo basicamente saudável e você passa por isso duas vezes por ano. A essa altura, você já sabe como lidar com essas situações. Portanto, nos próximos meses haverá mudanças no guarda-roupa e na imagem que você apresenta para o mundo. Além disso, o cônjuge, parceiro ou interesse amoroso atual terá dramas com os amigos.

Embora o eclipse atinja o Planeta da Saúde, essa área parece boa este mês. Talvez haja uma desintoxicação do corpo, mas não será uma doença, apenas uma limpeza. A sua Sexta Casa (da Saúde) ficará poderosa a partir do dia 22, então haverá um grande foco nessa área. Com sorte, você não vai exagerar, pois a saúde estará boa. Tenha cuidado para não se preocupar demais e transformar um problema pequeno em algo enorme.

Apesar do eclipse, novembro será basicamente feliz. Você estará no meio de um ápice anual de prazer pessoal até o dia 22, então vai ganhar dinheiro de modo feliz e gastá-lo em objetos felizes. É um mês em que você vai aproveitar o dinheiro que tem. As finanças também estarão boas após o dia 22, pois Planeta das Finanças estará em Sagitário, o signo da expansão. Você estará mais especulativo, mas o seu trabalho vai trazer boa sorte.

DEZEMBRO

Melhores dias: 1º, 2, 10, 11, 19, 20, 21, 29, 30
Dias mais tensos: 5, 6, 12, 13, 27, 28
Melhores dias para o amor: 5, 6, 7, 8, 14, 15, 17, 18, 24, 25, 27, 28
Melhores dias para o dinheiro: 3, 4, 8, 9, 12, 13, 18, 22, 23, 24, 28
Melhores dias para a carreira: 1º, 2, 11, 12, 13, 22, 23

Um eclipse solar no dia 4 será basicamente benigno para você e servirá apenas para acrescentar um tempero e empolgação ao mês. Este eclipse acontecerá na sua Sexta Casa e indica mudanças no trabalho, como no mês passado. Elas podem acontecer na sua situação atual (seu posto ou posição vai mudar) ou com outra situação (a sua perspectiva profissional estará excelente neste mês). Indica também mudanças na sua rotina de saúde, como aconteceu em novembro. Talvez você troque de médico, terapeutas, dieta ou algo do tipo. Todo eclipse solar traz mudanças financeiras importantes (e eles acontecem duas vezes por ano). Como as finanças são dinâmicas, fazer correções de rumo periódicas é sempre bom. Os eventos do eclipse vão revelar erros no seu pensamento e planejamento nessa área para que você possa corrigi-los. Os filhos e figuras filiais também vão corrigir o rumo das finanças e terão mudanças na carreira. Como este eclipse afetará Mercúrio, vai trazer mudanças espirituais para você, para o cônjuge, parceiro ou interesse amoroso atual, para o pai, mãe, figura paterna ou materna, e para irmãos ou figuras fraternas. Poderá haver mudanças nas práticas, ensinamentos e professores espirituais. Geralmente há abalos nas organizações espirituais e de caridade com as quais você está envolvido.

Dezembro é o mês para ganhar por meio do trabalho e do serviço produtivo. Haverá sorte nas finanças, mas você vai trabalhar para isso. O trabalho cria a sorte. No dia 21, o Planeta das Finanças vai entrar em Capricórnio, o que é bom. Você ficará mais conservador nas finanças. Se nos últimos meses você estava atraído pelo dinheiro rápido, agora parece odiá-lo. O seu julgamento financeiro estará sólido. Você terá uma abordagem lenta, gradual e metódica em relação à riqueza. Se você investir, será a longo prazo. Além disso, suas conexões sociais serão muito importantes para as finanças a partir do dia 21.

A saúde precisará de mais atenção a partir do dia 21. Novamente não é nada sério, apenas estresse de curto prazo causado pelos planetas rápidos. Portanto, descanse e relaxe mais. Não se canse muito. Melhore a saúde das formas mencionadas no relatório anual.

O amor parece feliz e ativo este mês. No dia 21, você vai começar um ápice amoroso e social anual. O seu Planeta do Amor (Saturno) vai se mover para a frente, deixando tudo às mil maravilhas no amor. Os solteiros vão namorar mais e terão experiências românticas felizes. A riqueza será atraente para você nesse período. Você também se sentirá atraído por pessoas que tenham os mesmos valores familiares que você. Os solteiros terão muitas oportunidades amorosas.

♌

LEÃO

O LEÃO

Nascidos entre 21 de julho e 21 de agosto

PERFIL PESSOAL

LEÃO EM UM RELANCE

Elemento: Fogo
Planeta Regente: Sol
Planeta da Carreira: Vênus
Planeta da Saúde: Saturno
Planeta do Amor: Urano
Planeta das Finanças: Mercúrio
Cores: dourado, alaranjado, vermelho
Cores que promovem o amor, o romance e a harmonia social: preto, índigo, azul-ultramarino
Cores que propiciam ganhos: amarelo, amarelo-ouro
Pedras: âmbar, crisólito, diamante amarelo
Metal: ouro
Perfumes: bergamota, incenso, almíscar, nerol
Qualidade: fixa (= estabilidade)
Qualidade essencial ao equilíbrio: humildade
Maiores virtudes: capacidade de liderança, amor-próprio, autoconfiança, generosidade, criatividade, jovialidade
Necessidades mais profundas: divertimento, elevação espiritual, desejo de se fazer notar
Características a evitar: arrogância, vaidade, autoritarismo
Signos de maior compatibilidade: Áries, Sagitário
Signos de maior incompatibilidade: Touro, Escorpião, Aquário

Signo mais útil à carreira: Touro
Signo que fornece maior suporte emocional: Escorpião
Signo mais prestativo em questões financeiras: Virgem
Melhor signo para casamento e associações: Aquário
Signo mais útil em projetos criativos: Sagitário
Melhor signo para sair e se divertir: Sagitário
Signos mais úteis em assuntos espirituais: Áries, Câncer
Melhor dia da semana: domingo

COMPREENDENDO A PERSONALIDADE LEONINA

Pensou em Leão, pensou em realeza. Assim você compreenderá melhor a personalidade dos leoninos e o porquê de eles agirem como agem. Os nativos de signo são o que são. É verdade que, por motivos variados, nem todos expressam essa qualidade de realeza, mas certamente gostariam de fazê-lo.

Um monarca não governa com base no exemplo, como fazem os arianos; tampouco por consenso, como os capricornianos e os aquarianos. Ele o faz por vontade pessoal. Sua vontade é lei. Seus gostos pessoais são logo imitados por todos os súditos. Um grande monarca é, de certa forma, imortal, e é assim que os leoninos desejariam ser.

O fato de você contestar a vontade de um leonino é assunto sério. Ele considerará isso uma afronta pessoal, um insulto; logo fará você saber que a vontade dele encerra autoridade e que desobedecê-la é aviltante e desrespeitoso.

Os leoninos são reis ou rainhas em seus domínios. Os amigos, os subordinados e a família são os leais súditos de confiança, que eles governam com benevolência e por cujos interesses sempre zelam. Dotados de presença majestosa, são poderosos e parecem atrair a atenção em qualquer evento social a que compareçam. Destacam-se porque são astros em seus espaços. Todo leonino sente, à semelhança do Sol, que nasceu para brilhar e governar. Os nativos de Leão pressentem que nasceram com privilégios reais, e a maioria deles alcança, pelo menos até certo ponto, esse status.

O Sol, regente do signo, é sinônimo de saúde e entusiasmo. É difícil pensar no fulgor do Sol e continuar a sentir-se enfermo e deprimido, pois ele é, de certa forma, a antítese da enfermidade e da apatia. Por isso, os leoninos amam a vida e adoram se divertir. Apreciam o teatro, a música e todos os tipos de divertimento. Afinal, são essas atividades que colorem e alegram a existência. Se, mesmo que seja para o bem, você tentar privá-los dos prazeres, das boas comidas, das bebidas e dos divertimentos, subtrairá deles a própria vontade de viver, pois consideram que a vida sem alegrias não é vida.

O signo de Leão representa o anseio humano de poder. Mas o poder em si não é bom nem ruim. Somente quando se abusa dele é que ele se torna maligno. Sem a existência de um poder, nem mesmo as coisas boas poderiam se concretizar. Os leoninos compreendem isso e parecem feitos para o comando. São, entre todos os signos do Zodíaco, os que melhor exercem o poder. Capricórnio, outro grande detentor de poder zodiacal, gera e administra extremamente bem, até melhor do que Leão, mas perde para ele em magnanimidade. Leão *adora* exercer o poder, ao passo que Capricórnio encara seu exercício apenas como uma responsabilidade.

FINANÇAS

Os leoninos são excelentes líderes, mas nem sempre são bons administradores. Lidam bem com decisões importantes de ordem geral, mas não gostam de ficar se preocupando com os pormenores de um negócio. Tendo bons gerentes a seu serviço, podem tornar-se executivos excepcionais, pois são dotados de visão e de bastante criatividade.

Os leoninos amam a riqueza e os prazeres que ela proporciona. Apreciam a opulência, a pompa e o glamour. Mesmo quando não são ricos, vivem como se fossem. Por isso, tendem a contrair dívidas vultosas e muitas vezes têm dificuldade em quitá-las.

Os leoninos, assim como os piscianos, são extremamente generosos. Muitas vezes, aspiram à riqueza apenas com o intuito de ajudar economicamente outras pessoas. Na visão de um leonino, o dinheiro compra serviços e a capacidade de gerenciamento. Serve para gerar empregos para terceiros e para melhorar o bem-estar geral dos que o cercam. Portanto, para um leonino, a riqueza é uma coisa boa e deve ser desfrutada ao máximo. O dinheiro não foi feito para acumular poeira em um velho cofre. Tem de ser posto em uso, precisa circular e ser bem-aproveitado. Não é preciso dizer que os nativos de Leão, perdulários por natureza, gastam de forma descuidada.

Virgem ocupa a cúspide da Segunda Casa Solar de Leão, do Dinheiro e das Finanças. E, de fato, os leoninos precisam aprender a cultivar alguns traços virginianos — como a capacidade de análise e o discernimento — para lidar com as finanças de forma mais equilibrada. Precisam aprender a ser mais cuidadosos com detalhes financeiros (ou contratar alguém que o faça) e a observar melhor seus gastos. Trocando em miúdos, eles devem administrar melhor o dinheiro. Irritam-se com apertos financeiros, mas essas limitações podem ser decisivamente úteis ao desenvolvimento de seu pleno potencial financeiro.

Os leoninos sentem-se bem em saber que seus amigos e seus familiares contam com seu apoio financeiro ou precisam dele. Não se importam — na verdade, até gostam — de emprestar dinheiro, desde que não se sintam explorados. Do alto de seu trono real, os nativos de Leão gostam de dar presentes a seus familiares e aos amigos e compartilhar a alegria e o bem-estar que esses mimos proporcionam a todos. Adoram investir e, quando as influências celestes são favoráveis, costumam ter bastante sorte.

CARREIRA E IMAGEM PÚBLICA

Os leoninos gostam de transmitir a impressão de riqueza, pois no mundo de hoje ela quase sempre se traduz em poder. Quando são realmente ricos, adoram morar em mansões nababescas com muitas terras e vários animais.

No trabalho, destacam-se em posições de liderança e autoridade. Exibem excelente capacidade de decisão no tocante a questões mais amplas, mas preferem deixar os detalhes para os outros. São, geralmente, respeitados por colegas e subordinados, porque têm o dom de compreender e de se relacionar bem com os que os cercam. Os leoninos sempre almejam o ápice, mesmo quando têm de começar de baixo e trabalhar duro para atingir o topo. Como seria de se esperar de um signo tão carismático, os leoninos estão sempre tentando melhorar sua situação profissional. E o fazem pensando em chegar às posições mais altas.

Por outro lado, os nativos de Leão não apreciam que lhes digam o que fazer, detestam ser mandados. Talvez seja até por isso que aspiram a alcançar o topo, onde possam tomar eles mesmos as decisões, sem ter de acatar ordens.

Um leonino nunca duvida do seu sucesso e canaliza toda a sua atenção e o seu esforço para alcançá-lo. Outra característica distintiva deles é que, a exemplo dos monarcas esclarecidos, jamais tentam abusar do poder ou da reputação que chegam a conquistar. Se porventura o fizerem, não terá sido de forma deliberada ou consciente, pois, geralmente, procuram compartilhar a riqueza e fazer com que todos ao seu redor também sejam bem-sucedidos em suas aspirações.

São bons trabalhadores e gostam de ser vistos assim. Contudo, embora deem duro no trabalho e sejam capazes de grandes realizações, não se pode esquecer de que, lá no fundo, é de muita diversão que eles gostam.

AMOR E RELACIONAMENTOS

Os leoninos não são tipos muito casadouros. Para eles, os relacionamentos são bons enquanto dão prazer. Quando a relação deixa de ser prazerosa, querem logo acabar com ela. E valorizam muito a liberdade de poder dar o fora quando bem entenderem. Por isso, destacam-se mais pela quantidade de casos amorosos do que pela qualidade dos compromissos. Quando casados, porém, costumam ser fiéis, embora sua tendência seja a de casar-se muitas vezes. Se você se apaixonou por um nativo de Leão, proporcione-lhe muita diversão. Viaje, frequente cassinos, clubes, teatros, pistas de dança. Saia sempre para beber e jantar fora com seu amor leonino; custará caro, mas valerá a pena... E você se divertirá muito.

Os nativos deste signo costumam ter vida sentimental bastante ativa e demonstram claramente a afeição. Gostam de conviver com pessoas otimistas e hedonistas — como eles próprios —, mas muitas vezes acabam se envolvendo com pessoas vanguardistas, mais sérias e intelectualizadas do que eles. Os companheiros dos leoninos também exibem mais consciência sociopolítica e espírito libertário do que seus parceiros de Leão. Todavia, se você se casou com alguém deste signo, saiba que dominar o apego do seu amado à liberdade será um desafio para toda a vida — e tome cuidado para que seu amor leonino não domine você primeiro.

Aquário ocupa a cúspide da Sétima Casa de Leão (a do Amor). Dessa forma, para atingir um ótimo potencial no amor e na vida social, os leoninos precisam cultivar um pouco a maneira igualitária dos aquarianos de encarar e tratar os demais — o que nem sempre é fácil para o rei Leão, que só consegue se considerar igual a outros reis e rainhas como ele. Mas talvez aí resida a solução para o dilema social dos leoninos, e eles possam permanecer reis entre reis. Afinal, não há nada de errado em ter sangue nobre, desde que se consiga reconhecer também a nobreza nos demais.

VIDA DOMÉSTICA E FAMILIAR

Embora os leoninos sejam ótimos anfitriões e gostem de receber convidados, muitas vezes tudo não passa de um show. Somente poucos amigos íntimos chegam a conhecer o lado autêntico da vida diária de um nativo de Leão. Para ele, o lar é um local de conforto, recreação e transformação; um refúgio secreto e privado — um castelo. Os leoninos gostam de gastar dinheiro, exibir-se um pouquinho, entreter e divertir-se. Além de adquirir os últimos lançamentos de móveis, roupas e tecnologia doméstica.

Os nativos deste signo são ferozmente leais à família e, em contrapartida, esperam o mesmo dela. Amam os filhos intensamente e devem tomar cuidado para não mimá-los demais. Também devem procurar evitar moldar membros da família à sua imagem e semelhança. Precisam entender que os outros têm o direito e a necessidade de continuar a ser como são. Nesse sentido, você, leonino, deve tomar o máximo de cuidado para não ser um dominador ou autoritário.

LEÃO
PREVISÃO ANUAL PARA 2021

TENDÊNCIAS GERAIS

O leonino geralmente é abençoado com uma energia abundante, mas neste ano será um pouco menos. Três planetas lentos estão em alinhamento tenso com você, então muitas das coisas que você fez com facilidade no passado estarão mais difíceis agora. É importante descansar quando estiver cansado. Voltaremos a esse assunto em breve.

O amor será bom e ruim ao mesmo tempo. Certamente haverá decepções, mas também muitos momentos felizes. O casamento poderá acontecer para os solteiros, mas com várias complicações e atrasos. Falaremos desse assunto novamente em breve.

Netuno está na sua Oitava Casa há muitos anos e continuará lá por muito tempo, mas em 2021, Júpiter também passará brevemente por lá, entre 14 de maio e 29 de julho. Este período deverá ser mais erótico que o habitual.

Desde que Urano entrou em sua Décima Casa (da Carreira) em 2019, a carreira ficou mais empolgante — e também instável. É o preço que se paga pela empolgação e o interesse. A carreira estará repleta de muitas mudanças. Voltaremos a esse assunto em breve.

Teremos quatro eclipses este ano, a quantidade habitual. Dois deles vão ocorrer na Quinta Casa (dos Filhos), então haverá momentos dramáticos e abalos na vida deles este ano, que inclui os filhos e as figuras filiais. Haverá um eclipse solar no dia 10 de junho em sua Décima Primeira Casa, que vai testar amizades e equipamentos tecnológicos. O quarto eclipse acontecerá em 19 de novembro na sua Décima Casa, trazendo ainda mais mudanças para a carreira.

As áreas de interesse mais importante para 2021 serão: saúde; amor e romance; sexo, transformação e reinvenção pessoal, estudos sobre ocultismo; carreira.

Os caminhos de maior realização em 2021 serão: amizades, grupos e atividades em grupo; amor e romance (de 1º de janeiro a 14 de maio e de 29 de julho a 30 de dezembro); sexo, transformação e reinvenção pessoal, estudos sobre ocultismo (de 14 de maio a 29 de julho e a partir de 30 de dezembro).

SAÚDE

(Esta é uma perspectiva astrológica sobre a saúde, não uma visão médica. No passado essas perspectivas eram idênticas, mas hoje podem ocorrer diferenças significativas. Para obter uma opinião com base em diagnósticos da medicina convencional, consulte seu médico ou um profissional da área da saúde.)

Em 2019, Urano entrou em alinhamento tenso com você. Em 2020, Saturno fez o mesmo e, no final de 2020, Júpiter também entrou no grupo. Então, na maior parte deste ano, haverá três planetas lentos em alinhamento tenso com você. Isso já é complicado, mas quando os planetas rápidos se juntarem ao grupo, a saúde poderá ser um grande desafio. Isso acontecerá entre 20 de janeiro e 19 de fevereiro; de 20 de abril a 21 de maio; e de 23 de outubro a 22 de novembro. Serão períodos para descansar mais e fazer todo o possível a fim de manter a energia em alta. Talvez seja bom marcar massagens, tratamentos de saúde ou passar um tempo em um spa.

A boa notícia deste ano é que a Sexta Casa (da Saúde) estará forte, significando que você terá foco nessa área. Seria mais perigoso se você a ignorasse. Além disso, você poderá agir para melhorar a saúde e impedir que os problemas se desenvolvam. Dê mais atenção às seguintes áreas, que são as mais vulneráveis do seu horóscopo.

Coração. Sempre é importante para o leonino e este ano, com tanto estresse direcionado para ele, será mais ainda. Os reflexos aparecem em seu mapa. Evite preocupações, ansiedade e cultive a fé. Isso ajudará muito a fortalecer o coração.

Coluna, joelhos, dentes, ossos e alinhamento do esqueleto. Também são sempre importantes para os leoninos. Saturno (o planeta que rege essas áreas) é o seu Planeta da Saúde. Os reflexos aparecem em seu mapa. Massagens regulares nas costas deverão fazer parte da sua rotina de saúde. Além disso, os joelhos devem ser massageados e receber mais apoio quando você se exercitar. Visitas regulares a um quiropraxista ou osteopata também serão uma boa ideia, pois as vértebras precisam ficar alinhadas. A boa higiene dental também é importante.

Tornozelos e panturrilhas. Ganharam importância desde março de 2020, quando o seu Planeta da Saúde entrou em Aquário. Eles também serão importantes em 2022, então é bom massagear os tornozelos e panturrilhas e dar mais apoio aos tornozelos quando se exercitar.

Cólon, bexiga e órgãos sexuais. Ganharam importância desde 2008, quando Plutão (o planeta que rege essas áreas) entrou na Sexta Casa. Eles continuarão importantes por mais alguns anos, até 2024. Os reflexos aparecem em seu mapa. Uma desintoxicação do cólon com chás de ervas de vez em quando pode ser uma boa ideia, se você estiver indisposto. É importante fazer sexo seguro e praticar a moderação sexual.

Como nossos leitores assíduos já sabem, a primeira linha de defesa contra a doença é estar com a energia em alta. Quando a energia está baixa, como acontece com você, a pessoa fica mais vulnerável. Então não se esqueça de descansar bastante. Não desperdice energia mental ou emocional com frivolidades, concentre-se no que é realmente importante.

Plutão (seu Planeta da Família) ocupa a Sexta Casa (da Saúde), então você provavelmente estará mais preocupado com a saúde dos parentes do que com a sua própria. Além disso, indica que a boa saúde emocional será importante para a saúde física. Portanto, mantenha o humor positivo e construtivo.

O Planeta da Saúde ocupa a Sétima Casa (do Amor). Então, além de ter boa saúde emocional, você precisará de boa saúde social, como um casamento ou relacionamento saudável. Os problemas nessa área poderão afetar a saúde física. Caso surjam problemas (Deus queira que não), restaure a harmonia nessa área o mais rapidamente possível.

Como Saturno é o seu Planeta da Saúde, você tende a ser conservador na área da saúde. Há uma tendência a gravitar em torno da medicina ortodoxa, mas, agora com o Planeta da Saúde em Aquário, você parece mais disposto a tentar algo novo e poderá experimentar sistemas alternativos. Além disso, você vai girar em torno das tecnologias mais avançadas na medicina convencional.

LAR E FAMÍLIA

A Quarta Casa (do Lar e da Família) não ficou proeminente nos últimos três anos, e o mesmo valerá para os próximos anos, então tudo estará relativamente calmo em casa. Haverá períodos estressantes, quando o lar e a família vão exigir mais foco, mas eles serão causados pelo trânsito dos planetas rápidos e vão durar pouco. Esta ausência de foco no lar e na família tende ao *status quo*. Tudo está relativamente bem e não há necessidade de se concentrar excessivamente nessa área. Contudo, caso surjam problemas familiares, a falta de foco poderá ser a causa. Nesses casos, você terá que dar mais atenção a essas áreas.

Um pai, mãe, figura paterna ou materna em sua vida parece muito conservador, enquanto o outro estaria mais rebelde e prefere a liberdade. Contudo os pais, figuras paternas ou maternas parecem se dar bem uns com os outros.

Você parece conservador no lar e na vida doméstica. Até a decoração da casa será feita de modo conservador. Como estamos vendo há vários anos (desde 2008), o lar está se transformando cada vez mais em um spa. Você vem comprando equipamentos de saúde e de exercícios físicos para o lar e está trabalhando para transformar a casa em um espaço mais saudável. Será bom criar um projeto de paisagismo com pedras e árvores, para ter a energia da terra. Nesse sentido, jardins de pedras podem ser melhores que os de flores. Uma árvore de magnólia seria um belo toque.

Um pai, mãe, figura paterna ou materna poderá mudar de endereço este ano, mas é uma situação complicada e poderá haver muitos atrasos. O outro pai, mãe, figura paterna ou materna parece inquieto e provavelmente vai mudar bastante de endereço, ficando em vários lugares diferentes por longos períodos.

Os irmãos e figuras fraternas terão um ano do tipo *status quo*. Não há indicação de mudança de endereço, nem há algo especialmente contra isso. Haverá boas oportunidades de trabalho em 2021 e 2022. Os filhos e figuras filiais poderão mudar de endereço este ano, mas será mais provável de acontecer em 2022. A situação deles no trabalho é instável e eles poderão mudar de emprego.

Os netos (caso você os tenha) ou pessoas que ocupam esse papel em sua vida terão um ano familiar do tipo *status quo*. Mudanças de endereço não serão prováveis. Os anos de 2021 e 2022 serão muito espiritualizados para eles, que talvez encontrem um professor ou guru nessa área.

Se você planeja fazer grandes consertos ou reparos em casa, entre 31 de outubro e 14 de dezembro será um bom período. Se estiver redecorando, embelezando ou comprando objetos de beleza para o lar, entre 17 de setembro e 7 de outubro será um bom momento para isso.

DINHEIRO E CARREIRA

A Casa do Dinheiro não está proeminente há muitos anos e continuará assim em 2021, então basicamente os trânsitos que estiverem acontecendo vão definir a história financeira daquele momento. Quando eles forem bons, as finanças vão fluir com facilidade e os ganhos tendem a ser maiores. Quando não forem, haverá mais desafios a enfrentar.

A Casa do Dinheiro vazia pode ser interpretada como algo bom, pois muitas vezes mostra alguém que considera os ganhos como garantidos. Há uma sensação de contentamento nessa área e não será necessário prestar atenção especial nela, que tende ao *status quo*. É muito provável que você se sinta bem em relação aos ganhos atuais e não se importe caso eles continuem como estão. A carreira e o amor terão foco bem maior do que as finanças.

Como nossos leitores assíduos já sabem, o seu Planeta das Finanças (Mercúrio) é o planeta mais rápido de todos, com exceção da Lua. Ele passa por todos os signos e casas do seu horóscopo durante o ano. Além disso, os movimentos de Mercúrio são erráticos. Às vezes, ele se move rapidamente, passando por três signos e casas diferentes do seu horóscopo. Em outras ocasiões, ele se move mais devagar, podendo ficar parado (estacionário), retrógrado e às vezes até "fora dos limites", fora da órbita do Sol. Esta será uma boa descrição da sua vida financeira em geral. Portanto, haverá muitas tendências de curto prazo nas finanças que dependem de onde Mercúrio está, de sua velocidade e dos aspectos que ele recebe. Isso será abordado com mais profundidade nos relatórios mensais.

Mercúrio (seu Planeta das Finanças) ficará retrógrado três vezes este ano (o que é normal para ele), de 30 janeiro a 20 de abril; de 29 de maio a 21 de junho; e de 27 de setembro a 17 de outubro. Serão momentos para ter cuidado nas finanças e evitar decisões financeiras de grande porte, como compras grandes ou investimentos. Serão períodos para analisar suas finanças, objetivos e estratégias nessa área.

Em geral, você terá uma boa intuição para telecomunicações, empresas de transporte, meios de comunicação, além de publicidade, relações públicas e comércio varejista. A bolsa de valores também será interessante para você, que terá a capacidade de lucrar com os movimentos de curto prazo no mercado de ações.

Como Mercúrio passa por todo o seu horóscopo a cada ano, o dinheiro e as oportunidades podem vir de muitas formas e por meio de vários tipos de pessoas. Novamente, consulte os relatórios mensais.

A sua carreira vem sendo importante — um grande foco — desde que Urano entrou na Décima Casa em 2019. Como ele continuará lá por vários anos, haverá muito foco nessa área.

Conforme já mencionamos, a carreira está interessante e empolgante, repleta de mudanças e momentos dramáticos. O leonino adora um drama e, se não existir algum, ele faz questão de criá-lo. Contudo, a empolgação e o drama podem levar à instabilidade, conforme já mencionamos. Então, talvez aconteçam várias mudanças na carreira em 2021 e nos próximos anos (alguns de vocês já passaram por isso).

Urano na Décima Casa favorece o freelancer em relação aos que trabalham em horário comercial. Haverá uma necessidade de flexibilidade e liberdade porque a rotina ficará sufocante. Isso também favorece uma carreira no mundo da tecnologia, talvez algo na indústria do entretenimento, da música ou nos meios de comunicação.

Como Vênus é o seu Planeta da Carreira, você tende a progredir profissionalmente pelos meios sociais, mas agora que Urano também está envolvido, esta tendência ganha ainda mais força. Urano é o seu Planeta do Amor, então será especialmente bom frequentar as festas certas, cultivar os relacionamentos certos e talvez até ser o anfitrião de alguns eventos. A carreira não será apenas uma questão profissional, também será o centro da sua vida social.

Embora não sejam famosos pela habilidade social, os leoninos são pessoas muito criativas. Nesses dias, contudo, vale a pena cultivar essas habilidades porque o progresso na carreira dependerá disso.

AMOR E VIDA SOCIAL

O amor e o romance serão alguns dos principais destaques no seu mapa em 2021. Embora o amor seja complicado — e haverá algumas decepções —, no geral eu vejo sucesso nessa área. Primeiro, a Sétima Casa (do Amor) está muito forte (apenas a Oitava Casa poderá competir com ela, e só por alguns meses). Isso indica foco. O amor e a vida social serão importantes e você estará disposto a superar todos os desafios. Além disso, o Planeta do Amor (Urano) está na Décima Casa, bem no alto do seu mapa, sendo o planeta mais elevado no seu horóscopo, outro indicador de foco nessa área. O romance não apenas será a aspiração máxima, como pode ser interpretado como a sua carreira, independentemente de qual seja o seu emprego atual. O amor não só motiva a carreira como, em muitos casos, ele será a carreira.

A vida social será muito ativa este ano. Os solteiros vão namorar mais e todos vocês, solteiros ou em um relacionamento, vão frequentar mais festas e reuniões sociais.

Um dos problemas do amor é que você parece ter duas ideias opostas em relação a ele. Uma parte parece muito conservadora e cautelosa, enquanto a outra é mais livre e aberta a novas experiências. Então, a parte cuidadosa faz cara feia e talvez fique horrorizada com a parte livre. Uma parte de você quer uma vida social bastante ativa, enquanto a outra quer restringi-la. Um verdadeiro cabo de guerra interno.

Para os solteiros, haverá dois relacionamentos que parecem sérios, com dois tipos de pessoa diferentes. Um é mais velho, estabelecido, conservador, parece um tipo executivo. Ele ou ela é alguém que parece assumir o papel de provedor(a), mas lhe falta charme e vigor. Já o outro será um amante mais divertido, empolgante, prazeroso, mais interessado na diversão do que no dever e na responsabilidade. Qual deles você vai escolher? Se fosse possível juntar as qualidades de ambos em uma pessoa, seria o ideal.

Com o Planeta do Amor no alto do seu mapa e na Décima Casa, boa parte da socialização parece relacionada à carreira. Você está se envolvendo com gente de status e elas serão atraentes para você (o que já vem acontecendo há alguns anos). Para os solteiros, isso favorece a pessoa mais séria e ambiciosa, mas o leonino é um amante divertido por natureza e isso favoreceria a pessoa que também é alegre.

As oportunidades românticas poderão acontecer de várias formas este ano: enquanto você busca seus objetivos profissionais, em eventos relacionados à carreira, enquanto busca seus objetivos de saúde e com pessoas envolvidas na sua saúde, além de em lugares comuns, como festas, reuniões, lugares de entretenimento, resorts etc.

AUTOAPRIMORAMENTO

Com Urano como seu Planeta do Amor, desde o nascimento você aprendeu a lidar com a insegurança social e amorosa. Foi uma lição para toda a vida. Muitos de vocês até gostam disso, pois apreciam a mudança e a empolgação no amor. Na verdade, você pode criar momentos dramáticos só para manter a relação interessante, mas agora, com Urano na

Décima Casa (da Carreira), você está aprendendo a lidar com mudanças repentinas na carreira. Tudo poderá acontecer a qualquer momento. A mudança será a regra. Sempre que você se sentir estabelecido na carreira, acontecerá algo para mudar isso, frequentemente para melhor. O difícil será lidar com a insegurança, pois ficará difícil fazer planos profissionais de longo prazo. Então a lição espiritual aqui é aceitar as mudanças, a insegurança e aprender a apreciá-las.

Netuno, o mais espiritual de todos os planetas, está na Oitava Casa há muitos anos. Nós certamente já discutimos isso nos relatórios anteriores, mas a tendência ainda está em vigor. Como nossos leitores assíduos já sabem, o trânsito de um planeta lento não é exatamente um evento, e sim um processo. Uma série de eventos que leva a um determinado estado. Com isso, a sua vida sexual e atitude em relação ao sexo estão ficando mais refinadas e espiritualizadas há muitos anos. O ato sexual está sendo elevado (pouco a pouco) de mera paixão animal a um ato de adoração. Muitos de vocês estão recebendo ensinamentos sobre isso. Se não for o caso, este será um bom momento para estudar o lado espiritual do sexo. Alguns de vocês podem gostar de tantra ou Kundalini Yoga. Os que forem mais inclinados à sabedoria ocidental vão preferir a karezza (do italiano *carezza*, "carícia") ou os ensinamentos sexuais da ciência hermética. Tudo isso parece especialmente importante em 2021 e 2022, quando Júpiter vai entrar na Oitava Casa (do Sexo), aumentando a libido e atividade sexual como um todo.

Plutão está na Sexta Casa (da Saúde) há muitos anos. Este trânsito também é um processo e não um evento específico. Ele mostra uma tendência a cirurgias e provavelmente você já fez algumas nos últimos anos, mas Plutão também rege as dietas de desintoxicação e você pode querer experimentá-los antes de entrar na faca. A desintoxicação frequentemente faz o mesmo que uma cirurgia, mas o resultado demora mais tempo.

No seu horóscopo, Plutão rege o corpo da memória. Portanto, em muitos casos os problemas de saúde podem vir da reestimulação do corpo, em que algum trauma antigo é reestimulado e produz sintomas. Talvez eles não tenham nada a ver com a alimentação ou outros hábitos pessoais. O tratamento consiste em entrar no corpo da memória, trazer à tona o trauma ou lembrança que está causando o problema e liberá-lo. Em geral, eu não sou fã da regressão de vidas passadas, mas se a saúde estiver envolvida, pode ser uma boa ideia.

PREVISÕES MENSAIS

JANEIRO

Melhores dias: 1º, 2, 9, 10, 18, 19, 28, 29
Dias mais tensos: 7, 8, 14, 15, 21, 22
Melhores dias para o amor: 2, 3, 10, 12, 14, 15, 21, 22, 30, 31
Melhores dias para o dinheiro: 3, 4, 5, 14, 15, 23, 24, 30, 31
Melhores dias para a carreira: 2, 10, 21, 22, 30, 31

Você começará o ano com a Sexta Casa poderosa: quarenta e às vezes cinquenta por cento dos planetas estarão lá ou passarão por lá, então o foco na saúde estará forte, o que é bom. A saúde precisa de mais cuidado este ano, então será bom dar a atenção que ela merece. Este foco vai ajudar você no fim do mês, quando a saúde e a energia serão afetadas por um estresse extra. Melhore a saúde das formas mencionadas no relatório anual. E, como sempre, não deixe de descansar bastante, especialmente a partir do dia 20.

Embora a saúde e a energia pudessem estar melhores, existem pontos positivos neste mês. A vida amorosa está excelente. O Planeta do Amor (Urano) vai começar a se mover para a frente no dia 14 e você vai sentir as melhoras antes mesmo disso, pois Urano está recebendo aspectos muito positivos. O traquejo social estará forte, haverá mais clareza no amor e os solteiros vão namorar mais. No dia 20, o Sol vai entrar na Casa do Amor, marcando o início de um ápice amoroso e social anual. Além disso, você estará mais popular nesses dias. As pessoas vão reconhecer que você está fazendo tudo por elas e darão apoio físico e emocional a você.

A sua popularidade também vai ajudar a vida financeira. O Planeta das Finanças (Mercúrio) vai passar a maior parte do mês (a partir do dia 8) na sua Sétima Casa (do Amor). Isso mostra que você vai ajudar seus amigos e o interesse amoroso atual nas finanças, e eles vão devolver o favor. Poderá haver um obstáculo financeiro nos dias 9 e 10, mas não tenha medo porque em seguida virá um bom pagamento, nos dias 11 e 12. Além disso, haverá outro bom pagamento entre os dias 28 e 30.

Tente fazer compras ou investimentos importantes antes do dia 30, quando Mercúrio começa a ficar retrógrado.

Marte entrará na Décima Casa (da Carreira) no dia 7 ficará lá o mês inteiro, indicando uma necessidade de ser mais agressivo na carreira. Você está trabalhando com mais afinco, enfrentando a concorrência, etc. Isso poderá trazer viagens relacionadas à carreira e também será um bom sinal para os universitários, pois os estudos terão prioridade máxima e haverá foco nessa área. Marte viaja com Urano entre os dias 18 e 21. As viagens ao exterior não são aconselháveis nesse período, sendo melhor marcar para antes ou depois dele. Os estudantes universitários terão alguns momentos dramáticos temporários na escola e talvez haja mudança de planos educacionais. As paixões no amor estarão nas alturas, tanto no sentido positivo quanto no negativo. O cônjuge, parceiro ou interesse amoroso atual precisa ter mais atenção no plano físico, evitando pressa, raiva e conflitos.

FEVEREIRO

Melhores dias: 6, 7, 15, 16, 25, 26
Dias mais tensos: 4, 5, 11, 12, 18, 19
Melhores dias para o amor: 2, 8, 10, 11, 12, 18, 20, 21, 27
Melhores dias para o dinheiro: 1º, 2, 3, 11, 12, 20, 21, 27, 28
Melhores dias para a carreira: 2, 10, 11, 18, 19, 20, 21

O lado ocidental social do seu horóscopo está dominante este mês, exatamente como no mês passado. Fevereiro será um mês social, o momento de deixar os outros fazerem tudo do jeito deles e de estar presente para as outras pessoas. Os seus objetivos pessoais serão alcançados naturalmente pela lei cármica. Tire umas férias de si e direcione o foco para os outros. A capacidade das outras pessoas gostarem de você será mais importante do que suas habilidades ou a iniciativa pessoal. Existem pontos na sua vida que precisam ser mudados. Observe quais são, mas deixe para fazer as mudanças quando os planetas mudarem para o Leste, pois agora será mais difícil fazer isso.

No mês passado, o poder planetário mudou para o lado diurno, a metade superior do seu horóscopo. Este mês acontecerá o mesmo.

A Décima Casa estará poderosa, enquanto a Quarta Casa (do Lar e da Família) estará vazia (só a Lua vai passar por lá nos dias 4 e 5). Portanto, o foco estará na carreira. Você vai servir melhor à família tendo sucesso nos assuntos externos. Você até pode perder alguns jogos de futebol ou peças da escola dos seus filhos, mas vai compensar sendo um bom provedor.

A saúde precisará de ainda mais cuidados do que em janeiro. Setenta e às vezes oitenta por cento dos planetas estarão formando aspectos tensos com você. Como sempre, descanse bastante. Deixe de lado o que é trivial em sua vida e mantenha o foco apenas nas suas prioridades atuais. Se possível, agende mais massagens, tratamentos de reflexologia ou passe um tempo em um spa para cuidar da saúde. Continue a melhorar a saúde das formas mencionadas no relatório anual.

O ímpeto planetário estava avançado no mês passado e estará ainda mais neste mês. Até o dia 21, noventa por cento dos planetas vão se mover para a frente. Após o dia 21, todos os planetas vão se mover para a frente. Portanto, fevereiro será acelerado. Os eventos se movem com rapidez, especialmente no amor e na carreira. Você vai avançar rapidamente nos seus objetivos. Os bebês nascidos neste período também terão sucesso rápido. Eles podem ter vidas complicadas, mas vão superar todos os problemas com rapidez. Os bebês nascidos após o dia 18 terão uma vida mais fácil do que os nascidos antes disso.

Muitas tendências financeiras que discutimos no mês passado continuam em vigor este mês. Mercúrio (seu Planeta das Finanças) estará em Aquário (Sétima Casa) o mês inteiro, portanto os contatos e o traquejo social serão muito importantes para as finanças. Geralmente, esse tipo de trânsito traz oportunidades de sociedade ou parceria. O mundo da tecnologia e da internet também parece importante.

Além disso, você estará no meio de um ápice amoroso e social anual até o dia 18. O amor será dramático como uma novela, mas vai acontecer.

MARÇO

Melhores dias: 5, 6, 14, 15, 24, 25
Dias mais tensos: 3, 4, 9, 10, 16, 17, 18, 30, 31
Melhores dias para o amor: 3, 4, 7, 9, 10, 12, 13, 16, 17, 24, 26

Melhores dias para o dinheiro: 1º, 2, 9, 10, 19, 20, 22, 23, 26, 27, 28, 29, 30, 31

Melhores dias para a carreira: 3, 4, 12, 13, 16, 17, 18, 24

O poder planetário mudou para a Oitava Casa no dia 18 de fevereiro e esta casa continuará forte (ainda mais forte do que no mês passado) até o dia 20. Portanto, este mês será sexualmente ativo. Um bom sexo disfarça vários problemas no relacionamento. Seja qual for a sua fase da vida, a libido estará mais forte que o usual. Contudo, a Oitava Casa é muito mais do que sexo: ela diz respeito à metamorfose, dar à luz ao "eu" ideal. Este mês será bom para se concentrar nisso. Embora este nascimento não deva acontecer este mês, você certamente vai progredir em direção a ele. (Dar à luz ao "eu" ideal é um processo contínuo e infinito, que nunca está realmente completo.)

O seu Planeta das Finanças vai entrar na Oitava Casa no dia 16 e ficará lá pelo resto do mês, indicando a necessidade de desintoxicar a vida financeira e organizar os objetos pessoais. O Planeta das Finanças na Oitava Casa diz respeito a prosperar cortando os excessos, eliminando o que não é útil nem essencial. Será um mês bom para acabar com as redundâncias financeiras. Analise seus objetos pessoais e venda ou doe para caridade tudo o que você não usa e não precisa. Isso entope as artérias do suprimento, então livre-se deles e a circulação retomará o fluxo.

Esse período também será bom para pagar ou fazer dívidas, dependendo da necessidade. Você terá acesso a capital externo a partir do dia 16. Se tiver boas ideias, poderá atrair investidores externos para seus planos. Será um bom mês para fazer planejamento tributário, adquirir seguros e, se você tiver a idade adequada, planejar a compra de imóveis. Os dias 4 e 5 trazem aumento financeiro e sorte nas especulações.

O seu Planeta das Finanças entrará no espiritual signo de Peixes a partir do dia 16, aumentando a intuição financeira, que deverá estar excelente (dos dias 9 a 11 e de 29 a 31 serão períodos especialmente intuitivos). Preste atenção aos sonhos nesses períodos, pois eles tendem a ser reveladores.

A saúde começou a melhorar a partir do dia 18 e vai ficar ainda melhor, mas continua precisando de cuidados, pois ainda há três planetas lentos em alinhamento tenso com você. Contudo, as tensões dos planetas rápidos terão passado, então continue a melhorar a saúde das formas mencionadas no relatório anual.

ABRIL

Melhores dias: 1º, 2, 10, 11, 12, 20, 21, 29, 30
Dias mais tensos: 6, 7, 13, 14, 27, 28
Melhores dias para o amor: 1º, 2, 3, 4, 6, 7, 11, 12, 13, 14, 23, 24
Melhores dias para o dinheiro: 7, 10, 11, 16, 17, 23, 24, 26
Melhores dias para a carreira: 1º, 2, 11, 12, 13, 14, 23, 24

O ímpeto planetário estava avançado mês passado (todos os planetas estavam se movendo para a frente) e continuará assim em abril. Os eventos correm bem, tanto na vida pessoal quanto no mundo. Plutão ficará retrógrado no dia 27, mas ele será o único planeta a andar para trás. Noventa por cento dos planetas vão se mover para a frente (até o dia 27, todos estão avançando).

O Sol (o senhor do seu horóscopo) entrou em Áries no dia 20 de março e ficará lá até o dia 20 do mês que vem, então as terras estrangeiras vão chamar você. As viagens em grupo parecem especialmente atraentes e haverá boa sorte em assuntos jurídicos (se você estiver envolvido neles). Oportunidades educacionais felizes virão e todos os universitários terão sucesso nos estudos. De acordo com os hindus, a Nona Casa é a mais benéfica de todas. Qualquer planeta situado lá aumenta os seus benefícios naturais e até os chamados planetas maléficos ficam muito menos prejudiciais quando estão por lá. Portanto, este mês será feliz e próspero. É verdade que a saúde e a energia poderiam estar melhores (você terá que prestar atenção nessa área após o dia 20), mas o humor estará positivo, otimista e expansivo.

Você entrará em um ápice profissional anual no dia 20 e fará muito sucesso, tanto pelas habilidades profissionais quanto por quem você é. Você será uma celebridade no seu mundo a partir do dia 20.

O amor vai tão bem quanto a carreira. Vênus (o Planeta do Amor genérico) viaja com o seu Planeta do Amor nos dias 22 e 23, então o cônjuge, parceiro ou interesse amoroso atual estará mais carinhoso. Para os solteiros, isso indica que uma eventual rejeição será menos sofrida do que o normal, embora seja pouco provável. Nos dias 29 e 30, o Sol viaja com o Planeta do Amor, trazendo um encontro romântico feliz para os solteiros. Para quem estiver em um relacionamento, indica uma proximidade com o ser amado. Vocês estarão no mesmo ritmo.

Descanse bastante após o dia 20. Concentre-se no que é realmente importante na vida e deixe o trivial de lado. Descanse e melhore a saúde das formas mencionadas no relatório anual.

As finanças devem ser boas este mês. A intuição financeira estará excelente até o dia 4. Após o dia 4, você estará disposto a correr riscos e se envolver em especulações (você tende a ser assim por natureza, mas agora será ainda mais). As decisões financeiras serão tomadas rapidamente. Haverá confiança e uma sensação de destemor nessa área. No dia 19, o Planeta das Finanças vai entrar na Décima Casa, indicando um grande foco na vida financeira, que tende à prosperidade. Isso poderá trazer aumentos de salário (oficiais ou não) e você também cairá nas graças financeiras de chefes, idosos, pais, mães e figuras paternas ou maternas. Nos dias 24 e 25 você cairá nas graças financeiras do cônjuge, parceiro ou interesse amoroso atual.

MAIO

Melhores dias: 7, 8, 9, 18, 19, 26, 27
Dias mais tensos: 3, 4, 10, 11, 24, 25, 30, 31
Melhores dias para o amor: 1º, 2, 3, 4, 10, 11, 13, 20, 21, 22, 23, 28, 29, 30, 31
Melhores dias para o dinheiro: 2, 3, 4, 14, 15, 20, 21, 22, 23, 24, 30, 31
Melhores dias para a carreira: 1º, 2, 10, 11, 13, 22, 23

Continue a prestar atenção na saúde este mês e a descansar quando estiver cansado. Além disso, melhore a saúde das formas mencionadas no relatório anual. A boa notícia é que a saúde e a energia estão melhorando gradualmente ao longo do mês. Não estão como deveriam, mas melhoraram.

Você ainda estará no meio de um ápice profissional anual até o dia 21 e terá sucesso pessoal. Não será apenas uma questão das suas habilidades profissionais, e sim da aparência e atitude como um todo. Você será estimado e apreciado por ser quem é.

Até o dia 21, os objetivos profissionais de curto prazo foram conquistados e o seu foco mudará para a vida social. Não para a vida romântica, mas sim para amigos, grupos e atividades em grupo. O sucesso profissional colocou você em um círculo social diferente e melhor.

Maio será um mês feliz. Conforme já mencionamos, a saúde está melhorando e o poder na Décima Primeira Casa, outra casa benéfica, também indica felicidade.

Nem o eclipse lunar no dia 26 conseguirá prejudicar a boa fase, pois será relativamente benigno para você. Como ele acontecerá na Quinta Casa e afetará o senhor dessa casa (Júpiter), os filhos e figuras filiais serão mais atingidos. Para mulheres em idade fértil, o eclipse poderá trazer uma gravidez. Se você já estiver grávida, poderá trazer algum drama. Os filhos e figuras filiais deverão ficar longe do perigo e evitar atividades estressantes. Os pais, mães e figuras paternas ou maternas terão que mudar o rumo das finanças, enquanto os irmãos e figuras fraternas precisarão dirigir com mais cuidado. Se eles forem estudantes, haverá mudanças nos planos educacionais. Além disso, o cônjuge, parceiro ou interesse amoroso atual viverá momentos dramáticos com os amigos.

O seu Planeta das Finanças (Mercúrio) ficará retrógrado no dia 29, então tente fazer compras ou investimentos importantes antes disso. Como nossos leitores assíduos já sabem, quando Mercúrio está retrógrado, o julgamento e a confiança financeiros não estão de acordo com os padrões usuais, então é melhor esperar para ver e trabalhar para conseguir clareza nas finanças. Quando alguém dirige durante uma neblina, é melhor atravessar primeiro antes de fazer uma curva para a direita ou para a esquerda.

Júpiter vai entrar na Oitava Casa no dia 14. Isso será bom para a libido e também alimentará os projetos envolvendo reinvenção ou transformação pessoal. Este movimento na verdade é um flerte com a Oitava Casa, mas anuncia o que está por vir no ano que vem.

JUNHO

Melhores dias: 4, 5, 14, 15, 23
Dias mais tensos: 6, 7, 8, 20, 21, 26, 27

Melhores dias para o amor: 6, 7, 11, 12, 16, 17, 21, 24, 26, 27
Melhores dias para o dinheiro: 1º, 11, 16, 17, 18, 19, 20, 25, 26, 27
Melhores dias para a carreira: 6, 7, 8, 11, 12, 21

O poder planetário começou a mudar para o setor oriental do mapa (o setor do "eu") em 20 de abril. Agora, o setor oriental está ainda mais forte, indicando um período de independência pessoal (que ganhará ainda mais força no mês que vem). As outras pessoas sempre serão importantes e nunca devemos esquecer a Regra de Ouro, mas o seu jeito de agir será o melhor nesse período. Agrade a si mesmo e o mundo ficará feliz. Tudo o que você precisa para a felicidade está dentro de si, então agora é o momento de fazer as mudanças necessárias a fim de alcançá-la. (Os próximos dois meses também serão bons para isso.) Exercite a iniciativa pessoal e aja para conseguir o que deseja. Se os outros não concordarem, siga o seu caminho.

Haverá um eclipse solar no dia 10 que acontecerá na Décima Primeira Casa. Todo eclipse solar será mais forte em você do que para os outros. O Sol rege o seu horóscopo, então este eclipse provavelmente vai trazer momentos dramáticos do tipo divisor de águas na vida dos amigos. As amizades serão testadas. Computadores, equipamentos tecnológicos e softwares podem se comportar de modo errático, muitas vezes precisando de reparos ou substituições. Faça cópias de segurança e verifique se os programas antivírus e contra hackers estão atualizados. Você, um pai, mãe, figura paterna ou materna e o interesse amoroso atual terão que corrigir o rumo das finanças. Os filhos ou figuras filiais viverão momentos dramáticos e, se eles estiverem na idade adequada e em um casamento ou relacionamento amoroso, ele será testado. O cônjuge, parceiro ou interesse amoroso atual poderá mudar de emprego ou viver momentos dramáticos no ambiente de trabalho. Se o cônjuge empregar outras pessoas, poderá haver rotatividade de pessoal. E esta pessoa fará mudanças importantes na rotina de saúde nos próximos meses. Irmãos ou figuras fraternas também viverão momentos dramáticos e problemas com equipamentos tecnológicos. Se eles forem estudantes universitários, poderá haver mudança nos planos educacionais. Também haverá perturbações no local de culto.

A independência pessoal aumentou não só devido ao poder planetário geral, como também pela entrada de Marte em seu signo no dia 12. Um guru ou mentor parece muito dedicado a você. A vontade de viajar está muito forte. Você estará mais dedicado às atividades atléticas e exercícios físicos do que habitual. Além disso, terá mais coragem e não vai fugir de confrontos. Você fará tudo rapidamente. Contudo, como nossos leitores assíduos já sabem, Marte pode deixar você impaciente e excessivamente combativo, levando a conflitos desnecessários e talvez acidentes, então tenha mais cuidado no mundo físico.

A atividade retrógrada aumentou em junho e vai aumentar ainda mais em agosto. Estamos longe do máximo para o ano, mas quarenta por cento dos planetas retrógrados é uma porcentagem significativa. Tudo está desacelerando no mundo e na sua vida. Será preciso ter mais paciência.

JULHO

Melhores dias: 1º, 2, 11, 12, 20, 21, 28, 29, 30
Dias mais tensos: 3, 4, 5, 18, 19, 24, 25, 31
Melhores dias para o amor: 1º, 2, 3, 4, 5, 12, 13, 14, 21, 22, 23, 24, 25, 31
Melhores dias para o dinheiro: 8, 9, 10, 13, 14, 18, 20, 21, 26, 31
Melhores dias para a carreira: 1º, 2, 3, 4, 5, 12, 21, 31

Apesar dos três planetas lentos em alinhamento tenso com você, a saúde estará boa este mês. Os planetas rápidos vão dar apoio e aumentar sua energia. No dia 23, quando o Sol entrar em Leão (o seu signo), você estará em um período de independência pessoal máxima e também começará um dos ápices anuais de prazer pessoal, então este mês será feliz e próspero.

Até o dia 23, você estará em um período espiritual, bom para práticas e estudos nessa área e também para se envolver com organizações de caridade, sem fins lucrativos e em causas importantes para você, nas quais você acredita. Você aprenderá a moldar e definir o corpo por meios espirituais. Após o dia 23, será bom apreciar os prazeres dos sentidos e se mimar um pouco para agradecer o corpo pelos bons serviços prestados. Não estamos em guerra com o nosso corpo. Ele é do reino animal e somos gentis com os animais. Contudo, nós somos mais do que o corpo.

A aparência pessoal vai brilhar este mês. Você terá um carisma digno de uma estrela. (O leonino sempre tem carisma de estrela, mas agora a estrela brilhará mais forte.) Vênus em seu signo dá beleza, graça e uma noção natural de estilo. Será um período excelente para comprar roupas ou acessórios, especialmente até o dia 22, pois você estará com o gosto apurado e fará boas escolhas.

Além disso, Marte estará em seu signo até o dia 30, então lembre-se da nossa discussão sobre isso no mês passado.

Julho será próspero. O seu Planeta das Finanças (Mercúrio) vai se mover rapidamente este mês, indicando confiança e progresso rápido nos seus objetivos. Quarenta por cento dos planetas estão retrógrados, uma porcentagem bem alta, mas isso não parece afetar as finanças. Mercúrio estará na Décima Primeira Casa até o dia 12, indicando que o poder de ganhar dinheiro estará bom porque Mercúrio estará no seu signo e casa, onde ganha força. As conexões sociais serão importantes nas finanças e os amigos parecem ajudar nessa área. Entre os dias 12 e 29, Mercúrio estará na Décima Segunda Casa (da Espiritualidade). A intuição ganha importância para as finanças e tudo parece bem nessa área. Você estará mais generoso e caridoso nesse período. No dia 29, Mercúrio vai entrar em seu signo trazendo sorte inesperada e sem esforço, além de oportunidades financeiras. Você parece mais próspero e as pessoas o verão desta forma. Você vai gastar consigo mesmo.

Embora você tenha boa aparência e muito magnetismo social e pessoal, o amor ficará melhor antes do dia 23 do que depois desta data, pois talvez haja mais conflitos com a pessoa que você ama. Será preciso ceder, mas será que você está disposto a isso?

AGOSTO

Melhores dias: 7, 8, 16, 17, 24, 25
Dias mais tensos: 1º, 14, 15, 20, 21, 27, 28
Melhores dias para o amor: 1º, 10, 11, 18, 19, 20, 21, 27, 28, 30, 31
Melhores dias para o dinheiro: 1º, 7, 8, 10, 11, 13, 18, 19, 21, 28, 29, 31
Melhores dias para a carreira: 1º, 11, 20, 27, 28, 30, 31

Você ainda estará em um ápice anual de prazer pessoal até o dia 23, então aproveite para mimar o corpo e colocá-lo na forma que você deseja. Você ainda estará em um período de independência pessoal máxima, então faça as mudanças que precisam ser feitas, caso ainda não tenha feito.

O amor vai melhorar bastante este mês. Urano começará a ficar retrógrado no dia 20, mas receberá bons aspectos a partir do dia 23. Esse movimento retrógrado de Urano vai durar vários meses, então pegue leve no amor. Aceite tudo como vier e não tome decisões importantes de forma alguma. Trabalhe para ter clareza mental e emocional. Urano retrógrado não vai impedir o amor, apenas desacelerar tudo. Apesar das complicações, haverá sucesso no amor porque essa área estará em foco este mês. Você estará pronto para fazer o que for necessário a fim de superar os atrasos e obstáculos.

A atividade retrógrada aumentará ainda mais este mês. A partir do dia 20, cinquenta por cento dos planetas estarão retrógrados — uma porcentagem imensa. A vida desacelera, mas isso não parece afetar as finanças. Neste mês e no próximo, a lição espiritual será ter paciência e realizar suas tarefas perfeitamente. Isso vai minimizar os atrasos.

O Planeta das Finanças ficará em seu signo até o dia 12, então as pessoas do dinheiro na sua vida continuarão dedicadas a você e apoiando seus projetos. Sorte inesperada e oportunidades financeiras virão sem que você precise se esforçar para isso. O dinheiro vai atrás de você, e não o contrário. Mercúrio vai entrar na Casa do Dinheiro no dia 12, outro bom sinal para as finanças. Ele fica forte no próprio signo e casa, então o poder de ganhar dinheiro ganhará força. Além disso, você estará mais cuidadoso em relação ao dinheiro, agindo de modo menos especulativo, menos apressado e mais conservador. Você vai fazer o dinheiro render.

A saúde continua relativamente boa. Embora três planetas lentos estejam em alinhamento tenso, os planetas rápidos não os ajudam. Portanto, continue a melhorar a saúde das formas mencionadas no relatório anual.

O Sol entra na sua Casa do Dinheiro no dia 23, marcando o início de um ápice financeiro anual. Haverá muitos planetas na Casa do Dinheiro este mês, indicando apoio cósmico na área financeira e também que o dinheiro poderá vir de muitas formas e por meio de várias pessoas.

Mercúrio (seu Planeta das Finanças) terá um solstício entre os dias 28 e 30. Ele fará uma pausa no céu (em latitude) e depois mudará de direção. É o que vai acontecer na sua vida financeira. Não há motivo para se preocupar, pois será uma pausa renovadora.

SETEMBRO

Melhores dias: 4, 5, 12, 13, 21, 22, 23
Dias mais tensos: 10, 11, 17, 18, 24, 25
Melhores dias para o amor: 6, 7, 9, 14, 15, 17, 18, 19, 24, 25, 29, 30
Melhores dias para o dinheiro: 6, 7, 8, 9, 17, 18, 26, 27
Melhores dias para a carreira: 9, 19, 24, 25, 29, 30

A atividade retrógrada atinge o máximo para 2021 no fim deste mês, a partir do dia 27. Sessenta por cento dos planetas estarão retrógrados — uma porcentagem imensa. Embora as finanças não sejam afetadas até o dia 27, os eventos vão desacelerar, tanto no mundo quanto na vida. O progresso rumo ao seus objetivos será mais lento, mas você poderá usar isso a seu favor. Tenha paciência com os atrasos, faça menos e passe mais tempo analisando sua vida e seus objetivos para ver onde é possível melhorar. Consiga mais fatos. Quando os planetas voltarem a avançar, em outubro e novembro, você estará pronto para colocar os planos em prática.

Você ainda estará em um ápice financeiro anual até o dia 22, portanto este mês será próspero. O seu foco estará nas finanças, como deveria ser. Marte na Casa do Dinheiro até o dia 15 será um bom sinal para a vida financeira. Como o planeta rege a Nona Casa, que é benéfica para você, ele age como Júpiter (o Planeta da Abundância) no seu horóscopo pessoal, sendo bonzinho e expandindo o horizonte financeiro. A presença dele indica a existência de lucros com empresas e investimentos no exterior. Os estrangeiros em geral serão importantes na sua vida financeira. O Sol na Casa do Dinheiro mostra que você estará pessoalmente envolvido nessa área, sem delegar funções a terceiros. Também mostra que você vai gastar consigo mesmo e terá a imagem de uma pessoa próspera. Como Mercúrio ficará retrógrado no dia 27 (e este movimento retrógrado será mais forte que os dois anteriores), faça todas as compras, investimentos e tome as decisões financeiras importantes até o dia 27. Depois disso, vá devagar.

O amor continua complicado. Um casamento não será provável, e os que estiverem planejando um casamento deverão procurar um mês melhor. Mesmo assim, haverá uma oportunidade romântica feliz para os solteiros nos dias 5 e 6. Uma oportunidade profissional feliz provavelmente acontecerá nos dias 28 e 29, mas procure saber mais, faça perguntas e tire todas as dúvidas, pois nem tudo é o que parece. Além disso, tenha mais cuidado ao dirigir nos dias 22 e 23 e tenha mais paciência com chefes, idosos e figura de autoridade nesse período.

A saúde está relativamente boa, mas ainda precisa de cuidados. Melhore essa área das formas mencionadas no relatório anual.

O poder este mês estará na sua Terceira Casa, especialmente a partir do dia 22, então será um bom período para colocar a leitura, os e-mails, telefonemas e cartas em dia. Também será um bom momento para fazer cursos sobre assuntos de seu interesse.

OUTUBRO

Melhores dias: 1º, 2, 10, 11, 18, 19, 20, 28, 29, 30
Dias mais tensos: 8, 9, 14, 15, 21, 22
Melhores dias para o amor: 3, 4, 10, 12, 13, 14, 15, 18, 19, 21, 22, 29, 30, 31
Melhores dias para o dinheiro: 3, 4, 5, 6, 7, 14, 15, 23, 24, 25
Melhores dias para a carreira: 10, 18, 19, 21, 22, 29, 30

O ritmo da vida vai acelerar a partir do dia 6. A atividade retrógrada vai diminuir gradativamente. Até o dia 6, teremos sessenta por cento dos planetas retrógrados, mas no fim do mês serão apenas vinte por cento. Tudo vai se abrir para você e para o mundo.

O poder continuará na Terceira Casa até o dia 22, então este mês será bom para expandir os seus conhecimentos, assim como em setembro. Também será excelente para estudantes abaixo do nível superior. Mesmo se não for "oficialmente" um estudante, você vai se comportar como um deles. Será um ótimo período para frequentar palestras e seminários sobre assuntos que interessam a você e também para ensinar o que você sabe. Mercúrio (seu Planeta das Finanças) passará o mês na

Terceira Casa, o que será bom para atividades mercuriais: vendas, marketing, publicidade, relações públicas e comércio. Contudo, será melhor esperar para fazer compras ou vendas importantes até Mercúrio se mover para a frente no dia 18. Apesar do movimento retrógrado, haverá bons pagamentos este mês. Como Mercúrio forma bons aspectos com Júpiter nos dias 2 e 3, os resultados podem acontecer com algum atraso. Nos dias 8 e 9, o Sol viaja com Mercúrio, indicando um bom período para as finanças, embora possa haver adiamentos. Nos dias 14 e 15, o Sol também formará bons aspectos com Júpiter. O que virá de bom poderá vir com complicações, mas vai dar tudo certo.

A Quarta Casa do Lar e da Família ganha força a partir do dia 22, então o foco estará na família. A carreira continua sendo importante, mas, a partir de agora, direcione um pouco de atenção para o lar, a família e o seu bem estar emocional. Muitos de vocês vão oscilar como uma gangorra entre as demandas da carreira e as da família. Haverá um equilíbrio nisso tudo e você vai encontrá-lo.

O amor estará mais complicado este mês, especialmente a partir do dia 23. Você e a pessoa amada precisarão trabalhar com mais afinco no relacionamento. Vocês parecem distantes, talvez não fisicamente, mas em termos psicológicos. Se for possível acertar as diferenças, o amor ficará bem.

Vênus estará "fora dos limites" do dia 11 até o fim do mês, portanto a carreira e os assuntos intelectuais (o tipo de leitura mais atraente para você) estarão fora da sua esfera normal. As exigências profissionais também poderão afastar você da esfera normal. Talvez isso também aconteça com chefes, idosos, pais, mães e figuras paternas ou maternas.

NOVEMBRO

Melhores dias: 6, 7, 15, 16, 25, 26

Dias mais tensos: 4, 5, 10, 11, 17, 18

Melhores dias para o amor: 1º, 8, 9, 10, 11, 17, 18, 27, 28

Melhores dias para o dinheiro: 1º, 2, 3, 11, 12, 13, 21, 23, 24, 27, 28, 30

Melhores dias para a carreira: 8, 17, 18, 27, 28

O eclipse lunar do dia 19 virá forte em você, então pegue leve nesse período. O que for necessário deverá ser feito, mas será melhor adiar o que for eletivo. Este eclipse não afeta apenas a Lua, ele também atinge mais dois planetas — Vênus e Júpiter — o que o deixa ainda mais forte.

Este eclipse ocorre na Décima Casa (da Carreira) e afeta o senhor da Décima Casa, Vênus, indicando mudanças ou abalos na carreira. Poderá haver momentos dramáticos na vida de chefes, idosos, um pai, mãe, figura paterna ou materna. Como a Lua rege a sua vida espiritual, também haverá momentos dramáticos nessa área. Você poderá mudar de práticas, ensinamentos ou professores espirituais. Além disso, haverá abalos nas organizações espirituais ou de caridade com as quais você esteja envolvido. Os carros e equipamentos de comunicação podem ficar temperamentais, muitas vezes exigindo reparos. Os estudantes abaixo do nível superior vão mudar de planos educacionais e talvez de escola. O casamento do pai, mãe, figura paterna ou materna será testado neste período. Como Júpiter será afetado, os filhos ou figuras filiais na sua vida viverão momentos dramáticos e mudanças de emprego. Eles deverão fazer uma agenda tranquila e reduzida nesse período.

Além do eclipse no dia 19, Vênus continuará "fora dos limites", longe da órbita habitual definida pelo Sol. E então, você também estará "fora dos limites" na carreira e na vida intelectual. Como não haverá respostas na sua esfera normal, você será obrigado ir além dela.

As finanças parecem boas e bastante ativas. Mercúrio se move para a frente rapidamente este mês, passando por três signos e casas do seu mapa, indicando boa confiança financeira e que você é alguém que conquista os objetivos rapidamente. Até o dia 7, ele estará na Terceira Casa (da Comunicação e Interesses Intelectuais), favorecendo as áreas de vendas, marketing, propaganda e comércio. Ele vai entrar na sua Quarta Casa (do Lar e da Família) no dia 7, indicando apoio familiar e alguém que gasta com o lar e a família. No dia 24, ele vai entrar na sua Quinta Casa, o signo de Sagitário, indicando dinheiro feliz, que será ganho de formas prazerosas e gasto em objetos felizes. Você parece anormalmente especulativo a partir do dia 24. É bom se envolver nisso apenas com orientação adequada.

DEZEMBRO

Melhores dias: 4, 12, 13, 22, 23, 31
Dias mais tensos: 1º, 2, 7, 8, 14, 15, 16, 29, 30
Melhores dias para o amor: 5, 6, 7, 8, 14, 15, 24, 25
Melhores dias para o dinheiro: 4, 8, 9, 13, 14, 18, 24, 25, 28
Melhores dias para a carreira: 5, 6, 14, 15, 16, 24, 25

Outro eclipse solar acontecerá no dia 4. Ele será o último do ano e acontecerá na Quinta Casa (dos Filhos), então os filhos e figuras filiais poderão viver momentos dramáticos do tipo divisor de águas. Algumas dessas mudanças podem ser bastante normais, como um filho que vai para a faculdade, tem o despertar sexual ou se casa. A questão é que mesmo essas partes boas são eventos que mudam o rumo da vida, por isso eles devem ter uma agenda reduzida nesse período e evitar atividades estressantes. Este eclipse será relativamente benigno para você, mas todo eclipse solar tende a afetar você mais do que os outros. O planeta do eclipse (o Sol) é importante porque rege o seu horóscopo, então o eclipse poderá trazer desintoxicações do corpo, especialmente se você ainda não cuida da alimentação. Ele também traz uma redefinição do "eu" e da imagem. Você vai mudar o conceito de si e como deseja ser visto pelos outros. Isso é saudável. Nós crescemos e evoluímos, portanto uma atualização periódica faz bem. Então, você vai mudar o guarda-roupa, cabelo e a imagem nos próximos meses. Mercúrio (seu Planeta das Finanças) também será afetado por este eclipse, exigindo uma mudança de rumo na vida financeira. Os eventos do eclipse vão mostrar a você onde o pensamento e planejamento estavam incorretos ou pouco realistas, assim você vai conseguir fazer as melhorias necessárias. Um pai, mãe, figura paterna ou materna também fará mudanças financeiras importantes. As finanças da família como um todo vão mudar. Além disso, os irmãos e figuras fraternas deverão ter mais cuidado ao dirigir. Se eles forem estudantes abaixo do nível superior, haverá mudanças educacionais, talvez mudanças de escola. O cônjuge, parceiro ou interesse amoroso atual viverá momentos dramáticos com os amigos e equipamentos tecnológicos.

Vênus, que está "fora dos limites" há um bom tempo (desde 11 de outubro), volta para os limites no dia 7. Vênus terá um de seus raros movimentos retrógrados (que acontecem uma vez a cada dois anos) no dia 19, então vá devagar no amor. As oportunidades profissionais vão exigir mais análise, pois não são o que parecem. Além disso, os carros e equipamentos de comunicação poderão ficar temperamentais.

Depois do eclipse o mês será divertido e ideal para festejar, então aproveite. Tire a cabeça dos problemas e curta a vida. Quando você voltar ao problema, vai descobrir que não era tão grave quanto parecia e haverá soluções para ele.

♍

VIRGEM

A VIRGEM

Nascidos entre 22 de agosto e 22 de setembro

PERFIL PESSOAL

VIRGEM EM UM RELANCE

Elemento: Terra
Planeta Regente: Mercúrio
  Planeta da Carreira: Mercúrio
  Planeta da Saúde: Urano
  Planeta do Amor: Netuno
  Planeta das Finanças: Vênus
  Planeta do Lar e da Vida Familiar: Júpiter
Cores: tons terrosos, ocre, amarelo, laranja
Cor que promove o amor, o romance e a harmonia social: azul-turquesa
Cor que propicia ganhos: verde-jade
Pedras: ágata, jacinto
Metal: mercúrio
Perfumes: alfazema, lilás, lírio-do-vale, estoraque (benjoim)
Qualidade: mutável (= flexibilidade)
Qualidade essencial ao equilíbrio: amplitude de visão
Maiores virtudes: agilidade mental, capacidade de análise, meticulosidade, poder curativo
Necessidade mais profunda: ser útil e produtivo
Característica a evitar: mania de criticar destrutivamente
Signos de maior compatibilidade: Touro, Capricórnio
Signos de maior incompatibilidade: Gêmeos, Sagitário, Peixes
Signo mais útil à carreira: Gêmeos

Signo que fornece maior suporte emocional: Sagitário
Signo mais prestativo em questões financeiras: Libra
Melhor signo para casamento e associações: Peixes
Signo mais útil em projetos criativos: Capricórnio
Melhor signo para sair e se divertir: Capricórnio
Signos mais úteis em assuntos espirituais: Touro, Leão
Melhor dia da semana: quarta-feira

COMPREENDENDO A PERSONALIDADE VIRGINIANA

A virgem é uma representação simbólica bastante adequada ao signo. Meditar sobre sua imagem facilita muito a compreensão da personalidade virginiana. Ela é um símbolo natural da pureza e da inocência. Um objeto virgem é aquele que nunca foi utilizado. Terras virgens preservam suas características originais. E as matas virgens também conservam sua pureza prístina.

Se aplicarmos o conceito de pureza aos processos mentais, à vida emocional, ao corpo físico e às atividades e aos projetos do mundo cotidiano, chegaremos perto da forma como os virginianos encaram o Universo. Eles procuram manifestar a pureza de ideal em sua mente, corpo e negócios; e, se encontram impurezas, tentam expurgá-las.

Impurezas são princípios geradores de desordem, tristeza e intranquilidade. O trabalho dos virginianos consiste em extirpar as impurezas, conservando apenas o que pode ser assimilado e utilizado pelo corpo e pela mente.

Aí reside o segredo da boa saúde: noventa por cento da arte de permanecer sadio decorre da manutenção da pureza física, mental e emocional. Quando o limite de impurezas ultrapassa a capacidade de tolerância do corpo e da mente, surge o que conhecemos como moléstia ou mal-estar. Não é de surpreender que muitos virginianos se revelem excelentes médicos, enfermeiros, curandeiros e nutricionistas. Eles possuem uma compreensão inata do que vem a ser uma boa saúde e sabem que ela transcende o plano meramente físico. Em todos os aspectos da vida, os que desejam ter êxito em um projeto devem salvaguardar sua pureza. Ela precisa ser protegida de elementos adversos que possam miná-la. É esse o grande segredo por trás da espantosa competência técnica dos virginianos.

A formidável capacidade virginiana de análise, seu perfeccionismo e detalhismo sobre-humanos derivam, todos, do anseio do nativo deste signo pela pureza e pela perfeição. Um mundo sem virginianos estaria arruinado há muito tempo.

Um vício ou defeito pode, em muitos casos, não ser outra coisa senão uma virtude às avessas, mal utilizada ou mal aplicada em um contexto específico. Os aparentes vícios ou máculas dos virginianos derivam, muitas vezes, de virtudes inerentes. Seu forte poder de análise, que deveria ser empregado para curar, auxiliar ou aperfeiçoar projetos no mundo, pode, quando mal-empregado, voltar-se contra as pessoas. Sua faculdade crítica, que deveria ser utilizada construtivamente para aprimorar uma estratégia ou proposta, pode ser usada de forma destrutiva como arma, para magoar ou ferir. Seu anseio de perfeição pode converter-se em preocupação excessiva que mina a confiança; e sua humildade natural, de tão grande, pode induzi-los à autonegação e a um complexo de inferioridade. Quando os virginianos se tornam negativos, podem até voltar seu ferino senso crítico contra eles mesmos, lançando a semente da autodestruição.

FINANÇAS

Os virginianos possuem todos os predicados que facilitam o acúmulo de riquezas. São trabalhadores engenhosos, eficientes, organizados, frugais, produtivos e prestativos. Um virginiano bem-equilibrado é o sonho de todo empregador, mas, enquanto não aprenderem a exercitar um pouco da graça social libriana, os nativos de Virgem continuarão longe da realização de seu potencial financeiro. Sua pureza e seu perfeccionismo, quando manejados de forma incorreta, incomodam os demais. Esses atritos de relacionamento podem causar estragos devastadores tanto em seus projetos preferidos quanto em sua conta bancária.

Os virginianos apreciam a segurança financeira. Por serem trabalhadores, conhecem o real valor do dinheiro, e não gostam de arriscá-lo desnecessariamente. Preferem poupar para quando se aposentarem ou para os dias mais difíceis de inverno. Só investem de maneira prudente e calculada, procurando minimizar riscos. A estratégia funciona bem, ajudando os virginianos a alcançar a estabilidade financeira que almejam. Os abastados, e mesmo os não tão abastados, gostam de ajudar amigos em dificuldade.

CARREIRA E IMAGEM PÚBLICA

Os nativos de Virgem se realizam quando conseguem comunicar seus conhecimentos de forma que os outros os compreendam. Para transmitir melhor suas ideias, eles precisam aprimorar sua habilidade verbal e aprender a exprimir-se de modo mais natural, que não tenha qualquer tom de julgamento. Respeitam muito os professores e os comunicadores. Apreciam que seus chefes e superiores sejam bons comunicadores, mas dificilmente irão respeitá-los se a capacidade intelectual deles não se equiparar a sua, independentemente de quanto dinheiro e poder esses superiores possuam. Os virginianos gostam de ser vistos como intelectuais e educados.

A humildade nata deles, muitas vezes, dificulta a realização de suas ambições e os impede de adquirir renome e prestígio. Precisam se valorizar um pouquinho mais para conquistar seus objetivos profissionais, bem como auxiliar o próprio progresso com a mesma veemência com que encorajam o dos colegas.

No trabalho, apreciam a atividade. Mostram-se dispostos a aprender qualquer tipo de serviço que possa contribuir para sua segurança material. Podem mudar de ocupação diversas vezes em sua vida profissional antes de descobrir o que realmente gostam de fazer. Os virginianos não têm medo de trabalho, sabem trabalhar bem em grupo e sempre cumprem suas responsabilidades.

AMOR E RELACIONAMENTOS

Para permitir que os virginianos analisem melhor ou critiquem algo, é necessário limitar a esfera de abrangência. Focar nas partes — não no todo. Isso pode transmitir uma impressão de limitação mental, e os virginianos detestam pessoas possuidoras dessa mente limitada. Gostam de parceiros com mente aberta e visão ampla. Possivelmente, como forma de compensar a carência que eles próprios têm dessas qualidades.

Os nativos de Virgem são tão perfeccionistas no amor quanto nas demais áreas. Precisam de companheiros tolerantes, abertos e afetuosos. Se você se apaixonou por um virginiano, nem perca tempo com gestos românticos sem praticidade. Terá mais chances de conquistá-lo fazendo por ele coisas úteis e práticas. É exatamente isso que ele aprecia e fará por você.

Os virginianos demonstram seu amor de forma pragmática e utilitária. Você, nativo de outro signo, não se deixe abater pelo fato de eles não o chamarem de "meu amor" todo dia. Não faz parte da natureza deles. Se o amam, demonstrarão de forma prática. Estarão sempre por perto quando você necessitar; mostrarão interesse por sua saúde e suas finanças; consertarão as torneiras de sua casa e a televisão que quebrou. Para eles, essas ações são muito mais importantes do que buquês de flores ou caixas de bombons.

Nos relacionamentos amorosos, não são particularmente passionais ou espontâneos. Não considere isso uma falha pessoal sua. Não significa que você não seja atraente aos olhos de seu parceiro virginiano ou que ele não goste de você. É o jeito dele. O que lhe falta em ardor é compensado em dedicação e lealdade.

VIDA DOMÉSTICA E FAMILIAR

Não é preciso dizer que a casa de um virginiano é sempre imaculada. Tudo é bem limpinho e organizado em seu cantinho — não se atreva a tirar nada do lugar! Para encontrarem a felicidade no lar, entretanto, os nativos de Virgem precisam relaxar um pouquinho mais e conceder mais liberdade ao cônjuge e aos filhos, e ser mais generosos e abertos. Os membros da família não são meras criaturas biológicas passíveis de análise microscópica — são seres humanos que possuem as próprias qualidades.

Malgrado essas pequenas dificuldades, os virginianos são bons anfitriões. Gostam de ficar em casa, de receber amigos para pequenas reuniões e se empenham em manter seus convidados felizes. Adoram crianças, mas tendem a ser severos com elas, pois querem se assegurar de que sejam educadas no princípio dos bons valores pessoais e familiares.

VIRGEM
PREVISÃO ANUAL PARA 2021

TENDÊNCIAS GERAIS

Parece que teremos um ano feliz e saudável pela frente, virginiano. Aproveite. Haverá alguns desafios, sem dúvida. Alguns períodos do ano que serão mais complicados que o normal e talvez até estressantes, mas tudo isso será causado pelos trânsitos de planetas rápidos. Os efeitos serão de curto prazo e não representam tendências para este ano. Quando os trânsitos difíceis passarem, a vida voltará ao normal.

Este ano será muito social e 2022 será mais ainda. Todos os planetas lentos estão no setor social ocidental do seu horóscopo. A Sétima Casa (do Amor) está muito forte (e vai ganhar ainda mais força entre 14 de maio e 29 de julho), enquanto a Primeira Casa (do "Eu") está basicamente vazia. Haverá períodos em que o setor oriental do "eu" ficará mais forte devido aos trânsitos de curto prazo, mas nunca será dominante. Então 2021 será o ano para colocar os outros em primeiro lugar e cultivar as habilidades sociais. Voltaremos a esse assunto em breve.

A Sexta Casa (da Saúde e do Trabalho) está muito forte este ano e, como Virgem é naturalmente interessado nesses assuntos, o cosmos vai incentivá-lo a fazer o que mais ama. O que poderia ser melhor do que isso?

Urano está na Nona Casa desde março de 2019 e continuará lá por muitos anos, portanto os universitários poderão mudar de escola, curso e planos educacionais. E o mais importante: a sua visão de mundo (suas crenças filosóficas e religiosas) serão testadas e revisadas. Não deve acontecer tudo ao mesmo tempo, mas será um processo, com mudanças que afetarão o seu modo de vida. Voltaremos a esse assunto em breve.

Teremos quatro eclipses este ano (o número usual). Dois vão ocorrer na sua Quarta Casa (do Lar e da Família), trazendo mudanças e abalos nessas áreas. Um deles vai acontecer na Décima Casa (da Carreira), também indicando momentos dramáticos nessa área. O outro vai acontecer na sua Nona Casa, que já é sujeita a mudanças, trazendo ainda mais do mesmo. Voltaremos a nos aprofundar nesse assunto em breve.

As principais áreas de interesse este ano serão: diversão, crianças e criatividade; saúde e trabalho; amor e romance; viagens ao exterior, educação superior, religião, filosofia e teologia.

Os caminhos de maior realização este ano serão: carreira; saúde e trabalho (de 1º de janeiro a 14 de maio e de 29 de julho a 30 de dezembro); amor e romance (de 14 de maio a 29 de julho).

SAÚDE

(Esta é uma perspectiva astrológica sobre a saúde, não uma visão médica. No passado essas perspectivas eram idênticas, mas hoje podem ocorrer diferenças significativas. Para obter uma opinião com base em diagnósticos da medicina convencional, consulte seu médico ou um profissional da área da saúde.)

A saúde parece boa em 2021. Na maior parte do ano haverá apenas um planeta lento em alinhamento tenso com você (Netuno). Todos os outros estão formando aspectos harmoniosos ou deixando você em paz. De 14 de maio a 29 de julho, Júpiter vai formar um aspecto discordante, mas será breve. Além disso, os efeitos de Júpiter tendem a ser brandos, indicando boas notícias para a saúde.

Com a saúde boa e a Sexta Casa muito forte, o problema pode ser o excesso de boas notícias. É bom prestar atenção na saúde, mas você tende a exagerar pequenos problemas e transformá-los em grandes ou criar problemas onde não existem (hipocondria), então é preciso ter cuidado com isso.

Por mais que a saúde esteja boa, você poderá deixá-la ainda melhor. Dê atenção especial às seguintes áreas, que são as mais vulneráveis do seu mapa.

Intestino grosso. É sempre importante para o virginiano, pois esta área é regida pelo seu signo. Os reflexos aparecem em seu mapa.

Tornozelos e panturrilhas. Também são sempre importantes para você, pois Urano (o Planeta da Saúde) rege essas áreas, então massagens regulares nos tornozelos e panturrilhas devem fazer parte da sua rotina de saúde. Dê mais apoio aos tornozelos quando se exercitar.

Pescoço e garganta. Essas áreas ganharam importância desde o ano passado e continuarão importantes por muitos anos. Os reflexos aparecem em seu mapa. Massagens regulares no pescoço serão boas. A tensão tende a se acumular nessa região e precisa ser liberada. A terapia craniossacral, um tratamento natural e sem fármacos, também é boa para isso.

Coluna, joelhos, dentes, ossos e alinhamento do esqueleto. Ganharam importância nos últimos anos, quando Saturno entrou na Sexta Casa. Os reflexos aparecem em seu mapa. Massagens regulares nas costas e nos joelhos serão boas, assim como visitas a um quiropraxista ou osteopata. É importante que as vértebras sejam mantidas no alinhamento correto. Boa higiene dental é importante. Dê mais apoio aos joelhos quando se exercitar.

Ganharam importância ano passado, quando Júpiter entrou na Sexta Casa. Em 2022, essas áreas terão menos importância. Enquanto isso, massageie o ponto do reflexo do fígado mostrado anteriormente e as coxas. Massagens nas coxas não só fortalecem o fígado e as coxas, como também a parte inferior das costas.

Urano (seu Planeta da Saúde) é um planeta lento e não vai mudar este ano. Contudo, os planetas rápidos vão formar aspectos harmoniosos ou tensos em vários momentos. Essas tendências de curto prazo serão abordadas com mais profundidade nos relatórios mensais.

LAR E FAMÍLIA

A última vez que a sua Quarta Casa (do Lar e da Família) ficou proeminente foi em 2019. Muitos de vocês mudaram de endereço ou reformaram a casa e vivenciaram expansões do círculo familiar nesse ano. Quem estava em idade fértil pode ter vivido uma gravidez, mas neste ano a sua Quarta Casa estará basicamente vazia. Apenas planetas rápidos vão passar por lá, com impacto de curto prazo, portanto essas áreas tendem ao *status quo*. Existe uma sensação de contentamento com a situação atual, sem necessidade de prestar mais atenção nessas áreas.

Conforme mencionamos anteriormente, haverá dois eclipses na sua Quarta Casa este ano. Um será o eclipse lunar no dia 26 de maio, e o outro será um eclipse solar no dia 4 de dezembro. Eles vão revelar problemas ocultos no lar e permitir que você faça as correções necessárias. Os eclipses podem causar momentos dramáticos (muitas vezes do tipo divisor de águas) na vida dos pais ou das figuras paternas e maternas.

O seu Planeta da Família (Júpiter) vai mudar de signos brevemente em 2021. Na maior parte do ano ele estará na Sexta Casa (da Saúde e do Trabalho), mas vai entrar na Sétima Casa entre 14 de maio e 29 de julho, então a atitude em relação ao lar e a família vai mudar este ano.

Na maior parte do ano você vai trabalhar para transformar o lar em um lugar mais saudável, provavelmente instalando equipamentos de saúde, equipamentos de academia e similares. Se houver problemas ambientais, você também vai trabalhar para corrigi-los. O lar também será um spa para cuidar da saúde.

A entrada de Júpiter em Peixes (de 14 de maio a 29 de julho) mostra que você vai receber mais amigos em casa. Haverá também um desejo de embelezar o lar, transformá-lo em uma obra de arte e local de beleza, o que significa muita pintura e redecoração. Você provavelmente vai comprar objetos de beleza para o lar.

Um pai, mãe, figura paterna ou materna na sua vida está pensando em se mudar e o evento parece feliz, mas a mudança de endereço será mais provável no ano que vem. O outro pai, mãe, figura paterna ou materna está vivendo muito sucesso e elevação na carreira, mas uma mudança de endereço não parece provável. (Nada contra a ideia, mas não há algo que a apoie.)

Irmãos ou figuras fraternas na sua vida provavelmente vão se mudar, mas será complicado e parece haver atrasos no processo. Se eles estiverem em idade fértil, a fertilidade será maior, mas as gestações parecem mais complicadas.

Filhos ou figuras filiais vão prosperar, mas o lar e a família parecem *status quo*. Os netos (caso você os tenha) parecem inquietos. Eles vão se mudar muito, mas uma mudança formal de endereço não aparece.

Se você planeja fazer grandes reformas, entre 14 de dezembro até o fim do ano parece o melhor período para isso. Se estiver redecorando (e muitos de vocês estão), os períodos de 1º a 9 de janeiro; de 14 de maio a 29 de julho; e de 7 de outubro a 5 de novembro serão bons para isso.

DINHEIRO E CARREIRA

A sua Casa do Dinheiro não está proeminente em 2021. Isso não será um problema para as finanças, pois não haverá muito foco nessa área. A saúde, o trabalho e o amor serão muito mais importantes. Alguns anos são assim.

A Casa do Dinheiro vazia (apenas planetas rápidos passarão por lá) mostra um contentamento com a situação financeira atual. Você não terá necessidade de fazer mudanças dramáticas ou dar atenção específica a essa área.

Os trânsitos de um determinado momento vão dizer o que está acontecendo nas finanças. Quando eles forem bons, os ganhos aumentam e vêm com mais facilidade. Quando eles não forem bons, todo tipo de problema aparece. Isso será abordado com mais profundidade nos relatórios mensais.

Além disso, como Vênus, um planeta rápido, é o seu Planeta das Finanças (ele passa por todo o seu mapa em um ano), haverá outras tendências financeiras de curto prazo que vão depender de onde Vênus está e dos aspectos que recebe. Isso também será abordado com mais profundidade nos relatórios mensais.

O cônjuge, parceiro ou interesse amoroso atual vai entrar em um ciclo de prosperidade que vai durar muitos anos. Este ano será apenas o começo, e a situação vai melhorar nos próximos dois anos. O parceiro deverá ser mais generoso com você.

A situação profissional estará excelente em 2021, com pelo menos duas oportunidades de trabalho aparecendo. Elas poderão acontecer na sua situação atual ou em uma nova. Os seus serviços parecem estar em alta.

A Décima Casa (da Carreira) também está vazia este ano. Apenas planetas rápidos vão passar por lá, com impacto de curto prazo. A saúde e o amor parecem mais importantes do que a carreira, que vai tender ao *status quo*.

O Planeta da Carreira (Mercúrio) também é um planeta rápido (mais rápido até do que Vênus). Como acontece com o seu Planeta das Finanças, ele passa por todos os signos e casas do seu horóscopo em um ano, portanto haverá muitas tendências profissionais de curto prazo que dependem de onde Mercúrio está e dos aspectos que recebe. Isso será abordado com mais profundidade nos relatórios mensais.

No dia 10 de junho, um eclipse solar acontece na Décima Casa (da Carreira), trazendo mudanças na carreira e momentos dramáticos na vida de chefes, um pai, mãe e figuras paternas ou maternas. As regras do jogo profissional vão mudar.

O cônjuge, parceiro ou interesse amoroso atual terá dois eclipses na Décima Casa, o que também indica mudanças profissionais para este parceiro neste ano. No fim das contas, essas mudanças serão boas, mas o processo pode ser incômodo.

Os irmãos e figuras fraternas vão fazer mudanças financeiras importantes em 2021. Os relacionamentos amorosos deles ficarão instáveis e serão testados. Os filhos e figuras filiais vão prosperar merecidamente, pois trabalharam muito para isso. Eles vão se beneficiar da boa administração das finanças.

AMOR E VIDA SOCIAL

A vida amorosa está proeminente há muitos anos e vai ficar ainda mais em 2021. Será uma grande área de foco, mais importante do que as finanças, a carreira e até a família.

Os solteiros poderão se casar em 2021, mas, se não for este ano, poderá acontecer no ano que vem. Há dois relacionamentos no seu horóscopo, ambos envolvendo pessoas espiritualizadas, altamente educadas ou religiosas. Uma parece mais inclinada às religiões, enquanto a outra é mais espiritualizada, mas não necessariamente religiosa.

Independentemente de você estar solteira ou em um relacionamento, haverá muita socialização em 2021: mais namoros, festas e reuniões sociais. Você vai conhecer gente nova e importante. O seu círculo social vai se expandir.

Por natureza, você tende a ser idealista no amor e quer perfeição nessa área assim como em todas as áreas da vida. Mas, desde que Netuno entrou em Peixes (em fevereiro de 2012), esse idealismo ficou ainda mais forte. O amor ideal existe, mas você terá que procurá-lo nos lugares certos.

Com Netuno na Sétima Casa, a compatibilidade espiritual fica extremamente importante. Se ela existir, quase todos os problemas poderão ser resolvidos, mas sem ela, será quase impossível resolver problemas graves.

Você ficará atraído por pessoas espiritualizadas, como poetas, músicos, dançarinos, videntes, leitores de tarô, médiuns e guias espirituais — todo tipo de gente inspirada. Esse tipo de pessoa também poderá trazer informações importantes sobre o amor e até agir como cupido.

Com Júpiter entrando na Sétima Casa entre 14 de maio e 29 de julho (e a partir de 30 de dezembro), você também vai se sentir atraído pela riqueza e educação. Será preciso haver compatibilidade emocional, além da espiritual. Os valores familiares parecem importantes. Os parentes ou conexões familiares poderão fazer papel importante no amor, talvez bancando o cupido. Haverá mais socialização com a família e em casa. Uma noite romântica em casa será melhor para você do que ir para uma noitada.

Você também vai encontrar oportunidades sociais e românticas em ambientes espiritualizados, como palestras sobre espiritualidade, seminários sobre meditação ou meditações em grupo, eventos de caridade e similares. Isso já vem acontecendo há muitos anos.

Os irmãos e figuras fraternas terão os casamentos ou relacionamentos testados. Se eles forem solteiros, o casamento não será recomendável. Os filhos e figuras filiais terão um ano do tipo *status quo* no amor. Os netos (caso você os tenha) de idade adequada provavelmente não vão se casar este ano, e nem seria aconselhável.

AUTOAPRIMORAMENTO

A espiritualidade do virginiano muitas vezes é deixada de lado pelos astrólogos, mas os nativos deste signo têm uma espiritualidade muito profunda, que expressam servindo aos outros e geralmente em profissões voltadas para a cura. Como o seu Planeta Espiritual (o Sol) é um planeta rápido, que passa por todos os signos e casas do horóscopo ao longo do ano, haverá muitas tendências espirituais de curto prazo que serão abordadas com mais profundidade nos relatórios mensais. Esse Planeta Espiritual rápido mostra que existem lições espirituais em todas as áreas da vida e que virão de todo tipo de pessoa e de situação.

Como já mencionamos, Netuno está na sua Sétima Casa (do Amor) desde 2012 e continuará lá por muito tempo, portanto as principais lições espirituais virão na vida amorosa e social. Você está fazendo amigos espiritualizados (o que já vem acontecendo há muitos anos) e eles parecem fazer parte do seu crescimento espiritual. Nada como um relacionamento para revelar as partes sombrias da alma; então, embora isso possa ser desagradável em alguns momentos, acabará sendo muito bom.

Netuno na Casa do Amor mostra a busca pelo amor ideal. Já discutimos isso nos relatórios anteriores, mas a tendência continua em vigor. Vamos explicar novamente para os novos leitores: você sabe o que é o amor verdadeiro e qualquer relacionamento menor do que isso traz uma decepção sutil. Alguns seres humanos podem amar mais do que outros, mas sempre existe alguma limitação nessa área, então sempre haverá essa insatisfação, mesmo em relacionamentos bons. Qual seria o objetivo disso? O cosmos está punindo você? Você não merece o amor verdadeiro? Não, o objetivo é guiar você aos poucos rumo ao verdadeiro amor ideal, o Amor Divino e Espiritual. Quando você entrar em contato com esse tipo de amor, ele vai atender a todas as suas necessidades nessa área. Além disso, você se sentirá amado, independentemente de estar em um relacionamento ou não. A sensação será a mesma. Um relacionamento terá alguns prazeres, enquanto estar sozinho vai trazer outros, mas você sempre se sentirá amado.

Este amor é infinito. Não há limites para ele, que está sempre presente. Tudo o que você precisa fazer é se conectar a ele. Mesmo se você não estiver em um relacionamento (embora certamente esteja neste ano), você vai entrar no supermercado, restaurante ou loja e as pessoas vão mostrar amor a você, sendo gentis e geralmente fazendo de tudo por você. É impressionante como o Amor Divino vai se revelar a você!

PREVISÕES MENSAIS

JANEIRO

Melhores dias: 3, 4, 12, 13, 21, 22, 30, 31
Dias mais tensos: 9, 10, 16, 17, 23, 24
Melhores dias para o amor: 2, 7, 8, 10, 16, 17, 21, 22, 26, 27, 30, 31
Melhores dias para o dinheiro: 2, 5, 6, 10, 14, 21, 22, 23, 24, 30, 31
Melhores dias para a carreira: 3, 4, 14, 15, 23, 24

Você começou o ano no meio de um ápice anual de prazer pessoal. O poder está na sua Quinta Casa, então este será um período feliz. Você vai trabalhar muito, como os virginianos sempre fazem, mas está conseguindo se divertir. Você trabalha e se diverte com a mesma disposição. Embora o dinheiro não pareça ser uma grande questão este mês (a Casa do Dinheiro está vazia e apenas a Lua vai passar por lá nos dias 5 e 6), as finanças parecem boas. O seu Planeta das Finanças (Vênus) entra na Quinta Casa no dia 9, mostrando um julgamento financeiro sólido e uma abordagem conservadora nas finanças. Embora você esteja mais especulativo após o dia 9, provavelmente não vai exagerar, pois o Planeta das Finanças em Capricórnio vai restringir qualquer ímpeto. Você vai gastar com os filhos e figuras filiais em sua vida e também poderá ganhar com eles. Se forem jovens, eles vão inspirar você e se forem mais velhos, podem trazer apoio material. Um pai, mãe, figura paterna ou materna também terá um excelente mês para as finanças, e você parece envolvido nisso. Os dias 11 e 12 e entre 28 e 30 trazem aumento nas finanças.

A Sexta Casa (da Saúde e do Trabalho) ficou poderosa o ano passado inteiro e estará ainda mais forte este mês. Portanto, haverá oportunidades de trabalho para quem estiver desempregado. Mesmo se você já tiver um emprego, haverá oportunidade para fazer horas extras e trabalhos paralelos. Você está mais no clima para o trabalho este mês.

Como a saúde estará boa em janeiro, o poder na Sexta Casa (da Saúde) mostra que você está envolvido com medidas preventivas em vez de lidar com doenças.

Marte viaja com Urano (seu Planeta da Saúde) entre os dias 18 e 21. Isso é bom para regimes de desintoxicação e para se livrar do que não pertence ao corpo. Talvez uma cirurgia ou procedimento médico seja recomendado, pois você tem uma tendência a isso, mas não significa que será preciso fazê-lo. Ouça uma segunda opinião.

O poder planetário está majoritariamente no setor ocidental social, então você estará em um período sociável. Não será um momento de muita independência. Você vai conquistar cedendo e entrando em consenso, exercitando o traquejo social. Pensar muito no "eu" pode trabalhar contra você. Permita que os outros façam tudo do jeito deles, desde que não seja destrutivo.

FEVEREIRO

Melhores dias: 1º, 8, 9, 18, 19, 27, 28
Dias mais tensos: 6, 7, 13, 14, 20, 21

Melhores dias para o amor: 2, 5, 10, 11, 13, 14, 20, 21, 24
Melhores dias para o dinheiro: 2, 3, 10, 11, 20, 21
Melhores dias para a carreira: 2, 3, 11, 12, 20, 21

Uma Sexta Casa forte, que acontece este mês, geralmente não é considerada feliz. Fevereiro será dedicado ao trabalho, mas para o virginiano isso é bom. Você será levado a fazer o que mais gosta, pois o trabalho para o virginiano é divertido e dá sentido à vida. Um nativo de Virgem desempregado sofre muito, mas o desemprego não será provável este mês. Você terá muitas oportunidades profissionais. Muitos de vocês estarão envolvidos com horas extras ou trabalhos paralelos.

O foco na saúde também será bom e vai deixar você preparado para o fim do mês, quando essa área precisar de mais cuidados. É como se você estivesse abastecendo a conta bancária da saúde para usar mais tarde.

O poder planetário ainda está majoritariamente no setor social ocidental este mês, então será um período sociável para você. Com esse tipo de energia, Mercúrio retrógrado acaba sendo bom, pois você não precisará de muita autoconfiança e autoestima. Deixe que os outros façam tudo do jeito deles, desde que não seja destrutivo.

O dinheiro será ganho à moda antiga, com trabalho e serviço produtivo. Haverá alguns problemas financeiros no início do mês, entre os dias 5 e 7, mas haverá bons pagamentos entre os dias 8 e 11 e nos dias 13 e 14.

No dia 18, o Sol entra na Sétima Casa e você começará um ápice amoroso e social anual. E no mês que vem será ainda melhor. Os solteiros vão namorar mais e conhecer pessoas importantes. O casamento não será provável este mês, sendo mais provável em maio e junho, mas você vai conhecer pessoas boas para casar.

Os filhos e figuras filiais em sua vida terão um ótimo mês para as finanças. O cônjuge, parceiro ou interesse amoroso atual terá um mês espiritual e fará avanços nessa área. Os irmãos e figuras fraternas parecem concentrados no lar este mês.

Vênus (o seu Planeta das Finanças) entrará em Peixes no dia 26, indicando uma boa intuição financeira. Os contatos sociais e talvez o cônjuge, parceiro ou interesse amoroso atual estarão envolvidos na vida financeira.

O ímpeto planetário está majoritariamente avançado. Quando Mercúrio se mover para a frente no dia 21, todos os planetas estarão se movendo para a frente. Este mês será acelerado e o progresso rumo aos seus objetivos acontecerá rapidamente.

MARÇO

Melhores dias: 7, 8, 16, 17, 18, 26, 27
Dias mais tensos: 5, 6, 12, 13, 19, 20
Melhores dias para o amor: 3, 4, 12, 13, 23, 24, 31
Melhores dias para o dinheiro: 1º, 2, 3, 4, 9, 10, 12, 13, 19, 20, 24, 28, 29
Melhores dias para a carreira: 1º, 2, 10, 19, 20, 22, 23, 30, 31

Agora que Mercúrio (o senhor do seu horóscopo) está se movendo para a frente, todos os planetas vão avançar também. Portanto, este mês será acelerado. Haverá progresso rápido em seus objetivos.

Embora a saúde e a energia pudessem estar melhores, ainda há pontos positivos. Você ainda estará em um ápice amoroso e social anual até o dia 20. Haverá experiências românticas felizes para os solteiros. Os dias 14 e 15 (Vênus viaja com o Planeta do Amor) e entre 29 e 31 (Mercúrio viaja com o Planeta do Amor) serão especialmente bons para isso. O período entre os dias 9 e 11 vai trazer revelações espirituais e experiências do tipo sobrenatural. Preste atenção aos sonhos, pois haverá mensagens importantes para você. A saúde e a energia vão melhorar após o dia 20, mas ainda precisam de cuidados. Melhore a saúde das formas mencionadas no relatório anual.

O poder planetário sai da metade superior do horóscopo (o lado noturno) para o lado diurno. Marte entrará na Décima Casa no dia 14 e continuará lá pelo resto do mês, então a carreira ficará mais importante que tudo, inclusive o lar e a família. Marte na Décima Casa mostra uma necessidade de agressividade na carreira. Você terá que agir e talvez enfrentar batalhas profissionais. Além disso, como Marte rege a sua Oitava Casa, esta posição poderá trazer momentos dramáticos como cirurgias ou experiências de quase morte na vida de chefes, idosos, pai, mãe, figura paterna ou materna. Eles terão encontros psicológicos com a morte.

A Oitava Casa ficará poderosa após o dia 20. Isso também mostra encontros psicológicos com a morte. O seu entendimento sobre ela vai aumentar.

Mercúrio vai passar o mês longe de casa e do seu reinado natural. Talvez você também se sinta assim: estranho em uma terra desconhecida. Por outro lado, você estará muito popular este mês, além de estar presente para os outros e colocá-los em primeiro lugar. As pessoas vão gostar disso.

Vênus (o seu Planeta das Finanças) terá um solstício entre os dias 23 e 25. Ele fará uma pausa no céu em latitude e depois mudará de direção, então poderá haver uma pausa nas finanças, seguida por uma mudança de rumo.

A partir do dia 20 será bom se concentrar em projetos envolvendo transformação e reinvenção pessoal. É muito provável que você não termine esses projetos em um mês (esse tipo de empreitada costuma levar vários anos), mas você vai progredir.

ABRIL

Melhores dias: 3, 4, 13, 14, 23, 24
Dias mais tensos: 1º, 2, 8, 9, 15, 16, 17, 29, 30
Melhores dias para o amor: 1º, 2, 8, 9, 11, 12, 19, 23, 24, 28
Melhores dias para o dinheiro: 1º, 2, 7, 11, 12, 16, 17, 23, 24, 25, 26
Melhores dias para a carreira: 10, 11, 15, 16, 17, 23

A Oitava Casa, que está forte em seu horóscopo este mês é uma casa misteriosa, pois lida com o que está oculto e a maioria das pessoas prefere esconder. Ela aborda o sexo, a morte, as experiências de quase morte, cirurgias e similares. Em um nível mais profundo, ela fala de transformação e reinvenção. É uma questão de dar à luz ao "eu" ideal. O nascimento tende a ser algo confuso, pois a antiga pessoa precisa morrer para que o nascimento aconteça. Uma cirurgia geralmente é uma experiência transformadora, capaz de mudar a vida de uma pessoa, então este será um mês em que você vai confrontar a morte (geralmente de modo psicológico) e viver uma ressurreição, o outro lado da morte. Será um bom momento para fazer planejamento tributário, compra de seguros e, se você tiver idade adequada, compra de imóveis. Como você estará muito sintonizado com a ressurreição, terá a capacidade de lucrar com os mortos ou empresas e propriedades à beira da morte para ressuscitá-los. Este mês será excelente para as finanças do cônjuge, parceiro ou interesse amoroso atual, que deverá ser mais generoso com você.

Quando a Oitava Casa está forte, nós crescemos cortando os excessos, então esse mês será excelente para organizar a vida em todos os níveis, não só em termos de objetos físicos ou das finanças, como também de organização mental e emocional. Abrir mão de antigos hábitos e padrões emocionais e mentais levará ao surgimento de uma nova energia.

Quando você enfrentar os rigores da Oitava Casa, estará pronto para se expandir novamente, quando o Sol entrar em sua Nona Casa, no dia 20. Será um momento mais feliz, menos sombrio e rígido, com oportunidades educacionais e de viagens (e oportunidades de emprego entre os dias 22 e 25).

Quando Marte sair da Décima Casa, no dia 24, a saúde vai progredir. Ela estará boa antes disso, mas ficará ainda melhor. O Sol viaja com Urano nos dias 29 e 30, indicando um período excelente para curas espirituais.

As finanças devem ser boas este mês. Até o dia 15, você poderá ser imprudente com dinheiro, mas isso vai mudar após o dia 15, quando você ficará mais conservador e o julgamento financeiro vai melhorar. Os estrangeiros terão papel importante nas finanças. Empresas e investimentos no exterior parecem bons.

O poder planetário ainda está majoritariamente na metade superior do seu mapa, então será bom se concentrar na carreira e nos seus objetivos externos. As questões do lar e da família podem ser deixadas de lado agora.

MAIO

Melhores dias: 1º, 2, 10, 11, 20, 21, 28, 29
Dias mais tensos: 5, 6, 13, 14, 26, 27
Melhores dias para o amor: 1º, 2, 5, 6, 13, 15, 16, 22, 23, 24, 25
Melhores dias para o dinheiro: 1º, 2, 4, 13, 14, 15, 22, 23, 24
Melhores dias para a carreira: 2, 13, 14, 22, 23, 30, 31

Muitas mudanças vão acontecer no seu horóscopo este mês. A atividade retrógrada vai aumentar em relação ao mês passado. No final do mês, trinta por cento dos planetas estarão retrógrados. Isso não é um desastre, mas o ritmo dos eventos vai desacelerar. Júpiter vai fazer uma grande movimentação, saindo da Sexta para a Sétima Casa no dia 14. Será apenas um flerte com a Sétima Casa, mas é um sinal do que está por vir. O amor está no ar. Por fim, teremos um eclipse lunar no dia 26, que parece forte em você. Faça uma agenda mais tranquila nesse período.

Este eclipse acontece na Quarta Casa e terá impacto no senhor da Quarta Casa, então o lar e a família serão muito afetados. Haverá momentos dramáticos em casa e na vida dos familiares. Um pai, mãe, figura paterna ou materna vai se redefinir e talvez seja alvo de calúnias. Ao mudar o conceito de si, esta figura vai mudar a sua própria imagem e a apresentação para o mundo. Haverá uma grande probabilidade de precisar fazer reparos em casa. Esse tipo de eclipse geralmente revela falhas ocultas que você desconhecia para então serem corrigidas. Os irmãos e figuras fraternas serão obrigados a fazer mudanças financeiras importantes, e o mesmo vale para os filhos e figuras filiais. Todo eclipse lunar afeta as amizades, que serão testadas. Muitas vezes isso acontece devido a eventos do tipo divisor de água nas suas vidas. Computadores, softwares e equipamentos tecnológicos serão testados e poderão ficar temperamentais nesse período, então mantenha os programas antivírus atualizados, não abra e-mails suspeitos e faça cópias dos seus arquivos importantes.

Apesar do eclipse, você terá um mês de sucesso. O Sol entra na Décima Casa (da Carreira) no dia 21 e você estará em um ápice profissional anual. Mercúrio, o senhor do seu horóscopo, estará na Décima Casa (da Carreira) a partir do dia 4, indicando sucesso pessoal. Não é uma questão das suas habilidades profissionais, e sim de quem você é, incluindo a sua aparência pessoal e atitude como um todo.

Vênus também estará na Décima Casa a partir do dia 9, então poderá haver viagens relacionadas à carreira este mês. Isso também mostra um aumento de salário (oficial ou não). Chefes, idosos, pais, mães e figuras paternas ou maternas vão apoiar seus objetivos financeiros e uma boa reputação profissional será especialmente útil nas finanças.

Vênus (o seu Planeta das Finanças) ficará "fora dos limites" no dia 25, então você vai sair da esfera normal nas finanças. Haverá oportunidades fora do seu círculo habitual.

JUNHO

Melhores dias: 6, 7, 8, 16, 17, 24

Dias mais tensos: 1º, 2, 3, 9, 10, 23, 29, 30

Melhores dias para o amor: 1º, 2, 3, 11, 12, 13, 20, 21, 29, 30

Melhores dias para o dinheiro: 1º, 11, 12, 18, 19, 20, 21, 27

Melhores dias para a carreira: 9, 10, 18, 19, 25, 26

O eclipse do mês passado foi forte em você e o desse mês também será. Faça uma agenda tranquila nesse período. Tudo o que for necessário pode ser feito, mas é melhor reagendar o que for eletivo.

Este eclipse solar será no dia 10 e acontecerá na Décima Casa (da Carreira). Você deve fazer uma agenda reduzida, porque a saúde vai passar por mais estresse do que o habitual, especialmente no período do eclipse. Vão acontecer mudanças na carreira e abalos na sua empresa ou em seu ramo de trabalho. As regras do jogo estão mudando. Haverá momentos dramáticos na vida de chefes, idosos, um pai, mãe e figuras paternas ou maternas. O seu local de culto poderá viver uma crise financeira e ter que fazer mudanças. O cônjuge, parceiro ou interesse amoroso atual viverá momentos dramáticos na família. Como este eclipse afeta Mercúrio e Netuno, vai influenciar a vida sua pessoal e amorosa e poderá testar o relacionamento atual. Isso não significa o fim do relacionamento, apenas uma crise. Os bons relacionamentos sobrevivem a esses percalços, mas os problemáticos podem não resistir. Tanto você quanto a pessoa que você ama vão se redefinir. Ambos vão repensar o conceito de si e o jeito que as outras pessoas os veem, o que vai se manifestar em uma mudança na aparência e na apresentação para o mundo nos próximos meses.

A saúde precisou de cuidados no mês passado e esta será a situação até o dia 21 de junho. O importante é descansar mais. Tenha cuidado para não se cansar demais e melhore a saúde das formas mencionadas no relatório anual. A saúde deverá progredir a partir do dia 21.

As finanças parecem boas este mês. Vênus forma bons aspectos com Júpiter entre os dias 3 e 5, trazendo um aumento nos ganhos e oportunidades financeiras felizes. Vênus estará na Décima Primeira Casa entre os dias 2 e 27, em boa parte do mês, outro ponto positivo para os ganhos porque essa é uma casa benéfica. A vida social e as conexões familiares serão importantes nas finanças. Vênus estará "fora dos limites" até o dia 17, mostrando que as soluções financeiras que você procura estarão fora da sua esfera normal. Você precisa pensar "fora da caixa".

Marte forma aspectos dinâmicos com Plutão entre os dias 4 e 6. Tenha mais cuidado ao dirigir. Os irmãos e figuras fraternas deverão ter mais cuidados no plano físico.

O Sol forma bons aspectos com Júpiter nos dias 22 e 23. Este será um bom trânsito financeiro para um pai, mãe, figura paterna ou materna. Para você, indica uma vida onírica ativa e revelações espirituais.

JULHO

Melhores dias: 3, 4, 5, 13, 14, 23, 24, 31
Dias mais tensos: 6, 7, 20, 21, 26, 27
Melhores dias para o amor: 1º, 2, 9, 10, 12, 19, 21, 26, 27, 31
Melhores dias para o dinheiro: 1º, 2, 8, 12, 16, 17, 18, 21, 26, 31
Melhores dias para a carreira: 6, 7, 9, 10, 20, 21, 31

A saúde melhora bastante este mês. Até o dia 30, o seu problema poderá ser energia demais. Se você quiser melhorar ainda mais a saúde, siga as diretrizes do relatório anual.

O amor parece feliz em julho, especialmente entre os dias 12 e 28, mas o seu Planeta do Amor estará retrógrado o mês inteiro (junto com três outros planetas), então pode ser complicado. Os solteiros estão namorando e conhecendo pessoas, mas haverá atrasos e complicações envolvidos. Seja paciente na vida amorosa.

Marte forma um aspecto dinâmico com Urano no dia 3 ou 4, o que pode mostrar uma cirurgia ou recomendação para fazê-la. Talvez aconteçam perturbações no local de trabalho.

Quarenta por cento dos planetas estão retrógrados este mês, então o ritmo da vida vai desacelerar. Você consegue lidar com isso melhor do que a maioria. Haverá atrasos na vida, mas a sua dedicação natural à perfeição (o que será necessário agora) vai minimizar os problemas (você provavelmente não vai eliminá-los).

A vida desacelera, mas as finanças e a carreira não parecem ser afetadas. Vênus (seu Planeta das Finanças) estará na Décima Segunda

Casa até o dia 22, mostrando uma boa intuição financeira, além de uma atitude caridosa e idealista em relação ao dinheiro. E o mais importante: mostra alguém que vai se aprofundar na dimensão espiritual da riqueza e que terá "dinheiro milagroso." No dia 22, Vênus atravessa o seu ascendente e entra na Primeira Casa, indicando um período financeiro excelente, trazendo sorte inesperada nas finanças e oportunidades nessa área. O dinheiro vai procurar você. As pessoas do dinheiro na sua vida estarão dedicadas a você. Os objetos pessoais, como roupas e acessórios, virão até você, que terá a imagem de uma pessoa próspera (ainda mais que o usual). As pessoas verão você como sinônimo de prosperidade.

Marte vai entrar no seu signo no dia 30, o que é maravilhoso para regimes de desintoxicação ou emagrecimento. O poder pessoal de sedução e a libido vão aumentar e você terá mais coragem. Você gosta de fazer tudo rapidamente, mas com quarenta por cento dos planetas retrógrado, terá que aprender a ser paciente. Evite a pressa, que poderá levar a acidentes ou lesões. Você não vai fugir do confronto nesse período, mas é melhor evitá-los, se possível.

A Décima Segunda Casa estará poderosa a partir do dia 23, indicando um mês do tipo espiritual. Julho será maravilhoso para meditação, estudos e práticas espirituais. Os avanços nessa área serão prováveis e, quando acontecerem, serão maravilhosos e vão mudar toda a sua perspectiva em relação à vida.

AGOSTO

Melhores dias: 1º, 10, 11, 18, 19, 27, 28
Dias mais tensos: 2, 3, 4, 10, 16, 17, 22, 23, 30, 31
Melhores dias para o amor: 1º, 6, 11, 15, 20, 22, 23, 30, 31
Melhores dias para o dinheiro: 1º, 11, 12, 13, 20, 21, 30, 31
Melhores dias para a carreira: 2, 3, 4, 7, 8, 18, 19, 28, 29, 30, 31

Vênus, seu Planeta das Finanças, terá um solstício entre os dias 16 e 19, fazendo uma pausa no céu (em latitude) e depois mudando de direção. Portanto, é provável que aconteça o mesmo com seus assuntos financeiros: uma pausa seguida por mudança de rumo. Não há motivo para se preocupar, pois Vênus faz isso duas vezes por ano. Será uma pausa que renova.

Mercúrio, o senhor do seu horóscopo (e seu Planeta da Carreira), também terá um solstício entre os dias 28 e 30, fazendo uma pausa no céu e depois mudando de direção, o que indica uma pausa e mudança de rumo na carreira e na vida pessoal. Isso é basicamente positivo.

O setor oriental do seu mapa começou a se fortalecer em maio e agora os planetas estão na posição oriental máxima, indicando que você estará no ponto máximo da independência pessoal. (O setor ocidental continua forte, mas o Leste estará no máximo da força para este ano.) Portanto, este será o momento de fazer as mudanças necessárias para a sua felicidade. Você não pode dispensar totalmente os outros, mas poderá viver com mais independência. Agosto será voltado para equilibrar os fortes desejos pessoais com os desejos alheios.

A atividade retrógrada aumenta ainda mais este mês. Cinquenta por cento dos planetas estarão retrógrados após o dia 20. Portanto, tenha muita paciência. Entender a astrologia e saber o que está acontecendo em termos cósmicos será de grande ajuda. Não há nada errado com você. Você não foi amaldiçoado. Apenas cinquenta por cento dos planetas estão retrógrados. Não é culpa sua.

Haverá atrasos e complicações, mas, apesar disso, será um mês próspero e feliz. No dia 23, o Sol entra na Primeira Casa e você começará um ápice anual de prazer pessoal. Os prazeres dos sentidos, com bons vinhos, boa comida, massagens e similares aguardam você. A saúde estará boa e você terá uma boa aparência, o que talvez seja o mais importante. Haverá mais poder pessoal de sedução, carisma e glamour em sua imagem. Você terá mais confiança, autoestima e basicamente fará tudo do seu jeito. (Pelo menos, mais do que nos meses anteriores.)

As finanças estarão boas em agosto. Vênus estará em seu signo até o dia 16, o que é excelente. O dinheiro e as oportunidades financeiras virão até você, sem precisar tomar qualquer atitude especial. Após o dia 16, Vênus vai entrar na Casa do Dinheiro, seu próprio signo e casa, portanto ele estará poderoso. Isso significa que os ganhos serão fortes.

SETEMBRO

Melhores dias: 6, 7, 14, 15, 24, 25
Dias mais tensos: 12, 13, 19, 20, 26, 27

Melhores dias para o amor: 2, 9, 11, 19, 20, 29, 30
Melhores dias para o dinheiro: 8, 9, 18, 19, 27, 29, 30
Melhores dias para a carreira: 8, 9, 17, 18, 26, 27

A atividade retrógrada estará no máximo de 2021 neste mês: após o dia 27, sessenta por cento dos planetas estarão retrógrados, uma grande porcentagem. Antes do dia 27, a porcentagem estará em cinquenta por cento, ainda muito alta. Apesar disso, setembro será saudável e próspero. Os eventos e o progresso na vida desaceleram, mas as finanças e os desejos pessoais vão se mover para a frente até o dia 27.

Você ainda está no meio de um ápice anual de prazer pessoal, o que significa boa aparência, carisma e muito poder de sedução. Apesar disso, o amor estará complicado, pois o Planeta do Amor estará retrógrado o mês inteiro. A boa notícia é que o amor não terá tanta importância agora, pois você vai se preocupar mais consigo mesmo. Ainda haverá energia, motivação e iniciativa para criar as condições que você deseja (até o dia 27), então faça as mudanças necessárias para sua felicidade. Se você estiver feliz, o mundo ficará mais alegre (desde que você não prejudique ninguém ao buscar esta felicidade). Você não está sendo egoísta, pois os seus interesses serão tão importantes para o cosmos quanto os interesses alheios e, como no mês passado, você vai trabalhar para equilibrar os seus interesses com os interesses alheios.

Marte sairá do seu signo no dia 5. Com tantos planetas retrógrados, isso é bom. Será mais fácil ser paciente e seguir o fluxo. Você vai evitar conflitos. O Sol na Primeira Casa até o dia 22 vai trazer mais energia e criatividade para você, além de glamour para sua imagem e compreensão espiritual. Você está aprendendo a moldar o corpo por meios espirituais. (Sim, o espírito controla o corpo, mas isso acontece apenas em estágios.)

Este mês será muito próspero. A Casa do Dinheiro está no mesmo lugar do poder planetário. Cinquenta por cento dos planetas estarão lá ou passarão por lá, uma porcentagem muito alta. Isso indica foco e determinação e, pela lei espiritual, nós alcançamos tudo em que nos concentramos, seja bom, ruim ou indiferente.

Após o dia 22, você entrará em um ápice financeiro anual. Com tantos planetas na Casa do Dinheiro, os ganhos poderão acontecer de muitas formas e por meio de várias pessoas. Este mês será bom para a maioria das atividades financeiras (pagar ou fazer dívidas, planejamento tributário e compra de imóveis, se você estiver na idade adequada para isso). A intuição financeira estará acima do normal, o que é sempre um atalho para a riqueza. Você vai gastar consigo mesmo e as pessoas estarão dispostas a investir em você, caso tenha boas ideias. Além disso, elas verão você como uma pessoa endinheirada nesse período. Os dias 5 e 6 parecem excepcionalmente bons para as finanças, e o mesmo vale para os dias 19 e 20.

OUTUBRO

Melhores dias: 3, 4, 12, 13, 21, 22, 31
Dias mais tensos: 10, 11, 16, 17, 23, 24, 25
Melhores dias para o amor: 9, 10, 16, 17, 18, 19, 27, 29, 30
Melhores dias para o dinheiro: 5, 6, 7, 10, 15, 18, 19, 24, 25, 29, 30
Melhores dias para a carreira: 5, 6, 14, 15, 23, 24, 25

A atividade retrógrada continuará no nível mais alto de 2021 até o dia 6, com sessenta por cento dos planetas retrógrados, mas depois disso ela diminui gradualmente. No final do mês, apenas vinte por cento dos planetas estarão retrógrados. Então, tenha um pouco mais de paciência, pois tudo vai "desempacar" gradativamente.

Você ainda estará em um ápice financeiro anual até o dia 23, mas continuará a prosperar depois disso. Mercúrio, o senhor do seu horóscopo, estará na Casa do Dinheiro o mês inteiro, indicando foco e um envolvimento pessoal nas finanças. Você não vai delegar esta área para outras pessoas e, se o fizer, vai acompanhar tudo de perto. Você vai investir em si mesmo, gastar consigo mesmo e projetar uma imagem de prosperidade. Esta imagem tende a atrair oportunidades financeiras.

Marte estará na Casa do Dinheiro o mês inteiro e vai entrar na Terceira Casa no dia 31, indicando que as pessoas estarão dispostas a investir em você, caso tenha boas ideias. O cônjuge, parceiro ou interesse amoroso atual parece dar apoio às suas finanças. Muitas questões que discutimos no mês passado continuam em vigor. Outubro será bom para pagar ou fazer dívidas, de acordo com a necessidade, e também para planejamento tributário e a compra de imóveis, se você tiver idade adequada para isso. Também será um período para desintoxicar a vida financeira e se livrar de objetos que você não precisa ou não usa. Isto vai abrir espaço para o novo e melhor que deseja vir até você.

O seu Planeta do Amor continua retrógrado, mas a vida amorosa parece mais feliz e harmoniosa após o dia 23. O Planeta do Amor vai receber bons aspectos. O amor está melhorando, mas ainda não é prudente tomar decisões importantes nessa área. Apenas curta o amor, sem pensar muito em relação ao futuro. O bom dos movimentos retrógrados é que eles dão espaço para esclarecer nossas necessidades, desejos e objetivos. Esta é a situação do amor nesse momento.

A Terceira Casa (da Comunicação e dos Interesses Intelectuais) ficará forte após o dia 23. Este será um excelente período para estudantes abaixo do nível superior, que terão foco nos estudos e as faculdades mentais aprimoradas. Mesmo se você não for estudante, outubro será um bom mês para frequentar aulas, seminários ou palestras de assuntos do seu interesse. Também será bom para colocar a leitura em dia e vivenciar os prazeres da mente, que serão muitos.

NOVEMBRO

Melhores dias: 1º, 8, 9, 17, 18, 27, 28
Dias mais tensos: 6, 7, 12, 13, 14, 20, 21
Melhores dias para o amor: 5, 8, 12, 13, 14, 17, 18, 23, 27, 28
Melhores dias para o dinheiro: 2, 3, 8, 11, 17, 18, 21, 27, 28, 29, 30
Melhores dias para a carreira: 2, 3, 12, 13, 20, 21, 23, 24

Vênus (o Planeta das Finanças) ficou "fora dos limites" novamente no dia 11 de outubro e vai continuar assim o mês inteiro, indicando que as soluções financeiras não estarão na sua esfera normal. Você será obrigado a sair dela e pensar além dos seus limites habituais nas finanças.

Um eclipse lunar no dia 19 também afetará Vênus e Júpiter, então as mudanças financeiras vão acontecer e se prolongar por alguns meses.

Este eclipse acontece na Nona Casa e será basicamente benigno para você. Contudo, se você tiver planetas em Touro, Escorpião, Aquário ou Leão, poderá ser forte. (O único jeito de saber isso é fazendo um mapa astral, com sua data, hora e local de nascimento.)

Portanto, além das mudanças financeiras (que darão certo, no fim das contas), ele mostra que suas crenças religiosas, teológicas e filosóficas serão testadas. Isso é bom. Boa parte delas são superstições ou distorções, portanto esses testes vão obrigar você a modificá-las e, às vezes, até abandoná-las totalmente, algo que terá um impacto enorme na sua forma de viver. Além disso, os universitários terão abalos na escola e vão mudar os planos educacionais.

Se você estiver envolvido em assuntos jurídicos, eles terão uma virada dramática. Todo eclipse lunar afeta suas amizades e este não será diferente. Portanto, as amizades serão testadas. Às vezes, será pela amizade em si, mas muitas vezes será devido a momentos dramáticos que acontecerão na vida dos amigos. Os equipamentos tecnológicos também serão testados e poderão se comportar de modo errático, então faça cópias de segurança dos arquivos, mantenha os antivírus e o firewall atualizados e não abra e-mails suspeitos. O impacto em Júpiter afetará o lar, a família e um pai, mãe, figura paterna ou materna. Talvez seja preciso fazer reparos em casa. E haverá momentos dramáticos na vida dos parentes. As paixões estarão em alta no lar. Os irmãos e figuras fraternas estão vivendo instabilidade social o ano inteiro, que será mais intensa neste mês. Se eles forem casados ou estiverem em um relacionamento, este será testado. Eles também vão fazer mudanças financeiras importantes. Os filhos e figuras filiais viverão momentos dramáticos. Se eles forem casados ou estiverem em um relacionamento, este será igualmente testado. Além disso, eles farão mudanças importantes na vida espiritual.

A saúde precisará de mais atenção a partir do dia 22 e poderá ser melhorada nas formas mencionadas no relatório anual.

DEZEMBRO

Melhores dias: 5, 6, 14, 15, 16, 24, 25
Dias mais tensos: 4, 10, 11, 17, 18, 31
Melhores dias para o amor: 2, 5, 6, 10, 11, 14, 15, 20, 21, 24, 25, 30
Melhores dias para o dinheiro: 5, 6, 8, 9, 14, 15, 18, 24, 25, 27, 28
Melhores dias para a carreira: 4, 13, 14, 17, 18, 24, 25

O último eclipse da temporada, um eclipse solar, será no dia 4. Ele acontecerá na Quarta Casa (do Lar e da Família), então haverá momentos dramáticos em casa, na vida de parentes e de um pai, mãe, figura paterna ou materna, como no mês passado. Mercúrio (o senhor do seu horóscopo) também será afetado, então este eclipse será mais forte em você agora do que o de novembro.

A saúde anda mais delicada desde 22 de novembro e continuará assim até o dia 21 deste mês, então é preciso fazer uma agenda mais tranquila, especialmente no período do eclipse. Você verá uma melhora dramática na saúde após o dia 21. Enquanto isso, aproveite para descansar relaxar e melhorar a saúde das formas mencionadas no relatório anual.

Se houver falhas ocultas no lar, você vai descobri-las agora. Reparos ou reformas em casa aparecem no horóscopo, pois Marte vai entrar na Quarta Casa no dia 13. Como este eclipse solar afeta Mercúrio, sua imagem poderá ser afetada. Ela provavelmente vai ter que ser atualizada para refletir a pessoa que você é agora. Nós mudamos, evoluímos e não podemos ser definidos pelo passado, então à medida que você altera o conceito de si, a aparência externa também vai mudar — e é o que vai acontecer nos próximos meses. Todo eclipse solar traz mudanças espirituais para você e este não será diferente. Ele traz mudanças em atitudes, ensinamentos, professores e práticas nessa área. Frequentemente isso é algo bem normal. Uma nova revelação surge e sua prática espiritual precisa mudar para refletir isso. Os gurus em sua vida viverão momentos dramáticos e haverá abalos nas organizações espirituais ou de caridade nas quais você está envolvido. Um pai, mãe, figura paterna ou materna terá uma crise conjugal e talvez haja momentos dramáticos e crises na vida dos amigos.

Os irmãos e figuras fraternas terão que fazer mudanças financeiras e correções de rumo nessa área. Também haverá mudanças na carreira. Além disso, os filhos e figuras filiais terão confrontos psicológicos com a morte. Talvez eles tenham experiências de quase morte ou cirurgias sejam recomendadas para eles. O Anjo de Mil Olhos está deixando claro que ele existe. A vida é curta e pode acabar a qualquer momento. Concentre-se no que você nasceu para fazer.

Este eclipse vai acentuar a vida onírica, mas ela não deve ser levada a sério. O mundo dos sonhos e dos sentimentos está agitado e isso vai se refletir nos sonhos, que não serão reveladores, e sim apenas destroços psíquicos trazidos pelo eclipse.

♎

LIBRA

A BALANÇA

Nascidos entre 23 de setembro e 22 de outubro

PERFIL PESSOAL

LIBRA EM UM RELANCE

Elemento: Ar
Planeta Regente: Vênus
Planeta da Carreira: Lua
Planeta da Saúde: Netuno
Planeta do Amor: Marte
Planeta das Finanças: Plutão
Planeta do Lar e da Vida Familiar: Saturno
Cores: azul, verde-jade
Cores que promovem o amor, o romance e a harmonia social: carmesim, vermelho, escarlate
Cores que propiciam ganhos: vinho, púrpura, violeta
Pedras: cornalina, crisólito, coral, esmeralda, jade, opala, quartzo, mármore branco
Metal: cobre
Perfumes: amêndoa, rosa, baunilha, violeta
Qualidade: cardeal (= atividade)
Qualidades essenciais ao equilíbrio: noção do eu, autossuficiência, independência
Maiores virtudes: encanto social, charme, tato, diplomacia
Necessidades mais profundas: amor, romance, harmonia social
Característica a evitar: violação de princípios (para ser socialmente aceito)
Signos de maior compatibilidade: Gêmeos, Aquário

Signos de maior incompatibilidade: Áries, Câncer, Capricórnio
Signo mais útil à carreira: Câncer
Signo que fornece maior suporte emocional: Capricórnio
Signo mais prestativo em questões financeiras: Escorpião
Melhor signo para casamento e associações: Áries
Signo mais útil em projetos criativos: Aquário
Melhor signo para sair e se divertir: Aquário
Signos mais úteis em assuntos espirituais: Gêmeos, Virgem
Melhor dia da semana: sexta-feira

COMPREENDENDO A PERSONALIDADE LIBRIANA

No signo de Libra, a psique universal manifesta sua capacidade de relacionamento, isto é, o talento para harmonizar elementos distintos, de forma orgânica e unificada. Libra representa o poder da alma de expressar a beleza em todas as suas formas. Mas a beleza não pode existir isoladamente. Ela nasce da comparação, da relação proporcional entre as partes. Sem essa justa harmonia nas relações não haverá beleza, seja nas artes, nos costumes, nas ideias, no foro sociopolítico.

Duas faculdades humanas elevam a espécie acima do reino animal. A primeira é a capacidade de raciocínio, conforme expressada nos signos de Gêmeos e Aquário. A segunda é o senso estético que Libra personifica, sem o qual não passaríamos de bárbaros inteligentes. Libra corresponde ao ímpeto civilizador da alma.

A beleza é a essência da natureza dos librianos. Eles vieram a este mundo para embelezá-lo. Poderíamos falar de seu charme social, de seu senso de equilíbrio e justiça, de sua capacidade de perceber e acatar o ponto de vista alheio, mas todos derivam de uma única qualidade central: o anseio pela beleza dos nativos de Libra.

Ninguém, por mais solitário que pareça, vive isolado. A vida no Universo apenas se mantém mediante ampla colaboração entre os seres. Os librianos compreendem isso muito bem e conhecem as leis espirituais que tornam as relações amenas e agradáveis.

Eles são, consciente ou inconscientemente, os grandes civilizadores, harmonizadores e artistas do planeta, traduzindo sua necessidade mais profunda e maior talento. Adoram reunir pessoas e são perfeitamente qualificados para isso. Conseguem detectar os pontos de união entre elas e os elos que as atraem, em vez de separá-las.

FINANÇAS

Os librianos podem parecer frívolos ou ilógicos em assuntos financeiros. Talvez porque estejam mais preocupados em ganhar dinheiro para os outros do que para si mesmos. Porém existe uma lógica por trás dessa atitude: eles sabem que tudo está interligado e que é, portanto, impossível ajudar os demais a progredir sem prosperar junto. E como aumentar a renda dos parceiros tende a fortalecer o relacionamento, os librianos optam por esse caminho. Para eles não há nada mais divertido do que um bom relacionamento. E você raramente encontrará um libriano enriquecendo à custa de alguém.

Escorpião, regente da Segunda Casa Solar de Libra, a do Dinheiro, confere aos librianos uma inusitada capacidade de visão em questões financeiras, que muitas vezes surge disfarçada de aparente indiferença. Muitos nativos de outros signos voltam-se para os librianos em busca de aconselhamento e orientação financeira.

Sua graça social faz com que gastem grandes quantias na organização de festas, recepções e eventos sociais. Também gostam de ajudar os que necessitam. Os librianos são capazes de deixar suas prioridades de lado para auxiliar um amigo, mesmo que tenham de pegar dinheiro emprestado para fazê-lo. Contudo, sempre pagam suas dívidas, sem que tenham de ser lembrados de fazê-lo.

CARREIRA E IMAGEM PÚBLICA

Os librianos apreciam aparecer em público como mecenas de boas causas. Os amigos e conhecidos são sua família, e os librianos gostam de exercer influência paternalista sobre eles. Também gostam de chefes com essa característica.

A cúspide da Décima Casa de Libra, a da Carreira, está no signo de Câncer. A Lua, regente da carreira dos librianos, é o corpo celeste mais ágil e mutável nos céus do horóscopo. É o único a percorrer todo o Zodíaco e as 12 Casas a cada mês. Aí temos uma chave fundamental para entender a forma como os librianos abordam a carreira e o que precisam fazer a fim de melhorar seu potencial profissional. A Lua é o corpo sideral dos humores e sentimentos; assim, os librianos precisam de uma carreira em que possam expressar livremente suas emoções. É por isso que tantos librianos se dedicam às artes. As ambições librianas crescem e minguam com a Lua. Sua capacidade varia segundo o humor lunar.

A Lua governa as massas, fazendo com que o ideal mais elevado de Libra seja conquistar a aclamação popular e o prestígio público. Os librianos que alcançam a fama tratam o público como um amigo íntimo ou amante. São muito flexíveis, por vezes inconstantes, em sua carreira e em suas ambições. Por outro lado, conseguem atingir seus objetivos de diversas maneiras. Não se prendem a um único tipo de postura ou jeito de fazer as coisas.

AMOR E RELACIONAMENTOS

Os librianos expressam sua verdadeira natureza no amor. Não há companheiros mais românticos, sedutores e justos. Se existe algo capaz de destruir uma relação e bloquear o amor que flui de um coração libriano é a desigualdade ou o desequilíbrio nas trocas entre amante e amado. Se um lado estiver dando ou recebendo demais, o ressentimento aflorará mais cedo ou mais tarde. Os librianos cuidam muito para que isso não ocorra. Erram sempre por dar demais — nunca por deixar faltar.

Se você estiver apaixonado por alguém de Libra, certifique-se de manter vicejante a aura de romance. Concentre-se nos detalhes: jantares à luz de velas, viagens a locais exóticos, flores e presentinhos. Presenteie com objetos belos, não necessariamente caros. Envie cartões. Telefone regularmente, mesmo que não tenha nada especial para dizer. Essas delicadezas são essenciais para os librianos, que encaram o relacionamento como uma obra de arte — torne-o belo e seu parceiro libriano ficará encantado. Se você for criativo nisso, ele o apreciará ainda mais — e tratará você do mesmo jeito.

Os librianos gostam que seus parceiros sejam determinados e até um pouco agressivos. Sabem que carecem dessas qualidades, de forma que apreciam que seus companheiros as exibam. Nos relacionamentos, entretanto, os próprios librianos podem ser um tanto agressivos, mas sempre de forma sutil e encantadora. É que eles agem deliberadamente no sentido de encantar e seduzir o objeto de seu desejo. E essa determinação é sempre deliciosa para quem está sendo cortejado.

VIDA DOMÉSTICA E FAMILIAR

Por serem criaturas intensamente sociais, os librianos não morrem de amores pelas tarefas domésticas. Gostam de uma casa bem-organizada, limpa e bela, e com tudo de que necessitam, mas as tarefas domésticas são para eles um fardo, uma carga de trabalho desagradável que tentam executar com a maior rapidez possível. Quando têm dinheiro — e muitas vezes mesmo quando não têm —, eles preferem pagar a alguém para cuidar dessas atividades. Apreciam, no entanto, a jardinagem, e adoram ter flores e plantas em casa.

O lar do libriano é moderno e decorado com muito bom gosto. Haverá sempre boa quantidade de pinturas e de esculturas na residência do nativo deste signo. Por apreciar estar com os amigos e com a família, o libriano adora receber convidados, e é ótimo anfitrião.

Capricórnio ocupa a cúspide da Quarta Casa Solar de Libra, do Lar e da Vida Familiar. Saturno, o planeta da Lei, da Ordem, dos Limites e da Disciplina, governa os assuntos domésticos de Libra. Se desejarem que sua vida doméstica seja boa e alegre, precisarão desenvolver mais algumas das virtudes saturninas — da ordem, da organização e da disciplina. É que os librianos, por serem tão criativos e necessitarem de harmonia, tendem a ser demasiado permissivos com os filhos, o que nem sempre é bom. Devem compreender que as crianças precisam de liberdade, mas também de limites.

LIBRA
PREVISÃO ANUAL PARA 2021

TENDÊNCIAS GERAIS

Se você passou por 2018 e 2019 com a saúde e a sanidade intactas, você é um herói e merece aplausos, porque foi uma conquista e tanto. O ano de 2020 foi muito mais tranquilo do que 2019 e 2021 será mais leve que

2020. A saúde e a energia melhoraram bastante. As doenças preexistentes devem ficar mais em suspenso e com isso virá mais energia para conquistar seus objetivos. Voltaremos a esse assunto em breve.

A Quinta Casa (da Diversão, Crianças e Criatividade) está muito forte em 2021. Você merece um pouco de diversão depois dos últimos anos. É hora de ser criativo e fazer algo divertido. Leve a vida menos a sério. Os librianos em idade fértil ficarão mais férteis que o habitual e uma gravidez não será surpresa. Voltaremos a esse assunto em breve.

Júpiter vai ter um breve flerte com a Sexta Casa este ano, de 14 de maio a 29 de julho e a partir de 30 de dezembro. Isso vai trazer muitas oportunidades de trabalho felizes. Ano que vem também será bom para quem procura emprego.

Urano entrou na Oitava Casa em março de 2019 e ficará lá por muitos anos, indicando experimentação sexual, e também que o cônjuge, parceiro ou interesse amoroso atual estará mais disposto a fazer experimentações financeiras. Quem estiver em idade adequada vai fazer mudanças no testamento. Voltaremos a esse assunto em breve.

Plutão está na sua Quarta Casa (do Lar e da Família) há muitos anos, desde 2008, e continuará lá por mais alguns anos, o que pode ter trazido mortes na família e abalos na unidade familiar. Este trânsito ainda vai durar mais três anos, mas parece que o pior já passou.

As suas áreas de maior interesse e foco este ano serão: lar e a família; crianças, diversão e criatividade; saúde e trabalho; sexo, transformação e reinvenção pessoal, estudos sobre ocultismo.

Os caminhos de maior realização este ano serão: viagens ao exterior, educação superior, religião, teologia e filosofia; diversão, crianças e criatividade (de 1º de janeiro a 14 de maio e de 29 de julho a 30 de dezembro); saúde e trabalho (de 14 de maio a 29 de julho e a partir de 30 de dezembro).

SAÚDE

(Esta é uma perspectiva astrológica sobre a saúde, não uma visão médica. No passado essas perspectivas eram idênticas, mas hoje podem ocorrer diferenças significativas. Para obter uma opinião com base em diagnósticos da medicina convencional, consulte seu médico ou um profissional da área da saúde.)

Conforme mencionamos anteriormente, a saúde melhorou bastante em relação aos últimos anos. Em 2021, haverá apenas um planeta lento (Plutão) em alinhamento tenso com você. Todos os outros estarão em harmonia com você ou deixarão você em paz. Haverá períodos do ano em que a saúde não estará tão boa quanto o normal. Esses períodos vêm dos trânsitos (movimentos dos planetas rápidos) e vão durar pouco, não configurando tendências para o ano. Quando eles passarem, a saúde e a energia voltam aos níveis normais.

A Sexta Casa (da Saúde) está forte há muitos anos, desde 2012, quando Netuno entrou lá. Isso provavelmente foi a sua salvação nos últimos anos. Você se concentrou na saúde e ficou preparado para o que estava por vir. A Sexta Casa vai ficar ainda mais proeminente em 2021, com a chegada de Júpiter entre os dias 14 de maio e 29 de julho. Como a saúde estará boa, tenha cuidado para não ver grandes problemas em cada dorzinha. Será bom se concentrar nessa área, mas às vezes é possível exagerar. Há uma boa probabilidade de não haver nada de errado com você.

Por mais que a saúde esteja boa, será possível deixá-la ainda melhor. Dê mais atenção às seguintes áreas, que serão as mais vulneráveis este ano.

Rins e quadris. São sempre importantes para os nativos de Libra. Os reflexos aparecem em seu mapa. Massagens regulares nos quadris não só fortalecem essa região, como também os rins e a região lombar nas costas. Uma desintoxicação dos rins com chás de ervas de vez em quando será uma boa ideia.

Pés. São sempre importantes para os librianos, pois Netuno, o planeta que rege os pés, é o seu Planeta da Saúde. Portanto, massagens regulares nos pés (veja as informações acima) serão muito benéficas. Elas não só fortalecem a região, como o corpo inteiro. Além disso, massagens nos pés deverão fazer parte da sua rotina de saúde.

Coração. Ganhou importância desde que Plutão entrou em Capricórnio em 2008, formando um alinhamento tenso com você, e continuará importante por mais alguns anos. Os reflexos aparecem em seu mapa. O mais importante é evitar preocupações e ansiedade, que tendem a estressar o coração, de acordo com vários curadores espirituais. Cultive a fé. A meditação vai ajudar nisso.

Fígado e coxas. Se tornarão importantes entre 14 de maio e 29 de julho, quando Júpiter, o planeta que rege essas áreas, vai entrar na Sexta

Casa (da Saúde), onde ficará ao longo do próximo ano. Os reflexos aparecem em seu mapa. As coxas devem receber massagens regulares, que não só fortalecem essa área, como também o fígado e a região lombar nas costas. Uma desintoxicação do fígado com chás de ervas será excelente caso você esteja indisposto.

Por ter Netuno como Planeta da Saúde, você sempre reage bem a técnicas de cura espiritual, como meditação, imposição de mãos, reiki e manipulação de energias sutis. Desde que Netuno entrou na Sexta Casa em 2012, esta tendência está ainda mais forte. Se você estiver indisposto, procure um curador espiritual.

LAR E FAMÍLIA

A Quarta Casa está proeminente há muitos anos e continuará assim em 2021, embora um pouco menos que em 2020. Muitos de vocês se mudaram no ano passado e fizeram reformas em casa. O círculo familiar pode ter se expandido, normalmente por meio de nascimentos ou casamentos. Conforme já mencionamos, pode ter havido mortes na família desde 2008.

Plutão na Quarta Casa tem várias indicações. Você poderá fazer reformas importantes em casa, talvez no encanamento. Há muitos anos você está ganhando dinheiro de casa, talvez trabalhando remotamente em casa, que também será o seu centro financeiro.

Você vai gastar com o lar e a família, mas eles também serão fonte de aumento nos ganhos. Haverá apoio familiar, que será uma via de mão dupla; você os apoiará e eles o apoiarão.

Em março de 2020, seu Planeta da Família (Saturno) entrou na Quinta Casa, o que também envia algumas mensagens. Você vai fazer do lar um centro de entretenimento, configurando home theaters, investindo em jogos, instalando tabelas de basquete (ou outros tipos de equipamento esportivo) em casa. O lar estará cheio de brinquedos para adultos e crianças. Com o Planeta da Família no signo de Aquário, você provavelmente vai instalar equipamentos com tecnologia de ponta em casa.

As relações com a família melhoraram muito nos últimos anos. Um pai, mãe, figura paterna ou materna está prosperando e muito concentrado nas finanças. Esta figura terá um ótimo ano financeiro. Além disso, uma mudança de endereço não parece provável para as figuras paternas e maternas. Será um ano familiar do tipo *status quo* para eles. Os irmãos ou figuras fraternas poderão se mudar em 2021 (provavelmente estão pensando nisso), mas no próximo ano será mais provável.

Os filhos e figuras filiais poderão se mudar várias vezes este ano, uma tendência que existe desde 2019. E mesmo se eles ficarem no endereço atual, haverá muitos aperfeiçoamentos e reformas. Eles parecem mais temperamentais nesse período, com tendência a mudanças súbitas de humor e emoções erráticas.

Os netos (caso você os tenha) estarão em um ciclo de sucesso (o próximo ano será ainda mais bem-sucedido do que este), mas mudanças de endereço não parecem prováveis, embora não haja nada contra elas.

Reformas importantes podem acontecer o ano inteiro, mas entre 1º e 20 de janeiro e entre 21 e 31 de dezembro parecem especialmente bons para isso. Se você estiver redecorando ou comprando objetos de beleza para o lar, entre 9 de janeiro e 1º de fevereiro e entre 5 de novembro e 31 de dezembro serão bons períodos para isso.

DINHEIRO E CARREIRA

A Segunda Casa (das Finanças) e a Décima Casa (da Carreira) não estarão proeminentes este ano. As duas casas estarão basicamente vazias e apenas planetas rápidos passarão por lá, com efeitos de curto prazo. Embora sejamos ensinados a ter ambição e manter o foco no dinheiro, o cosmos não necessariamente concorda com isso. As finanças e a carreira são apenas duas entre 12 áreas, cada uma com o mesmo valor em termos cósmicos. O cosmos deseja um desenvolvimento equilibrado. Neste ano, as outras áreas da vida serão prioritárias.

Esta falta de foco tende ao *status quo*. Você está basicamente satisfeito com a sua carreira e finanças como estão e não tem necessidade de dar mais atenção a elas. Isso será basicamente bom.

Plutão é o seu Planeta das Finanças. Ele está no signo de Capricórnio (a sua Quarta Casa) desde 2008, o que tem muitos pontos positivos, visto que mostra um julgamento sólido e conservador nas finanças e uma aversão ao dinheiro rápido. A fortuna é para ser obtida metodicamente, passo a passo e de modo seguro. E mostra também uma boa intuição para o gerenciamento financeiro, que talvez seja tão importante quanto aumentar os ganhos. Você está em um ciclo de preparação e adesão a planos disciplinados de investimento e poupança a longo prazo e esta tendência continuará no próximo ano.

Com Plutão como Planeta das Finanças, a eficiência tributária é muito importante. Impostos, seguros e imóveis vão governar boa parte das suas decisões financeiras. E 2021 também será um bom ano para planejar a compra de imóveis, se você tiver idade para isso.

Muitos de vocês herdaram dinheiro nos últimos 13 anos e outros tantos se beneficiaram de imóveis e receberam pagamentos de seguros. Se não foi o seu caso, isso ainda pode acontecer.

O seu Planeta das Finanças está na Quarta Casa nos últimos 13 anos, então muitos de vocês estão ganhando dinheiro de casa, talvez trabalhando remotamente ou em uma empresa doméstica. A família e as conexões familiares serão importantes nas finanças. Conforme mencionamos anteriormente, você vai gastar com o lar e a família, mas poderá ganhar com eles também. O apoio familiar será bom.

O seu Planeta das Finanças na Quarta Casa favorece os imóveis residenciais, negócios envolvendo alimentos e restaurantes, além de hotéis, motéis e empresas que atendem aos proprietários de imóveis. E também favorece terapias psicológicas. Todas essas tendências estão em vigor há muitos anos e vão continuar assim.

Ao contrário de Plutão (que é o planeta mais lento de todos), seu Planeta da Carreira é a Lua, o mais rápido de todos. Enquanto Plutão leva entre 300 a 400 anos para passar por todos os signos e casas do seu mapa, a Lua faz isso todos os meses! Portanto, haverá muitas tendências de curto prazo na carreira que dependem de onde a Lua está e dos aspectos que recebe. Isso será abordado com mais profundidade nos relatórios mensais. Com um planeta tão rápido regendo a carreira, as oportunidades profissionais poderão acontecer de muitas formas e por meio de várias pessoas.

AMOR E VIDA SOCIAL

O nativo de Libra está sempre interessado no amor e nas atividades sociais. Para o libriano, a vida se resume a isso. Os relacionamentos são fundamentais, mas neste ano o foco estará menor nessa área do que o normal. A sua Sétima Casa (do Amor) está basicamente vazia. Apenas planetas rápidos passarão por lá, com impacto de curto prazo, o que tende ao *status quo*. Os solteiros tendem a continuar solteiros e os casados tendem a permanecer casados. Uma casa vazia indica que não há necessidade de se concentrar excessivamente nesses assuntos. Você tende a considerar a vida amorosa e social como resolvidas e há uma sensação de contentamento. Porém, caso surjam problemas amorosos, será preciso dar mais atenção a essa área. O problema pode justamente surgir por ignorar algo.

E as boas notícias continuam: desde 2019, quando Urano saiu da Sétima Casa, o amor ficou mais estável. Talvez menos empolgante, porém mais estável. (A instabilidade é o preço que se paga pelo drama e a empolgação.) Com a Oitava Casa (da Sexualidade) muito forte, esta área da vida parece ativa. Os solteiros não devem casar, mas vão fazer mais sexo.

Marte é o seu Planeta do Amor. Embora ele se mova mais rapidamente que os outros planetas lentos (Júpiter, Saturno, Urano, Netuno e Plutão), ele é bem mais lento do que os planetas rápidos (Sol, Lua, Mercúrio e Vênus), ficando em uma espécie de meio-termo. Ao longo do ano, Marte passa por nove signos e casas do seu horóscopo, portanto haverá muitas tendências de curto prazo no amor que dependem de onde Marte está e dos aspectos que recebe. Essas tendências serão abordadas com mais profundidade nos relatórios mensais.

Além disso, Marte estará "fora dos limites" entre 24 de março e 23 de maio, aproximadamente dois meses. Portanto, você sairá da esfera normal em busca do amor. Às vezes, isso mostra que o interesse amoroso atual também está saindo dessa esfera habitual.

Marte como Planeta do Amor mostra que você é destemido e agressivo quando se trata da vida amorosa. Se você gosta de alguém, essa pessoa vai saber disso. Você é uma pessoa proativa no amor, que não fica esperando o telefone tocar e corre atrás do que deseja. Além disso, quando as decepções ocorrem, você levanta, sacode a poeira e dá a volta por cima. Nesta vida, você está aprendendo a ter coragem no amor.

AUTOAPRIMORAMENTO

O seu Planeta Espiritual (Mercúrio) também é o senhor da Nona Casa (da Religião, Filosofia, Teologia e Educação Superior). Em geral, isso favorece a investigação do lado místico (esotérico) da sua religião. Toda religião tem esse lado e se baseia nas experiências místicas de seu fundador e dos primeiros discípulos. Por trás de todas as regras, regulamentos e superstições criados pela mente humana há algo puro e belo, e será bom mergulhar nisso.

Mercúrio (seu Planeta Espiritual) é um planeta rápido, como nossos leitores assíduos já sabem. Ele passa por todo o seu mapa ao longo do ano, então as lições espirituais virão até você de muitas formas e por meio de várias pessoas. Não existe um jeito único de aprender. Às vezes, as lições virão nas finanças, no amor, na carreira ou no seu local de culto. Tudo depende de onde Mercúrio está e dos aspectos que recebe.

Contudo, o grande destaque da sua vida espiritual será a cura espiritual. Netuno está na Sexta Casa (da Saúde) desde 2012 e ficará lá por muitos anos, então a cada ano você vai se aprofundar mais nos mistérios da cura espiritual e no papel do espírito no corpo físico, emocional e mental. Esta será a sua missão e o seu caminho de crescimento espiritual nesse momento.

Nós já discutimos isso nos relatórios anteriores, mas vamos explicar de novo para os novos leitores, visto que esta tendência está ainda mais em vigor agora do que nos últimos anos. A cura espiritual é um pouco diferente da cura mente-corpo (que também é muito boa). Embora seja bom tratar a mente e mudar o pensamento negativo para positivo, existem certas áreas que não podem ser acessadas apenas pela capacidade mental humana. A mente não consegue realmente se curar, pois ela é a causa do problema em muitos casos. É preciso um poder e uma energia acima da mente humana para curar o problema. Primeiro, a cura acontece no nível mental; depois, os sentimentos mudam e, por fim, ela chega ao corpo. O processo geralmente acontece em etapas.

A mente controla o corpo e foi feita para ser controlada pelo espírito. Se fosse assim, as doenças seriam impossíveis, mas os seres humanos têm o dom do livre-arbítrio, então o espírito não tem controle total sobre a mente. A semente da patologia foi plantada pelo mau uso do livre-

-arbítrio pelos humanos. Então, quando este poder superior é invocado, ele começa a pesquisar a mente humana para limpar as falácias e escombros mentais. Assim, o estado natural de saúde, como foi a intenção original, começará a se manifestar.

Na cura espiritual nós reconhecemos apenas uma fonte de saúde e cura: o Divino. Tudo o mais que atua na cura, como terapeutas, médicos, ervas ou fármacos, são apenas efeitos colaterais da atividade do Grande Poder de Cura.

Muitas vezes o Divino trabalha por meio de instrumentos (médicos, terapeutas, fármacos ou ervas), mas não necessariamente. Ele pode agir diretamente no corpo, sem qualquer intervenção humana. Depende do caso e me parece que depende muito do sistema de crenças da pessoa. O espírito vai escolher o jeito mais rápido e conveniente de trazer a cura.

Será bom ler o máximo que puder sobre este assunto. Meu blog [em inglês] *www.spiritual-stories.com* tem muitas informações sobre a cura espiritual.

PREVISÕES MENSAIS

JANEIRO

Melhores dias: 5, 6, 14, 15, 23, 24
Dias mais tensos: 12, 13, 18, 19, 26, 27
Melhores dias para o amor: 2, 10, 12, 13, 18, 19, 20, 21, 22, 30, 31
Melhores dias para o dinheiro: 4, 5, 7, 8, 13, 14, 22, 23, 24, 31
Melhores dias para a carreira: 3, 4, 12, 13, 23, 26, 27

Você começou o ano com a metade inferior (o lado noturno) do seu horóscopo dominante. Setenta e às vezes oitenta por cento dos planetas estarão lá. A Quarta Casa (do Lar e da Família) está cheia de planetas, enquanto a Décima Casa (da Carreira) está vazia e apenas a Lua passará por lá nos dias 26 e 27. Com isso, temos uma mensagem bem clara do horóscopo: janeiro não será voltado para a carreira. O foco estará na família e na saúde emocional. O objetivo agora é encontrar o seu ponto de harmonia emocional e viver a partir dele.

Há muitos estudos dizendo que a depressão aumenta na época das festas de fim de ano. As reuniões de família parecem felizes, mas muitas vezes são arruinadas por ressentimentos, mágoas e antigos ressentimentos. Este será um bom mês para resolver tudo isso e voltar à harmonia. As circunstâncias conscientizam em relação aos eventos passados que geraram estes ressentimentos e agora você terá uma oportunidade de analisá-los a partir do estado atual de consciência.

A saúde em geral estará boa este ano, mas precisará de mais cuidados até o dia 20. Não há nada sério, apenas uma queda na energia causada pelos planetas rápidos. Portanto, descanse bastante e melhore a saúde das formas mencionadas no relatório anual. Você verá um avanço dramático na saúde a partir do dia 20.

As finanças devem ser boas este mês. Embora a Casa do Dinheiro esteja vazia, Plutão (seu Planeta das Finanças) vai receber muitos estímulos positivos. Os ganhos ficarão mais fortes e você deverá terminar o mês melhor do que começou.

O Sol vai entrar na Quinta Casa no dia 20, marcando o início de um ápice anual de prazer pessoal. Este será um período de festa maior do que o réveillon. O lazer e a recreação muitas vezes são o melhor remédio para várias doenças. Tire a cabeça do problema, faça algo feliz e, quando você voltar a ele, vai descobrir que está resolvido: a solução estava lá, encoberta pela sua preocupação.

O amor será tempestuoso este mês. Marte (o seu Planeta do Amor) vai entrar na Oitava Casa no dia 7. Ele também viaja com Urano entre os dias 18 e 21, então o amor não parece sério nesse período, sendo mais uma questão de sexo, diversão e entretenimento. O cônjuge, parceiro ou interesse amoroso atual estará concentrado nas finanças. Seu parceiro vai trabalhar ainda mais pelos ganhos (especialmente após o dia 20), mas eles vão aparecer.

Você estará em um ótimo período para começar projetos ou empreendimentos. A maioria dos planetas estará se movendo para a frente e o ciclo solar estará crescente. No mês que vem, será ainda melhor.

FEVEREIRO

Melhores dias: 2, 3, 11, 12, 20, 21
Dias mais tensos: 8, 9, 15, 16, 23, 24

Melhores dias para o amor: 2, 8, 9, 10, 11, 15, 16, 18, 19, 20, 21, 27, 28
Melhores dias para o dinheiro: 1º, 2, 3, 4, 5, 9, 10, 11, 19, 20, 21, 28
Melhores dias para a carreira: 2, 3, 11, 23, 24

Este será um mês feliz e saudável, libriano, aproveite! A Quinta Casa (da Diversão, Crianças e Criatividade) estava forte em janeiro e ficará ainda mais forte em fevereiro. A diversão será a chave para este mês. Deixe as preocupações de lado e aproveite a vida. Você terá muito tempo para voltar a elas depois, mas, enquanto isso, aceite as férias cósmicas. Existe hora para tudo na vida.

Mulheres em idade fértil ficarão mais férteis o ano inteiro, mas especialmente neste mês. Também haverá mais envolvimento com os filhos e figuras filiais. Quando se trata de alegria, eles são nossos professores. Não é necessário fazer muito para deixá-los felizes. Eles não precisam de motivo para isso.

A sua criatividade também vai aumentar muito este mês. Os solteiros terão uma abundância de oportunidades românticas em fevereiro. Alguns podem até se casar, ficar noivos ou se envolver em um compromisso sério parecido com um casamento.

A saúde também estará excelente o mês inteiro. O estresse dos planetas rápidos foi embora e haverá apenas um planeta lento em alinhamento tenso com você, todos os outros planetas estarão em harmonia ou deixarão você em paz. Apesar da boa saúde, haverá mais foco nessa área a partir do dia 18. Com sorte, isso terá mais a ver com estilo de vida saudável e boa alimentação. Tenha cuidado com a tendência a exagerar pequenos problemas e transformá-los em algo maior.

As finanças não causarão problemas este mês. A situação parece *status quo*. Você provavelmente está satisfeito com a situação atual e não precisará prestar muita atenção nessa área. Vejo isso como algo bom. Contudo, quem procura emprego terá boa sorte a partir do dia 18. Haverá pelo menos três oportunidades profissionais este mês, além de um bom pagamento entre os dias 8 e 11, quando Vênus viaja com Júpiter.

O amor será intenso, muito sexual e passional. O ciúme poderá ser um problema na vida amorosa, especialmente no dia 20. Há uma tendência ao excesso de possessividade o mês inteiro, mas especialmente nesse período. Além disso, o cônjuge, parceiro ou interesse amoroso atual continuará tendo um bom mês para as finanças.

O poder planetário agora está majoritariamente no Oeste, o setor social do seu horóscopo, que é o seu favorito. A independência pessoal estará perto do ponto mais baixo para o ano, então neste mês você vai refinar e ajustar ainda mais a sua aptidão social, fazendo tudo por meio da cooperação e do consenso, nunca pela ação pessoal direta. Você ficará feliz deixando os outros agirem do jeito deles. Para librianos muito jovens, este será o mês em que a pressão dos colegas será extremamente forte. Se ela for destrutiva, será preciso resistir.

MARÇO

Melhores dias: 1º, 2, 9, 10, 19, 20, 28, 29
Dias mais tensos: 7, 8, 14, 15, 22, 23
Melhores dias para o amor: 3, 4, 9, 12, 13, 14, 15, 19, 20, 24, 28, 29
Melhores dias para o dinheiro: 1º, 2, 3, 4, 8, 9, 10, 18, 19, 20, 27, 28, 29, 30, 31
Melhores dias para a carreira: 3, 4, 12, 13, 22, 23, 24

O ciclo solar está crescente e todos os planetas estarão se movendo para a frente, então março continuará sendo muito bom para começar projetos ou empreendimentos, especialmente para os que nasceram no final do signo de Libra (entre 3 e 22 de outubro). O período de Lua Crescente será um momento ainda melhor para isto, entre os dias 13 e 28.

A saúde e a energia poderiam estar melhores este mês, especialmente a partir do dia 20, mas ainda haverá pontos positivos. Você entrará em um ápice amoroso e social anual no dia 20 e a popularidade pessoal também estará em um dos pontos mais altos do ano. Vênus, o senhor do seu mapa, está longe de casa e mais fraco que o habitual, então você pode se sentir assim, mas o foco e dedicação aos outros e a colocá-los em primeiro lugar vai salvar o dia. Você não precisará ser forte, pois os outros o levarão até o seu destino.

A Sexta Casa (da Saúde) estará muito forte este mês. Este foco vai ajudar você após o dia 20, quando a saúde precisará de mais cuidados (será como uma espécie de poupança cósmica). Nem todo pequeno tremor ou pontada no corpo é algo sério, então não aumente os sintomas e os transforme em algo maior do que realmente são. Você sempre consegue bons resultados com métodos de cura espiritual, e este mês será ainda melhor para isso. Entre os dias 9 e 11, nos dias 14 e 15, e entre 29 e 31 serão especialmente bons para a cura espiritual.

O seu Planeta do Amor (Marte) vai sair da Oitava Casa no dia 14 e passar o resto do mês na Nona Casa, significando mudança nas atitudes e necessidades românticas. Antes, o magnetismo sexual era importante, agora as qualidades intelectuais e filosóficas ganham importância. Você vai perceber que até a mais ardente das químicas sexuais tende a ser de curto prazo. Um bom relacionamento precisa de algo a mais para ir adiante: e é a compatibilidade intelectual e filosófica. O ser amado precisa ser uma pessoa com quem seja possível se comunicar, trocar ideias e cuja mente você admira. Também é muito importante que vocês tenham a mesma visão filosófica. Não é necessário concordar em todos os detalhes, mas vocês precisam ter a mesma visão de mundo e crenças teológicas semelhantes. Após o dia 14, as oportunidades amorosas para os solteiros poderão acontecer na escola ou em eventos escolares, no seu local de culto ou em eventos religiosos, em palestras, seminários, bibliotecas e livrarias. As pessoas no seu local de culto poderão bancar o cupido nesse período. Além disso, o romance poderá acontecer ou avançar no exterior. Os estrangeiros em geral serão atraentes para você.

ABRIL

Melhores dias: 6, 7, 15, 16, 17, 25, 26
Dias mais tensos: 3, 4, 10, 11, 12, 18, 19
Melhores dias para o amor: 1º, 2, 6, 7, 10, 11, 12, 16, 17, 23, 24, 27
Melhores dias para o dinheiro: 4, 7, 14, 16, 17, 24, 26, 27, 28
Melhores dias para a carreira: 1º, 2, 11, 12, 18, 19, 23

O ímpeto planetário ainda está majoritariamente avançado este mês e todos os planetas estarão se movendo para a frente até o dia 27. Nesse dia, Plutão (seu Planeta das Finanças) começa a ficar retrógrado e continuará assim por vários meses, então é melhor fazer compras ou investimentos importantes antes do dia 27. O movimento retrógrado de Plutão não impedirá os ganhos, mas vai desacelerá-los com problemas e atrasos.

Como Plutão ficará retrógrado por vários meses, você não pode ficar sem consumir nada esse tempo todo. Compre alimentos e outros produtos de primeira necessidade, mas é melhor adiar compras grandes. A partir do dia 27, será o momento de ajustar os objetivos financeiros e obter clareza em relação a eles.

A saúde ainda precisará de cuidados até o dia 20. Como sempre, descanse bastante e melhore a saúde das formas mencionadas no relatório anual. A boa notícia é que a saúde vai progredir dramaticamente após o dia 20. Algum terapeuta, remédio ou erva provavelmente levará o crédito, mesmo sendo apenas os efeitos colaterais da mudança na energia planetária.

A Sétima Casa continua forte até o dia 20 e você ainda estará no meio de um ápice amoroso e social anual. A vida amorosa será ativa e basicamente feliz.. Oitenta, e às vezes noventa, por cento dos planetas ainda estarão no setor social ocidental do seu mapa. Até Vênus, o senhor do seu horóscopo, estará no Oeste, portanto você estará mais concentrado do que o habitual e também muito popular. Você vai exercer inteiramente a genialidade social e verá os resultados disso. As tendências para o amor serão basicamente as mesmas do mês passado, então veja a discussão anterior sobre isso. O seu Planeta do Amor (Marte) continuará na Nona Casa até o dia 27 e depois vai entrar na Décima Casa (da Carreira). Esse também é um bom sinal em termos sociais, pois mostra que essa área terá alta prioridade (maior até do que o habitual) e você vai se concentrar nela. Isso mostra que o amor será a sua missão a partir do dia 27, então você vai estar presente para os amigos e a pessoa que você ama. Tudo isso tende ao sucesso social.

A Oitava Casa ficará muito forte a partir do dia 20. Portanto, o cônjuge, parceiro ou interesse amoroso atual vai prosperar este mês e você parece muito envolvido nisso. Será um ótimo período para regimes de desintoxicação e emagrecimento. O seu poder pessoal de sedução estará muito mais forte que o habitual e este será um período sexualmente ativo. Seja qual for a idade ou fase da vida, a libido estará mais forte que o normal.

MAIO

Melhores dias: 3, 4, 13, 14, 22, 23, 30, 31
Dias mais tensos: 1º, 2, 7, 8, 9, 15, 16, 28, 29
Melhores dias para o amor: 1º, 2, 5, 6, 7, 8, 9, 13, 15, 16, 22, 23, 24, 25
Melhores dias para o dinheiro: 2, 4, 12, 14, 15, 21, 24, 25, 29
Melhores dias para a carreira: 1º, 2, 10, 11, 15, 16, 22, 30

As peças do xadrez cósmico vão se reorganizar este mês, levando a mudanças importantes. Júpiter vai fazer uma entrada triunfal na Sexta Casa no dia 14 e a atividade retrógrada vai aumentar. No final do mês, trinta por cento dos planetas estarão retrógrados (o triplo do mês passado), então o ritmo da vida vai desacelerar. Por fim, haverá um eclipse lunar no dia 26 que vai abalar o seu mundo.

A entrada de Júpiter na Sexta Casa é um bom indício para a saúde. Se houver alguma doença preexistente, você terá boas notícias em relação a ela. Além disso, mostra oportunidades profissionais muito felizes, que poderão ser na situação atual ou em outra empresa.

O eclipse lunar do dia 26 acontecerá na Terceira Casa, afetando os estudantes de todos os tipos, que poderão mudar de planos educacionais ou de escola. Também poderá haver momentos dramáticos e abalos na escola. Os carros e equipamentos de comunicação serão testados muitas vezes e vão precisar de reparos ou substituição. Também será uma boa ideia dirigir com mais cuidado e de modo mais defensivo nesse período. Poderá haver perturbações no bairro, como novas construções, engarrafamentos ou outros acontecimentos incomuns. Além disso, os irmãos e figuras fraternas viverão momentos dramáticos na vida pessoal. As pessoas do dinheiro na sua vida vão tomar decisões financeiras importantes. O cônjuge, parceiro ou interesse amoroso atual deverá evitar viagens ao exterior nesse período. Seu parceiro terá suas crenças teológicas e religiosas testadas. Nos próximos meses, muitas dessas crenças serão modificadas ou totalmente descartadas. E essa pessoa também viverá momentos dramáticos familiares. Todo eclipse lunar afeta a carreira e este não será diferente. Poderá haver mudanças na carreira, na sua empresa ou ramo de trabalho. Às vezes, o governo cria novas regulamentações que mudam as regras do jogo. Também poderá haver abalos na hierarquia corporativa ou momentos dramáticos na vida pessoal de chefes. Além disso, um pai, mãe, figura paterna ou materna viverá momentos dramáticos na vida pessoal.

A boa notícia em relação a este eclipse é que ele será relativamente benigno para você, mas não custa nada fazer uma agenda mais tranquila mesmo assim.

Quando a empolgação do eclipse acabar, o mês de maio será feliz. A Nona Casa ficará muito forte no dia 21. De acordo com os hindus, a Nona Casa é a mais benéfica e afortunada de todas. Até os planetas mais destrutivos ficam mais calmos e gentis quando a ocupam.

JUNHO

Melhores dias: 9, 10, 18, 19, 26, 27
Dias mais tensos: 4, 5, 11, 12, 13, 24
Melhores dias para o amor: 2, 3, 4, 5, 11, 12, 14, 21, 23
Melhores dias para o dinheiro: 1º, 8, 11, 17, 20, 21, 24, 27
Melhores dias para a carreira: 11, 12, 13, 18, 19, 27

O segundo eclipse da temporada (um eclipse solar no dia 10) acontecerá na Nona Casa e também será relativamente benigno para você, mas não custa nada fazer uma agenda mais tranquila mesmo assim. (Se você tiver planetas nos signos de Gêmeos, Virgem, Sagitário ou Peixes no mapa astral, poderá ser mais afetado. O único jeito de saber isso é fazendo um mapa astral personalizado com a sua data, hora e local de nascimento.)

Este eclipse afetará os universitários, que poderão mudar de curso, escola ou planos educacionais. Poderá haver momentos dramáticos na universidade, abalos na administração ou no currículo acadêmico. Além disso, é melhor remarcar viagens ao exterior para antes ou depois do período do eclipse. Se você estiver envolvido em questões jurídicas, elas darão uma virada dramática. Todo eclipse solar testa as amizades e este não será diferente. Às vezes, o problema será o relacionamento em si, mas às vezes será causado por momentos dramáticos que mudarão a vida dos amigos. Além disso, haverá abalos nas organizações profissionais ou de ofício às quais você está vinculado. Computadores, equipamentos tecnológicos, softwares e similares serão testados. Eles também ficaram mais temperamentais, muitas vezes exigindo reparos ou substituições. Não abra e-mails suspeitos, faça cópias de segurança dos seus arquivos e mantenha os programas antivírus e contra hackers atualizados. Além disso, o cônjuge, parceiro ou interesse amoroso atual precisará dirigir com mais cuidado. Carros e equipamentos de comunicação também podem se comportar de modo errático. Os irmãos e figuras fraternas viverão momentos dramáticos: os seus relacionamentos amorosos e amizades serão testados, e o mesmo vale para os filhos e figuras filiais.

Você entrará em um ápice profissional anual no dia 21. Marte (seu Planeta do Amor) está na Décima Casa (da Carreira) desde 24 de abril, então você está avançando na carreira pelos meios sociais. A capacidade dos outros gostarem de você será mais importante do que as suas habilidades profissionais, mas, se as conexões sociais abrirem portas, você terá que mostrar serviço. Tudo isso acontecerá após o dia 14. Você parece uma pessoa de sucesso. Vênus, o senhor do seu mapa, passará o mês inteiro (entre os dias 2 e 27) na Décima Casa, mostrando que você estará no auge e as pessoas vão procurar você. O Sol na Décima Casa a partir do dia 21 mostra que amigos bem-sucedidos vão ajudar na sua carreira.

A saúde precisará de mais atenção a partir do dia 21, mas não será nada sério. Isso acontece devido aos estresses causados pelos planetas rápidos e não representam tendências para o ano ou para a sua vida, portanto descanse mais e melhore a saúde das formas mencionadas no relatório anual.

JULHO

Melhores dias: 6, 7, 16, 17, 24, 25
Dias mais tensos: 1º, 2, 8, 9, 10, 22, 23, 28, 29, 30
Melhores dias para o amor: 1º, 2, 11, 12, 21, 28, 29, 30, 31
Melhores dias para o dinheiro: 5, 8, 14, 18, 19, 25, 26
Melhores dias para a carreira: 8, 9, 10, 19, 28, 29

A atividade retrógrada aumenta um pouco em julho. Quarenta por cento dos planetas estarão retrógrados o mês inteiro. Ainda não é o máximo para este ano, mas está chegando perto. Os eventos vão desacelerar, tanto no mundo quanto na sua vida. A atividade retrógrada vai ganhar ainda mais força nos próximos dois meses, então é melhor usar este fenômeno positivamente. Aproveite o tempo para analisar as diversas áreas da vida e renovar seus objetivos. O que pode melhorar? Consiga o máximo de informações possíveis e depois, quando os planetas voltarem a se mover para a frente, você poderá agir de novo, com resultados mais poderosos.

Você ainda estará em um ápice profissional anual até o dia 23. A boa notícia é que o seu Planeta da Carreira (a Lua) nunca fica retrógrado, então o progresso nessa área será rápido. Os amigos bem-sucedidos parecem estar prestativos e os seus conhecimentos tecnológicos serão importantes na carreira.

A saúde precisará de cuidados até o dia 23, pois a energia não está tão alta quanto deveria. Nada grave, é apenas o estresse causado pelos planetas rápidos. A saúde e a energia vão progredir dramaticamente após o dia 23. Enquanto isso, melhore a saúde das formas mencionadas no relatório anual.

No dia 23, a energia planetária vai mudar para a Décima Primeira Casa, que é benéfica. Um pai, mãe, figura paterna ou materna terá um ótimo período financeiro. Os filhos e figuras filiais terão excelente mês para a vida social (o que talvez seja bom até demais) e os irmãos ou figuras fraternas poderão viajar para o exterior.

Vênus (você) e Marte (seu Planeta do Amor) viajam juntos este mês, indicando que haverá amor na sua vida. Para os solteiros, isso mostra um novo interesse amoroso. Para os que já estiverem em um relacionamento, mostra aproximação e harmonia com a pessoa que você ama. Vocês estarão juntos, não só fisicamente, mas também em níveis emocionais e mentais. Isso acontece na sua Décima Primeira Casa, então você poderá conhecer essa pessoa pela internet ou enquanto se envolve com grupos, atividades em grupo ou organizações. No geral, o amor será feliz este mês.

Júpiter voltará para a Quinta Casa no dia 29, também indicando que julho será um mês feliz. Além disso, Vênus vai entrar na Décima Segunda Casa (da Espiritualidade) no dia 22 e Marte, seu Planeta do Amor, vai entrar lá no dia 30, portanto os caminhos do amor vão mudar e as oportunidades sociais e amorosas passam a acontecer em ambientes espirituais, como seminários ou palestras de meditação, encontro de orações ou eventos de caridade. Com isso, o amor ficará mais idealista e a compatibilidade espiritual ganha importância.

AGOSTO

Melhores dias: 2, 3, 4, 12, 13, 20, 21, 30, 31
Dias mais tensos: 5, 6, 18, 19, 24, 25
Melhores dias para o amor: 1º, 10, 11, 18, 19, 20, 24, 25, 28, 29, 30, 31
Melhores dias para o dinheiro: 1º, 11, 13, 14, 15, 19, 21, 28, 29, 31
Melhores dias para a carreira: 5, 6, 7, 8, 17, 26

Em julho, o poder planetário mudou para o Leste (o setor do "eu") e, embora este setor não esteja dominante, estará com o máximo de força para 2021. Você vai entrar em um período de independência máxima. O setor social ocidental estará igualmente forte, mas não tanto quanto no início do ano. Portanto, você não vai ceder inteiramente aos desejos dos outros, preferindo tentar equilibrar os seus interesses com os deles. Se houver condições repulsivas para você, elas precisarão mudar e este será o momento ideal para isso. (O mês que vem também será bom). Os seus interesses e os dos outros terão a mesma importância. Você não é egoísta por pensar nos próprios interesses.

Agosto será basicamente feliz e saudável. Haverá apenas um planeta lento em alinhamento tenso com você, mas ele não receberá apoio dos planetas rápidos. Portanto, a saúde deve ficar boa. Este pode não ser o melhor mês para exames ou procedimentos médicos, pois o Planeta da Saúde estará retrógrado e recebendo aspectos tensos (além disso, cinquenta por cento dos planetas estarão retrógrados), o que geralmente leva a diagnósticos errados. Se você precisar fazer exames ou procedimentos médicos, marque para outro período, quando os planetas voltarem a se mover para a frente.

A vida espiritual será o destaque deste mês. A Décima Segunda Casa (da Espiritualidade) estará lotada: quarenta e às vezes cinquenta por cento dos planetas estarão lá ou passarão por lá, e essa é uma porcentagem bem alta. Portanto, agosto será o mês para fazer progresso espiritual e interior, além de ter avanços e revelações espirituais. Essas revelações e avanços vão ajudar você no amor e nas finanças. A mensagem do horóscopo é: acerte o seu caminho espiritual e o amor e o dinheiro vão se acertar também.

Embora o seu Planeta das Finanças (Plutão) continue retrógrado, ele vai receber aspectos muito positivos este mês. Então, embora os ganhos possam demorar mais, eles serão maiores que no mês passado. Os dias 11 e 12 parecem especialmente bons para as finanças.

Vênus, o senhor do seu horóscopo, terá um solstício entre os dias 16 e 19. Ele fará uma pausa no céu (em latitude) e depois mudará de direção, e o mesmo acontecerá com você: haverá uma pausa em seus assuntos, seguida por uma mudança de rumo.

Mercúrio terá o seu solstício (pausa latitudinal) entre os dias 28 e 30, o que pode trazer uma pausa seguida por mudança de rumo espiritual. Não é preciso temer essas pausas, elas são renovadoras e naturais. Pense nelas como uma pequena folga em suas atividades.

SETEMBRO

Melhores dias: 8, 9, 17, 18, 26, 27
Dias mais tensos: 1º, 2, 14, 15, 21, 22, 23, 29, 30
Melhores dias para o amor: 7, 9, 16, 17, 19, 21, 22, 23, 26, 29, 30
Melhores dias para o dinheiro: 7, 9, 10, 11, 15, 16, 18, 25, 27
Melhores dias para a carreira: 1º, 2, 6, 7, 15, 26, 29, 30

Este será um mês feliz e saudável, libriano. Aproveite. O principal desafio será lidar com todos os movimentos retrógrados acontecendo agora. Em setembro, nós vamos chegar ao máximo para o ano, com sessenta por cento dos planetas retrógrados após o dia 27. Com Marte entrando em seu signo no dia 5, a paciência não será a sua virtude nesses dias, mas é justamente o que você precisa. Faça o que for possível fazer e abra mão do resto. A pressa não vai fazer tudo acontecer mais rapidamente, só vai aumentar a frustração, talvez levando a acidentes e lesões.

No dia 22, quando o Sol atravessa o seu ascendente e entra na Primeira Casa, você estará em um período de independência pessoal máxima para o ano (que continuará no mês que vem), então faça as mudanças necessárias para a sua felicidade, mas com cuidado. É ótimo cuidar dos outros (e você fará isso), mas a sua felicidade também é importante.

Quando o Sol entrar na Primeira Casa no dia 22, você começará um ápice anual de prazer pessoal. Será um ótimo momento para apreciar os prazeres dos cinco sentidos (e os librianos naturalmente adoram isso). Será ótimo para mimar o corpo e colocá-lo na forma que você deseja.

O amor parece muito feliz este mês, sem ser afetado por todos os movimentos retrógrados. O Planeta do Amor (Marte) estará em seu signo, então o amor vai procurar você. Basta cuidar da sua vida e ele o encontrará. Além disso, você estará com a aparência boa, além de muito glamour, estilo, exotismo e um poder pessoal de sedução. Se você estiver em um relacionamento, esta pessoa estará dedicada a você. Os seus interesses virão em primeiro lugar. É muito difícil resistir a isso.

As finanças estarão melhores (mais fáceis) antes do dia 22 do que depois, mas os ganhos virão. Vênus, o senhor do seu horóscopo, vai entrar na Casa do Dinheiro no dia 11, mostrando foco nas finanças e fortalecendo a Casa do Dinheiro. Você parece mais envolvido nessa área. Além disso, você vai se vestir bem e com roupas caras, vai gastar consigo mesmo e projetar uma imagem de prosperidade. A aparência e atitude geral serão fatores importantíssimos para os seus ganhos. Isso também mostra que você está pronto para se esforçar e enfrentar os desafios que vão surgir após o dia 22.

OUTUBRO

Melhores dias: 5, 6, 14, 15, 23, 24, 25
Dias mais tensos: 12, 13, 18, 19, 20, 26, 27
Melhores dias para o amor: 5, 6, 10, 14, 15, 18, 19, 20, 24, 25, 29, 30, 31
Melhores dias para o dinheiro: 4, 6, 7, 8, 9, 13, 15, 22, 24, 25
Melhores dias para a carreira: 5, 6, 14, 15, 26, 27

Outubro será outro mês feliz e próspero, libriano, aproveite! Você ainda está no meio de um período anual de prazer pessoal até o dia 22, portanto você terá energia, autoestima e autoconfiança. A independência pessoal continuará no máximo para este ano. Faça as mudanças necessárias para a sua felicidade. Como no mês passado, o seu trabalho será equilibrar os seus interesses com os interesses alheios. Será um processo de idas e vindas. Além disso, a aparência pessoal vai brilhar e haverá muito glamour em sua imagem. Será um bom período para comprar roupas e acessórios, pois o seu gosto estará mais apurado que o habitual.

O amor será muito feliz, como no mês passado. Tanto o Planeta do Amor quanto o Planeta dos Amigos estão na sua Primeira Casa, mostrando que você terá amor e amizade nos seus termos. Tanto o interesse amoroso atual quanto os amigos estarão dedicados a você e farão de tudo para agradá-lo. Os convites sociais vão procurar você e o amor continuará a encontrá-lo. Siga normalmente com a vida social e tudo isso vai acontecer.

As finanças também vão melhorar este mês. Primeiro, seu Planeta das Finanças (Plutão), que está retrógrado há vários meses, começará a se mover para a frente no dia 6. Com isso, você terá mais clareza e confiança na área financeira a partir dessa data. O Sol entrará na Casa do Dinheiro no dia 22, marcando o início de um ápice financeiro anual. Os amigos vão ajudar nas finanças e nas atividades virtuais e tecnológicas, e a sua capacidade de fazer contatos vai ajudar no resultado final. Você provavelmente vai gastar com tecnologia este mês e parece um bom investimento.

Vênus vai entrar na Terceira Casa no dia 7 e ficará lá pelo resto do mês, então haverá um grande foco nos interesses intelectuais e na comunicação. O senhor do horóscopo na Terceira Casa deixa essa casa muito forte, então estudantes abaixo do nível superior terão sucesso nos estudos. As faculdades intelectuais estarão mais afiadas e até quem não é estudante ficará mais estudioso este mês, frequentando palestras, seminários, lendo mais etc.

Outubro começa com a atividade retrógrada no nível máximo, com sessenta por cento dos planetas retrógrados, mas isso vai diminuir bastante ao longo do mês e vamos chegar ao final dele com apenas vinte por cento dos planetas retrógrados e oitenta por cento dos planetas se movendo para a frente.

A saúde estará excelente este mês. Se você quiser melhorá-la ainda mais, siga os conselhos dados no relatório anual.

NOVEMBRO

Melhores dias: 2, 3, 10, 11, 20, 21, 29, 30
Dias mais tensos: 8, 9, 15, 16, 22, 23
Melhores dias para o amor: 4, 8, 12, 13, 15, 16, 17, 18, 22, 23, 27, 28
Melhores dias para o dinheiro: 1º, 3, 4, 5, 9, 11, 18, 21, 28, 30
Melhores dias para a carreira: 4, 5, 12, 13, 22, 23, 25

O eclipse lunar no dia 19 será relativamente benigno para você, mas não custa nada fazer uma agenda tranquila mesmo assim. (Se você tiver planetas em Touro, Leão, Escorpião ou Aquário, poderá sentir um impacto bem maior. Isso só poderá ser visto em um mapa astral personalizado.)

Este eclipse acontecerá na Oitava Casa, então haverá encontros psicológicos com a morte e experiências de quase morte. Vênus e Júpiter serão parcialmente afetados por este eclipse (não diretamente), então as outras áreas da vida também serão atingidas. O impacto em Vênus reforça os encontros psicológicos com a morte. Talvez você sonhe com ela ou fique sabendo de algum crime horrendo. As pessoas próximas a você também poderão passar por cirurgias ou ter uma experiência de quase morte. Além disso, você vai se redefinir nos próximos meses. Ao mudar a forma de pensar a seu respeito, a sua imagem e aparência externas também vão mudar. Você vai mostrar uma nova aparência para o mundo. O impacto em Júpiter mostra que haverá momentos dramáticos na vida dos irmãos e figuras fraternas e talvez haja abalos no seu bairro. Os estudantes de todos os tipos vão mudar de planos educacionais e talvez de escola. Além disso, haverá abalos e momentos dramáticos na escola. Os carros e equipamentos de comunicação serão testados e em muitos casos vão precisar de substituição ou reparos. Todo eclipse lunar traz mudanças de rumo na carreira (e eles ocorrem duas vezes por ano). Isso poderá acontecer de várias formas: poderá haver abalos na sua empresa ou ramo de trabalho, o governo poderá criar novas regulamentações que mudam a sua profissão, ou poderá haver momentos dramáticos na vida de chefes e superiores. (Isso também se aplica a um pai, mãe, figura paterna ou materna.) O cônjuge, parceiro ou interesse amoroso atual será obrigado a fazer mudanças financeiras dramáticas.

Apesar do eclipse, novembro continuará próspero, pois você ainda estará em um ápice financeiro anual até o dia 22. Marte (seu Planeta do Amor) entrou na Casa do Dinheiro em 31 de julho e ficará lá o mês inteiro, mostrando novamente a importância dos contatos sociais. A riqueza dos amigos é uma forma válida de riqueza. Além disso, o cônjuge, parceiro ou interesse amoroso atual vai apoiar seus objetivos financeiros e parece ajudar você a conquistá-los. Para os solteiros, as oportunidades amorosas vão acontecer enquanto buscam os objetivos financeiros ou com pessoas envolvidas nas suas finanças.

A saúde continuará excelente.

DEZEMBRO

Melhores dias: 7, 8, 17, 18, 27, 28
Dias mais tensos: 5, 6, 12, 13, 19, 20, 21
Melhores dias para o amor: 1º, 2, 5, 6, 11, 12, 13, 14, 15, 22, 23, 24, 25
Melhores dias para o dinheiro: 1º, 2, 6, 8, 9, 16, 18, 25, 28, 29, 30
Melhores dias para a carreira: 3, 4, 12, 13, 19, 20, 21, 24

O quarto e último eclipse do ano (um eclipse solar) acontecerá no dia 4, na Terceira Casa. Este também parece ser relativamente benigno para você, mas é bom fazer uma agenda mais tranquila mesmo assim. (Se você tiver planetas em Gêmeos, Virgem, Sagitário ou Peixes, o eclipse poderá ser muito mais forte em você. O único jeito de saber isso é fazendo um mapa astral personalizado, com data, hora e local do seu nascimento.)

Isso afetará estudantes de todos os tipos, pois o senhor da sua Nona Casa também será eclipsado. Eles poderão mudar de planos educacionais, escolas ou estratégias e talvez aconteçam perturbações ou mudanças na administração da escola. Os irmãos e figuras fraternas viverão momentos dramáticos (muitas vezes do tipo divisor de águas) que os levarão a redefinir a imagem e personalidade, projetando uma nova versão de si para o mundo. Isso vai acontecer ao longo dos próximos meses.

Além disso, os carros e equipamentos de comunicação podem se comportar de modo errático e precisar de reparos ou substituição. Haverá perturbações no bairro, que poderão ser obras, engarrafamentos, ou crimes estranhos. Mercúrio será afetado por este eclipse, então haverá momentos dramáticos no seu local de culto, com mudanças e perturbações. Se você estiver envolvido em problemas jurídicos, eles terão uma virada dramática. Haverá abalos nas organizações espirituais ou de caridade com as quais você está envolvido e os gurus em sua vida terão momentos dramáticos, muitas vezes do tipo divisor de águas. Você também vai fazer mudanças importantes em sua prática espiritual. Os irmãos e figuras fraternas terão os relacionamentos testados, com momentos dramáticos no amor e na vida social. Um pai, mãe, figura paterna ou materna fará mudanças espirituais parecidas com as suas. O cônjuge, parceiro ou interesse amoroso atual deverá evitar viagens desnecessárias nesse período do eclipse.

Vênus, o senhor do seu horóscopo, vai ficar por um bom tempo em Plutão, seu Planeta das Finanças, o que envia muitas mensagens: vão acontecer muitas mudanças importantes na área financeira, haverá proximidade com as pessoas do dinheiro na sua vida e haverá prosperidade. Além disso, regimes de desintoxicação e de perda de peso terão muito sucesso. E uma cirurgia poderá ser recomendada a você.

No dia 30, Júpiter vai entrar na sua Sexta Casa, desta vez por um bom tempo. Quem procura emprego terá grandes oportunidades profissionais no ano que vem.

♏

ESCORPIÃO

O ESCORPIÃO

Nascidos entre 23 de outubro e 22 de novembro

PERFIL PESSOAL

ESCORPIÃO EM UM RELANCE

Elemento: Água
Planeta Regente: Plutão
Planeta Corregente: Marte
Planeta da Carreira: Sol
Planeta da Saúde: Mercúrio
Planeta do Amor: Vênus
Planeta das Finanças: Júpiter
Planeta do Lar e da Vida Familiar: Urano
Cor: púrpura
Cor que promove o amor, o romance e a harmonia social: verde
Cor que propicia ganhos: azul
Pedras: hematita, malaquita, topázio
Metais: ferro, rádio, aço
Perfumes: flor de cerejeira, coco, sândalo, melancia
Qualidade: fixa (= estabilidade)
Qualidade essencial ao equilíbrio: amplitude de visão
Maiores virtudes: lealdade, concentração, determinação, coragem, profundidade
Necessidades mais profundas: recolhimento íntimo e transformação
Características a evitar: ciúmes, desejo de vingança, fanatismo
Signos de maior compatibilidade: Câncer, Peixes
Signos de maior incompatibilidade: Touro, Leão, Aquário

Signo mais útil à carreira: Leão
Signo que fornece maior suporte emocional: Aquário
Signo mais prestativo em questões financeiras: Sagitário
Melhor signo para casamento e associações: Touro
Signo mais útil em projetos criativos: Peixes
Melhor signo para sair e se divertir: Peixes
Signos mais úteis em assuntos espirituais: Câncer, Libra
Melhor dia da semana: terça-feira

COMPREENDENDO A PERSONALIDADE ESCORPIANA

A fênix é um dos símbolos do signo de Escorpião. Meditar sobre essa lenda facilita a compreensão do temperamento escorpiano, bem como de seus interesses e de suas capacidades e necessidades mais profundas.

A fênix mitológica era uma ave capaz de renascer e de se reproduzir sozinha. E o fazia de forma curiosa. Voava à procura de um fogo ardente, geralmente em algum templo religioso, e se lançava sobre ele, deixando-se consumir pelas chamas, para depois emergir das cinzas, como um novo pássaro. Não poderia haver melhor símbolo para representar a transmutação mais profunda do ser.

Transformação — seja ela na mente, no corpo, nos negócios ou nos relacionamentos — é a palavra-chave para compreender o temperamento dos escorpianos. Eles são os transformadores da sociedade. Para que uma transformação se processe de forma natural, sem artificialidade, ela deve surgir do íntimo. Esse tipo de mudança é mais radical do que uma simples maquiagem superficial. Muitos acreditam que ao mudar a aparência estão se transformando, mas não é esse tipo de mudança que interessa aos escorpianos. Eles buscam alterações profundas e fundamentais. Uma vez que as transformações genuínas provêm do interior, os nativos demonstram grande interesse pelo cerne das coisas e, por conseguinte, pelo âmago filosófico da existência.

O intelecto dos nativos de Escorpião é profundo e penetrante. Se você, que é de outro signo, pretende prender o interesse de um escorpiano, terá de lhe apresentar algo mais do que uma simples imagem superficial. Você e seus projetos ou propostas terão de ser substanciais para despertar o interesse de um escorpiano. Se não o forem, ele logo irá desmascará-los e se afastará.

Ao observar a vida, com seus processos de crescimento e degeneração, torna-se evidente a atuação da força transformadora do signo de Escorpião. A lagarta se transforma em borboleta; o bebê se torna criança e, então, vira um adulto. Para os escorpianos, esse perpétuo processo de transformação não causa medo. Eles o encaram como parte natural da existência. Essa aceitação das transformações é a chave que lhes abre a compreensão do verdadeiro sentido da vida.

A compreensão escorpiana da vida, incluindo suas fraquezas, faz dos nativos do signo guerreiros valorosos, no sentido mais amplo da palavra. Acrescente a essas virtudes a profundidade, a paciência, a capacidade de resistir e suportar e você terá diante de si alguém com uma personalidade poderosíssima. Os escorpianos possuem boa memória, e de longo alcance. Podem ser muito vingativos — esperam anos para descontar algo em alguém. Entre os amigos, contudo, não há nenhum mais leal e verdadeiro do que o escorpiano. Poucos nativos de outros signos se mostram dispostos aos sacrifícios que ele é capaz de fazer por um amigo de verdade.

Os resultados de uma transformação são evidentes, muito embora o processo possa ser invisível e secreto. É por isso que os escorpianos possuem natureza oculta ou reservada. Uma semente não germinará adequadamente se a revirarmos o tempo inteiro, expondo-a à luz solar. Ela deve permanecer enterrada, longe da visão, até brotar. Da mesma forma, os escorpianos temem revelar muito de si e de suas aspirações. E ficarão felizes em lhes mostrar o produto acabado, mas só depois que estiver devidamente embrulhado. Por outro lado, apreciam conhecer os segredos alheios tanto quanto detestam revelar os seus.

FINANÇAS

Amor, nascimento, vida e morte são as transformações mais poderosas que se operam na natureza. Os escorpianos se interessam por todas elas. Em nossa sociedade, o dinheiro é também uma força transformadora; e é por essa razão que os nativos deste signo se interessam por ele. Para um escorpiano, dinheiro representa poder de controlar e gerar mudanças, e sua força o fascina. Mas, se não se mantiver atento, poderá tornar-se excessivamente materialista e maravilhar-se com o dinheiro, a ponto de acreditar que é ele que governa o mundo.

Até mesmo a palavra "plutocracia" tem a mesma etimologia que Plutão, o regente do signo de Escorpião, cujos nativos, de uma forma ou de outra, acabam atingindo o status financeiro a que aspiram. Lutam para alcançá-lo, e quando o conseguem, zelam cuidadosamente por seu patrimônio. Parte desse zelo financeiro deriva da honestidade, pois os escorpianos frequentemente lidam com o dinheiro de terceiros na condição de contadores, advogados, corretores e gerentes. E lidar com o dinheiro alheio requer ainda mais cautela do que fazê-lo com as próprias finanças.

Para realizar plenamente suas metas financeiras, os escorpianos precisarão aprender lições importantes. Deverão desenvolver qualidades que não lhes são intrínsecas, como a amplitude de visão, o otimismo, a fé, a confiança e, acima de tudo, a generosidade. Terão de aprender a ver que a opulência se faz presente em toda parte: tanto na natureza e na vida quanto em suas manifestações bem mais óbvias, como o poder e o dinheiro. Se eles aprenderem a desenvolver a generosidade, seu potencial financeiro aumentará de forma absurda, pois Júpiter, o senhor da abundância e da boa sorte, é também o regente financeiro de Escorpião.

CARREIRA E IMAGEM PÚBLICA

A aspiração mais profunda dos nativos de Escorpião é de serem considerados fontes de vida e de luz pela sociedade. Desejam ser líderes ou estrelas. Mas seguem uma trilha diferente da dos leoninos, as outras grandes estrelas do Zodíaco. O escorpiano chega às suas metas em segredo, sem ostentação; o leonino as persegue ostensivamente. O escorpiano busca as alegrias e o glamour dos ricos e famosos de forma mais discreta e reservada.

Os escorpianos possuem natureza introvertida e tendem a evitar as luzes da ribalta. Mas se desejam verdadeiramente consolidar suas metas profissionais mais elevadas, terão de se abrir um pouco mais e expressar-se com menos circunspecção; parar de ocultar sua luz debaixo de um barril e deixar que ela brilhe livremente. Acima de tudo, terão de abrir mão dos desejos de vingança e de atitudes mesquinhas. Os dons e a visão das profundezas lhes foram dados com um propósito importantíssimo: servir à vida, expandindo a alegria pessoal de viver em função dos outros.

AMOR E RELACIONAMENTOS

Escorpião é outro dos signos zodiacais que apreciam relacionamentos claramente definidos, sérios e bem-estruturados. São cautelosos na hora de contrair matrimônio, mas, tendo assumido um compromisso, permanecem fiéis a ele. E Deus proteja o cônjuge que for flagrado, ou mesmo que seja suspeito de infidelidade! O ciúme escorpiano já se tornou lendário. É tão intenso que consegue detectar o menor pensamento ou intenção de infidelidade, o qual desencadeará tanta tempestade quanto a prática do ato em si.

O escorpiano costuma desposar alguém mais abastado do que ele. A intensidade do seu temperamento faz com que ele valha por dois, de modo que tende a buscar parceiros pacatos, amistosos, estáveis e trabalhadores. Ele quer alguém com quem possa contar, alguém leal, para acompanhá-lo nas batalhas da vida. Para um escorpiano, um parceiro — seja amante ou amigo — é um companheiro, não um adversário. Os escorpianos buscam aliados, não competidores.

Se estiver apaixonado por um escorpiano, você precisará de muita paciência. Demanda muito tempo conhecê-lo, pois ele não se revela facilmente. Mas se você perseverar e se seus motivos forem louváveis, aos poucos ele permitirá que você penetre as câmaras secretas de sua mente e de seu coração.

VIDA DOMÉSTICA E FAMILIAR

Urano é o regente da Quarta Casa Solar de Escorpião, a Casa do Lar e da Vida Familiar. Urano é, também, o planeta da Ciência, da Tecnologia, das Mudanças e da Democracia. Isso fornece indícios interessantes da conduta escorpiana no lar e de como ele necessita agir para garantir uma vida doméstica feliz e harmoniosa.

Muitos escorpianos tendem a transferir seu arrebatamento passional e sua vontade férrea para o ambiente doméstico e familiar, cenário totalmente inadequado para tal tipo de manifestação. Esses traços de caráter são próprios em um soldado ou em um pioneiro desbravador, mas não em um provedor de família. Por isso, e também por sua necessidade de mudanças e de transformação, os nativos de Escorpião são propensos a mudanças súbitas de residência. Se não forem contidos com cuidado, os escorpianos — geralmente inflexíveis — podem causar muita turbulência e rebeliões no seio familiar.

Os nativos de Escorpião precisam desenvolver mais algumas qualidades aquarianas para poderem lidar melhor com os problemas domésticos. Devem aprender a cultivar o espírito de equipe e a tratar as atividades familiares como verdadeiras práticas de grupo, em que todos os membros possam opinar quanto ao que funciona e ao que não funciona. Pois, com frequência, os escorpianos se convertem em ditadores, e, quando isso acontece, eles ficam mil vezes piores do que um leonino ou um capricorniano (os outros dois signos de poder do Zodíaco). A ditadura escorpiana é mais intensa, passional, meditada, firme e centrada. Obviamente, isso é intolerável para os demais familiares, sobretudo para os mais sensíveis.

Para se beneficiarem do apoio emocional que a família oferece, os escorpianos precisam aprender a abrir mão do conservadorismo e a ser um pouco mais experimentais. Devem explorar novas formas de criar os filhos, procurar ser democráticos no lar e tentar administrar as situações por meio do consenso, não de editos autocráticos.

ESCORPIÃO
PREVISÃO ANUAL PARA 2021

TENDÊNCIAS GERAIS

A saúde e a energia estarão um pouco mais delicadas do que no ano passado, mas, no final do ano, tudo deverá melhorar. Siga as orientações que daremos mais adiante.

A situação familiar será importante em 2021, mas você viverá momentos bons e ruins. Haverá muita felicidade e muita decepção nessa área. A vida emocional também parece cheia de altos e baixos. Voltaremos a esse assunto em breve.

O ano de 2021 parece basicamente feliz, embora a energia pudesse estar melhor. Haverá mais diversão em sua vida entre 14 de maio e 29 de julho. Além disso, as mulheres em idade fértil ficarão férteis o ano inteiro.

Este será um excelente ano para os estudantes abaixo do nível superior. Essa tendência vem acontecendo há vários anos e continuará em 2021. As faculdades mentais e de comunicação vão aumentar nesses dias. Você deverá ter sucesso nos estudos. Além disso, você parece muito concentrado nessa área. Mesmo os que não estiverem na escola formalmente, vão ler e estudar mais, fazendo cursos sobre assuntos que os interessam. Alguns de vocês podem até dar aulas, seminários e workshops nas suas áreas de especialização.

O amor será igualmente complicado e empolgante. Os casados terão o casamento testado. Eles não precisam se separar (as estrelas impulsionam, mas não obrigam), mas será preciso fazer muito esforço para manter a relação. Os solteiros vão namorar e sair, mas o casamento não será aconselhável por mais alguns anos. Voltaremos a esse assunto em breve.

Teremos quatro eclipses neste ano, a quantidade usual. Dois deles vão ocorrer na Casa do Dinheiro: o eclipse lunar de 26 de maio e o eclipse solar de 4 de dezembro. Eles sinalizam mudanças importantes e dramáticas nas suas finanças. O eclipse lunar de 19 de novembro vai ocorrer na Sétima Casa (do Amor), testando ainda mais os relacionamentos existentes. O eclipse solar de 10 de junho acontecerá na Oitava Casa e poderá trazer encontros com a morte (geralmente em nível psicológico, não real) e talvez experiências de quase morte. Falaremos com mais detalhes sobre isso nos relatórios mensais.

As suas principais áreas de interesse para 2021 serão: comunicação e interesses intelectuais; lar e a família (muito importantes); crianças, diversão e criatividade; amor e romance.

Os caminhos de maior realização este ano serão: sexo, reinvenção e transformação pessoal, estudos sobre ocultismo; lar e a família (de 1º de janeiro a 14 de maio e de 29 de julho a 30 de dezembro); crianças, diversão e criatividade (de 14 de maio a 29 de julho e a partir de 30 de dezembro).

SAÚDE

(Esta é uma perspectiva astrológica sobre a saúde, não uma visão médica. No passado essas perspectivas eram idênticas, mas hoje podem ocorrer diferenças significativas. Para obter uma opinião com base em diagnósticos da medicina convencional, consulte seu médico ou um profissional da área da saúde.)

Conforme já mencionamos, a saúde estará mais delicada em 2021 do que no ano passado (e muito mais delicada do que nos últimos anos). Em boa parte do ano, três planetas lentos (Urano, Júpiter e Saturno) estarão em alinhamento tenso com você. Isso não é o suficiente para causar doenças, mas a energia em geral estará mais baixa do que o habitual. O problema deste ano é que a Sexta Casa (da Saúde) estará basicamente vazia, com apenas planetas rápidos passando por lá e causando efeitos de curto prazo. Você pode não estar prestando atenção suficiente à saúde, embora devesse fazer isso.

A boa notícia é que você pode fazer muito para melhorar a saúde e impedir o desenvolvimento dos problemas. Dê mais atenção às seguintes áreas, que são as mais vulneráveis do seu mapa.

Cólon, bexiga e órgãos sexuais. São sempre importantes para os nativos de Escorpião, pois estas áreas são regidas pelo seu signo. O sexo seguro e moderado é sempre importante para você. Uma desintoxicação do cólon com chás de ervas de vez em quando será uma boa ideia. Os reflexos aparecem em seu mapa.

Cabeça, rosto e couro cabeludo. São sempre importantes para o escorpiano porque Marte, seu Planeta da Saúde, rege essas áreas. Massagens no rosto e no couro cabeludo deverão fazer parte da sua rotina de saúde. A terapia craniossacral é excelente para a cabeça, pois as placas cranianas precisam se manter alinhadas.

Musculatura. Também é sempre importante para os nativos de Escorpião. Os músculos são regidos por Marte, seu Planeta da Saúde, Então, embora você não precise ser fisiculturista, ter um bom tônus muscular é importante. Exercícios físicos vigorosos de acordo com a sua idade e fase da vida também são importantes. Os músculos fracos ou flácidos podem tirar a coluna e o esqueleto do alinhamento e causar todo tipo de problema.

Glândulas suprarrenais. Também são sempre importantes para os escorpianos. Os reflexos aparecem em seu mapa. O importante aqui é minimizar a raiva e o medo, as duas emoções que estressam essas glândulas. A meditação será de grande ajuda nisso.

Coração. Ganhou importância desde março de 2019 e ficou ainda mais importante no ano passado, quando Saturno entrou em aspecto tenso com você. Os reflexos aparecem em seu mapa. Os curadores espirituais comprovam e parece haver consenso que o medo e a preocupação são as principais causas dos problemas cardíacos, portanto é melhor evitá-los. Cultive a fé. A meditação também vai ajudar muito nisso.

Marte é o seu Planeta da Saúde. É um planeta relativamente rápido. Ao longo de um ano, ele passa por nove signos e casas do seu mapa, portanto haverá muitas tendências de curto prazo na saúde que dependem de onde Marte está e dos aspectos que recebe. Isso será abordado com mais profundidade nos relatórios mensais.

LAR E FAMÍLIA

A Quarta Casa (do Lar e da Família) é de longe a mais forte do seu horóscopo este ano (embora pelo breve período de 14 de maio a 29 de julho, a Quinta Casa seja a mais forte, mas no geral a Quarta Casa será a mais poderosa), então você estará muito concentrado nessa área.

Emocionalmente, você parece dividido. Uma parte não se sente segura para expressar os sentimentos e tende a reprimi-los, enquanto a outra quer contar tudo. As duas partes estão em conflito: ora uma parte ganha, ora a outra domina. Com isso, você fica sujeito a mudanças de humor. Se não for você, os seus parentes estarão assim. Falaremos mais sobre isso na seção "Autoaperfeiçoamento".

Saturno está na Quarta Casa desde março do ano passado e ficará lá ao longo de 2021. Como Saturno é o seu Planeta da Comunicação, você parece atualizar os sistemas de comunicação em casa, instalando eletrodomésticos inteligentes ou novos equipamentos de comunicação. Além disso, haverá mais livros e revistas no lar e esse será um bom trânsito para quem estuda em casa. Você também poderá apresentar ou fazer palestras de casa. O lar será tanto escola quanto casa.

Júpiter passará a maior parte do ano na Quarta Casa, então uma mudança de endereço poderá acontecer, mas ela parece complicada e cheia de adiamentos. Ela será feliz, mas o processo não será tranquilo.

Júpiter é o seu Planeta das Finanças, então você vai gastar mais com o lar e a família. Muitas vezes ele mostra alguém que ganha dinheiro de casa, seja com um escritório ou empresa sediada no lar. As famílias e conexões familiares serão importantes nas finanças. A casa será igualmente lar e escritório.

Júpiter na Quarta Casa nem sempre significa uma mudança literal de endereço. Muitas vezes ele mostra a aquisição de uma segunda casa ou imóvel ou acesso a outras casas. O círculo familiar tende a se expandir. Geralmente isso acontece por meio de nascimentos ou casamentos, mas nem sempre. Às vezes, você conhece pessoas que são como uma família para você, preenchendo esse papel em sua vida.

Um pai, mãe, figura paterna ou materna parece excessivamente controlador e pessimista, mas essa figura vai prosperar este ano e parece generoso com você. Essa pessoa pode se mudar bastante, morando em vários locais e levando uma vida nômade. Poderá haver várias mudanças ou reformas em casa.

Irmãos ou figuras fraternas podem vir morar com você. Essa figura age de maneira maternal ou paternal em relação a você e vai prosperar. Uma mudança de endereço será mais provável em 2022 do que em 2021.

Os filhos e figuras filiais em sua vida vão viajar mais em 2021 (e mais ainda no ano que vem). Eles vão viver bem, mas uma mudança de endereço não parece provável este ano (embora não haja nada contra isso). Os netos (casos você os tenha) terão um ano familiar do tipo *status quo*.

Reformas podem acontecer a qualquer momento este ano, mas entre 20 de janeiro e 19 de fevereiro parece melhor para isso. Se você estiver embelezando, redecorando ou comprando objetos de beleza para o lar, entre 1º e 25 de fevereiro será o melhor momento para isso, pois o seu senso estético estará bom.

DINHEIRO E CARREIRA

Embora sua Casa do Dinheiro esteja vazia (apenas planetas rápidos vão passar por lá em 2021, com pouco impacto), este ano parece próspero.

O seu Planeta das Finanças (Júpiter) estará na Quarta Casa por boa parte do ano. Conforme já mencionamos, você vai gastar mais com o lar e a família, provavelmente comprando objetos caros para casa e talvez até fazendo uma reforma. Alguns de vocês vão comprar mais imóveis. Você parece generoso com os familiares e eles vão retribuir. Haverá bom apoio familiar este ano, bem melhor que no ano passado.

O Planeta das Finanças na Quarta Casa favorece investimentos em imóveis residenciais, empresas do ramo alimentício, restaurantes, hotéis, motéis e empresas que atendem aos proprietários de imóveis. Também favorece certas profissões, como psicologia e outras formas de terapia emocional, além de contribuir para empresas familiares ou empresas que operam como uma família. A família e as conexões familiares serão importantes na sua vida financeira. Eles parecem desempenhar papel fundamental nessa área.

Júpiter no signo de Aquário favorece o setor de tecnologia, empresas envolvidas com computadores, softwares, criação de apps, invenções ou inovações. Favorece também as companhias aéreas e a indústria do turismo.

O Planeta das Finanças em Aquário mostra uma abordagem mais experimental nas finanças. Você está pronto para jogar as regras para o alto e ver o que funciona para você, por meio de tentativas e erros. Isso também favorece as startups.

Júpiter vai entrar na Quinta Casa de 14 de maio a 29 de julho e voltar no fim do ano, em 30 de dezembro. Este será um trânsito financeiro muito feliz para você, pois indica a entrada de dinheiro feliz, que é ganho de modo prazeroso. Talvez você faça um contato importante em uma festa, no cinema ou campo de golfe, talvez você atenda bem os clientes e faça com que eles se sintam bem. Você vai gostar do ato de ganhar dinheiro e vai gastá-lo em coisas que trazem felicidade, no lazer e em atividades divertidas. Você vai apreciar a riqueza que tem. Este também é um aspecto maravilhoso para especulações. (O ano que vem também será assim.) Contudo, especule apenas a partir da intuição, não faça isso automaticamente.

O Planeta das Finanças em Peixes (entre 14 de maio e 29 de julho e a partir de 30 de dezembro) dá uma excelente intuição financeira. Preste atenção aos sonhos. As informações financeiras podem vir de formas espirituais, por meio de astrólogos, leitores de tarô e canais espirituais.

AMOR E VIDA SOCIAL

A vida amorosa em 2021 deve ser lida em dois níveis. Os jovens e solteiros que não desejam compromisso sério terão uma vida amorosa e social fantástica este ano, mas para nativos de Escorpião mais velhos e que estão em relacionamentos sérios, a vida amorosa será fortemente testada.

Se você estiver no primeiro grupo, o amor será prazeroso e empolgante. É fato que haverá instabilidade e os relacionamentos poderão acabar por qualquer motivo, mas sempre haverá novas oportunidades, muitas vezes melhores. O amor poderá acontecer a qualquer momento, em qualquer lugar e das formas mais inesperadas. Será um ciclo para ganhar experiência, experimentar e aprender sobre o amor por meio de tentativas e erros. Você ainda não está pronto para se comprometer, e muito menos as pessoas com quem você se envolver. E nem deveria. Sempre que você pensa que encontrou a pessoa dos seus sonhos, aparecerá outra ainda melhor

Urano está na Sétima Casa (do Amor) desde março de 2019. Urano rege a Quinta Casa (da Diversão), então o amor será divertido e libertador, mas não necessariamente ligado a compromisso. Você será melhor nos casos amorosos do que nos relacionamentos sérios. Não há nada errado nisso, é apenas o ciclo em que você está agora. Você se sentirá atraído por pessoas divertidas, que podem oferecer bons momentos e fazem você rir.

Se você está na segunda categoria, a situação é mais séria. O seu relacionamento ou casamento será testado e muitas vezes haverá términos. Não precisa ser assim e eu já vi relacionamentos sobreviverem a esse tipo de trânsito, mas poucos estão dispostos a fazer o esforço e os sacrifícios necessários para que tudo dê certo.

Com Urano na Sétima Casa a longo prazo (ele ficará lá por vários anos), você vai gostar de amigos e relacionamentos pouco convencionais. A pessoa amada ou amiga precisa ser fora do comum, um pouco rebelde. Você vai girar em torno de inventores, cientistas, astrônomos, astrólogos, pessoas ligadas aos meios de comunicação e à tecnologia. Fazer algo não convencional com a pessoa amada poderá salvar relacionamentos com problemas. Será preciso trazer um pouco de empolgação e mudança ao relacionamento.

Urano na Sétima Casa também mostra que as oportunidades românticas poderão acontecer na internet, em sites de namoro ou redes sociais. O romance poderá acontecer de forma tecnológica.

Vênus é o seu Planeta do Amor. Como nossos leitores assíduos já sabem, é um planeta rápido. Todo ano ele passa por todos os signos e casas do seu mapa. Portanto, haverá muitas tendências de curto prazo que dependem de onde Vênus está e dos aspectos que recebe. Isso será abordado com mais profundidade nos relatórios mensais.

O casamento não é recomendável para os solteiros, conforme já mencionamos. Você parece precisar de um período de experimentação para descobrir o que realmente deseja, e é exatamente isso que vai acontecer.

AUTOAPRIMORAMENTO

Escorpião é um signo fixo. Em geral, eles não se sentem confortáveis com mudanças. (Os nativos do signo podem não seguir esta regra, de acordo com o mapa astral personalizado, mas estamos falando em termos genéricos.) Eles gostam de rotina e previsibilidade. Agora, com Urano, na Sétima Casa (do Amor e da Vida Social), a previsibilidade voou pela janela. A única regra em termos sociais é a mudança, então a lição espiritual a ser aprendida este ano (e por vários anos) é aprender a aceitar a mudança, não resistir a ela. Quando Urano passar por esse trânsito, você estará em um círculo social inteiramente novo. Seja amigo da mudança.

Netuno está na Quinta Casa desde 2012 e continuará lá por muitos anos, então os filhos ou figuras filiais em sua vida vão passar por uma transformação espiritual e terão experiências do tipo sobrenatural. Os seus sonhos serão vívidos e reveladores. (A vida onírica provavelmente será mais interessante do que a vida desperta). Isso precisa ser entendido e alimentado. Ouça o que eles têm a dizer, não julgue. Estimule a prática espiritual deles.

Nós já mencionamos os seus altos e baixos emocionais. Uma parte de você quer reprimir os verdadeiros sentimentos, geralmente por não achar seguro expressá-los, enquanto outra parte quer expressar tudo. Esses dois lados estão em guerra. Às vezes, você reprime; às vezes, expressa demais. O que você precisa é de um uma metodologia para expressar (descarregar) sentimentos negativos de modo a não fazer mal a ninguém. Não é possível reprimir os sentimentos por muito tempo, pois eles vão acabar se expressando e geralmente de modo desproporcional ao evento que os originou. Existem técnicas espirituais para descarregar sentimentos negativos. Uma delas é a escrita. Escreva exatamente o que incomoda você. Após meia hora fazendo isso, jogue o papel fora sem reler. Outro método é o de "tocar e abrir mão". Em um pedaço de papel, escreva algumas frases curtas relatando problemas que o afligem (use lápis, não caneta). Depois toque o papel e "abra mão" dele (abaixe as mãos e depois levante-as). Faça isto por vinte a trinta minutos sempre que se aborrecer com algo. Assim, você vai descarregar boa parte da negatividade e vai se sentir muito melhor (é como um movimento intestinal psíquico). Quando terminar, jogue o papel fora. Repita tudo isso conforme necessário.

Para saber mais sobre esses métodos, você pode ler meu livro *A Technique for Meditation* (capítulos 2 e 3) ou visitar meu blog [em inglês] em *www.spiritual-stories.com.*

PREVISÕES MENSAIS

JANEIRO

Melhores dias: 7, 8, 16, 17, 26, 27
Dias mais tensos: 1º, 2, 14, 15, 21, 22, 28, 29
Melhores dias para o amor: 2, 10, 21, 22, 30, 31
Melhores dias para o dinheiro: 5, 9, 10, 14, 23, 24
Melhores dias para a carreira: 1º, 2, 3, 4, 12, 13, 23, 28, 29

Você começará o ano com o lado noturno, a metade inferior do seu horóscopo dominante, então o foco estará menos na carreira e mais no lar, na família e no bem estar emocional. No dia 20 você entrará na meia--noite do seu ano, simbolicamente falando. À meia-noite, geralmente o corpo está quieto e o sono é profundo, as ações que acontecem são todas internas (e existem ações poderosas acontecendo). O corpo está sendo preparado, reparado e energizado para o dia seguinte, então esse é o momento para esses tipos de atividades. Você está construindo a infraestrutura psicológica para o sucesso da carreira mais adiante, ainda em

2021. Embora a carreira não seja o foco, haverá novidades positivas nessa área entre os dias 13 e 15 e entre 28 e 30.

A saúde precisará de mais cuidados a partir do dia 20, então descanse e relaxe mais. Mantenha a energia em alta. O seu Planeta da Saúde vai entrar na Sétima Casa no dia 7, então a boa saúde para você vai significar uma vida amorosa e social saudável. Caso surjam problemas nessa área, restaure a harmonia o mais rapidamente possível. Melhore a saúde das formas mencionadas no relatório anual, mas a partir do dia 7 dê mais atenção ao pescoço e à garganta. Massagens no pescoço e terapia craniossacral serão bons.

Este mês deverá ser próspero, mas não de um jeito súbito, e sim constante e metódico. O seu Planeta das Finanças viaja com Saturno, então o julgamento financeiro será bom e conservador, com os pés no chão. Isso será muito bom para poupar, fazer planos de investimento a longo prazo e segui-los à risca. É uma questão de construir riqueza para o futuro. O Sol vai viajar com o seu Planeta das Finanças entre os dias 28 e 30, aumentando os ganhos. O dinheiro virá da sua boa reputação profissional e talvez haja um aumento de salário (oficial ou não). O dinheiro também poderá vir do governo. Além disso, os chefes, um pai, mãe, figura paterna ou materna e figuras de autoridade em sua vida vão apoiar seus objetivos financeiros.

O amor será altamente instável a longo prazo, mas os solteiros poderão aproveitar as oportunidades que surgirem sem fazer planos para o futuro. O seu Planeta do Amor estará na Casa do Dinheiro até o dia 9, portanto a riqueza será atraente para você e presentes materiais serão excitantes. As oportunidades românticas virão enquanto você busca seus objetivos financeiros ou com pessoas envolvidas nas suas finanças.

Vênus vai entrar em Capricórnio (sua Terceira Casa) no dia 9 e ficará lá pelo resto do mês, indicando oportunidades românticas na escola, palestras, seminários, livrarias e no seu bairro. Não será preciso ir longe para encontrar o amor, pois ele estará bem perto de você, talvez com um vizinho.

FEVEREIRO

Melhores dias: 4, 5, 13, 14, 23, 24
Dias mais tensos: 11, 12, 18, 19, 25, 26

Melhores dias para o amor: 2, 10, 11, 18, 19, 20, 21
Melhores dias para o dinheiro: 2, 3, 6, 7, 11, 20, 21
Melhores dias para a carreira: 2, 3, 11, 23, 25, 26

A ação este mês estará na Quarta Casa (do Lar e da Família), pois sessenta por cento dos planetas estará lá ou passando por lá em fevereiro, o que é uma grande porcentagem. A família (e o mais importante: seu bem-estar emocional) vai determinar tudo em sua vida. Mantenha a harmonia familiar e o estado emocional certo, e o amor e o dinheiro virão naturalmente.

Como em janeiro, este será um mês para fazer progressos psicológicos. Os que estiverem envolvidos em terapias formais terão grandes avanços, mas boa parte da cura emocional vai acontecer mesmo se você não fizer terapia formal. O cosmos vai cuidar disso. Quando a Quarta Casa está forte, o passado está bem perto de nós: antigas lembranças surgem aparentemente do nada e tendemos a reviver essas memórias. Há uma sensação de nostalgia e as pessoas tendem a gostar de livros, séries e documentários históricos. Você também viverá isso no amor. Muitas vezes uma antiga paixão reaparece em sua vida. Pode não ser uma pessoa específica, mas alguém que tenha as mesmas qualidades. Em geral, isso serve apenas para curar e resolver antigas feridas, e este é o objetivo. O mesmo vale para as lembranças que ressurgem: olhe para elas a partir do seu estado atual de consciência e deixe que os sentimentos venham à tona. Assim, você conseguirá reinterpretar o evento de um jeito mais realista. Você não vai reescrever o passado, apenas mudar a sua interpretação sobre ele. Quando você tinha quatro ou cinco anos, interpretou o evento da perspectiva de uma criança. Agora você verá que teve um significado totalmente diferente. (E daqui a vinte anos você poderá reinterpretá-los de outra forma).

Haverá uma oportunidade amorosa e financeira muito feliz entre os dias 8 e 11.

A saúde continuará delicada até o dia 18, pois haverá muito estresse planetário em você. Como sempre, é importante descansar muito, pois esta é a primeira defesa contra as doenças. Melhore a saúde das formas mencionadas no relatório anual. Além disso, como no mês passado, massagens no pescoço e na garganta e terapia craniossacral serão boas.

Você pode querer mergulhar em rios ou lagos com alto teor de minerais (que são do elemento terra). Se isso não for prático para você, compre os minerais e acrescente-os à água do banho.

MARÇO

Melhores dias: 3, 4, 12, 13, 22, 23, 30, 31
Dias mais tensos: 9, 10, 16, 17, 18, 24, 25
Melhores dias para o amor: 3, 4, 12, 13, 16, 17, 18, 24
Melhores dias para o dinheiro: 1º, 2, 5, 6, 9, 10, 19, 20, 28, 29
Melhores dias para a carreira: 3, 4, 12, 13, 24, 25

O ímpeto planetário está majoritariamente avançado, pois todos os planetas estarão se movendo para a frente este mês. Além disso, a entrada do Sol em Áries no dia 20 marca o começo da melhor energia inicial do ano. Portanto, março será um bom mês para lançar projetos e empreendimentos. Entre os dias 20 e 28 será especialmente bom para isso, por ser o período da Lua Crescente. Haverá muito poder por trás dos seus esforços.

O Sol entrou na Quinta Casa no dia 18 de fevereiro e você começou um ápice anual de prazer pessoal que continuará até o dia 20. Portanto, este será um ótimo período para atividades de lazer e para fazer o que você gosta. A hora de trabalhar virá (a partir do dia 20), mas agora é o momento de se divertir.

A saúde e energia começaram a melhorar no dia 18 de fevereiro e continuam melhorando ao longo do mês. Ainda existem três planetas lentos alinhados contra você, mas o estresse dos planetas rápidos já foi embora. Tudo é relativo: comparada ao mês passado, a energia está altíssima.

O seu Planeta da Saúde (Marte) vai entrar em Gêmeos (sua Oitava Casa) no dia 14, então a saúde poderá ser melhorada das formas apresentadas no relatório anual, e também por meio de massagens nos braços e nos ombros. Massagens no ponto do reflexo pulmonar (veja o mapa de reflexologia no relatório anual) também serão de grande ajuda. Você sempre se beneficia de regimes de desintoxicação e isso será ainda mais forte a partir do dia 14.

O amor será feliz este mês, mas não sério (o que é bom, em minha opinião). Será mais uma questão de casos amorosos do que compromisso sério, mas ainda parece prazeroso. Haverá um encontro romântico feliz no dia 14 ou 15.

Com oitenta e às vezes noventa por cento dos planetas no setor social ocidental do seu mapa, você estará em um forte período social, em que os outros virão em primeiro lugar. O seu modo de agir provavelmente não será o melhor nesses dias. Deixe de lado a sua vontade e permita que outros ajam do jeito deles, desde que não seja destrutivo. Tire férias de si mesmo. Este foco nos outros não faz de você um santo, é apenas o ciclo em que você está agora.

Júpiter, seu Planeta das Finanças, ainda está perto de Saturno, mas não tanto quanto nos últimos meses, então os ganhos virão mais rapidamente. Haverá menos medo nas finanças. A tecnologia e o mundo da internet vão gerar lucros. Também será bom para fazer dinheiro de casa. O apoio familiar será bom, embora provavelmente seja condicional.

ABRIL

Melhores dias: 8, 9, 18, 19, 27, 28
Dias mais tensos: 6, 7, 13, 14, 20, 21
Melhores dias para o amor: 1º, 2, 11, 12, 13, 14, 23, 24
Melhores dias para o dinheiro: 1º, 2, 7, 16, 17, 26, 29, 30
Melhores dias para a carreira: 1º, 2, 11, 12, 20, 21, 23

O Sol continuará em Áries até o dia 20 e todos os planetas estarão se movendo para a frente até o dia 27, então continua sendo um ótimo período para começar projetos ou empreendimentos. Entre os dias 12 e 20 será o melhor momento do mês para isso porque é a fase da Lua Crescente.

A saúde precisará de mais atenção em abril, especialmente a partir do dia 20. Os planetas rápidos estão se juntando aos planetas lentos em uma matriz estressante para você, então descanse bastante. Tente agendar mais massagens ou outros tratamentos nesse período. Se possível, passe um tempo em um spa para cuidar da saúde (seria um encontro romântico interessante, por sinal). Melhore a saúde das formas mencionadas no relatório anual. Como no mês passado, continue a massagear os braços e ombros (até o dia 24). A massagem no ponto do reflexo pulmonar também será boa até o dia 24. (Veja o mapa no relatório anual.) Além disso, Marte (seu Planeta da Saúde) vai entrar em Câncer no dia 24, então a alimentação precisará de mais cuidados. É importante se alimentar corretamente. Massagens no ponto do reflexo estomacal (veja o mapa no relatório anual) também são recomendáveis. Além disso, é importante manter a harmonia emocional.

A boa notícia é que haverá um grande foco na saúde até o dia 20. Podemos dizer que ela será a sua carreira e missão nesse período. Este foco vai ajudar você mais tarde (é como ter créditos de saúde na sua conta cósmica). Quem procura emprego terá boa sorte este mês, pois haverá múltiplas oportunidades de trabalho disponíveis. Você tem um profissionalismo muito grande e os superiores vão notar isso, o que vai ajudar a carreira.

O Sol entra na Sétima Casa (do Amor) no dia 20, marcando o início de um ápice amoroso e social anual. A Sétima Casa será facilmente a mais forte do horóscopo, pois quarenta e às vezes cinquenta por cento dos planetas estarão lá ou passarão por lá. Portanto, este será um forte período social. Embora o casamento não seja provável, os solteiros vão namorar mais e todos vocês vão frequentar mais festas e reuniões sociais. Como já mencionamos, o problema no amor será a instabilidade. Se você puder lidar com o fato de que o amor vem e vai, será um período divertido.

O Sol é o seu Planeta da Carreira, então a mensagem do horóscopo é progredir na carreira pelos meios sociais. Frequente as festas e reuniões sociais certas ou seja anfitrião delas. As suas habilidades sociais talvez sejam tão importantes quanto as profissionais. Além disso, boa parte da sua socialização parece relacionada à carreira.

As finanças ficarão mais estressantes após o dia 20. Os ganhos vão acontecer, mas será preciso muito trabalho e esforço para isso, pois haverá mais desafios a enfrentar.

MAIO

Melhores dias: 5, 6, 15, 16, 24, 25
Dias mais tensos: 3, 4, 10, 11, 18, 19, 30, 31

Melhores dias para o amor: 1º, 2, 10, 11, 13, 22, 23
Melhores dias para o dinheiro: 4, 14, 15, 24, 26, 27
Melhores dias para a carreira: 1º, 2, 10, 11, 18, 19, 22, 30

A saúde ainda precisará de cuidados até o dia 21. Reveja nossa discussão sobre isso no mês passado. A boa notícia é que a saúde e a energia vão melhorar dramaticamente a partir do dia 21.

Muitas mudanças vão acontecer em maio. A entrada de Júpiter em Peixes no dia 14 alivia um pouco da pressão sobre a saúde e também mostra dinheiro feliz e aumento nos ganhos. Este mês deverá ser próspero. A intuição para as finanças estará excelente e haverá mais sorte em especulações. Você vai apreciar a riqueza que tem e vai gastar de forma divertida e prazerosa. Os que trabalharem com artes criativas vão achar o trabalho mais vendável.

O eclipse lunar do dia 26 acontece na Casa do Dinheiro, então você vai tomar decisões financeiras importantes. Os eventos do eclipse mostram a necessidade de fazer mudanças de rumo nas finanças. Todo eclipse lunar afeta os universitários, então haverá mudanças nos planos educacionais e talvez de escola. Além disso, haverá momentos dramáticos na escola e no seu local de culto. As suas crenças religiosas, teológicas e filosóficas serão testadas, e isso continuará por mais alguns meses. Algumas serão modificadas, outras serão descartadas. Isso é importante, pois a nossa filosofia determina a forma de viver e mudanças nessa área afetam a vida inteira. Não é aconselhável viajar durante o período do eclipse. Se for preciso, marque para antes ou depois dele. Os irmãos e figuras fraternas farão mudanças espirituais. Haverá abalos nas organizações espirituais ou de caridade nas quais você está envolvido. O cônjuge, parceiro ou interesse amoroso atual poderá ter encontros psicológicos com a morte e talvez uma cirurgia seja recomendada. Os filhos e figuras filiais terão mudanças na carreira. Elas parecem positivas, mas serão tumultuadas.

Haverá um encontro romântico feliz no dia 6 ou 7, quando Vênus forma aspectos lindos com Plutão. A única questão será a estabilidade na vida romântica. O seu Planeta do Amor (Vênus) ficará "fora dos limites" a partir do dia 25, indicando que você estará fora da esfera normal na vida amorosa.

O Sol vai entrar na Oitava Casa no dia 21 e ficará lá pelo resto do mês, indicando envolvimento na renda do cônjuge, parceiro ou interesse amoroso atual e você considera esse envolvimento como sua missão. A Oitava Casa (sua casa favorita) ficará poderosa após o dia 21. Ela favorece todas as atividades ligadas ao signo de Escorpião: sexo, dinheiro alheio, transformação e reinvenção pessoal, além de estudos sobre ocultismo.

JUNHO

Melhores dias: 1º, 2, 3, 11, 12, 13, 20, 21, 29, 30
Dias mais tensos: 6, 7, 8, 14, 15, 26, 27
Melhores dias para o amor: 6, 7, 8, 11, 12, 21
Melhores dias para o dinheiro: 1º, 11, 20, 22, 23, 27
Melhores dias para a carreira: 14, 15, 18, 19, 27

A atividade retrógrada aumenta este mês. No final do mês, quarenta por cento dos planetas estarão retrógrados, então tudo vai desacelerar na sua vida e no mundo. A atividade retrógrada aumentará ainda mais nos próximos meses. É preciso ter mais paciência.

Embora junho seja basicamente feliz e saudável, um eclipse solar no dia 10 dá um pouco de tempero ao mês. Este eclipse acontece na Oitava Casa, podendo trazer encontros psicológicos com a morte ou experiências de quase morte. (Os nativos de Escorpião lidam com isso melhor do que a maioria das pessoas, pois a morte é de grande interesse para eles.) Mas às vezes até os escorpianos precisam ser lembrados de que a vida é curta, pode acabar a qualquer momento e é preciso agir e trabalhar no que você nasceu para fazer. Todo eclipse solar afeta a carreira e este não será diferente. Vão acontecer mudanças na vida profissional. Além disso, poderá haver abalos em sua empresa ou ramo de trabalho e o governo pode mexer em algumas leis que afetam a sua profissão, mudando as regras do jogo. Haverá momentos dramáticos na vida de chefes, um pai, mãe, figura paterna ou materna, as figuras de autoridade em sua vida. Como este eclipse outros dois planetas, Mercúrio e Netuno, outras áreas da sua vida também serão afetadas. Os filhos e figuras filiais poderão viver momentos dramáticos do tipo divisor de águas, portanto eles devem fazer uma agenda reduzida durante o eclipse. Os amigos também parecem afetados e vivendo momentos dramáticos. Os equipamentos tecnológicos podem se comportar de modo errático, muitas vezes exigindo reparos ou substituições. Além disso, o cônjuge, parceiro ou interesse amoroso atual terá alguns problemas financeiros e precisará mudar de rumo nas finanças. Seu parceiro poderá viver momentos dramáticos com um pai, mãe, figuras paternas ou maternas. Os irmãos e figuras fraternas poderão mudar de emprego. Haverá perturbações no local de trabalho. Eles ou elas vão mudar a rotina de saúde nos próximos meses.

A carreira está ficando cada vez mais importante. O lado superior diurno do seu mapa agora está dominante. Marte vai entrar na Décima Casa (da Carreira) no dia 12, indicando muita atividade nessa área e também que o seu profissionalismo será importante para o sucesso. Vênus (seu Planeta do Amor) também vai entrar na Décima Casa no dia 27. Isso é bom para a vida amorosa, pois mostra grande foco nessa área, e também mostra que suas habilidades sociais serão tão importantes quanto as profissionais em termos de progresso na carreira.

JULHO

Melhores dias: 8, 9, 10, 18, 19, 26, 27
Dias mais tensos: 3, 4, 5, 11, 12, 24, 25, 31
Melhores dias para o amor: 1º, 2, 3, 4, 5, 12, 21, 31
Melhores dias para o dinheiro: 8, 18, 20, 21, 26
Melhores dias para a carreira: 8, 9, 11, 12, 19, 28, 29

A carreira será o principal foco do mês. Ela é facilmente a casa mais forte do mapa em julho. Quarenta e às vezes cinquenta por cento dos planetas estarão lá ou passando por lá, então este mês será bem-sucedido. A carreira merece a sua atenção em julho, mas haverá alguns momentos dramáticos em casa que também vão exigir sua atenção. Marte forma aspectos dinâmicos com Urano nos diais 3 e 4, então um pai, mãe, figura paterna ou materna precisará ter mais cuidado no plano físico e talvez seja preciso fazer reparos em casa. Saturno forma aspectos tensos com Urano o mês inteiro. Poderá haver sentimento de depressão e de que não é seguro expressar os verdadeiros sentimentos. Lide com isso, mas volte à carreira. Ter sucesso no mundo será a melhor forma de servir a sua família agora.

A saúde precisará de muito mais cuidados este mês, especialmente após o dia 23. Muitos planetas estão em alinhamento tenso com você, então procure descansar bastante, como sempre. Melhore a saúde das formas mencionadas no relatório anual. Com seu Planeta da Saúde em Leão quase o mês inteiro, dê atenção especial ao ponto do reflexo cardíaco (mostrado no relatório anual). Massagens no peito também serão boas.

O seu Planeta do Amor, Vênus, estará na Décima Casa (da Carreira) até o dia 22. Uma parte desse tópico foi discutida no mês passado. Os solteiros vão ficar atraídos por pessoas de poder e prestígio e vão conhecer esse tipo de gente em termos sociais (e talvez românticos). Poder e status serão excitantes no amor e você vai gravitar em torno de pessoas que podem ajudar na sua carreira. Muitas vezes isso mostra oportunidades românticas com chefes e uma tendência a ter relacionamentos de conveniência em vez do amor verdadeiro. Como aconteceu no mês passado, boa parte da socialização está relacionada à carreira e suas habilidades sociais podem ser tão importantes quanto as habilidades profissionais.

Vênus vai entrar na sua Décima Primeira Casa (dos Amigos) no dia 22 e as atitudes em relação ao amor serão mais igualitárias. Você quer tanto amizade quanto amor da pessoa que você ama. Isso favorece um relacionamento entre iguais, mas é preciso ter cuidado com os obstáculos. Vênus não fica muito confortável em Virgem, deixando você muito crítico e analítico. Há uma sensação de perfeccionismo no amor que poucos mortais conseguem corresponder, então cuidado com a tendência a julgar e criticar, até internamente. Entenda que a perfeição não é algo que recebemos em uma bandeja de prata, e sim algo que criamos gradualmente. Desde que o seu relacionamento esteja melhorando, você estará no caminho para a perfeição, embora ainda não tenha chegado lá.

AGOSTO

Melhores dias: 5, 6, 14, 15, 22, 23
Dias mais tensos: 1º, 7, 8, 20, 21, 27, 28
Melhores dias para o amor: 1º, 11, 20, 27, 28, 30, 31

Melhores dias para o dinheiro: 1º, 13, 16, 17, 21, 31
Melhores dias para a carreira: 7, 8, 17, 26

Júpiter (seu Planeta das Finanças) voltou para a Quarta Casa no dia 29 de julho e vai continuar lá até 30 de dezembro, então o dinheiro será ganho de casa e no mundo da internet. Você vai gastar com o lar e a família, mas os parentes e conexões familiares continuam muito importantes na sua vida financeira. Mais uma vez, isso favorece os imóveis residenciais, hotéis, motéis, restaurantes, empresas do ramo alimentício e que atendem aos proprietários de imóveis. Os que forem terapeutas psicológicos terão sucesso agora.

A saúde exige cuidados até o dia 23. Felizmente, haverá melhora depois disso. A saúde continuará precisando de cuidados, mas o estresse será bem menos intenso após o dia 23. O seu Planeta da Saúde (Marte) passará o mês em Virgem (o que é um bom sinal) e também estará no signo da saúde, então haverá grande foco nessa área. Além das formas mencionadas no relatório anual, agosto será bom para fazer massagens no reflexo do intestino delgado (mostrado no mapa de reflexologia no relatório anual).

Vênus continuará em Virgem até o dia 16, então lembre-se da nossa discussão sobre isso no mês passado. Quando Vênus entrar no próprio signo e casa no dia 16, o seu magnetismo amoroso e social vai aumentar. Você e a pessoa com quem estiver envolvido serão românticos, pois ambos vão agir com o coração mais do que com a cabeça. Até o dia 16, as oportunidades românticas acontecem na internet ou enquanto você se envolve com grupos e atividades em grupo. Os amigos poderão até bancar o cupido durante esse trânsito. Às vezes, um relacionamento que você considerava amizade tem potencial para ser mais do que isso.

Quando Vênus entrar na Décima Segunda Casa (da Espiritualidade) após o dia 16, as oportunidades amorosas acontecerão em ambientes espirituais, como seminários de meditação, palestras espirituais, eventos de caridade e similares. A compatibilidade espiritual se tornará muito importante. Quase todos os problemas poderão se resolver caso haja compatibilidade nessa área. Sem ela, quase nada se resolve.

O solstício de Vênus coincide com a entrada do planeta em Libra, que acontece entre os dias 16 e 19. Ele faz uma pausa no céu (em movimento latitudinal) e depois muda de direção, então haverá uma pausa seguida de mudança de rumo na sua vida social.

A Décima Primeira Casa estará muito forte a partir do dia 23, então este será um bom período para aumentar o conhecimento nas áreas de ciência, astronomia e astrologia. Muitas pessoas fazem o mapa astral durante esse tipo de trânsito. Geralmente é um bom período para comprar equipamentos tecnológicos, mas seu Planeta das Finanças continua retrógrado (junto com vários outros planetas), então é melhor pesquisar agora e deixar as compras para depois.

SETEMBRO

Melhores dias: 1º, 2, 10, 11, 19, 20, 29, 30
Dias mais tensos: 4, 5, 17, 18, 24, 25
Melhores dias para o amor: 9, 19, 24, 25, 29, 30
Melhores dias para o dinheiro: 9, 12, 13, 18, 27
Melhores dias para a carreira: 4, 5, 6, 7, 15, 26

A atividade retrógrada chega ao máximo para este ano a partir do dia 27. Sessenta por cento dos planetas vão se mover para trás, mas antes disso a atividade retrógrada já estará intensa, com cinquenta por cento dos planetas andando para trás. Os eventos desaceleram ainda mais e o progresso dos seus objetivos será mais lento. Com tantos movimentos retrógrados acontecendo, o cosmos está estimulando você (e todo mundo) a ser perfeito em tudo o que fizer. Confira se você escreveu o endereço correto ao mandar uma carta ou e-mail e se os cheques ou envelopes de depósito estão preenchidos corretamente. Os pequenos detalhes da vida são importantes. Evite os atalhos. Sim, isso deixará você mais lento, mas vai minimizar os problemas e atrasos. (E muitos vão acontecer mesmo assim.)

Setembro será um mês muito espiritual. Isso vale para o mês inteiro, mas especialmente após o dia 22. De certa forma, isso é muito bom. As portas para o mundo exterior podem estar temporariamente fechadas, mas as portas espirituais estão sempre abertas. Portanto, se houver atrasos em várias áreas da vida, trabalhe para resolvê-los por meio da oração e meditação, isso vai ajudar. Este será o mês para fazer estudos espirituais, ler as sagradas escrituras, meditar e contemplar. Aproveite o mês para fazer transformações interiores, que sempre precedem os avanços mundanos.

Os ganhos serão bons este mês. Talvez haja alguns problemas e atrasos, mas as notícias serão boas na área financeira, pois Júpiter está recebendo aspectos muito bons. As finanças serão melhores após o dia 22 do que antes, então tenha paciência.

Marte (seu Planeta da Saúde) vai entrar na Décima Segunda Casa no dia 5. A saúde poderá ser melhorada com técnicas de cura espiritual. Se você estiver indisposto, um curador espiritual poderá ajudar. A saúde também poderá ser melhorada com massagens nos quadris e no ponto do reflexo renal (veja o mapa de reflexologia no relatório anual).

Vênus vai entrar em seu signo no dia 11. Este será um trânsito maravilhoso para o amor. Em primeiro lugar, você terá boa aparência e vai se vestir com mais estilo. Haverá mais glamour em sua imagem. Além disso, mostra que o amor vai procurar você. Basta estar presente. Será um amor "sem esforço". Se você estiver envolvido com alguém, essa pessoa estará totalmente dedicada a você e do seu lado, colocando os seus interesses acima dos próprios. O único problema no amor será a estabilidade (como já vem acontecendo há vários anos), mas independentemente de ser estável ou não, será divertido.

OUTUBRO

Melhores dias: 8, 9, 16, 17, 26, 27
Dias mais tensos: 1º, 2, 14, 15, 21, 22, 28, 29, 30
Melhores dias para o amor: 10, 18, 19, 21, 22, 29, 30
Melhores dias para o dinheiro: 6, 7, 10, 11, 15, 24, 25
Melhores dias para a carreira: 1º, 2, 5, 6, 14, 15, 26, 28, 29, 30

O poder planetário agora está em sua posição oriental máxima no mapa. Isso também vai acontecer em novembro, então você estará no ponto máximo de independência para 2021. Outras pessoas certamente são importantes e você precisa levar os interesses e opiniões delas em conta (o seu setor social ocidental continuará forte), mas haverá liberdade para agir do seu jeito. Você já teve anos de mais independência pessoal, mas para 2021 o momento é agora, então faça as mudanças necessárias. Com esse tipo de equilíbrio entre o Leste ("eu") e Oeste (os outros), você provavelmente vai oscilar entre seguir os próprios desejos e a preocupação com os outros.

Embora ainda existam três planetas lentos em alinhamento tenso com você (isso não vai mudar até o fim do ano), os planetas rápidos estão em harmonia com você. A saúde e a energia deverão estar boas nos padrões de 2021. As técnicas de cura espiritual continuam poderosas o mês inteiro. O seu Planeta da Saúde estará na Décima Segunda Casa (da Espiritualidade) até o dia 31. Além disso, será bom massagear os quadris e o ponto do reflexo renal, conforme discutimos mês passado.

Vênus (seu Planeta do Amor) ficará "fora dos limites" a partir do dia 11, mostrando que você está saindo dos círculos normais no amor e na vida social. Não haverá soluções na esfera habitual e será preciso sair dela. Às vezes, essa descrição serve para o seu cônjuge, parceiro ou interesse amoroso atual.

Vênus sairá do seu signo no dia 7 e entrará na Casa do Dinheiro, mostrando que a riqueza será atraente para você, que vai demonstrar amor de modo material, por meio de presentes ou apoio material. Também é assim que você se sente amado. As oportunidades românticas virão enquanto você busca seus objetivos financeiros ou com pessoas envolvidas nas suas finanças. Uma ida ao banco ou corretora de valores poderá virar mais do que isso.

O Sol entra em seu signo (a sua Primeira Casa) no dia 22, marcando o início de um período anual de prazer pessoal. Será o momento de mimar o corpo e agradecer pelos bons serviços prestados a você. Também será bom para conseguir o corpo e imagem que você deseja. Como o Sol é o seu Planeta da Carreira, a entrada dele em seu signo indica que as oportunidades profissionais virão até você e vão exigir pouco esforço da sua parte (o esforço virá depois). Mostra também a dedicação das figuras de autoridade em sua vida, isto é, chefes, idosos, pai, mãe, figura paterna ou materna. Eles estarão do seu lado.

NOVEMBRO

Melhores dias: 4, 5, 12, 13, 14, 22, 23
Dias mais tensos: 10, 11, 17, 18, 25, 26
Melhores dias para o amor: 8, 17, 18, 27, 28

Melhores dias para o dinheiro: 3, 6, 7, 11, 21, 30
Melhores dias para a carreira: 4, 5, 12, 13, 25, 26

Este mês será basicamente feliz e próspero, escorpiano. Aproveite. É verdade que haverá um forte eclipse lunar no dia 19 que vai causar grandes abalos, mas servirá apenas para acrescentar tempero e empolgação ao mês. Faça uma agenda reduzida durante o período do eclipse. O necessário deverá ser feito, mas será melhor remarcar o que for eletivo.

Este eclipse acontece na Sétima Casa (do Amor). Os relacionamentos vêm sendo testados há dois anos, então há muita instabilidade. Este eclipse os testará ainda mais. Você precisará ter mais paciência com o cônjuge, parceiro ou interesse amoroso atual. Seu parceiro também pode viver momentos dramáticos, o que aumenta a instabilidade. Outros dois planetas serão afetados por este eclipse: Vênus e Júpiter. O impacto em Vênus testará a vida amorosa, conforme já mencionamos, e o impacto em Júpiter traz uma correção de rumo nas finanças, que são uma área dinâmica, portanto é bom fazer as mudanças adequadas periodicamente. Os eventos do eclipse vão mostrar as mudanças a serem feitas. Poderá haver momentos dramáticos na vida das pessoas do dinheiro em sua vida. Todo eclipse lunar (que acontece duas vezes ao ano) afeta suas crenças religiosas, teológicas e filosóficas, portanto alguns eventos vão obrigar você a mudá-las ou descartá-las. Como nossos leitores assíduos já sabem, essas mudanças vão afetar todos os aspectos da sua vida, pois as suas crenças filosóficas e teológicas determinam a sua forma de viver. Os universitários farão mudanças nos planos educacionais e talvez mudem de curso ou escola. Haverá abalos em seu local de culto e momentos dramáticos na vida de líderes religiosos. O cônjuge, parceiro ou interesse amoroso atual poderá ter encontros psicológicos com a morte, talvez experiências de quase morte, e cirurgias poderão ser recomendadas. Além disso, um pai, mãe, figura paterna ou materna terá mudanças na carreira, os irmãos e figuras fraternas viverão momentos dramáticos no casamento ou relacionamento e os filhos ou figuras filiais farão mudanças educacionais.

O Sol vai entrar na sua Casa do Dinheiro no dia 22, marcando o início de um ápice financeiro anual. As mudanças financeiras que você precisou fazer devem funcionar e você estará em um período próspero.

Vênus estará "fora dos limites" o mês inteiro. Veja nossa discussão sobre isso em outubro. Vênus vai entrar na Terceira Casa no dia 5, então o amor e as oportunidades amorosas vão acontecer perto de casa, no seu bairro. Elas podem acontecer na escola, em eventos escolares, palestras, seminários, na biblioteca ou livraria. Você ficará atraído por intelectuais, pessoas com mentalidade parecida com a sua.

DEZEMBRO

Melhores dias: 1º, 2, 10, 11, 19, 20, 21, 29, 30
Dias mais tensos: 7, 8, 14, 15, 16, 22, 23
Melhores dias para o amor: 5, 6, 14, 15, 16, 24, 25
Melhores dias para o dinheiro: 4, 8, 9, 18, 28, 31
Melhores dias para a carreira: 3, 4, 12, 13, 22, 23, 24

O ímpeto planetário está majoritariamente para a frente este mês. Noventa por cento dos planetas estarão avançando até o dia 19. Após o dia 19, oitenta por cento estarão se movendo para a frente. Você acabou de fazer aniversário, então o seu ciclo solar pessoal está crescente. Isso significa um ótimo período para começar projetos e empreendimentos. Haverá muito apoio cósmico para isso.

O último eclipse do ano ocorre no dia 4. Será um eclipse solar que acontece na Casa do Dinheiro, então haverá uma necessidade de corrigir o rumo das finanças, como no mês passado. Geralmente os eventos do eclipse mostram que as suposições, planos e estratégias financeiras não são realistas e precisam ser mudados. (Minha sensação é que você está se subestimando, pois 2022 será muito próspero.) Como acontece com todo eclipse solar no seu horóscopo, este eclipse também indica mudanças na carreira. Não há motivo para se preocupar, pois você passa por isso duas vezes por ano. Então, haverá mudanças no rumo da carreira, e às vezes até uma mudança de carreira causada por abalos na hierarquia corporativa ou no seu ramo de trabalho. Às vezes, o governo poderá criar novas leis que mudam as regras do jogo. Também poderá haver momentos dramáticos na vida de chefes e superiores (um pai, mãe, figura paterna ou materna também será afetado). Este eclipse afeta Mercúrio, então haverá confrontos psicológicos com a morte ou experiências de quase morte. Você enfrenta esse tipo de evento melhor do que a maioria das pessoas. Às vezes, cirurgias poderão ser recomendadas. Mercúrio também é o seu Planeta dos Amigos, então haverá momentos dramáticos na vida dos amigos e amizades poderão ser testadas. Computadores e equipamentos tecnológicos podem se comportar de modo errático. (A tecnologia é maravilhosa quando funciona bem, mas é um pesadelo quando não funciona. É como se a vida parasse.) Então, faça cópias de segurança dos seus arquivos importantes e atualize os programas antivírus e contra hackers. Não abra e-mails suspeitos e talvez seja bom mudar as senhas. O cônjuge, parceiro ou interesse amoroso atual também será obrigado a fazer mudanças financeiras importantes e também poderá ter momentos dramáticos emocionais ou com parentes. Os irmãos e figuras fraternas também podem ter confrontos psicológicos com a morte e devem criar uma agenda reduzida nesse período.

A entrada de Júpiter em Peixes no dia 30 vai melhorar a saúde. O ano que vem será mais saudável do que este, mas ainda haverá dois planetas lentos em alinhamento tenso com você.

A vida amorosa terá desenvolvimentos importantes. Vênus (seu Planeta do Amor) fica estacionado por um tempo anormalmente longo em Plutão (o senhor do seu horóscopo, ou seja, você). Isso será feliz. Algo sério está em andamento, mas novamente é preciso perguntar: será estável? Contudo, isso não deve impedir você de curtir o amor.

♐

SAGITÁRIO

O ARQUEIRO

Nascidos entre 23 de novembro e 20 de dezembro

PERFIL PESSOAL

SAGITÁRIO EM UM RELANCE

Elemento: Fogo
Planeta Regente: Júpiter
  Planeta da Carreira: Mercúrio
  Planeta do Amor: Mercúrio
  Planeta das Finanças: Saturno
  Planeta da Saúde e do Trabalho: Vênus
  Planeta do Lar e da Vida Familiar: Netuno
  Planeta da Fortuna e da Abundância: Júpiter
Cores: azul, azul-marinho
Cores que promovem amor, romance e harmonia social: amarelo, amarelo-ouro
Cores que propiciam ganhos: preto, índigo
Pedras: carbúnculo, turquesa
Metal: estanho
Perfumes: cravo, jasmim, mirra
Qualidade: mutável (= flexibilidade)
Qualidades essenciais ao equilíbrio: atenção aos detalhes, organização, senso administrativo
Maiores virtudes: generosidade, honestidade, mente aberta, poder de visão
Necessidade mais profunda: expansão mental
Características a evitar: excesso de otimismo, exagero, muita generosidade com o dinheiro alheio

Signos de maior compatibilidade: Áries, Leão
Signos de maior incompatibilidade: Gêmeos, Virgem, Peixes
Signo mais útil à carreira: Virgem
Signo que fornece maior suporte emocional: Peixes
Signo mais prestativo em questões financeiras: Capricórnio
Melhor signo para casamento e associações: Gêmeos
Signo mais útil em projetos criativos: Áries
Melhor signo para sair e se divertir: Áries
Signos mais úteis em assuntos espirituais: Leão, Escorpião
Melhor dia da semana: quinta-feira

COMPREENDENDO A PERSONALIDADE SAGITARIANA

A contemplação do símbolo do arqueiro nos possibilita desenvolver uma compreensão intuitiva dos nativos de Sagitário. O manejo do arco e flecha corresponde ao primeiro degrau de refinamento na arte de caçar e guerrear. A capacidade de lançar setas além do alcance habitual das lanças expandiu os horizontes humanos, bem como sua riqueza e seu poder, garantindo a hegemonia de sua vontade.

Atualmente, em vez de utilizar arcos e flechas, fazemos uso de explosivos e engenhocas bem mais complexas para projetar nosso poder pessoal, mas os motivos essenciais que se ocultam por trás do seu emprego permanecem inalterados. Esses poderes representam nossa própria capacidade de expandir a esfera de influência pessoal. E é com essa expansão que Sagitário se preocupa. Por isso, os sagitarianos estão sempre buscando expandir seus horizontes e suas perspectivas e ocupar um território mais vasto. Isso se aplica a todos os âmbitos de suas vidas, desde o econômico até o intelectual e o social.

Os sagitarianos são famosos pelo intenso desenvolvimento do seu intelecto superior, o qual lhes confere aprimorada capacidade de compreender conceitos metafísicos, filosóficos e espirituais. A mente superior representa a faceta mais elevada da natureza psíquica, sendo movida não por considerações pessoais de natureza egoísta, mas pela graça e luminosidade de um poder maior. A maioria dos sagitarianos aprecia a educação superior, e embora eles possam, por vezes, entediar-se com o ensino formal, adoram estudar, por conta própria, assuntos de seu interesse. A paixão pelas viagens e por lugares distantes também é característica necessária nos sagitarianos.

Se analisarmos em profundidade esses atributos dos nativos do signo, constataremos que eles brotam de seu íntimo desejo por desenvolvimento. Viajar muito significa conhecer mais, e conhecer é ser mais; já cultivar o intelecto superior equivale a crescer e se expandir. Todas essas atividades tendem a ampliar os horizontes mentais dos sagitarianos e, indiretamente, suas perspectivas de êxito material e econômico.

A generosidade sagitariana já se tornou proverbial e justifica-se por muitas razões. Uma delas é a consciência inata de abundância que os nativos do signo parecem possuir. Eles se sentem ricos, sortudos e capazes de atingir todas as suas metas financeiras, e por se sentirem assim, se dão o luxo de arcar com a generosidade. Os sagitarianos não admitem em suas vidas os fardos da limitação e da carência, que impedem os nativos de outros signos de doar prodigamente. Outra razão para essa generosidade é seu idealismo religioso e filosófico, que tem origem na mente superior, de natureza generosa, por não estar subordinada a circunstâncias materiais. E, também, graças à sua exaltada natureza emocional. A doação é, por si só, um ato enriquecedor, e essa recompensa basta aos sagitarianos.

FINANÇAS

Os sagitarianos parecem atrair e gerar riquezas. Possuem ideias, energia e talento para tornar realidade sua visão de paraíso na Terra. Contudo, a riqueza pura e simples não é suficiente para eles. É pela opulência que se interessam; viver confortavelmente, apenas, não é satisfatório para os nativos do signo.

Para concretizar seu verdadeiro potencial de ganho eles precisam desenvolver mais sua capacidade de gerenciamento e organização. Têm de aprender a traçar limites e a estabelecer metas intermediárias. Raramente se chega à riqueza da noite para o dia. Mas os sagitarianos sentem dificuldade em lidar com processos longos e bem-delineados. Da mesma forma que os leoninos, eles anseiam por sucesso e riqueza de forma rápida e ostensiva. Devem conscientizar-se, entretanto, de que o excesso de otimismo pode desembocar em aventuras financeiras tresloucadas e perdas desalentadoras. Naturalmente, poucos signos zodiacais exibem a mesma capacidade para dar um passo atrás tão habilmente quanto Sagitário, porém esse recuo pode gerar mágoas desnecessárias. Os sagitarianos precisam aprender a preservar seus pontos de vista, sem abrir mão deles, mas também a trabalhar de forma prática e eficiente para torná-los realidade.

CARREIRA E IMAGEM PÚBLICA

Os sagitarianos pensam grande. Anseiam por dinheiro, fama, prestígio, carisma, aclamação pública e um lugar nas páginas da história. Costumam se empenhar para realizar essas metas. O êxito ou não depende do seu horóscopo pessoal. Mas todo sagitariano desejoso de reconhecimento público ou profissional precisa compreender que estes não são conferidos para enaltecer o ego; são mera decorrência de serviços prestados à humanidade. Quanto mais cedo descobrirem formas efetivas de servir, maior será a oportunidade de ascender ao topo.

O ego dos sagitarianos é gigantesco, talvez justificadamente, pois têm muito do que se orgulhar. Todavia, se desejam reconhecimento público, precisarão controlar um pouquinho esse ego e se tornar mais humildes e menos arrogantes, sem, no entanto, resvalar para a autonegação. Têm, ainda, de aprender a lidar com detalhes da vida que muitas vezes os iludem e ludibriam.

No emprego, são trabalhadores assíduos, que gostam de agradar chefes e colegas; são confiáveis, solícitos e apreciam os desafios. Costumam ser amigáveis e prestimosos no trabalho. Geralmente, contribuem com ideias inteligentes e métodos novos, que melhoram o ambiente profissional para todos. Os sagitarianos sentem-se fortemente atraídos por posições desafiadoras e carreiras que os forcem a desenvolver seu intelecto, mesmo que precisem trabalhar duramente para obter sucesso. Atuam bem sob supervisão; contudo, sua própria natureza os leva a buscar posições nas quais possam exercer, eles mesmos, a supervisão e ampliar, assim, sua esfera de influência. Os sagitarianos são bem-sucedidos em profissões que lhes facultem o contato com grande variedade de pessoas e viagens a locais novos e excitantes.

AMOR E RELACIONAMENTOS

Os sagitarianos amam ser livres e concedem de bom grado a liberdade aos cônjuges. Gostam de relacionamentos em constante mutação. Tendem a ser volúveis no amor e a mudar de opinião em relação aos parceiros com frequência.

Os nativos deste signo sentem os relacionamentos claramente definidos e estruturados como uma ameaça à sua liberdade. Geralmente, casam-se mais de uma vez.

No amor, são passionais, generosos, abertos, benevolentes e muito ativos. Demonstram sua afeição abertamente. Contudo, à semelhança dos arianos, tendem a comportar-se de forma egoísta em relação aos parceiros. Precisam aprender a respeitar os pontos de vista alheios, não apenas o seu, e também a desenvolver maior objetividade, frieza e clareza intelectual, a fim de estabelecer comunicação bilateral com os parceiros. É comum idealizarem excessivamente o cônjuge e o próprio amor. Uma atitude mais fria e racional vai ajudá-los a perceber a realidade mais claramente e, assim, evitar desapontamentos.

VIDA DOMÉSTICA E FAMILIAR

Os sagitarianos procuram conceder ampla liberdade à família. Gostam de casas grandes e com muitas crianças. Aliás, este é um dos signos mais férteis do Zodíaco. Entretanto, ao lidar com os próprios filhos, tendem a errar, por excesso de permissividade. Suas crianças, muitas vezes, adquirem a ideia equivocada de que não existem limites. Contudo, preservar a liberdade no lar não deixa de ser uma atitude fundamentalmente positiva, pois, quando contrabalançada com alguma medida equilibradora, faculta a livre expressão e o desenvolvimento pleno dos membros da família.

SAGITÁRIO
PREVISÃO ANUAL PARA 2021

TENDÊNCIAS GERAIS

Este ano parece feliz e saudável. Tudo deve correr bem, com apenas uns desafios para manter a vida interessante. Haverá apenas um planeta lento (Netuno) em alinhamento tenso com você (Júpiter vai se juntar a Netuno no alinhamento tenso, mas será por pouco tempo. Na maior parte do ano, ele estará em alinhamento harmonioso com você). Todos os outros estão formando aspectos harmoniosos ou deixando você em paz. O nível de energia estará basicamente bom. Com a energia em alta, tudo é possível. O seu desafio será usar essa energia com sabedoria.

O seu planeja regente, Júpiter, vai passar boa parte do ano na Terceira Casa (da Comunicação e Interesses Intelectuais). Então, 2021 será bom para estudantes, escritores, jornalistas, blogueiros e para quem trabalha com marketing e vendas. As faculdades intelectuais e de comunicação estarão imensamente apuradas.

Júpiter vai fazer uma breve estadia em Peixes (sua Quarta Casa) de 14 de maio a 29 de julho, antes do trânsito de longo prazo em 30 de dezembro. Portanto, o lar, a família e o seu bem estar emocional vão ganhar importância neste período, que será ótimo para fazer progressos e mudanças psicológicas. Voltaremos a esse assunto em breve.

Teremos quatro eclipses este ano. Desses quatro, dois (cinquenta por cento) vão acontecer no seu signo: o eclipse lunar dc 26 de maio e o eclipse solar de 4 de dezembro. Isso vai trazer uma redefinição da sua imagem e conceito pessoal, envolvendo como você se vê e como quer ser visto. Falaremos mais sobre isso nos relatórios mensais.

Plutão está na Casa do Dinheiro desde 2008 e continuará lá por muitos anos, então você está em um ciclo de purgação na vida financeira (e posses) de tudo o que for irrelevante. Você está dando à luz a vida financeira ideal e o processo de nascimento dificilmente acontece sem dor. Em geral, é bem complicado, mas o resultado final é bom. Voltaremos a esse assunto em breve.

As principais áreas de interesse este ano serão: finanças; comunicação e interesses intelectuais; lar e a família; saúde e trabalho.

Os caminhos de maior realização este ano serão: amor e romance; comunicação e interesses intelectuais (de 1º de janeiro a 14 de maio e de 29 de julho a 30 de dezembro); lar e a família (de 14 de maio a 29 de julho e a partir de 30 de dezembro).

SAÚDE

(Esta é uma perspectiva astrológica sobre a saúde, não uma visão médica. No passado essas perspectivas eram idênticas, mas hoje podem ocorrer diferenças significativas. Para obter uma opinião com base em diagnósticos da medicina convencional, consulte seu médico ou um profissional da área da saúde.)

A saúde deverá estar boa em 2021. Como já mencionamos, haverá apenas um planeta lento em alinhamento tenso com você em boa parte do ano. Júpiter estará brevemente em alinhamento tenso entre 14 de maio e 29 de julho, mas isso não configura tendência para o ano. Todos os outros planetas lentos estarão em alinhamento harmonioso ou deixando você em paz.

A Sexta Casa (da Saúde) também está proeminente, então haverá foco nessa área, que será importante. Por mais que a saúde esteja boa, você poderá deixá-la ainda melhor dando mais atenção às seguintes áreas, que são as mais vulneráveis do seu mapa:

Fígado e coxas. São sempre importantes para os nativos de Sagitário, pois são as áreas regidas pelo signo. Os reflexos aparecem em seu mapa. Massagens regulares nas coxas não só fortalecem o fígado e as coxas como também a região lombar nas costas, devendo fazer parte da sua rotina de saúde. Uma desintoxicação do fígado com chás de ervas também será boa de vez em quando.

Pescoço e garganta. Também são sempre importantes para os sagitarianos, pois Vênus, o regente dessas áreas, é o seu Planeta da Saúde. Massagens regulares no pescoço devem fazer parte da sua rotina de saúde. As tensões tendem a se acumular nessa região e precisam ser liberadas. A terapia craniossacral também será boa para o pescoço.

Rins e quadris. Também são sempre importantes para os sagitarianos pelo mesmo motivo que o pescoço e a garganta: eles são regidos por Vênus, seu Planeta da Saúde. Massagens nos quadris fortalecem não só os rins e quadris, como também a região lombar das costas. Além disso, uma desintoxicação dos rins com chás de ervas de vez em quando também será boa.

Tornozelos e panturrilhas. Ganharam importância desde 2019, quando Urano entrou na Sexta Casa, e continuarão importantes por muitos anos. Portanto, massageie estas áreas regularmente, com atenção especial aos pontos doloridos. Além disso, dê mais apoio aos tornozelos quando se exercitar.

Quando se trata da saúde, você está em um período empolgante e iluminado na vida. Urano na Casa da Saúde vai deixar você mais experimental nessa área (em alguns casos, talvez até demais). Você está aprendendo que todos os manuais sobre saúde não necessariamente se aplicam ao seu caso, embora descubra que alguns tenham mérito. Você é um indivíduo singular que pensa e age de modo inigualável. Você não é uma estatística e definitivamente não é "mediano". O que funciona para os outros pode não funcionar para você. E o que foi refutado para os outros pode funcionar para você. Então, você está em um período de aprender sobre si mesmo. Isso geralmente é feito por meio de tentativa, erro e experimentação. É assim que adquirimos o verdadeiro conhecimento. Na verdade, este é o trabalho de todo mundo na vida, mas para você o momento é agora.

Como o seu Planeta da Saúde (Vênus) é bastante rápido, haverá muitas tendências de curto prazo na saúde que dependem de onde ele está em um dado momento e dos aspectos que recebe. Isso será abordado com mais profundidade nos relatórios mensais.

LAR E FAMÍLIA

O lar e a família estão proeminentes há muitos anos, pois Netuno está na sua Quarta Casa desde 2012. Neste ano, ela estará ainda mais proeminente, pois Júpiter vai passar pela casa por um breve período (entre 14 de maio e 29 de julho) e depois ficará por lá a longo prazo, a partir de 30 de dezembro. Portanto, mudanças e/ou reformas podem acontecer este ano, mas serão mais prováveis no ano que vem. O círculo familiar também tende a se expandir. Geralmente, isso acontece por meio de nascimento ou casamento, mas nem sempre. Muitas vezes você encontra pessoas que são como uma família e preenchem este papel em sua vida.

Júpiter é o senhor do seu horóscopo. A entrada dele na Quarta Casa é muito importante, pois mostra um grande foco na família e uma atenção genuína a essa área da vida. Os valores familiares são muito importantes e muitos de vocês estão procurando começar a própria família. As mulheres em idade fértil estarão mais férteis em 2021, mas em 2022 estarão mais ainda.

Os sagitarianos em geral são pessoas alegres e otimistas. E neste ano serão ainda mais, especialmente de 14 de maio a 29 de julho. Será um bom período para fazer progressos psicológicos e conseguir avanços nessa área.

Netuno na Quarta Casa mostra que você vai preferir morar próximo d'água: perto de oceanos, rios e lagos. Além de indicar que os parentes estarão mais espiritualizados esses dias (uma tendência de longo prazo) e que o lar será usado para fazer reuniões de prece, sessões de meditação ou palestras e eventos espirituais.

Netuno gosta de mostrar o que está oculto, então haverá todo tipo de revelações na família, especialmente com um pai, mãe, figura paterna ou materna. Netuno revela tanto o bom quanto o mau, então poderá haver escândalos na família ou com um pai, mãe, figura paterna ou materna.

A sua vida emocional está ficando mais espiritualizada e sensitiva, portanto você vai (ou seus parentes vão) se magoar com mais facilidade. O tom de voz e a linguagem corporal terão um efeito desproporcional em você e neles. Vá devagar e com cuidado. Os nativos de Sagitário tendem a ser diretos e honestos com a família, mas isso pode ser considerado cruel, mesmo se essa não for a intenção.

Se você quiser fazer grandes reformas em casa, os períodos entre 19 de fevereiro e 20 de março e de 14 de maio a 29 de julho serão bons para isso. Se você estiver redecorando ou embelezando o lar, o período entre 25 de fevereiro e 21 de março será bom para isso. A sua noção de estética estará mais afiada e os resultados serão melhores.

DINHEIRO E CARREIRA

Conforme já mencionamos, Plutão está na Casa do Dinheiro há muitos anos (desde 2008), então há um grande foco nas finanças. Ano passado, o foco nessa área estava ainda mais forte e 2020 deve ter sido próspero. Em 2021, o foco nessa área estará um pouco menor, mas ainda existe.

Plutão na Casa do Dinheiro envia muitas mensagens. Mostra uma necessidade de eficiência tributária, então muitas decisões financeiras serão sobre impostos. Mostra também uma necessidade de planejamento imobiliário para os que estiverem na idade adequada. Muitos de vocês herdaram dinheiro ou lucraram com imóveis nos últimos 13 anos. Este foi (e continua sendo) um bom momento para pagar ou fazer dívidas, dependendo da necessidade. Além disso, houve (e continua havendo) acesso ao capital externo. Se você tiver boas ideias, haverá investidores dispostos a ouvi-las e investir nelas.

Conforme já mencionamos, você está em um ciclo de depuração da vida financeira, para livrá-la de dejetos e redundâncias. Ter Plutão como Planeta das Finanças significa prosperar cortando excessos, então se você eliminar o lixo, a prosperidade virá sem muito esforço.

Este ciclo também envolve se livrar de objetos de que não precisa ou não usa. Eles podem ser considerados placas ou coágulos nas artérias financeiras, pois bloqueiam o novo e melhor que deseja entrar. Portanto, organize suas posses. O uso deve ser o objetivo principal. Se algo não for mais usado, venda ou doe para caridade e abra as artérias da fartura.

Em 2020, Saturno (seu Planeta das Finanças) fez uma grande mudança: saiu de Capricórnio (onde estava há dois anos e meio) e entrou em Aquário, indo da Segunda para a sua Terceira Casa. Saturno ficará em Aquário o ano inteiro, levando você a gastar mais em equipamentos de comunicação, educação, livros e revistas. Talvez você até compre um carro novo. (Isso pode ter acontecido ano passado, mas, se não foi o caso, poderá acontecer este ano.) Contudo, você também vai ganhar com esses objetos. Esses aspectos são excelentes para escritores, professores, jornalistas, blogueiros e profissionais de marketing e vendas. Eles deverão ter um bom ano para as finanças. Além disso, irmãos, figuras fraternas e vizinhos parecem envolvidos nas suas finanças e as oportunidades financeiras acontecerão no seu bairro.

O Planeta das Finanças em Aquário favorece o mundo da tecnologia e da internet, além de empresas inovadoras e startups. Além disso, você terá uma boa intuição para empresas envolvidas em ciências, astronomia, astrologia, transportes e mídias eletrônicas.

Quando Saturno estava em Capricórnio, você era muito conservador nas finanças e agora parece mais aventureiro e experimental nessa área.

Você gosta de correr riscos por natureza, mas não nos últimos anos. Agora, você está pronto para se arriscar novamente. (Desde que não exagere, está tudo bem.)

A carreira não estará proeminente este ano, pois a Décima Casa estará basicamente vazia. Apenas planetas rápidos vão passar por lá, com efeitos de curto prazo. E como o seu Planeta da Carreira (Mercúrio) é bastante rápido, haverá muitas tendências de curto prazo na carreira que serão abordadas em mais detalhes nos relatórios mensais.

AMOR E VIDA SOCIAL

Nem a Sétima Casa (do Amor e Romance) nem Décima Primeira Casa (dos Amigos) estarão proeminentes este ano, então a arena social não terá muito foco e tende ao *status quo*. Os solteiros devem continuar solteiros, os casados devem continuar casados e os que estiverem em relacionamentos tendem a continuar neles. Podemos interpretar isso como positivo. Haverá um contentamento com a situação atual, sem uma necessidade urgente de se concentrar nessa área.

No dia 10 de junho, haverá um eclipse solar na Sétima Casa (do Amor). Isso pode criar abalos nessa área, mas os bons relacionamentos tendem a superar o momento difícil e eles ficarão ainda melhores. Os problemáticos é que correm perigo. Vamos falar disso com mais detalhes nos relatórios mensais.

O seu Planeta do Amor (Mercúrio) e o Planeta dos Amigos (Vênus) são planetas rápidos. Ao longo do ano, eles vão passar por todos os signos e casas do seu horóscopo, indicando muitas tendências de curto prazo no amor e na vida social, que dependem de onde Mercúrio e Vênus estão e dos aspectos que recebem. Elas serão abordadas com mais profundidade nos relatórios mensais.

O seu Planeta do Amor (Mercúrio) ficará retrógrado três vezes este ano (o que é normal): de 30 de janeiro a 20 de fevereiro; de 29 de maio a 21 de junho; e de 27 de setembro a 17 de outubro. São os períodos em que os relacionamentos parecem andar para trás em vez de avançar. A confiança social não estará no padrão habitual, portanto serão períodos para analisar seus relacionamentos e ver onde é possível melhorar. Não será o melhor momento para tomar decisões importantes na vida amorosa, e sim para obter clareza no amor.

No geral, você vai ficar atraído por pessoas que têm o dom da eloquência. Você vai se atrair por pessoas inteligentes, intelectuais, com quem pode trocar ideias e a conversa é fácil. A compatibilidade intelectual será tão importante quanto as outras compatibilidades. Em 2021, com o senhor do seu horóscopo na Terceira Casa, essas tendências serão ainda mais fortes que o habitual.

Com Mercúrio se movendo tão rapidamente, o amor e as oportunidades sociais poderão vir de muitas formas e por meio de várias pessoas. Além disso, as suas necessidades no amor tendem a mudar rapidamente. Esta tendência será abordada nos relatórios mensais.

O cônjuge, parceiro ou interesse amoroso atual terá um ano muito espiritualizado. Muitas mudanças e efervescência espiritual estão acontecendo nessa área para o seu parceiro, que vai mudar de professores, ensinamentos e práticas, e isso pode acontecer em um piscar de olhos.

Um pai, mãe, figura paterna ou materna terá um excelente ano para o amor, especialmente de 14 de maio a 29 de julho. E 2022 será ainda melhor nessa área. Se essa figura estiver solteira, o casamento ou algum relacionamento sério será provável.

Os filhos e figuras filiais terão um ano do tipo *status quo* na vida amorosa e social. Os solteiros deverão continuar solteiros, enquanto os casados deverão continuar casados.

Os netos (caso você os tenha) ou as pessoas que desempenham esse papel em sua vida terão um ano social forte. Se eles forem solteiros, o casamento ou um relacionamento sério que se assemelha a um casamento poderá acontecer.

AUTOAPRIMORAMENTO

Plutão está na Casa do Dinheiro há muitos anos. Nós discutimos alguns dos efeitos mundanos disso, mas já que Plutão é o seu Planeta Espiritual, temos mais a dizer. Isso mostra alguém que se aprofunda nas dimensões espirituais da riqueza e na atitude espiritual para conquistá-la (e isso está acontecendo há um bom tempo). Os nativos de Sagitário entendem essas questões intuitivamente por natureza, mas, nos últimos 13 anos, você se aprofundou nisso e vai continuar assim.

Em primeiro lugar, a atitude espiritual manda seguir a intuição. Como nossos leitores assíduos já sabem, esse é o atalho para a riqueza. Um milissegundo de intuição verdadeira vale muitos anos de trabalho árduo. Muitos vão se surpreender ao descobrir que o Divino se preocupa com o seu bem-estar material. O conforto mundano não parece algo tão espiritual, mas o Divino se preocupa com isso (como você certamente está descobrindo). Ele quer que você tenha coisas boas e também roupas boas, e se preocupa com as minúcias da sua vida. Nada é grande ou pequeno demais.

Um desses aprendizados é que você não precisa de dinheiro, e sim da consciência da afluência do Divino, que vale mais que dinheiro. Ela inclui o dinheiro e também o que ele não pode comprar, como receber ajuda no momento certo; conseguir uma ótima vaga de estacionamento quando você precisa; receber orientação quando necessário; conhecer as pessoas certas para o momento certo em sua vida; e muito mais.

A riqueza é basicamente uma qualidade espiritual, um fluxo da mente do Divino no seu campo áurico. Para os que meditam, podemos dizer que ele flui do alto do centro coronário até a aura, vindo como uma substância e energia sem forma, por meio de processos belos e naturais (as forças planetárias têm um grande papel nisso), e se transforma em objetos físicos e tangíveis que chamamos de riqueza. É tão natural quanto as nuvens se transformando em chuva.

Portanto, se as finanças preocupam você, não é necessário sair correndo para procurar emprego ou alguma solução mundana. Basta ficar quieto, conectar-se ao Divino e pedir que a afluência Dele preencha sua mente. Isso acontece na quietude, mas não pense que ações não precisam ocorrer. A afluência Divina pode levar você a um emprego ou dar uma ideia, palpite ou intuição. Ela pode inspirar você a investir em algo ou a ligar para uma determinada pessoa (mas é mais provável que a pessoa entre em contato com você). É preciso agir, mas isso não causa a afluência. As ações são efeitos colaterais do trabalho feito pelo espírito da afluência.

Com o seu Planeta Espiritual na Casa do Dinheiro, as informações financeiras poderão vir até você em sonhos ou meditações. Anote os sonhos e as imagens que você recebe na meditação. A orientação financeira também poderá vir por meio de astrólogos, leitores de tarô, videntes, médiuns ou sacerdotes.

Você está em um ciclo bom para ter "dinheiro milagroso". O dinheiro natural, que vem do trabalho, dos seus pais ou de investimentos também é dinheiro milagroso, mas disfarçado. O dinheiro verdadeiramente milagroso vem de modo inesperado e inimaginável. Você vai saber quando acontecer. Para conseguir mais informações sobre isso, leia o meu blog [em inglês], *www.spiritual-stories.com*.

PREVISÕES MENSAIS

JANEIRO

Melhores dias: 1º, 2, 9, 10, 18, 19, 28, 29
Dias mais tensos: 3, 4, 16, 17, 23, 24, 30, 31
Melhores dias para o amor: 2, 3, 4, 10, 14, 15, 21, 22, 23, 24, 30, 31
Melhores dias para o dinheiro: 5, 12, 13, 14, 23, 24
Melhores dias para a carreira: 3, 4, 14, 15, 23, 24, 30, 31

Você começará o ano de modo feliz, saudável e próspero, aproveite! O poder planetário estará majoritariamente no setor oriental do "eu", marcando o início de um período de independência pessoal. A sua iniciativa é importante agora. Você é o caminho para a sua própria felicidade. Faça as mudanças necessárias para isso e crie as circunstâncias de acordo com o seu gosto, porque em outros momentos de 2021 será mais difícil. Os outros são sempre importantes, mas você não vai precisar da aprovação deles. Esse é o momento para agir do seu jeito, desde que não seja destrutivo.

A saúde estará boa este mês. Haverá apenas um planeta lento em alinhamento tenso com você. Os planetas rápidos serão basicamente gentis ou vão deixar você em paz. O Planeta da Saúde (Vênus) estará em seu signo até o dia 9. Então, você vai parecer saudável e as pessoas verão você desta forma. A boa saúde não será apenas uma questão de ausência de sintomas, ela também significa ter boa aparência. Vênus vai entrar na Casa do Dinheiro no dia 9, então a boa saúde para você também significará ter boa saúde financeira. (E como este mês será próspero, trata-se de outro bom sinal para a saúde.)

Você começou o ano no meio de um ápice financeiro anual. A Casa do Dinheiro está cheia de planetas, o que significa que os ganhos serão bons. Mesmo que o seu pico financeiro termine no dia 20, os ganhos continuarão bons, pois o Planeta das Finanças vai receber bons aspectos. Os dias 23, 24, 28 e 29 parecem especialmente bons para as finanças em um período que já é ótimo.

Marte viaja com Urano entre os dias 18 e 21. Este é um aspecto dinâmico. Tenha mais cuidado ao dirigir. Os equipamentos tecnológicos e de comunicação (incluindo carros) podem ser comportar de modo errático. Os irmãos e figuras fraternas também deverão ter mais cuidado no plano físico nesse período.

Você parece conservador e cauteloso no amor este mês, especialmente até o dia 10. Você terá uma atitude "pé no chão" em relação ao amor. A riqueza será atraente para você e presentes materiais serão excitantes. É assim que você se sentirá amado e demonstrará amor. As oportunidades românticas para os solteiros acontecerão enquanto eles buscam os objetivos financeiros ou com pessoas envolvidas nas finanças, mas isso vai mudar após o dia 11. (Os dias 11 e 12 trazem uma oportunidade romântica feliz.) Após o dia 11, você vai gostar de pessoas com o dom da eloquência, com quem é fácil conversar. A compatibilidade mental e intelectual passa a ser importante.

FEVEREIRO

Melhores dias: 6, 7, 15, 16, 25, 26
Dias mais tensos: 1º, 13, 14, 20, 21, 27, 28
Melhores dias para o amor: 2, 3, 10, 11, 12, 20, 21
Melhores dias para o dinheiro: 2, 3, 8, 9, 10, 11, 20, 21
Melhores dias para a carreira: 1º, 2, 3, 11, 12, 20, 21, 27, 28

Você está em um belo período para começar novos projetos ou empreendimentos. Muitos eventos vão acontecer. O ímpeto planetário estará majoritariamente avançado: noventa por cento dos planetas vão se mover para a frente até o dia 21 e depois disso todos os planetas vão se mover para a frente. O seu ciclo solar pessoal (que começa no dia do seu aniversário) estará crescente e o mesmo vale para o ciclo solar cósmico (que começou a ficar crescente em 21 de dezembro do ano passado). Além disso, temos a Lua Crescente entre os dias 11 e 27. (O período entre os dias 21 e 27 é o melhor, mas qualquer momento após o dia 11 também será excelente.) Os próximos meses também serão bons para isso. Se você adiar, não vai aproveitar os momentos mais propícios para novos projetos ou empreendimentos.

O poder planetário ainda está majoritariamente no setor oriental do "eu" em fevereiro, mas isso vai mudar no fim do mês. Então, se você ainda não fez as alterações necessárias para alcançar a sua felicidade, faça agora.

A saúde continuará boa, especialmente até o dia 18. Depois disso, haverá mais estresse de curto prazo em você. Não há motivo para se preocupar, é só a energia que vai ficar mais baixa que o habitual. Então, descanse bastante, como sempre. Você poderá melhorar a saúde das formas mencionadas no relatório anual e também por meio de massagens nos tornozelos e panturrilhas até o dia 26. Após o dia 26, massagens nos pés e técnicas de cura espiritual serão poderosas.

O amor estará mais complicado este mês (até o dia 21). O seu Planeta do Amor (Mercúrio) ficou retrógrado em 30 de janeiro e continuará até o dia 21. Este movimento retrógrado vai ser bem suave, especialmente comparado aos que teremos mais adiante em 2021, mas vai desacelerar a vida amorosa e enfraquecer a confiança social. As questões profissionais também parecem estar em compasso de espera. Os dias 13 e 14 vão trazer oportunidades profissionais e amorosas felizes, mas não se apresse para tomar decisões nessas áreas.

Este mês (assim como o ano) não será um período muito forte para a carreira. Todos os planetas (com a exceção temporária da Lua) estarão abaixo do horizonte do seu mapa (o lado noturno do seu horóscopo) em fevereiro, então o foco estará no lar, na família e, o mais importante, no seu bem-estar emocional. Este é o momento para construir a infraestrutura psicológica para permitir o sucesso profissional no futuro. Quanto mais alto o prédio e quanto maior for a ambição, mais forte deverá ser a fundação.

MARÇO

Melhores dias: 14, 15, 24, 25
Dias mais tensos: 12, 13, 19, 20, 26, 27
Melhores dias para o amor: 1º, 2, 3, 4, 10, 12, 13, 19, 20, 22, 23, 24, 30, 31
Melhores dias para o dinheiro: 1º, 2, 7, 8, 9, 10, 19, 20, 28, 29
Melhores dias para a carreira: 1º, 2, 10, 22, 23, 26, 27, 30, 31

O Sol vai entrar em Áries este mês, marcando a melhor energia inicial do zodíaco. Todos os planetas vão se mover para a frente e tanto o ciclo solar cósmico quanto o pessoal estarão crescentes. A Lua Crescente acontecerá entre os dias 13 e 28, então aproveite para lançar novos empreendimentos ou produtos entre os dias 20 e 28. Você terá muito apoio cósmico para isso, o que não necessariamente significa sucesso instantâneo, e sim o que o sucesso será mais rápido que o habitual.

Este impulso planetário avançado é muito confortável para você, que gosta do ritmo acelerado e verá progresso mais rápido em seus objetivos. (Os eventos no mundo também vão acontecer mais rápido.) Imagine uma criança nascida sob esses aspectos. Esta criança será uma pessoa dinâmica, que corre atrás do que quer e vai conquistar objetivos muito rapidamente, tendo uma vida muito bem-sucedida.

A saúde precisará de ainda mais cuidados em março do que em fevereiro, devido aos estresses de curto prazo causados pelos planetas rápidos, mas isso não configura tendência para o ano ou para a sua vida. Quando a energia está baixa, o que fazíamos com facilidade há um ou dois meses fica mais difícil agora. Se você conseguia correr uma certa distância ou andar um determinado número de quilômetros de bicicleta, este mês você não vai conseguir. Portanto, descanse e relaxe mais. Não force os limites do corpo. Melhore a saúde com massagens nos pés até o dia 21 e massagens na cabeça, rosto e couro cabeludo depois disso. Os exercícios físicos vigorosos, de acordo com a sua idade ou fase da vida, serão importantes após o dia 21. É preciso manter o tônus muscular.

Agora que Mercúrio está se movendo para a frente, a vida amorosa será mais feliz do que no mês passado. Você terá boa confiança social e as oportunidades amorosas acontecerão em casa por meio das conexões familiares. Uma noite romântica em casa será melhor do que ir para uma noitada. Até o dia 16, o amor estará perto de casa, no seu bairro. Além disso, haverá mais socialização com a família após o dia 16.

Este ainda será um mês para se concentrar no lar, na família e no bem estar emocional. Até o dia 14, todos os planetas estarão abaixo do horizonte do seu mapa — o lado noturno do horóscopo. A Quarta Casa do Lar e da Família estará repleta de planetas, enquanto a Décima Casa estará vazia (apenas a Lua passará por lá nos dias 26 e 27). Até o Planeta da Carreira, Mercúrio, estará na Quarta Casa a partir do dia 16, enviando uma mensagem clara: o seu trabalho e missão este mês serão o lar, a família e o bem estar emocional. Se o seu estado psicológico estiver bom, a vida amorosa e a carreira também estarão.

Marte vai entrar na Sétima Casa no dia 14 e ficará lá pelo resto do mês. Se puder, evite disputas de poder com a pessoa que você ama. A vida amorosa estará boa, mas o cônjuge, parceiro ou interesse amoroso atual precisará ter mais cuidado no plano físico e controlar o temperamento.

ABRIL

Melhores dias: 1º, 2, 10, 11, 12, 20, 21, 29, 30
Dias mais tensos: 8, 9, 15, 16, 17, 23, 24
Melhores dias para o amor: 1º, 2, 10, 11, 12, 15, 16, 17, 23, 24
Melhores dias para o dinheiro: 3, 4, 6, 7, 15, 16, 17, 25, 26
Melhores dias para a carreira: 10, 11, 23, 24

Este ainda será um ótimo mês para começar novos projetos, lançar empreendimentos ou produtos para o mundo (entre os dias 12 e 20). Todos os fatores que discutimos mês passado continuam em vigor. Se você esperar para iniciar essas coisas, será mais difícil e mais problemas poderão surgir. Digamos que você tenha um novo empreendimento, mas ainda não está totalmente pronto. Você pode lançá-lo simbolicamente (legalize a empresa ou lance uma quantidade limitada do produto) e depois faça o lançamento completo. Pelo menos, o começo estará correto em termos cósmicos.

No dia 20 de março, o Sol entrou na Quinta Casa, marcando o início de um ápice anual de prazer pessoal que continuará até o dia 20, então é hora de agendar mais atividades de lazer, passar mais tempo com os filhos ou figuras filiais em sua vida e aproveitar. Essa atitude de curtir a vida (desde que sem exageros) liberta a mente do estresse e pode levar ao surgimento de novas soluções. (Muitas vezes, a solução de um problema aparece quando nós o deixamos de lado, por mais estranho que pareça.)

A saúde melhorou bastante em relação ao mês passado. Você estará com muita energia e as doenças preexistentes devem ficar em suspenso. Se você quiser melhorar ainda mais a saúde, poderá massagear a cabeça, o rosto e o couro cabeludo até o dia 15. Após o dia 15, massagens no pescoço serão boas e os exercícios físicos continuarão importantes até o dia 15.

Marte, o Planeta da Diversão, estará na Casa do Amor e o Planeta do Amor, Mercúrio, está na Quinta Casa (da Diversão) entre os dias 4 e 19. O amor estará voltado para a diversão e o entretenimento este mês. Nada parece muito sério. Os solteiros ficarão atraídos por pessoas que podem oferecer bons momentos, que sejam divertidas e fáceis de conviver. Não há nada de errado nisso, a menos que você faça projeções incorretas sobre esses relacionamentos. Por que não aproveitar?

Você parece mais agressivo no amor este mês e tenderá a atrair esse tipo de pessoa. Além disso, você poderá se apaixonar rápido demais e, se vir alguém de quem gosta, não pensará duas vezes em se envolver.

As finanças serão boas na maior parte do mês. Os aspectos financeiros parecem melhores até o dia 20. Depois disso, será preciso trabalhar mais arduamente. Se você se esforçar, os ganhos virão.

MAIO

Melhores dias: 7, 8, 9, 18, 19, 26, 27
Dias mais tensos: 5, 6, 13, 14, 20, 21
Melhores dias para o amor: 1º, 2, 13, 14, 22, 23, 30, 31
Melhores dias para o dinheiro: 1º, 2, 3, 4, 13, 14, 15, 22, 23, 24, 28, 29, 30, 31
Melhores dias para a carreira: 2, 13, 14, 20, 21, 22, 23, 30, 31

Este mês será muito social. O Sol vai entrar na Sétima Casa no dia 21, marcando o início de um ápice amoroso e social anual. Desde março, o poder planetário está no setor social ocidental do seu mapa e neste mês o setor social estará mais forte, então você estará em um período de independência pessoal mínima. A sua forma de agir provavelmente não é a melhor nesse período. Deixe que os outros ajam do jeito deles, desde que não seja destrutivo. As outras pessoas gostarem de você é mais importante do que suas habilidades ou iniciativa. É hora de desenvolver e refinar as habilidades sociais. É assim que o bem virá para você.

A saúde ficará mais delicada em maio, especialmente após o dia 21. Você não só terá vários planetas em alinhamento tenso com você, como haverá um forte eclipse lunar no seu signo no dia 26. Portanto, será bom fazer uma agenda mais reduzida a partir do dia 21, especialmente no período do eclipse. Melhore a saúde a partir do dia 9 com massagens nos braços e ombros. Também será bom massagear o ponto do reflexo pulmonar (veja o mapa no relatório anual).

Este eclipse vai obrigar você a fazer mudanças na aparência e imagem. Você vai redefinir quem você é, como pensa em relação a si mesmo e como deseja que os outros o vejam. Isso vai trazer um novo visual e estilo nos próximos meses. Às vezes, esse tipo de eclipse traz desintoxicações do corpo, especialmente se você não tem tomado cuidado com a alimentação. Todo eclipse lunar tende a trazer encontros com a morte (em nível psicológico) ou cirurgias. Talvez seja preciso lidar com a morte e questões relacionadas a ela. Além disso, o cônjuge, parceiro ou interesse amoroso atual terá que fazer mudanças financeiras importantes, corrigindo o rumo nessa área, e irmãos e figuras fraternas poderão mudar de emprego. Eles também farão mudanças importantes na rotina de saúde nos próximos meses e poderão viver momentos dramáticos com os amigos. Os computadores e equipamentos tecnológicos serão testados, muitas vezes exigindo reparos ou substituições.

A Sexta Casa (da Saúde) estará muito forte até o dia 21, o que significa foco na saúde neste período. Este foco vai deixar você em boa situação para depois do dia 21. É como guardar unidades de energia na conta de saúde cósmica. Quem procura emprego terá muitas oportunidades este mês. A única questão será a estabilidade, pois mudanças de emprego parecem ser a norma nesses dias.

Os ganhos vão aumentar e ficar mais fáceis após o dia 21, pois os estresses financeiros do início do mês serão temporários.

JUNHO

Melhores dias: 4, 5, 14, 15, 23
Dias mais tensos: 1º, 2, 3, 9, 10, 16, 17, 29, 30
Melhores dias para o amor: 9, 10, 11, 12, 18, 19, 21, 25, 26
Melhores dias para o dinheiro: 1º, 11, 18, 19, 20, 24, 25, 26, 27
Melhores dias para a carreira: 16, 17, 18, 19, 25, 26

Teremos outro eclipse forte neste mês. Será um eclipse solar no dia 10. Como uma agenda reduzida já será necessária até o dia 21, tenha cuidado especial durante o período do eclipse.

Este eclipse acontecerá na Sétima Casa (do Amor) e vai testar o relacionamento atual. Se o relacionamento estiver sólido, ele vai sobreviver. Os problemáticos é que correm perigo. Este eclipse afetará outros dois planetas, aumentando seu poder. Ele atinge Mercúrio (seu Planeta do Amor e da Carreira) e Netuno (seu Planeta da Família), então poderá haver mudanças de direção e estratégia na área profissional, além de mudanças no plano de carreira. O eclipse também poderá trazer abalos na sua empresa ou no seu ramo de trabalho. Chefes e superiores poderão viver momentos dramáticos e o governo poderá criar regulamentações que mudam as regras do jogo. Não será uma boa ideia viajar nesse período. Caso seja necessário, agende para antes ou depois do eclipse. Ambos os pais ou figuras paternas ou maternas serão afetados por este eclipse e viverão momentos dramáticos. Tenha mais paciência com eles. Se houver falhas ocultas no lar, agora será o momento para descobri-las e corrigi-las. Os irmãos e figuras fraternas também terão os relacionamentos amorosos testados e poderão viver momentos dramáticos com os filhos ou figuras filiais nas suas vidas. Além disso, serão obrigados a fazer mudanças financeiras importantes. Os filhos e figuras filiais também deverão ir devagar neste período. Eles viverão momentos dramáticos e vão precisar se redefinir. Além de parecerem emocionalmente instáveis, o relacionamento amoroso deles será testado e eles poderão mudar de emprego.

O seu corpo ficou mais sensível desde que Júpiter entrou em Peixes no mês passado. Portanto, evite drogas ou álcool, pois você poderá ter uma reação exagerada a eles. A parte boa deste movimento é que haverá mais glamour e mistério em sua imagem.

A saúde vai progredir após o dia 21. Enquanto isso, melhore a saúde dando mais atenção à alimentação e com massagens no ponto do reflexo do estômago (veja o mapa no relatório de saúde anual).

A atividade retrógrada aumentará em junho, então os eventos na vida e no mundo vão desacelerar. A atividade retrógrada aumentará ainda mais nos próximos meses.

O Planeta das Finanças começou a ficar retrógrado no dia 23 de maio e continuará assim por muitos meses; então, vá devagar. Consiga mais informações e avalie os fatos antes de agir. Se possível, evite fazer grandes compras ou investimentos. Se você precisar fazer isso (às vezes, a vida não nos dá escolha), analise tudo com muito cuidado. Leia as letras miúdas dos contratos e verifique se as lojas onde você comprar têm uma boa política de trocas e devoluções.

JULHO

Melhores dias: 1º, 2, 11, 12, 20, 21, 28, 29, 30
Dias mais tensos: 6, 7, 13, 14, 26, 27
Melhores dias para o amor: 1º, 2, 6, 7, 9, 10, 12, 20, 21, 31
Melhores dias para o dinheiro: 6, 7, 8, 16, 17, 18, 22, 23, 24, 25, 26
Melhores dias para a carreira: 9, 10, 13, 14, 20, 21, 31

O lado diurno do seu horóscopo não estará dominante este mês, mas terá o máximo de força para 2021. Será bom mudar o foco para a carreira. Você, assim como tanta gente, terá que equilibrar a responsabilidade familiar com os objetivos profissionais, e vai alternar entre uma e outra.

A atividade retrógrada aumentará este mês, mas isso não parece afetar o amor e a carreira. Mercúrio vai se mover rapidamente em julho, passando por três signos e casas do seu mapa. Isso indica confiança e progresso rápido. Você vai avançar muito.

Até o dia 12, Mercúrio estará na Sétima Casa (seu próprio signo e casa) onde fica poderoso. Isso mostra forte magnetismo social e profissional e é positivo para essas áreas. Além disso, o cônjuge, parceiro ou interesse amoroso atual terá um bom mês, tanto em termos pessoais quanto financeiros e você vai avançar na carreira por meios sociais. A capacidade dos outros gostarem de você será muito importante no trabalho, como em quase tudo agora. Boa parte da socialização está relacionada à carreira. Os solteiros ficarão atraídos por pessoas poderosas que poderão ajudá-los profissionalmente e vão encontrar justamente esse tipo de pessoa.

Mercúrio formará aspectos muito bons com Júpiter nos dias 11 e 12, trazendo ótimas oportunidades tanto amorosas quanto profissionais. Mercúrio vai entrar na Oitava Casa no dia 12 e a atitude em relação ao amor vai mudar. O magnetismo sexual ganhará importância no amor e também vai ajudar na carreira. Além disso, Mercúrio vai entrar em Leão (Nona Casa) no dia 29, indicando viagens relacionadas à carreira. As oportunidades sociais e amorosas acontecerão na escola, em eventos educacionais ou religiosos e em terras estrangeiras. O relacionamento atual poderá ser melhorado com uma viagem ao exterior. A Nona Casa ficará muito forte após o dia 23. Então, o exterior está chamando você e haverá oportunidades felizes de viagem. Este também será um bom período para universitários, pois indica sucesso nos estudos.

A saúde avançou bastante em relação ao mês passado e ficará ainda melhor após o dia 23. Além disso, melhore-a com massagens no peito e no ponto do reflexo do coração (veja o mapa de reflexologia no relatório anual). Após o dia 22, massagens abdominais e no ponto do reflexo do intestino delgado serão boas.

Seja mais paciente com um filho ou figura filial em sua vida nos dias 28 e 29. Vocês parecem discordar, mas isso vai passar logo.

AGOSTO

Melhores dias: 7, 8, 16, 17, 24, 25
Dias mais tensos: 2, 3, 4, 10, 11, 22, 23, 30, 31
Melhores dias para o amor: 1º, 2, 3, 4, 7, 8, 11, 18, 19, 20, 28, 29, 30, 31
Melhores dias para o dinheiro: 1º, 2, 3, 12, 13, 18, 19, 20, 21, 30, 31
Melhores dias para a carreira: 7, 8, 10, 11, 18, 19, 28, 29

Você terá dois grandes desafios neste mês. O primeiro será aprender a ter paciência, especialmente nas questões profissionais, pois a atividade retrógrada aumentará mais ainda este mês. Isso não será tão fácil, pois Marte (que gosta de tudo feito rapidamente) ocupará a Décima Casa (da

Carreira). O segundo desafio será equilibrar as ambições e obrigações profissionais com as responsabilidades familiares, pois ambas são importantes para você. Como não é possível ignorá-las, você vai alternar entre as duas.

A saúde precisará de cuidados este mês, especialmente a partir do dia 23. Muitos planetas rápidos estarão em alinhamento tenso com você. Isso não configura uma tendência para 2021 ou para sua vida, é apenas uma situação temporária causada pelos planetas rápidos. Se você mantiver a energia em alta, este período vai passar sem grandes problemas, mas, se você ficar cansado demais, estará vulnerável a invasões oportunistas. Portanto, descanse e relaxe mais. Melhore a saúde das formas mencionadas no relatório anual. Até o dia 16, você poderá acrescentar massagens abdominais e no ponto do reflexo do intestino delgado (veja o mapa no relatório anual). Após o dia 16, massagens nos quadris e no ponto do reflexo dos rins ganham importância. Não permita que os altos e baixos das finanças afetem a sua saúde.

A saúde e a energia poderiam estar melhores, conforme já mencionamos, mas haverá boas notícias nessa área mesmo assim. A partir do dia 23, você estará em um ápice profissional anual, um período de sucesso externo. As finanças também ganharão força a partir do dia 23, indicando um mês próspero. Os filhos e figuras filiais parecem bem-sucedidos e estão avançando na carreira. (Se forem jovens, eles vão inspirar a sua elevação profissional.) Além disso, haverá viagens relacionadas à carreira. A partir do dia 12, boa parte da socialização também estará relacionada a essa área e você deverá frequentar eventos relacionados à carreira.

O amor será feliz este mês. O magnetismo social estará forte. Mercúrio vai se mover rapidamente em agosto, então você terá confiança e vai avançar bastante. O problema no amor é você, que não saberá muito bem o que quer. Haverá uma falta de rumo.

Mercúrio vai cruzar o Meio do Céu e entrar na Décima Casa (da Carreira) no dia 12. Isso é bom para o amor, pois indica foco e significa que essa área será importante para você, o que tende ao sucesso. Os solteiros ficarão atraídos por poder e status e vão conhecer esse tipo de pessoa. O amor e as oportunidades românticas acontecerão enquanto você busca os objetivos profissionais e com pessoas envolvidas na sua carreira.

SETEMBRO

Melhores dias: 4, 5, 12, 13, 21, 22, 23
Dias mais tensos: 6, 7, 19, 20, 26, 27
Melhores dias para o amor: 8, 9, 17, 18, 19, 26, 27, 29, 30
Melhores dias para o dinheiro: 8, 9, 14, 15, 16, 17, 18, 26, 27
Melhores dias para a carreira: 6, 7, 8, 9, 17, 18, 26, 27

Mercúrio teve o seu solstício entre os dias 28 e 30 do mês passado. Ele fez uma pausa no céu (em latitude) e depois mudou de direção. E é exatamente isso que aconteceu no amor e na carreira: uma breve pausa, seguida por mudança de rumo.

A saúde está melhorando este mês. No dia 22, o estresse dos planetas rápidos vai acabar e a saúde e a energia vão retornar com tudo. Quem ou o que vai receber o crédito por isso? Um terapeuta? Médico? Um remédio, erva ou suplemento? Algum aparelho voltado para a saúde? Provavelmente, mas a verdade é que a energia planetária mudou a seu favor e saúde melhorou. Os outros fatores podem ter acontecido, mas não causaram a recuperação, que foi apenas um efeito colateral cósmico.

A atividade retrógrada chegará ao máximo para o ano após o dia 27, pois sessenta por cento dos planetas estarão retrógrados, mas antes disso a porcentagem também será alta: cinquenta por cento. Então, tenha muita paciência. É improvável que você elimine todos os adiamentos e problemas, mas poderá minimizá-los. Seja perfeito em tudo o que faz, seja perfeccionista, evite atalhos (que não passam de ilusões) e aja meticulosamente.

Como aconteceu nos últimos meses, você está trabalhando para equilibrar as responsabilidades familiares e as obrigações profissionais. Muita gente enfrenta este desafio, mas agora ele aparece com muita força. Você ainda estará em um ápice profissional anual até o dia 22; portanto, o sucesso vai acontecer. Talvez mais devagar e com mais problemas do que você gostaria, mas vai acontecer.

Embora o Planeta das Finanças continue retrógrado, este mês será próspero, pois Saturno receberá aspectos muito bons. Poderá haver atrasos, mas os ganhos virão.

O Planeta da Saúde (Vênus) vai entrar na Décima Segunda Casa no dia 11 e passará o resto do mês lá, então você vai se beneficiar de regimes de desintoxicação. E o mais importante: métodos de cura espiritual serão muito poderosos nesse período e muitos de vocês vão se aprofundar neles.

A Décima Primeira Casa (dos Amigos) estará poderosa o mês inteiro, mas especialmente após o dia 22. Portanto, este mês será social. Até o amor poderá acontecer para os solteiros quando eles se envolverem com os amigos, grupos e atividades em grupo. O mundo da internet também parece uma fonte de oportunidades amorosas. O Planeta do Amor (Mercúrio) ficará retrógrado no dia 27 e será muito mais forte que os dois movimentos retrógrados anteriores, então tenha paciência no amor e evite tomar grandes decisões nessa área.

OUTUBRO

Melhores dias: 1º, 2, 10, 11, 18, 19, 20, 28, 29, 30
Dias mais tensos: 3, 4, 16, 17, 23, 24, 25, 31
Melhores dias para o amor: 5, 6, 10, 14, 15, 18, 19, 23, 24, 25, 29, 30
Melhores dias para o dinheiro: 5, 6, 7, 12, 13, 14, 15, 23, 24, 25
Melhores dias para a carreira: 3, 4, 5, 6, 14, 15, 23, 24, 25, 31

A atividade retrógrada ainda estará no máximo para o ano até o dia 6, mas vai diminuir gradualmente depois disso. Nós começaremos o mês com sessenta por cento dos planetas retrógrados e terminaremos com apenas vinte por cento retrógrados, uma queda e tanto. O ímpeto planetário está avançando gradualmente. Os projetos empacados vão andar, os eventos começam a avançar, tanto no mundo quanto na sua vida.

Este mês deverá ser próspero. Saturno (o seu Planeta das Finanças) começará a se mover para a frente no dia 11 e receberá bons aspectos, então haverá clareza financeira. Você saberá a direção que precisará tomar nas finanças. Após o dia 22, os ganhos vão acontecer, mas com mais desafios e esforços envolvidos.

Júpiter, o senhor do seu horóscopo, começará a se mover para a frente no dia 18. Isso é bom, pois você vai encontrar direção e clareza na vida. E também porque o poder planetário agora está majoritariamente no Leste, trazendo mais independência pessoal. Você poderá fazer as mudanças necessárias para a sua felicidade e elas terão resultados melhores, pois haverá mais clareza em relação ao que você deseja. A independência pessoal ficará mais forte ao longo dos meses.

Mercúrio (o seu Planeta do Amor) passará o mês em Libra (a sua Décima Primeira Casa), indicando que as oportunidades amorosas vão acontecer na internet, nas redes sociais e durante o envolvimento com grupos e atividades em grupo, como no mês passado. Mercúrio continuará retrógrado até o dia 18, assim como Júpiter (o senhor do seu horóscopo), então o amor continuará complicado, mas tudo vai melhorar bastante após o dia 18.

Este mês também será muito espiritual. O Planeta Espiritual (Plutão) começará a se mover para a frente no dia 6 e o Sol entrará na Décima Segunda Casa (da Espiritualidade) no dia 22. Os enigmas e as confusões espirituais vão começar a se esclarecer e haverá avanços nessa área.

A saúde estará boa este mês. Os planetas rápidos estarão em alinhamento harmonioso ou vão deixar você em paz. Haverá apenas um planeta lento em alinhamento tenso, então você estará com muita energia. O avanço de Júpiter no dia 18 vai trazer mais autoconfiança e autoestima. A cura espiritual continuará poderosa até o dia 7. Depois disso, o fígado e as coxas ganharão importância. Quando Vênus (o Planeta da Saúde) entrar no seu signo no dia 7, a saúde vai afetar diretamente a aparência pessoal e haverá um componente de vaidade nessa área. Mantenha a boa saúde e você não vai precisar de cremes e loções.

NOVEMBRO

Melhores dias: 6, 7, 15, 16, 25, 26
Dias mais tensos: 1º, 12, 13, 14, 20, 21, 27, 28
Melhores dias para o amor: 2, 3, 8, 12, 13, 17, 18, 20, 21, 23, 24, 27, 28
Melhores dias para o dinheiro: 2, 3, 8, 9, 10, 11, 20, 21, 29, 30
Melhores dias para a carreira: 1º, 2, 3, 12, 13, 23, 24, 27, 28

Vênus (seu Planeta da Saúde) ficou "fora dos limites" no dia 11 de outubro e continuará assim pelo resto do mês. Portanto, você vai explorar o que está fora da sua esfera normal nas questões de saúde, e o mesmo vale para o trabalho. As responsabilidades profissionais vão levar você para fora do círculo normal.

Um eclipse lunar vai acontecer na sua Sexta Casa (da Saúde e do Trabalho) no dia 27 e será relativamente leve em você, indicando mudanças na rotina de saúde nos próximos meses. Provavelmente este é o motivo pelo qual você está explorando modalidades fora da esfera normal nessa área. Também podem acontecer mudanças de emprego, seja na sua situação atual ou em outra. Se você empregar outras pessoas, poderá haver rotatividade de pessoal. Vênus e Júpiter também serão afetados por este eclipse, mas de modo indireto. O impacto em Vênus reforça o que foi dito anteriormente, trazendo ainda momentos dramáticos na vida de amigos e testando amizades, computadores e equipamentos tecnológicos. O impacto em Júpiter provavelmente vai trazer mudanças de imagem, aparência e definição do "eu". (O eclipse do mês que vem vai trazer ainda mais de tudo isso.) O cônjuge, parceiro ou interesse amoroso atual fará mudanças espirituais e também precisará mudar o rumo das finanças.

Todo eclipse lunar traz confrontos (psicológicos) com a morte e este não será diferente. Duas vezes por ano o cosmos envia bilhetes carinhosos para você levar a vida mais a sério e iniciar o trabalho que nasceu para fazer. Além disso, ele quer aprofundar a sua compreensão sobre a morte. Se nós entendermos a morte, entenderemos a vida e viveremos de modo diferente.

Os irmãos e figuras fraternas viverão momentos dramáticos em casa e com parentes. Eles poderão mudar de emprego e também a rotina de saúde. Os filhos e figuras filiais precisarão mudar o rumo das finanças e também poderão viver momentos dramáticos em casa, que talvez também precise de reparos.

Embora o eclipse cause abalos, este mês será feliz. Os planetas vão se mover para a frente e estarão na posição oriental máxima, indicando um período de independência pessoal máxima. É hora de agir do seu jeito, de criar condições de acordo com os seus desejos.

O Sol entrará na Primeira Casa no dia 22, marcando o início de um ápice anual de prazer pessoal. Poderá haver viagens nesse período e você viverá bem. Até o amor vai aparecer após o dia 24. Se você estiver em um relacionamento, a pessoa que você ama estará concentrada em você e nos seus interesses. Se você não estiver em um relacionamento, isso poderá acontecer facilmente após o dia 24. Boas oportunidades profissionais também vão surgir.

DEZEMBRO

Melhores dias: 4, 12, 13, 22, 23, 31
Dias mais tensos: 10, 11, 17, 18, 24, 25
Melhores dias para o amor: 4, 5, 6, 13, 14, 15, 17, 18, 24, 25
Melhores dias para o dinheiro: 5, 6, 7, 8, 9, 17, 18, 27, 28
Melhores dias para a carreira: 4, 13, 14, 22, 23, 24, 25

Um eclipse solar acontecerá no seu signo no dia 4, significando que será forte em você. Os nascidos nos dias 3, 4 e 5 terão um ano tumultuado e repleto de momentos dramáticos pela frente. Embora haja uma viagem no seu horóscopo este mês, tente evitá-la no período do eclipse. Caso você precise viajar, agende para antes ou depois do eclipse. Os universitários vão mudar de planos educacionais e talvez até de escola. Como no mês passado, você vai precisar redefinir a imagem e o conceito de "eu", significando mudanças no cabelo e no estilo de se vestir nos próximos meses. (Esta é apenas a consequência natural da sua redefinição.) O eclipse afetará Mercúrio (o seu Planeta do Amor e da Carreira) e o seu relacionamento atual será testado. O cônjuge, parceiro ou interesse amoroso atual poderá viver momentos dramáticos na vida pessoal (além de momentos dramáticos com amigos e no círculo social). Também poderá haver mudanças na carreira, que podem não ser literais, mas talvez sejam causadas por abalos na sua empresa ou ramo de trabalho. Pode ser que o governo crie novas regulamentações que mudam as regras do jogo. Um pai, mãe, figuras paterna ou materna viverá momentos dramáticos na vida pessoal e mudanças espirituais, enquanto os irmãos e figuras fraternas viverão momentos dramáticos no amor e com os amigos. Os computadores e equipamentos tecnológicos deles serão testados, muitas vezes exigindo reparos ou substituições.

Depois que a empolgação causada pelo eclipse acabar, este mês será feliz e próspero. O Sol vai entrar na Casa do Dinheiro no dia 21, marcando o início de um ápice financeiro anual. Além disso, você ainda estará em um ápice anual de prazer pessoal até o dia 21, curtindo o que a vida tem de bom e agradando aos cinco sentidos. Marte vai entrar em seu signo no dia 13, deixando a vida mais divertida e os filhos e figuras filiais estarão dedicados a você. Na verdade, você será uma espécie de criança (e isso é um elogio).

A saúde estará excelente este mês. O Planeta da Saúde (Vênus) estará em Capricórnio o mês inteiro, então você poderá melhorar ainda mais a saúde com massagens nas costas e nos joelhos (além das formas já mencionadas no relatório anual). A cura espiritual parece extremamente eficaz para você a partir do dia 11, quando Vênus estaciona no Planeta Espiritual. Isso também poderá trazer uma oportunidade profissional importante.

O amor continuará procurando você até o dia 14, quando Mercúrio entra na Casa do Dinheiro. Isso envia várias mensagens. Os solteiros vão ficar atraídos pela riqueza e presentes materiais e poderá acontecer uma sociedade ou parceria nos negócios. Além disso, os solteiros vão encontrar oportunidades amorosas enquanto buscam os objetivos financeiros e com pessoas envolvidas nas finanças.

♑

CAPRICÓRNIO

A CABRA

Nascidos entre 21 de dezembro e 19 de janeiro

PERFIL PESSOAL

CAPRICÓRNIO EM UM RELANCE

Elemento: Terra
Planeta Regente: Saturno
Planeta da Carreira: Vênus
Planeta do Amor: Lua
Planeta das Finanças: Urano
Planeta da Saúde e do Trabalho: Mercúrio
Planeta do Lar e da Vida Familiar: Marte
Cores: preto, índigo
Cores que promovem o amor, o romance e a harmonia social: castanho-escuro, prateado
Cor que propicia ganhos: azul-ultramarino
Pedra: ônix negro
Metal: chumbo
Perfumes: magnólia, pinho, ervilha-de-cheiro, gualtéria
Qualidade: cardeal (= atividade)
Qualidades essenciais ao equilíbrio: calor humano, espontaneidade, espírito de diversão
Maiores virtudes: senso de dever, organização, perseverança, paciência, capacidade de enxergar a longo prazo
Necessidades mais profundas: gerir, encarregar-se, administrar
Características a evitar: pessimismo, tristeza, materialismo e conservadorismo excessivos

Signos de maior compatibilidade: Touro, Virgem
Signos de maior incompatibilidade: Áries, Câncer, Libra
Signo mais útil à carreira: Libra
Signo que fornece maior suporte emocional: Áries
Signo mais prestativo em questões financeiras: Aquário
Melhor signo para casamento e associações: Câncer
Signo mais útil em projetos criativos: Touro
Melhor signo para sair e se divertir: Touro
Signos mais úteis em assuntos espirituais: Virgem, Sagitário
Melhor dia da semana: sábado

COMPREENDENDO A PERSONALIDADE CAPRICORNIANA

As virtudes capricornianas são de tal natureza que algumas pessoas sempre serão contra elas, e outras, a favor. Muitos as admiram; outros as abominam. A razão para isso parece ser a sede de poder dos nativos do signo. Um bom capricorniano sempre tem os olhos voltados para o ápice do poder, elevação, prestígio e autoridade. No signo de Capricórnio, a ambição não é um pecado ou defeito, é a mais elevada das virtudes.

Os capricornianos não temem o ressentimento que sua autoridade (ou autoritarismo) possa gerar. Sua mente fria, calculista e organizada já computou todos os riscos da equação: impopularidade, animosidade, mal-entendidos e, mesmo, a calúnia declarada. E eles sempre têm um plano para lidar com esses contratempos de modo eficiente. Para um capricorniano, situações de arrepiar os cabelos de qualquer outro mortal não passam de meros problemas solucionáveis, lombadas na estrada que o conduzem ao poder, à eficácia e ao prestígio crescentes.

Costuma-se atribuir pessimismo aos nativos do signo, mas tal avaliação é um tanto ilusória. É verdade que adoram levar em consideração o lado negativo das coisas. Também é verdade que adoram imaginar o pior cenário possível para qualquer empreendimento. Os outros consideram deprimente essa maneira de analisar as situações, mas os capricornianos agem assim com o intuito de detectar uma forma de escapar de possíveis problemas: é o seu roteiro de fuga.

Sempre questionarão o sucesso que você alcançou. Vão lhe mostrar que você não está se saindo tão bem quanto julga. Agem dessa forma tanto em relação a si mesmos quanto em relação aos demais. Sua intenção não é provocar desânimo, é eliminar obstáculos a um sucesso ainda maior. Um patrão ou supervisor capricorniano imagina que, por melhor que seja o desempenho atual, sempre haverá espaço para progredir. Isso explica por que é tão difícil lidar com chefes capricornianos. É de tirar qualquer empregado do sério. Suas atitudes são, todavia, bastante eficazes: conseguem fazer com que seus subalternos cresçam profissionalmente e se aprimorem no desempenho de suas tarefas.

Os capricornianos são gerentes e administradores natos. Os leoninos podem ocupar com eficácia o posto de reis e rainhas, mas são os capricornianos que se encaixam melhor no de primeiros-ministros — que são, na verdade, aqueles que exercem o poder.

Os capricornianos se interessam por virtudes duradouras, e tudo que consiga subsistir ao teste do tempo e à prova das circunstâncias. Modas e modismos não lhes dizem nada, salvo seu aspecto lucrativo e a contribuição que possam dar em nome do poder. Os capricornianos empregam esse mesmo tipo de atitude no amor, nos negócios, em sua filosofia de vida e até na religião.

FINANÇAS

Os capricornianos, geralmente, alcançam a riqueza pelo trabalho. Mostram-se dispostos a trabalhar longa e arduamente pelo que desejam. Conseguem facilmente abrir mão de amenidades em prol de benefícios mais duradouros. Em relação às finanças, tendem a consolidar sua riqueza em idade mais avançada.

A fim de atingir suas metas financeiras, entretanto, precisam despojar-se de seu forte conservadorismo. Talvez esse seja o traço menos desejável da personalidade capricorniana. São capazes de resistir a qualquer inovação apenas pelo fato de ser uma novidade jamais testada. Têm medo de experimentar. Eles precisam aprender a correr pequenos riscos, mostrar-se mais dispostos a comercializar produtos novos e a explorar diferentes técnicas administrativas. Caso contrário, serão atropelados pelo progresso e ficarão para trás. É necessário aceitar a mudança dos tempos e descartar velhos métodos, que já provaram ser obsoletos.

Com frequência, essa experimentação implica o rompimento com a autoridade estabelecida. Talvez seja premente até abandonar a posição entrincheirada em que se encontram e arriscar-se em novos empreendimentos. Dessa forma, terão de aceitar os riscos e seguir adiante com eles. Somente dessa maneira estarão trilhando a estrada dos altos ganhos.

CARREIRA E IMAGEM PÚBLICA

A ambição e o anseio de poder dos capricornianos são notados com clareza. É, possivelmente, o signo mais ambicioso do Zodíaco, e o que faz mais sucesso, no sentido mundano da palavra. Entretanto, existem algumas lições que os capricornianos precisam aprender se desejam realizar suas aspirações mais elevadas.

Inteligência, trabalho árduo, eficácia fria e racional e organização os levarão até certo ponto do caminho, mas não ao topo. Será necessário cultivar o encanto social, atuar nessa área de forma mais graciosa. Em suma, saber lidar com as pessoas. Os nativos de Capricórnio devem aprender a cultivar a beleza e os contatos sociais convenientes, e fazer uso do poder airosamente, para que as pessoas consigam gostar deles; e essa é uma arte delicada. E, ainda, a unir as pessoas em torno de certos objetivos. Em síntese, têm de assimilar alguns dos prodigiosos dons librianos de charme e graça para chegar ao topo.

Tendo aprendido essa lição, vocês, capricornianos, serão extremamente bem-sucedidos em suas carreiras. São trabalhadores diligentes e devotados que não receiam investir tempo e esforço em seus empreendimentos. Os capricornianos não costumam se apressar na realização de uma tarefa; gostam de executá-la com esmero. Preferem ascender na escala social ou na empresa onde trabalham de forma lenta, mas com segurança. Movidos a sucesso, é natural que geralmente conquistem a simpatia dos chefes, que os apreciam e respeitam.

AMOR E RELACIONAMENTOS

Da mesma forma que ocorre com Escorpião e Peixes, é dificílimo conhecer bem um capricorniano. Eles são profundos, introvertidos e gostam de manter sua discrição. Não gostam de revelar seus pensamentos íntimos. Se você se apaixonou por um nativo do signo, seja paciente e vá com calma. Pouco a pouco, começará a conhecê-lo melhor.

Os capricornianos possuem uma natureza profundamente romântica, mas não a entregam de bandeja. Não são particularmente emotivos; sua impassividade beira a frieza. Em geral, demonstram seu amor de forma prática.

Leva tempo para um capricorniano, homem ou mulher, se apaixonar. Não é o tipo que se entrega ao amor à primeira vista. Os nativos de Áries e Leão que se envolverem com capricornianos podem mistificar erroneamente que seus parceiros de Capricórnio são frios, insensíveis e rígidos. Obviamente, nada disso é verdade. É que eles gostam de fazer as coisas devagar, de conhecer bem o terreno onde pisam, antes de demonstrar seu amor ou comprometer-se.

Mesmo nas relações amorosas, costumam agir com intencionalidade. Necessitam de mais tempo para tomar decisões do que os nativos de qualquer outro signo zodiacal; mas, vencida a barreira, podem mostrar-se tão passionais quanto qualquer outro signo. Os capricornianos apreciam relações bem estruturadas e definidas, constantes e previsíveis. Quase apreciam a rotina. Buscam companheiros que os apoiem, e fazem o mesmo com seus pares. Faz parte de sua psicologia básica essencial. Se tal relação é o melhor para eles ou não, é outra história, pois sua vida é naturalmente marcada pela rotina. Talvez se dessem melhor em um relacionamento mais estimulante, mutável e flutuante.

VIDA DOMÉSTICA E FAMILIAR

O lar dos capricornianos, como o dos virginianos, é sempre organizado e arrumadinho. Eles procuram gerir suas famílias da mesma forma como administram seus negócios. São tão obcecados pela carreira que muitas vezes carecem de tempo para o lar e para a família. Devem procurar envolver-se mais ativamente na vida doméstica e familiar. Contudo, levam os filhos muito a sério, e são pais corujas, sobretudo quando os filhos crescem e se tornam membros respeitados da sociedade.

CAPRICÓRNIO
PREVISÃO ANUAL PARA 2021

TENDÊNCIAS GERAIS

Ano passado foi próspero e este ano será ainda mais. Haverá mais foco nas finanças do que na carreira. Voltaremos a esse assunto em breve.

A saúde e a energia melhoraram muito em relação a 2020 e estão muito melhores do que 2018 e 2019. Se você passou por esses anos com a saúde e a sanidade em dia, fez muito bem. Voltaremos a esse assunto em breve.

A Terceira Casa (da Comunicação e Interesses Intelectuais) ganhou importância há muitos anos e ficará ainda mais importante em 2021. Os estudantes abaixo do nível superior terão sucesso nos estudos. Escritores, professores, blogueiros, profissionais de marketing e vendas também vão prosperar nos próximos anos, com destaque para 2022.

Urano está na Quinta Casa (das Crianças, Diversão e Criatividade) desde março de 2019, então há um grande foco nessa área. Os filhos e figuras filiais estarão mais rebeldes e difíceis de lidar que o normal. Você poderá tratá-los de forma autoritária, mas eles só vão ouvir se entenderem o motivo pelo qual algo precisa ser feito. Eles também parecem testar os limites do corpo e isso é bom, desde que seja feito com cuidado e atenção.

Os que estiverem envolvidos com as artes criativas estarão mais inspirados e originais do que o habitual. Muitos de vocês vão romper barreiras em termos de expressão criativa.

Plutão está em seu signo há muitos anos, desde 2008, o que é excelente para regimes de desintoxicação e emagrecimento, e ele pode ter trazido experiências de quase morte ou cirurgias, uma tendência que continuará em 2021.

As suas principais áreas de interesse para este ano serão: corpo e imagem; finanças; comunicação e interesses intelectuais; crianças, diversão e criatividade.

Os caminhos de maior realização serão: saúde e trabalho; finanças (de 1º de janeiro a 14 de maio e de 29 de julho a 30 de dezembro); comunicação e interesses intelectuais (entre 14 de maio e 29 de julho e a partir de 30 de dezembro).

SAÚDE

(Esta é uma perspectiva astrológica sobre a saúde, não uma visão médica. No passado essas perspectivas eram idênticas, mas hoje podem ocorrer diferenças significativas. Para obter uma opinião com base em diagnósticos da medicina convencional, consulte seu médico ou um profissional da área da saúde.)

A saúde deve ficar boa este ano. Haverá apenas um planeta lento em alinhamento tenso com você (Plutão). Todos os outros estarão em aspecto harmonioso ou vão deixar você em paz. Haverá períodos em que a saúde e a disposição estarão piores que o habitual, mas serão causados pelos trânsitos dos planetas rápidos, com impacto temporário, e eles não configuram tendências para 2021. Quando eles passarem (e normalmente passam), a saúde e a energia voltarão ao normal.

Os que estiverem lidando com doenças preexistentes sentirão uma melhora este ano, talvez até achem uma cura. Você tem tendência a isso devido à energia baixa e, quando a energia volta, elas desaparecem ou entram em pausa. Talvez algum terapeuta, tratamento ou pílula recebam o crédito por isso, mas o verdadeiro motivo é a mudança na energia planetária.

Por mais que a saúde esteja boa, será possível deixá-la ainda melhor. Dê mais atenção às seguintes áreas, as mais vulneráveis do seu mapa.

Coluna, joelhos, dentes, ossos e alinhamento do esqueleto. São sempre importantes para os nativos de Capricórnio, por serem regidos pelo seu signo. Os reflexos aparecem em seu mapa. Massagens nas costas e nos joelhos, além de visitas regulares a um quiropraxista ou osteopata deverão fazer parte da sua rotina de saúde. É fundamental que as vértebras estejam alinhadas. A boa higiene dental também é sempre importante. Dê mais suporte aos joelhos quando se exercitar.

Pulmões, braços, ombros e sistema respiratório. Também são sempre importantes para os nativos de Capricórnio. Mercúrio (o regente dessas áreas) é o seu Planeta da Saúde. Os reflexos aparecem em seu mapa. Massagens regulares nos braços e ombros deverão fazer parte da sua rotina de saúde, pois a tensão tende a se acumular nos ombros e precisa ser liberada.

Coração. Ganhou importância desde 2008, quando Plutão entrou em seu signo. Será importante por mais alguns anos. Os reflexos aparecem em seu mapa. Segundo vários curadores espirituais, o importante em relação ao coração é evitar preocupações e ansiedade, as duas emoções que o estressam. Cultive a fé em vez de se preocupar. (A preocupação se define como uma falta de fé.)

Como nossos leitores assíduos já sabem, seu Planeta da Saúde (Mercúrio) é muito rápido. Ao longo de um ano, ele vai passar por todo o seu horóscopo, visitando e ativando cada signo e casa em seu mapa, então haverá muitas tendências de curto prazo que dependem de onde Mercúrio está e dos aspectos que ele recebe. Elas serão abordadas com mais profundidade nos relatórios mensais.

Mercúrio ficará "fora dos limites" algumas vezes este ano: de 1º a 4 de janeiro; de 8 a 29 de maio; e de 4 a 31 de dezembro. Em geral, você é um tipo de pessoa mais conservadora e provavelmente isso também vale para a saúde. Você gira em torno da medicina ortodoxa, mas nesses períodos você parece "fora dos limites" e da sua esfera normal quando se trata da saúde.

Mercúrio também ficará retrógrado três vezes este ano (o normal para ele): de 30 de janeiro a 20 de fevereiro; de 29 de maio a 21 de junho; e de 27 de setembro a 17 de outubro. Serão períodos para rever os objetivos de saúde e ganhar clareza nessa área. É melhor evitar grandes exames ou procedimentos médicos e também tomar grandes decisões relacionadas à saúde nesses períodos.

LAR E FAMÍLIA

A Quarta Casa (do Lar e da Família) não estará proeminente este ano. Isso vai mudar daqui a alguns anos, mas 2021 parece *status quo*. Há um contentamento com a situação do lar e da família, não sendo necessário dar atenção especial a essas áreas.

Como nossos leitores assíduos já sabem, haverá momentos que exigirão mais foco nessas áreas, mas serão tendências de curto prazo causadas pelos trânsitos dos planetas rápidos e não configuram tendências para o ano.

O seu Planeta da Família é Marte, um planeta relativamente rápido. Ao longo do ano, ele vai passar por nove signos e casas do seu horóscopo, então haverá muitas tendências de curto prazo relacionadas à família que dependem de onde Marte está e dos aspectos que recebe. Isso será abordado com mais profundidade nos relatórios mensais.

Um pai, mãe, figura paterna ou materna em sua vida vem renovando a casa nos últimos anos e isso poderá continuar em 2021, mas uma mudança de endereço não parece provável. Esta figura terá várias oportunidades de emprego este ano, e das boas. O outro pai, mãe, figura paterna ou materna vai prosperar e ser bastante experimental em questões financeiras, fazendo grandes mudanças nessa área. Contudo, uma mudança de endereço não parece provável, embora não haja nada que impeça isso. Além disso, talvez tenha havido mortes na família nos últimos anos.

Os filhos e figuras filiais estarão muito inquietos nesses dias. Eles têm fome de mudança e liberdade. Se eles forem casados, o relacionamento está sendo testado. Se forem solteiros, o casamento não será provável (nem recomendável). Eles terão um ano do tipo *status quo* em termos do lar e da família.

Os netos (caso você os tenha) ou as pessoas que desempenham esse papel em sua vida poderão viver abalos emocionais e momentos dramáticos na família, pois haverá dois eclipses na Quarta Casa, mas uma mudança de endereço não parece provável. Eles terão um ano muito forte para o amor e a vida social, e um casamento ou um relacionamento sério poderá acontecer, se tiverem a idade adequada para isso.

Se você estiver reformando ou fazendo grandes reparos no lar, entre 1º e 7 de janeiro e de 20 de março a 20 de abril serão bons períodos para isso. Se você estiver redecorando, embelezando ou comprando objetos de beleza para o lar, o período entre 21 de março a 15 de abril será bom para isso, pois a estética e sensibilidade estarão mais fortes.

DINHEIRO E CARREIRA

O ano de 2020 foi bom para as finanças e este ano será ainda melhor. A prosperidade vai acontecer. Há alguns fatores em ação. Primeiro, você terá mais energia no geral, então poderá fazer mais coisas. Em segundo lugar, a Casa do Dinheiro estará muito poderosa e repleta de planetas benéficos, então você terá muito apoio cósmico em seus esforços financeiros.

Ano passado, Saturno (o senhor do seu horóscopo e, portanto, sempre amigável com você) entrou na Casa do Dinheiro. Ele continuará lá o ano inteiro e também em 2022, o que indica o seguinte: você estará envolvido pessoalmente nas finanças e não deve delegar essa área para outras pessoas. Mesmo se o fizer, ficará diretamente envolvido no processo. Você terá aparência de riqueza e prosperidade, além de se sentir rico e próspero. Você vai se vestir como tal e cultivar esse tipo de imagem. As pessoas verão você desta forma. Você também pode gastar consigo mesmo. A aparência e a atitude pessoal como um todo terão papel importante nos ganhos, e talvez seja por isso que você vai gastar consigo mesmo — será uma espécie de investimento nos negócios.

Júpiter (o Planeta da Abundância) estará na Casa do Dinheiro em boa parte do ano, de 1º de janeiro a 14 de maio e de 29 de julho a 30 de dezembro. Isso é um clássico indicador de prosperidade. Os seus bens vão aumentar de valor. Além disso, vão acontecer oportunidades financeiras felizes e talvez sorte inesperada. Os seus horizontes financeiros vão se expandir e os objetivos serão maiores, o que tende à riqueza. A sua intuição financeira estará muito boa.

O Planeta das Finanças (Urano) também estará em ótima posição este ano. Ele estará na Quinta Casa feliz, o que também envia muitas mensagens. O dinheiro será ganho de modo feliz, talvez enquanto você se diverte em um resort, uma festa ou esteja envolvido em atividades de lazer. Você vai gostar de ganhar dinheiro e vai apreciar a riqueza que tem. Além disso, vai gastar em atividades de lazer e objetos divertidos. Também poderá haver sorte em especulações, mas sempre faça isso com base na intuição, nunca de modo automático.

O Planeta das Finanças na Quinta Casa mostra que você vai gastar com os filhos ou figuras filiais em sua vida, mas também poderá ganhar com eles. Esta é uma tendência de longo prazo. Se eles forem jovens, poderão ter ideias lucrativas: há várias histórias de fortunas feitas porque uma criança deu uma ideia milionária a um pai ou mãe. E eles também podem inspirar você a querer ganhar mais para dar uma boa vida a eles. Se as crianças forem mais velhas, poderão fornecer apoio material.

Esta posição (o Planeta das Finanças na Quinta Casa) indica muita afinidade para empresas que atendem ao mercado jovem: música entretenimento, cinema, roupas infantis ou brinquedos. O mundo da internet e da tecnologia também estará favorável para você.

AMOR E VIDA SOCIAL

A sua Sétima Casa (do Amor e Romance) não estará proeminente este ano, significando que não será uma Casa do Poder. Ela estará basicamente vazia e apenas planetas rápidos vão passar por lá, com efeitos de curto prazo, então será um ano do tipo *status quo* para o amor, o que já vem acontecendo há muitos anos. Os solteiros tendem a continuar solteiros, enquanto os casados tendem a continuar casados. Haverá um contentamento com o *status quo* e você não terá necessidade de prestar muita atenção nessa área.

A Lua, a mais rápida de todos os planetas, é o seu Planeta do Amor. Enquanto os outros planetas rápidos vão passar pelo seu mapa em um ano, a Lua faz isso a cada mês. Portanto, haverá muitas tendências de curto prazo no amor que dependem de onde a Lua está e dos aspectos que recebe. Isso será abordado com mais profundidade nos relatórios mensais.

Em geral, o seu magnetismo (e entusiasmo) social fica mais forte na Lua Nova, na Lua Cheia e na Lua Crescente.

Embora o romance esteja *status quo*, as amizades parecem ativas e felizes. Plutão, o seu Planeta dos Amigos, está em seu signo há muitos anos e ficará lá por outros tantos, indicando que os amigos estarão dedicados a você e farão de tudo para agradá-lo. Você não precisará fazer nada especial para atrair amigos, eles virão. Basta seguir a vida normalmente.

Os amigos terão o casamento testado nesse período e alguns vão se divorciar. Se eles forem solteiros, o casamento não é aconselhável. Os irmãos e figuras fraternas estão prosperando. Se eles estiverem em idade fértil, ficarão muito férteis (e isso também vale para o ano que vem), mas o amor será *status quo* em 2021.

Os filhos e figuras filiais em sua vida não devem se casar. Eles precisam curtir a vida e estão muito apaixonados pela liberdade pessoal para arrumar um compromisso.

Os netos (caso você os tenha) ou as pessoas que desempenham esse papel em sua vida terão um ano maravilhoso em termos sociais e 2022 será melhor ainda. Se tiverem a idade adequada, um casamento ou relacionamento sério poderá surgir.

Os pais, mães e figuras paternas ou maternas terão um ano do tipo *status quo* para o amor. Se eles forem casados, tenderão a continuar casados. Se forem solteiros, tenderão a continuar solteiros.

AUTOAPRIMORAMENTO

Netuno, o mais espiritual de todos os planetas, está na Terceira Casa há muitos anos e ficará lá por outros tantos, configurando uma tendência de longo prazo. Isso já foi discutido nos relatórios anteriores. As suas faculdades intelectuais estão refinadas, sensibilizadas e espiritualizadas. O seu gosto para leitura também está mais refinado. Haverá um interesse maior em livros e revistas espiritualizados. Os livros e revistas relacionados às belas-artes também serão atraentes.

Um dos desafios com esta posição é a sintonia com o que está por trás das palavras escritas ou ditas. Os estudantes podem se enganar por conta disso. Se o professor estiver chateado com uma questão conjugal ou financeira, o aluno poderá ouvir esses problemas em vez da verdadeira lição. Isso também pode acontecer com quem não é estudante, em uma comunicação corporativa ou social. Portanto, existe uma tendência a problemas de comunicação. É bom ouvir o que está por trás das palavras, mas também é bom ouvir o que está sendo dito. Isso poderá evitar muitas mágoas no futuro.

Esta posição também mostra que os irmãos e figuras fraternas estão sob fortes influências espirituais. Além da vida onírica estar mais ativa que o habitual, eles terão mais interesse em assuntos espirituais e viverão diversas experiências extrassensoriais e de sincronicidade. Muitos já estão ou vão entrar em um caminho espiritual, o que deve ser estimulado e não criticado.

O seu Planeta Espiritual (Júpiter) passará a maior parte do ano na Casa do Dinheiro. Nós discutimos os efeitos materiais disso anteriormente, mas isso mostra que você vai se aprofundar nas dimensões espirituais da riqueza, explorando a relação entre riqueza espiritual e material. Esta relação está muito forte, mas os dois tipos de riqueza envolvem atitudes diferentes.

Na perspectiva mundana, é possível ganhar o pão com o suor do próprio rosto e conquistar o sucesso pelo esforço, mas a perspectiva espiritual é bem diferente. É preciso se conectar ao "espírito da afluência" e permitir que ele opere na mente e nos assuntos financeiros. Claro que as ações vão acontecer e são necessárias, mas não serão a causa do progresso, apenas efeitos colaterais da atividade do espírito da afluência, o que é uma perspectiva bem diferente.

Você estará mais generoso e caridoso este ano, o que também será o espírito da afluência em ação. Enquanto a riqueza mundana é medida pelo quanto você tem, espiritualmente ela é medida pelo quanto você pode fornecer. Os que fornecem mais (a partir dos motivos e da mentalidade certas) serão reabastecidos imediatamente. Eles criam a condição cármica e são capazes de receber do universo.

Capricórnio é um signo muito pé no chão, então esses ensinamentos vão parecer estranhos para os nativos do signo, mas é o que vai acontecer este ano. Algumas experiências de "dinheiro milagroso" em 2021 vão fazê-los se aprofundar nisso. Se você quiser ler mais sobre a afluência espiritual, visite o meu blog [em inglês] *www.spiritual-stories.com.*

PREVISÕES MENSAIS

JANEIRO

Melhores dias: 3, 4, 12, 13, 21, 22, 30, 31
Dias mais tensos: 5, 6, 18, 19, 26, 27
Melhores dias para o amor: 2, 3, 4, 10, 12, 13, 21, 22, 23, 26, 27, 30, 31
Melhores dias para o dinheiro: 3, 5, 12, 14, 15, 21, 23, 24, 30
Melhores dias para a carreira: 2, 5, 6, 10, 21, 22, 30, 31

Este será um mês feliz, saudável e próspero. Os planetas serão bons para você em janeiro. Haverá apenas um planeta lento em alinhamento tenso com você. Todos os outros estarão em harmonia ou deixarão você em paz. Além disso, os planetas rápidos estarão em harmonia com você, que terá energia de sobra. Com isso, tudo o que parecia impossível agora será possível.

Você começou 2021 no meio de um ápice anual de prazer pessoal, que continuará até o dia 20. Este mês será excelente para regimes de desintoxicação ou emagrecimento. A aparência pessoal vai brilhar e haverá mais *sex appeal* em sua imagem. Vênus no seu signo a partir do dia 9 acrescenta beleza e graça à sua imagem. Este mês será bom para comprar roupas, acessórios e objetos pessoais. O senso estético estará afiado e as escolhas serão boas.

O amor não parece ser um problema este mês. A Sétima Casa (do Amor) está vazia e apenas a Lua passará por lá nos dias 26 e 27. Isso é um bom sinal. Você parece contente com a situação atual e não precisará dar mais atenção a essa área. No geral, o magnetismo social estará mais forte entre os dias 13 e 28, quando seu Planeta do Amor estará crescente.

O Sol vai entrar na Casa do Dinheiro no dia 20, marcando o início de um ápice financeiro anual. Quarenta por cento, e às vezes cinquenta por cento, dos planetas estarão lá ou vão passar por lá, o que significa muito poder financeiro. A prosperidade vai acontecer antes do dia 20, mas depois desse dia haverá mais foco. (Embora você talvez precise trabalhar mais.) Após o dia 20, será um bom período para pagar ou fazer dívidas, dependendo da necessidade. Se você tiver boas ideias, será um bom momento para atrair investidores externos para os seus projetos.

Marte viajará com seu Planeta das Finanças entre os dias 18 e 21, o que poderá trazer dinheiro súbito ou uma despesa súbita. Se for uma despesa inesperada, o dinheiro virá para cobri-la. Um pai, mãe, figura paterna ou materna parece que vai ajudar nas finanças, já que terá um bom mês financeiro.

O poder planetário estará majoritariamente no setor oriental do "eu" este mês. Você viverá um período de independência máxima, então é hora de pegar o touro pelos chifres e criar as condições para a sua felicidade. As outras pessoas são sempre importantes, mas o seu jeito de agir será o melhor agora. Este mês será dedicado a você.

FEVEREIRO

Melhores dias: 1º, 8, 9, 18, 19, 27, 28
Dias mais tensos: 2, 3, 15, 16, 23, 24
Melhores dias para o amor: 2, 3, 10, 11, 20, 21, 23, 24
Melhores dias para o dinheiro: 2, 3, 8, 11, 12, 18, 20, 21, 27
Melhores dias para a carreira: 2, 3, 10, 11, 20, 21

Este mês e o próximo talvez sejam os melhores períodos do ano para lançar projetos ou empreendimentos. Se você estiver planejando isso, agora é o momento de colocar em prática. Você estará com tudo. Agora que seu aniversário passou, você estará com os ciclos solar pessoal e cósmico em modo crescente. Além disso, o ímpeto planetário estará majoritariamente avançado: até o dia 21, noventa por cento dos planetas vão se mover para a frente e, após o dia 21, todos os planetas vão se mover para a frente. Entre os dias 11 e 23 teremos o período da Lua Crescente, que será o melhor momento do mês. Você terá muito impulso cósmico a seu favor. O início de algo determina o seu resultado. Um bom começo tende a gerar um bom final.

Este mês será próspero e saudável. A maioria dos planetas estará alinhada harmoniosamente com você, que terá energia para conquistar tudo o que desejar. Você também terá os recursos materiais para isso, pois estará no meio de um ápice financeiro anual até o dia 18. Cinquenta e às vezes sessenta por cento (uma porcentagem bem alta) dos planetas estarão na Casa do Dinheiro ou passarão por ela, então o poder de ganhar dinheiro estará forte. E, como o foco nas finanças será grande, você estará disposto a superar os desafios que surgirem (e eles vão surgir). Este foco tende à prosperidade.

O poder planetário ainda estará majoritariamente no setor oriental do "eu", e então será melhor agir do seu jeito neste período, pois o cosmos estará ao seu lado. Isso não é egoísmo. Como podemos ajudar os outros se não estamos bem? Portanto, se você ainda não fez as mudanças necessárias para a sua felicidade, o momento é esse. Mais tarde (em um ou dois meses) será mais difícil. Esse é o momento de assumir a responsabilidade pela própria felicidade e bem-estar. O mundo (os outros) vai se adaptar a você em vez do contrário.

O lado noturno do seu horóscopo (a metade inferior) estará totalmente dominante este mês. Todos os planetas estarão abaixo do horizonte. Apenas a Lua vai ficar temporariamente na metade superior. Portanto, a carreira não será importante agora. Este é o momento de conquistar o bem-estar emocional e lidar com o lar e a família. Embora a carreira não seja tão importante, uma oportunidade profissional feliz virá nos dias 5 ou 6 e entre os dias 8 e 11.

Como no mês passado, o amor não será um grande foco. A Sétima Casa (do Amor) estará basicamente vazia, apenas a Lua passará por lá nos dias 23 e 24. O amor será *status quo* e o magnetismo social estará mais forte entre os dias 11 e 27.

MARÇO

Melhores dias: 7, 8, 16, 17, 18, 26, 27
Dias mais tensos: 1º, 2, 14, 15, 22, 23, 28, 29
Melhores dias para o amor: 3, 4, 12, 13, 22, 23, 24
Melhores dias para o dinheiro: 1º, 2, 7, 9, 10, 16, 17, 19, 20, 26, 28, 29
Melhores dias para a carreira: 1º, 2, 3, 4, 12, 13, 24, 28, 29

Março poderá ser ainda melhor para começar novos projetos ou empreendimentos do que fevereiro. Todos os fatores mencionados no mês passado continuam em vigor. Além disso, o Sol vai entrar no dinâmico signo de Áries no dia 20, configurando a melhor energia inicial do zodíaco. Entre os dias 18 e 28, período de Lua Crescente, será o melhor momento para isso.

A vida financeira continua poderosa. Embora a maioria dos planetas rápidos tenha saído da Casa do Dinheiro, você ainda terá dois planetas lentos poderosos lá, Júpiter e Saturno. Mercúrio também estará lá até o dia 16. A mensagem é clara: você pode não gostar do que está fazendo e talvez preferisse se divertir mais, mas os ganhos virão.

A saúde estará boa até o dia 20. Depois disso, ela exigirá um pouco mais de cuidados. Não será algo sério, apenas os estresses de curto prazo causados pelos planetas rápidos. Melhore a saúde com massagens nos pés (veja o mapa no relatório anual) e técnicas de cura espiritual. A cura espiritual estará particularmente poderosa entre os dias 29 e 31. Se você estiver indisposto, procure um curandeiro espiritual.

Marte vai entrar na Sexta Casa (da Saúde) no dia 14, indicando que exercícios físicos vigorosos serão importantes de acordo com sua idade e fase da vida. Massagens na cabeça, rosto e couro cabeludo vão melhorar a saúde e a terapia craniossacral também será boa.

O poder este mês estará na Terceira Casa (da Comunicação e Interesses Intelectuais). Será um ótimo mês para os estudantes abaixo do nível superior, que terão sucesso nos estudos. Os dias 9, 10, 14 e 15 serão especialmente bons para isso. Mas até quem não for estudante em termos oficiais ficará mais estudioso este mês e vai ler, frequentar palestras e seminários e, em alguns casos, até dar aulas. As faculdades intelectuais vão aumentar e o aprendizado será bom.

Como no mês passado, todos os planetas estarão abaixo do horizonte no seu mapa. O poder estará no lado noturno do horóscopo, então a carreira não ficará proeminente. O foco estará mais no seu bem-estar emocional, no lar e na família. Uma vez que tudo isso esteja em ordem, você estará em boa posição para avançar na carreira quando os planetas mudarem para o lado diurno, a metade superior do seu mapa. Até o seu Planeta da Carreira (Vênus) estará na Quarta Casa a partir do dia 21. Portanto, a sua missão e carreira serão o lar e a família

O amor estará *status quo*, não sendo o grande foco neste mês. O magnetismo social estará mais forte entre os dias 18 e 28, quando o seu Planeta do Amor ficará crescente.

ABRIL

Melhores dias: 3, 4, 13, 14, 23, 24
Dias mais tensos: 10, 11, 12, 18, 19, 25, 26
Melhores dias para o amor: 1º, 2, 11, 12, 18, 19, 23, 24
Melhores dias para o dinheiro: 3, 4, 6, 7, 13, 14, 16, 17, 23, 24, 26
Melhores dias para a carreira: 1º, 2, 11, 12, 23, 24, 25, 26

Ainda existe uma janela (uma pequena abertura) para começar novos projetos e empreendimentos neste mês, entre os dias 12 e 20, mas depois ela se fecha. Entre os dias 12 e 20 nós teremos todos os fatores que estavam em vigor no mês passado: ciclo solar cósmico e pessoal crescentes, impulso planetário cem por cento avançado e a Lua Crescente. Então, se você ainda não iniciou o que queria, vá fundo.

O poder planetário está no setor social ocidental do horóscopo e se movendo cada vez mais para o Oeste. A independência pessoal está mais fraca e agora é uma questão obter o que deseja pelo consenso e a capacidade dos outros gostarem de você. O seu traquejo social contará muito mais do que a iniciativa ou habilidades pessoais. É hora de tirar férias de si mesmo e se concentrar nos outros e nas necessidades deles. Muitas patologias e desconfortos psicológicos têm o excesso de interesse em si mesmo como causa. Esses são os momentos para aprender que nem tudo diz respeito a você. Existe um quadro maior a se considerar. Deixe que os outros ajam do jeito deles, desde que não seja destrutivo.

A saúde ainda precisará de cuidados até o dia 20. Melhore a saúde das formas mencionadas no relatório anual, e também dê mais atenção aos pés (com massagens na região) até o dia 4, à cabeça, com massagens no rosto e no couro cabeludo entre os dias 4 e 19, e massagens no pescoço a partir do dia 19. Os exercícios físicos continuarão importantes até o dia 21. Após o dia 20, a saúde e a energia terão uma recuperação milagrosa. Nunca foi algo sério, apenas estresse de curto prazo causado pelos planetas rápidos. Quando eles passarem (como sempre acontece) a partir do dia 20, a saúde e a energia voltarão ao normal.

Marte vai entrar na Sétima Casa (do Amor) no dia 21. Isso pode complicar a vida amorosa e muitas vezes traz uma tendência a disputas de poder no relacionamento. Se você conseguir evitar isso, o amor deverá ser feliz. Haverá mais socialização em casa e com a família. Os solteiros ficarão atraídos por pessoas com fortes valores familiares. Os parentes podem bancar o cupido e um pai, mãe, figura paterna ou materna poderá se envolver demais na sua vida amorosa. As intenções serão boas, mas a interferência será excessiva mesmo assim. Você parece mais agressivo no amor e corre atrás do que quer, sem timidez.

Este mês será próspero. O Planeta das Finanças (Urano) recebe muita estimulação positiva, especialmente a partir do dia 22. Você provavelmente vai ter que trabalhar mais pelos ganhos e haverá muitos desafios a enfrentar.

MAIO

Melhores dias: 1º, 2, 10, 11, 20, 21, 28, 29

Dias mais tensos: 7, 8, 9, 15, 16, 22, 23

Melhores dias para o amor: 1º, 2, 10, 11, 13, 15, 16, 22, 23, 30

Melhores dias para o dinheiro: 1º, 2, 3, 4, 10, 11, 14, 15, 20, 21, 24, 28, 29, 30, 31

Melhores dias para a carreira: 1º, 2, 13, 22, 23

O Sol entrou na Quinta Casa (da Diversão) em 20 de abril e ficará lá até o dia 21, marcando o início de um ápice anual de prazer pessoal. Os nativos de Capricórnio são trabalhadores, então é bom fazer uma pausa e curtir a vida de vez em quando. Muitas vezes, a melhor forma de resolver um problema ou ansiedade é deixar para lá e se divertir. Aproveite os momentos de lazer e alegria. Quando você retomar o problema, a solução estará lá. (Ela sempre esteve lá, mas foi bloqueada pela sua ansiedade.)

Júpiter vai entrar na Terceira Casa no dia 14. Isso é maravilhoso para estudantes e para quem trabalha com vendas e marketing, além de escritores, blogueiros e professores. As faculdades mentais estarão expandidas agora. Às vezes, as pessoas compram carros ou equipamentos de comunicação novos nesse aspecto, mas isso também poderá acontecer ano que vem.

Um eclipse lunar no dia 26 acontecerá na Décima Segunda Casa. Será basicamente benigno, mas se você tiver planetas em Gêmeos, Virgem, Sagitário ou Peixes, poderá ser forte. (Para saber isso, é preciso fazer um mapa astral personalizado, com a data, hora e local do seu nascimento.) Este eclipse traz mudanças espirituais, o que é bastante normal. A vida espiritual, como outros aspectos da vida, está sempre evoluindo. Novas revelações, compreensões e experiências exigem mudanças nas práticas, ensinamentos e professores. Haverá muitos abalos nas organizações espirituais ou de caridade com as quais você está envolvido. Haverá momentos dramáticos na vida dos gurus em sua vida. Além disso, os sonhos estarão muito ativos neste período, mas não dê muita atenção a eles, pois não terão significado importante. Na maioria das vezes, será lixo psicológico trazido pelo eclipse. Todo eclipse lunar testa a vida amorosa e o relacionamento amoroso atual. Você vive isso duas vezes por ano e agora já sabe como lidar com a situação. Tenha mais paciência com a pessoa que você ama neste período, pois ela poderá viver momentos dramáticos na vida pessoal e mudar de emprego ou ter perturbações no local de trabalho. Além disso, a rotina de saúde da pessoa amada terá grandes mudanças nos próximos meses.

A atividade retrógrada aumenta em maio. Estamos longe do máximo para o ano, mas os eventos continuam desacelerando. Os nativos de

Capricórnio sabem lidar bem com isso, mais do que a maioria. Vocês são pacientes por natureza.

É raro achar um capricorniano desempregado, mas, se este for o seu caso, haverá oportunidades de trabalho maravilhosas a partir do dia 20.

JUNHO

Melhores dias: 6, 7, 8, 16, 17, 24
Dias mais tensos: 4, 5, 11, 12, 13, 18, 19
Melhores dias para o amor: 11, 12, 13, 18, 19, 21, 27
Melhores dias para o dinheiro: 1º, 6, 7, 11, 16, 17, 20, 24, 25, 26, 27
Melhores dias para a carreira: 11, 12, 18, 19, 21

Existem tantas distrações na vida que, de vez em quando, precisamos de alguns lembretes para manter o foco no nosso objetivo. O eclipse solar do dia 10 é um desses lembretes para você. Ele afeta o senhor da Oitava Casa, trazendo encontros psicológicos com a morte, que também poderão acontecer por meio de uma experiência de quase-morte, seja pessoal ou com alguém que você conhece. Cirurgias podem ser recomendadas e pode haver um diagnóstico assustador. (Se isto acontecer, peça uma segunda opinião. Há muitos movimentos retrógrados agora e esses resultados podem estar incorretos.) Nada como um encontro psicológico com a morte para fazer você se concentrar no essencial. Tudo o que é trivial na vida simplesmente desaparece.

Este eclipse acontecerá na Sexta Casa e indica mudanças de emprego, que podem acontecer na sua situação atual ou em outra. Muitas vezes acontecem momentos dramáticos no local de trabalho. Se você é empregador, haverá momentos dramáticos na vida de funcionários e provavelmente rotatividade de pessoal. Além disso, haverá mudanças na sua rotina de saúde nos próximos meses. Netuno e Mercúrio também serão afetados por este eclipse, portanto é melhor evitar viagens ao exterior nesse período. (Além do eclipse, os dois planetas que regem as viagens ao exterior no seu horóscopo, Mercúrio e Júpiter, estarão retrógrados. Se você tiver que viajar, será melhor fazer isso após o dia 21.) O impacto em Netuno indica momentos dramáticos na vida de irmãos, figuras fraternas e vizinhos. Além disso, poderá haver abalos no seu bairro, como novas construções, apagões, interrupções no funcionamento da internet etc. Também será uma boa ideia dirigir com mais cuidado. Os carros e equipamentos de comunicação serão testados, muitas vezes exigindo reparos ou substituições. O cônjuge, parceiro ou interesse amoroso atual terá um excelente mês para as finanças, mas o eclipse mostra uma necessidade de corrigir o rumo nessa área, pois o pensamento, planejamento e estratégia não andam realistas. Os filhos e figuras filiais também farão mudanças importantes na vida financeira e viverão momentos dramáticos. Tenha mais paciência com eles.

Apesar dos eclipses, há muitos pontos positivos. As finanças vão bem e o Sol entrará na Sétima Casa (do Amor) no dia 21, marcando o início de um ápice amoroso e social anual. Os solteiros vão conhecer pessoas importantes.

Marte formará aspectos dinâmicos com Plutão entre os dias 4 e 6, testando seus equipamentos tecnológicos, computadores e softwares. Eles podem se comportar de modo errático, então tome todas as medidas de segurança possíveis. Além disso, poderá haver momentos dramáticos na vida dos amigos.

JULHO

Melhores dias: 3, 4, 5, 13, 14, 23, 24, 31
Dias mais tensos: 1º, 2, 8, 9, 10, 16, 17, 28, 29, 30
Melhores dias para o amor: 1º, 2, 8, 9, 10, 12, 19, 21, 28, 29, 31
Melhores dias para o dinheiro: 3, 4, 5, 8, 13, 14, 18, 22, 23, 24, 25, 26, 31
Melhores dias para a carreira: 1º, 2, 12, 16, 17, 21, 31

O poder planetário (os planetas rápidos) vai mudar para o lado diurno, a metade superior do seu horóscopo, no dia 12. Embora a metade superior não seja dominante, ela estará no auge da força para este ano, então é hora de dar um pouco de atenção à carreira e aos objetivos externos. O seu desafio nesses dias (e pelos próximos meses) será equilibrar uma carreira de sucesso com uma vida doméstica de sucesso. As duas metades do seu horóscopo estarão igualmente poderosas. Não será possível se afastar demais em qualquer direção e a maioria de vocês vai alternar entre as duas, mas, comparado aos primeiros meses do ano, as ambições serão mais fortes agora. Será um bom momento para ir às competições esportivas ou peças de teatro da escola das crianças, mas também será bom para ajudá-las tendo sucesso no mundo.

Você ainda estará no meio de um ápice amoroso e social anual até o dia 23 e a maioria dos planetas continua no setor social ocidental do horóscopo, indicando um forte período social. Este não é o momento para ter vontade própria ou foco em si mesmo. (O senhor do seu horóscopo, Saturno, está retrógrado e a autoconfiança não estará tão boa quanto o de costume.) Deixe que os outros ajam do jeito deles, desde que não seja destrutivo. Permita que o seu lado bom venha pelas boas graças dos outros (sem forçar a barra para isso). O magnetismo sexual parece ser mais importante para os solteiros e este mês parece sexualmente ativo, pois a Oitava Casa ficará muito poderosa a partir do dia 23.

O poder na Oitava Casa mostra que o cônjuge, parceiro ou interesse amoroso atual terá um mês forte para as finanças. Isso vai compensar as suas finanças, que parecem estressadas após o dia 23. Este estresse será de curto prazo, não configurando uma tendência para o ano. Tudo isso vai passar em agosto.

A saúde ficará mais delicada no dia 21 de junho e continuará exigindo cuidados até o dia 23. Não será algo sério, apenas estresses de curto prazo causados pelos planetas rápidos. A energia não estará de acordo com o habitual. Então, como sempre, descanse se estiver cansado e melhore a saúde das formas mencionadas no relatório anual. Após o dia 12, procure fazer uma alimentação correta. Massagens no ponto do reflexo do estômago também vão ajudar. Se houver problemas com a pessoa que você ama ou com os amigos, restaure a harmonia o mais rápido possível. Após o dia 28, massagens no peito e no ponto do reflexo do coração serão úteis. Haverá uma melhora dramática na saúde e na energia após o dia 23, quando os planetas rápidos se afastam dos aspectos tensos com você.

AGOSTO

Melhores dias: 1º, 10, 11, 18, 19, 27, 28
Dias mais tensos: 5, 6, 12, 13, 24, 25
Melhores dias para o amor: 1º, 5, 6, 7, 8, 11, 17, 20, 26, 30, 31

Melhores dias para o dinheiro: 1º, 10, 11, 13, 18, 19, 20, 21, 27, 28, 31
Melhores dias para a carreira: 1º, 11, 12, 13, 20, 30, 31

A atividade retrógrada aumentou este mês. Cinquenta por cento dos planetas estão retrógrados. Este ainda não será o máximo para o ano (isso vai acontecer no mês que vem), mas ainda será uma porcentagem alta. Tudo está desacelerando no mundo e em sua vida. Não há nada errado com você. Este é apenas o clima cósmico agora. Até a famosa paciência dos nativos de Capricórnio será testada este mês e no próximo.

O lado superior (diurno) do seu horóscopo estará igualmente equilibrado com o inferior (noturno). Então, como no mês passado, as ambições estarão mais fortes do que estavam antes de maio, mas não dominantes, então dê um pouco de atenção à carreira, mantendo a harmonia em casa. Será uma questão de equilíbrio agora. Você não poderá ignorar o lar, nem a carreira.

A Oitava Casa estava forte mês passado e continuará assim até o dia 23. Na Oitava Casa nós crescemos e prosperamos não pelo acréscimo, e sim ao nos livrar de algo que não deveria estar lá. É hora de uma boa desintoxicação do corpo, mente e emoções. (E até dos objetos físicos). Às vezes, menos é mais (especialmente se o "mais" for desnecessário). Quando o desnecessário é expurgado, nós descobrimos a "ressurreição" e ficamos renovados, como em um passe de mágica.

O cônjuge, parceiro ou interesse amoroso atual continua prosperando até o dia 23. Nesse momento, os objetivos financeiros de curto prazo serão atingidos e os interesses dele ou dela vão mudar. Com você será o oposto. As finanças continuarão estressadas até o dia 23, mas depois melhoram e haverá prosperidade (relativamente fácil) a partir do dia 23.

A saúde estará ótima este mês. Você terá muita energia para conquistar o que deseja. Com o Planeta da Saúde na Oitava Casa (desde 28 de agosto) até o dia 12, cirurgias podem ter sido recomendadas, mas com tantos movimentos retrógrados, será melhor ouvir uma segunda opinião. (Com todos esses movimentos retrógrados, não será um bom momento para fazer uma cirurgia, mesmo se for necessário. É melhor reagendar para depois.)

O amor não parece ser um grande foco este mês. A Sétima Casa (do Amor) estará vazia. Apenas a Lua vai passar por lá nos dias 5 e 6, portanto o amor estará *status quo*. O seu magnetismo (e entusiasmo) social estará mais forte entre os dias 8 e 22, período da Lua Crescente.

A Nona Casa forte é maravilhosa para os universitários, pois indica foco. Eles parecem ter sucesso nos estudos. O aspecto também será bom para estudos religiosos, teológicos e filosóficos.

SETEMBRO

Melhores dias: 6, 7, 14, 15, 24, 25
Dias mais tensos: 1º, 2, 8, 9, 21, 22, 23, 29, 30
Melhores dias para o amor: 1º, 2, 6, 7, 9, 15, 19, 26, 29, 30
Melhores dias para o dinheiro: 6, 7, 9, 14, 15, 17, 18, 24, 25, 27
Melhores dias para a carreira: 8, 9, 19, 29, 30

Quando Mercúrio ficar retrógrado no dia 27, nós teremos o máximo de atividade retrógrada para o ano, sessenta por cento. Mas mesmo antes disso a atividade retrógrada será intensa: cinquenta por cento. Este Mercúrio retrógrado será muito mais forte que os anteriores porque cinco outros planetas estarão retrógrados, além de Mercúrio. Portanto, faça tudo com perfeição. Você não vai impedir os adiamentos e atrasos, mas poderá minimizá-los.

Você também precisa prestar atenção na saúde este mês, especialmente a partir do dia 22. No geral, a saúde estará boa, mas este não será um dos seus melhores períodos nessa área devido aos estresses de curto prazo causados pelos planetas rápidos. No final de outubro, a saúde e a energia vão voltar. Enquanto isso, melhore a saúde das formas mencionadas no relatório anual, massageie os quadris e no ponto do reflexo dos rins este mês (veja no mapa de reflexologia no relatório de saúde anual). E mantenha o nível de energia alto, é claro. O perigo da energia baixa, mesmo com a saúde boa, é que a pessoa fica mais vulnerável a invasões oportunistas.

Embora a saúde e a energia pudessem estar melhores, este mês será bem-sucedido. A Décima Casa (da Carreira) ficará imensamente poderosa a partir do dia 22, então concentre-se mais na carreira do que no lar e na família em setembro. A boa notícia é que a família apoiará os seus objetivos profissionais, talvez eles vejam isso como um "projeto familiar." Além disso, a família como um todo parece estar com status elevado, ficando mais proeminente e respeitada, a partir do dia 15.

O Planeta das Finanças (Urano) ficou retrógrado no mês passado e continuará assim por mais alguns meses. Então, embora os ganhos aconteçam (especialmente antes do dia 22) eles serão lentos, com mais atrasos e complicações. Portanto, este é o momento de esperar para ver nas finanças. É a hora de fazer mais estudos e pesquisas, mais lição de casa. Evite grandes compras ou investimentos agora. Se você precisar fazer isso, tenha mais atenção e cuidado.

O amor estará *status quo* este mês, não sendo um foco principal. A Sétima Casa estará vazia, apenas a Lua vai passar por lá nos dias 1º, 2, 29 e 30. O seu magnetismo social estará mais forte entre os dias 6 e 20, no período da Lua (seu Planeta do Amor) Crescente.

OUTUBRO

Melhores dias: 3, 4, 12, 13, 21, 22, 31
Dias mais tensos: 5, 6, 18, 19, 20, 26, 27
Melhores dias para o amor: 5, 6, 10, 14, 15, 18, 19, 26, 27, 29, 30
Melhores dias para o dinheiro: 3, 4, 6, 7, 12, 13, 14, 15, 21, 22, 24, 25, 31
Melhores dias para a carreira: 5, 6, 10, 18, 19, 29, 30

Você ainda estará no meio de um ápice profissional anual até o dia 22, então muito sucesso vai acontecer. Como o apoio familiar à carreira vai se manter, não será preciso se concentrar tanto na família. Com o senhor da Quarta Casa na Casa da Carreira, as fronteiras entre lar e escritório se misturam. Se você trabalha em um escritório, vai deixá-lo mais confortável, parecendo uma casa. Se você trabalha em casa, vai deixá-la com um ambiente mais profissional. O Planeta da Carreira estará na Décima Primeira Casa até o dia 7, portanto a vida social, a capacidade de fazer contatos e as habilidades tecnológicas em geral serão importantes. Após o dia 7, o Planeta da Carreira vai entrar na Décima Segunda Casa. Isso significa que se evolver com organizações de caridade e causas altruístas não apenas será bom em si, como vai impulsionar a carreira.

A saúde ainda precisará de cuidados até o dia 22. Continue a melhorar a saúde nas formas discutidas no mês passado. À medida que o mês avança, a saúde e a energia melhoram a cada dia e, no final de outubro, estarão ótimas de novo. Embora essa recuperação da saúde muitas vezes seja atribuída aos profissionais da área, a uma nova terapia ou suplemento milagroso, o verdadeiro motivo da melhora é a mudança dos planetas a seu favor. (Tudo o mais será apenas efeito colateral da mudança no céu.)

A sua prosperidade continua excelente, apesar do movimento retrógrado de Urano. A Casa do Dinheiro continuará forte e você ainda terá um bom foco nessa área. Contudo, os ganhos vão acontecer mais devagar e haverá muitos atrasos e problemas envolvidos. Ainda será bom ter cuidado em relação a grandes compras ou investimentos agora. É hora de reunir fatos e obter clareza mental sobre o cenário financeiro. As finanças ficam temporariamente estressadas após o dia 22, mas é um problema de curto prazo. Você só precisa trabalhar mais e se esforçar mais que o usual para conquistar os objetivos financeiros.

Haverá outros eventos este mês. A atividade retrógrada vai diminuir consideravelmente a partir do dia 6. Vamos começar o mês com sessenta por cento dos planetas retrógrado e terminar com apenas vinte por cento retrógrados, uma queda e tanto. Saturno (o senhor do seu horóscopo) vai se mover para a frente no dia 11, coincidindo com a mudança do poder planetário do Oeste (social) para o Leste ("eu"). A independência pessoal aumenta a cada dia. E agora, com Saturno, avançando, você terá a clareza necessária para usar bem essa independência.

A Décima Primeira Casa ganhará força após o dia 22. Esta é uma casa benéfica, que transforma as melhores esperanças e desejos em realidade. Também será um bom trânsito financeiro para o cônjuge, parceiro ou interesse amoroso atual.

NOVEMBRO

Melhores dias: 1º, 8, 9, 17, 18, 27, 28
Dias mais tensos: 2, 3, 15, 16, 22, 23, 29, 30
Melhores dias para o amor: 4, 5, 8, 12, 13, 17, 18, 22, 23, 25, 27, 28
Melhores dias para o dinheiro: 1º, 3, 8, 9, 10, 11, 17, 18, 21, 27, 28, 30
Melhores dias para a carreira: 2, 3, 8, 17, 18, 27, 28, 29, 30

A saúde e a energia estarão ótimas este mês. Com mais energia, tudo o que não era possível passa a ser. Você pode melhorar ainda mais a saúde com massagens nos quadris e no ponto do reflexo do coração até o dia 7. Massagens nos pontos do reflexo do cólon e da bexiga serão úteis entre os dias 7 e 24. Além disso, regimes de desintoxicação serão bons. Já as massagens nas coxas e no ponto do reflexo do fígado serão poderosas após o dia 24.

O Planeta da Carreira (Vênus) ficou "fora dos limites" no dia 11 de outubro e continuará assim até 7 de dezembro, então a carreira levará você para fora dos círculos habituais. Avançar na carreira significará pensar "fora da caixa." Esta estratégia parece dar certo, pois boas oportunidades profissionais surgirão a partir do dia 5, quando Vênus entra em seu signo. Os filhos e figuras filiais também estarão fora da esfera normal este mês.

O eclipse lunar do dia 19 será basicamente benigno para você, mas afetará outros dois planetas, Vênus e Júpiter. Então deverá ser um eclipse movimentado. Não custa nada fazer uma agenda mais tranquila nesse período. Este eclipse acontece na Quinta Casa, afetando os filhos e figuras filiais em sua vida, com eventos do tipo divisor de águas para eles. Alguns serão bem normais, como um despertar sexual, sair para estudar longe de casa ou talvez um casamento. Mesmo assim, manter a agenda mais tranquila será bom para eles, que também vão se redefinir nos próximos meses, Isso vai produzir uma nova imagem e apresentação para o mundo. Todo eclipse lunar testa a vida amorosa e o relacionamento amoroso atual e este não será diferente. Tenha mais paciência com a pessoa que você ama, visto que ele ou ela pode estar vivendo momentos dramáticos na vida pessoal. O impacto em Júpiter indica mudanças espirituais. (Você também terá isso no mês que vem.), então poderá haver mudanças nas suas práticas, ensinamentos, professores e atitudes nessa área, bem como abalos nas organizações espirituais ou de caridade com as quais você esteja envolvido e momentos dramáticos na vida dos gurus em sua vida. A vida onírica tende a ser errática e não deve ter peso algum neste período, pois a maioria das imagens que você verá serão escombros psíquicos causados pelo eclipse. Além disso, um pai, mãe, figura paterna ou materna será obrigado a tomar decisões financeiras importantes. Ele ou ela viverá momentos dramáticos e emocionais.

As finanças continuam estressadas até o dia 22, mas você deverá ver melhoras depois disso. Urano continuará retrógrado o mês inteiro, então evite fazer grandes compras, investimentos ou tomar decisões financeiras este mês. Espere para ver e consiga mais fatos.

DEZEMBRO

Melhores dias: 5, 6, 14, 15, 16, 24, 25
Dias mais tensos: 12, 13, 19, 20, 21, 27, 28
Melhores dias para o amor: 3, 4, 5, 6, 12, 13, 14, 15, 19, 20, 21, 24, 25
Melhores dias para o dinheiro: 5, 6, 7, 8, 9, 14, 15, 18, 24, 25, 28
Melhores dias para a carreira: 5, 6, 14, 15, 24, 25, 27, 28

O último eclipse do ano (um eclipse solar) ocorrerá no dia 4 na Décima Segunda Casa (da Espiritualidade). O eclipse do mês passado afetou esta casa e este vai afetar ainda mais. Novamente será preciso mudar suas práticas, ensinamentos e atitudes espirituais. Os eventos do eclipse (o que acontece internamente) vão mostrar as mudanças que precisam ser feitas. Todo eclipse solar traz encontros psicológicos com a morte. O Anjo de Mil Olhos deixará claro que está por perto (e ele tem formas de fazer isso), então haverá mais enfrentamentos com a morte e questões relacionadas a ela neste período. Quando a morte é entendida adequadamente, conseguimos entender melhor a vida, que será vivida de modo diferente. O medo da morte é um dos grandes obstáculos para conquistar seus sonhos. Mercúrio será afetado por este eclipse, indicando mudanças de emprego, seja na empresa atual ou em outra. Também poderá haver sustos relacionados à saúde, mas como ela está boa, provavelmente não passarão de sustos. De qualquer modo, a sua rotina de saúde vai mudar dramaticamente nos próximos meses. Além disso, o cônjuge, parceiro ou interesse amoroso atual precisará fazer mudanças importantes nas finanças. Como você, ele ou ela poderá mudar de emprego nos próximos meses.

Depois que a empolgação causada pelo eclipse acabar, este mês será feliz. A saúde continuará maravilhosa. Você parece bem, a aparência pessoal vai brilhar. Com Vênus no seu signo o mês inteiro, haverá beleza e graça na sua imagem e Sol no seu signo (após o dia 21) dará carisma e *sex appeal*. Você parece bem-sucedido e boas oportunidades profissionais vão surgir. As pessoas verão você como bem-sucedido e pedir a sua ajuda. O Sol vai entrar no seu signo após o dia 21, marcando o início de um período anual de prazer pessoal. Todos os prazeres do corpo estarão disponíveis e você provavelmente vai aproveitá-los.

Vênus ficará estacionado em Plutão a partir do dia 11, o que indica um desenvolvimento profissional significativo. Você talvez não perceba logo de cara, pois Vênus ficará retrógrado no dia 19, mas algo interessante está acontecendo. Os filhos e figuras filiais também terão avanços importantes no amor nesse período.

No dia 30, Júpiter vai entrar na Terceira Casa, o signo de Peixes, aumentando ainda mais a espiritualidade. A vida onírica estará mais ativa e importante. Muitas portas internas vão se abrir para você. Este aspecto também indica a aquisição de um carro (e dos bons) e equipamentos de comunicação. Esta será uma tendência que também vale para 2022.

♒

AQUÁRIO

O AGUADEIRO

Nascidos entre 20 de janeiro e 18 de fevereiro

PERFIL PESSOAL

AQUÁRIO EM UM RELANCE

Elemento: Ar

Planeta Regente: Urano

Planeta da Carreira: Plutão

Planeta da Saúde: Lua

Planeta do Amor: Vênus

Planeta das Finanças: Netuno

Planeta do Lar e da Vida Familiar: Vênus

Cores: azul-relâmpago, cinza, azul-ultramarino

Cores que promovem o amor, o romance e a harmonia social: dourado, laranja

Cor que propicia ganhos: verde-água

Pedras: pérola negra, obsidiana, opala, safira

Metal: chumbo

Perfumes: azaleia, gardênia

Qualidade: fixa (= estabilidade)

Qualidades essenciais ao equilíbrio: calor, sentimento e emoção

Maiores virtudes: capacidade intelectual; facilidade de compreender, formular e transmitir conceitos abstratos; amor ao novo; vanguardismo

Necessidades mais profundas: conhecer o novo e implementá-lo

Características a evitar: frieza, rebeldia gratuita, ideias fixas

Signos de maior compatibilidade: Gêmeos, Libra

Signos de maior incompatibilidade: Touro, Leão, Escorpião
Signo mais útil à carreira: Escorpião
Signo que fornece maior suporte emocional: Touro
Signo mais prestativo em questões financeiras: Peixes
Melhor signo para casamento e associações: Leão
Signo mais útil em projetos criativos: Gêmeos
Melhor signo para sair e se divertir: Gêmeos
Signos mais úteis em assuntos espirituais: Libra, Capricórnio
Melhor dia da semana: sábado

COMPREENDENDO A PERSONALIDADE AQUARIANA

Os nativos de Aquário apresentam faculdades intelectuais mais desenvolvidas do que qualquer outro signo zodiacal. Eles pensam de forma clara e científica. Exibem notória capacidade de raciocínio abstrato e de formular leis, teorias e regras claras com base na observação empírica de fatos. Os geminianos podem ser exímios coletores de informação, mas os aquarianos dão um passo além, interpretando primorosamente as informações obtidas.

As pessoas pragmáticas e voltadas para assuntos mundanos erroneamente tendem a considerar o pensamento abstrato como algo sem finalidade prática. É verdade que o reino da abstração nos afasta do universo físico, mas as descobertas efetuadas nesses domínios muitas vezes acabam exercendo tremendo impacto no resultado final. As maiores invenções e descobertas científicas originam-se nos domínios do abstrato.

O aquariano, mais do que ninguém, parece feito para sondar as dimensões abstratas. Os que puderam explorar essas regiões bem sabem que são zonas frias, destituídas de emoções e sentimentos. Na verdade, a emotividade impede o funcionamento adequado nessas dimensões, o que pode transmitir aos nativos de outros signos a impressão de que os aquarianos são desprovidos de emoção. Não é que não sintam ou sejam incapazes de nutrir emoções profundas, apenas o excesso de sentimentalismo bloqueia sua capacidade de pensar e de inventar. Pessoas de alguns outros signos mal conseguem entender ou tolerar a ideia de que não seja possível para o aquariano exceder-se no plano sentimental, mas é essa objetividade que qualifica os nativos deste signo para o exercício da ciência, da comunicação e da amizade.

Os aquarianos são muito amigáveis, mas não fazem alarde dessa virtude. Agem da forma mais acertada para auxiliar seus amigos, mas jamais de forma passional ou afetada.

São apaixonados pela clareza de pensamento. E também adoram romper com a autoridade instituída. Comprazem-se em fazê-lo, pois encaram a rebelião como um jogo ou desafio. Costumam se rebelar por puro prazer, sem sequer considerar se a autoridade que desafiam é legítima ou não. Os conceitos de "certo ou errado" não são tão rígidos na mente rebelde aquariana; desafiar a autoridade e o poder é uma questão de princípios.

Se Capricórnio e Touro tendem a errar por conservadorismo, Aquário tende a fazê-lo por sede de inovação. Sem essa virtude, no entanto, seria pouco provável que o mundo evoluísse. O conservadorismo entrava o progresso. A originalidade e a inventividade pressupõem a capacidade de demolir barreiras; cada nova descoberta representa a derrocada de um obstáculo ao livre pensamento. Os aquarianos se interessam vividamente por romper fronteiras e derrubar paredes, seja no campo científico, no político ou no social. Outros signos zodiacais, como Capricórnio, são dotados de aptidão científica, mas são os aquarianos que se destacam nas ciências sociais e humanas.

FINANÇAS

Nas finanças, os aquarianos procuram ser idealistas e humanitários, a ponto de beirar o autossacrifício. Contribuem com generosidade para causas políticas e sociais. E, nesse sentido, diferem dos capricornianos e dos taurinos, que geralmente esperam alguma recompensa; os aquarianos são capazes de contribuir sem nenhum interesse.

Tendem a tratar as finanças com a mesma frieza e racionalidade com que administram a maior parte dos setores de suas vidas. O dinheiro é algo de que necessitam, e os aquarianos empregam métodos científicos para obtê-lo.

O dinheiro tem valor para um aquariano pelos bens que pode proporcionar. Jamais, como na visão de outros signos, pelo status que confere. Os aquarianos não são perdulários nem avarentos. Gastam seus recursos de forma prática, visando, por exemplo, facilitar o progresso pessoal, da família e até de estranhos.

Para atingir seu pleno potencial financeiro, contudo, eles devem explorar mais sua natureza intuitiva. Se seguirem apenas as teorias financeiras — ou as que eles julgam teoricamente corretas —, poderão sofrer perdas e decepções. Se, entretanto, fizerem uso da intuição, vão se sair bem melhor. Para os aquarianos, a intuição é o melhor atalho para o sucesso.

CARREIRA E IMAGEM PÚBLICA

Os aquarianos gostam de ser vistos não só como demolidores de barreiras, mas também como transformadores da sociedade e do mundo. Anseiam por reconhecimento nessas áreas e desempenham bem seu papel. Respeitam os que agem dessa forma e até esperam que seus superiores o façam.

Os aquarianos preferem empregos que envolvam boa dose de idealismo; procuram carreiras de cunho filosófico. Precisam engajar-se em trabalhos criativos nos quais tenham acesso à pesquisa de novas técnicas e métodos. Gostam de manter-se ocupados e de resolver os problemas de forma direta e imediata, sem perda de tempo. São trabalhadores ágeis, que geralmente têm sugestões que beneficiam os colegas. Os aquarianos são muito prestativos no ambiente de trabalho e aceitam de bom grado as responsabilidades, preferindo assumi-las a ter de receber ordens de terceiros.

Para realizar suas metas profissionais mais sublimes, eles precisam desenvolver a sensibilidade emocional, a profundidade de sentimentos e o ardor passional. É fundamental que aprendam a focalizar a atenção nas particularidades e a concentrar-se mais na tarefa que têm em mãos. Precisam aprender, ainda, a deixar que o "fogo da motivação" os incendeie por completo se desejam chegar ao topo. Quando essa paixão se fizer presente em suas vidas, obterão êxito em qualquer empreendimento a que se dedicarem.

AMOR E RELACIONAMENTOS

Os aquarianos são excelentes amigos, mas deixam um pouco a desejar como amantes. É claro que se apaixonam, mas seus pares sempre ficam com a impressão de terem um bom amigo ao seu lado, não um namorado propriamente dito.

Da mesma forma que os capricornianos, os nativos de Aquário não são propensos a demonstrações ostensivas ou arrebatadas de paixão e afetividade. Na verdade, ficam incomodados quando o cônjuge os toca ou acaricia em demasia. Não significa que não amem seus parceiros, apenas demonstram seu amor de outras formas. Curiosamente, tendem a atrair para si o tipo de relacionamento que mais os deixa acanhados: relações com pessoas calorosas, passionais, românticas e afetivas. Talvez intuam, saibam de maneira instintiva, que essas pessoas são detentoras de virtudes que eles não possuem, e por isso as procuram. De qualquer modo, a combinação parece funcionar bem. A frieza aquariana esfria um pouco o ardor do parceiro, enquanto o fogo da paixão aquece um pouco o sangue frio do aquariano.

As principais qualidades que os aquarianos precisam cultivar no plano sentimental são o calor, a generosidade, a paixão e a alegria de viver. Eles adoram relacionamentos mentais. Nesse terreno, fazem jus à menção honrosa. Se a relação carecer de uma pitada de comunhão intelectual, seu amante aquariano, seguramente, se sentirá entediado ou insatisfeito.

VIDA DOMÉSTICA E FAMILIAR

Também na esfera doméstica e familiar os aquarianos tendem a agir de forma mutável, não convencional, e instável. Desejam abolir limites familiares tanto quanto anseiam por eliminar as pressões de qualquer ordem.

Mesmo assim, são bastante sociáveis. Gostam de manter um lar agradável, onde possam receber e entreter familiares e amigos. Suas casas são geralmente decoradas de forma moderna e abarrotadas de utensílios e instrumentos de última geração, que os aquarianos consideram indispensáveis.

A fim de terem uma vida doméstica saudável e satisfatória, eles precisam aprender a introduzir nela um pouco de estabilidade e conservadorismo. Não é possível viver só de novidades. A durabilidade, a permanência e a constância são necessárias em pelo menos uma das esferas da vida; a doméstica e familiar parece a ideal.

Vênus, o planeta do Amor, rege também a Quarta Casa Solar aquariana, do Lar e da Vida Familiar, e isso indica que, em se tratando da família e da educação dos filhos, a teoria, o raciocínio frio e o intelecto não bastam. Os aquarianos precisam acrescentar amor a essa equação, para terem uma vida doméstica maravilhosa.

AQUÁRIO
PREVISÃO ANUAL PARA 2021

TENDÊNCIAS GERAIS

Com Saturno em seu signo o ano inteiro, talvez as situações pareçam piores do que realmente são e você fique pessimista demais. Muitos de vocês vão se sentir mais velhos do que a idade real, mas haverá diversos eventos positivos e você vai prosperar, apesar de tudo. Essa prosperidade será ainda maior em 2022. Voltaremos a esse assunto em breve.

Saturno no seu signo pode gerar pessimismo, mas aumenta a capacidade de gerenciamento. Este será um ótimo ano para o emagrecimento (se você precisar) e para moldar o corpo e a imagem e colocá-los na forma que você deseja.

A espiritualidade está proeminente no seu horóscopo há muitos anos e essa tendência continuará em 2021. Plutão, o Planeta da Carreira, está na Décima Segunda Casa (da Espiritualidade) desde 2008. Em muitos casos, o crescimento e prática espiritual serão a carreira, e a missão este ano. Voltaremos a esse assunto em breve.

Saturno no seu signo é bom para questões práticas, pois dá uma atitude pé no chão à vida e aumenta a capacidade de gerenciamento. Será bom para administrar uma empresa e ganhar dinheiro, mas nem tanto para o amor. Você vai precisar trabalhar mais para demostrar amor e carinho aos outros. Voltaremos a esse assunto em breve.

A vida familiar está instável desde que Urano entrou na Quarta Casa, em 2019. Você vai precisar trabalhar mais para manter o equilíbrio emocional. Os parentes parecem sujeitos a súbitas mudanças de humor e você não sabe exatamente como eles estão a cada momento. Voltaremos a esse assunto em breve.

As principais áreas de interesse para este ano serão: corpo e imagem; finanças; lar e a família; espiritualidade.

Os caminhos de maior realização em 2021 serão: crianças, diversão e criatividade; corpo e imagem (de 1º de janeiro a 14 de maio e de 29 de julho a 30 de dezembro); finanças (de 14 de maio a 29 de julho e a partir de 30 de dezembro).

SAÚDE

(Esta é uma perspectiva astrológica sobre a saúde, não uma visão médica. No passado essas perspectivas eram idênticas, mas hoje podem ocorrer diferenças significativas. Para obter uma opinião com base em diagnósticos da medicina convencional, consulte seu médico ou um profissional da área da saúde.)

A saúde precisará de mais atenção este ano. Você terá dois planetas lentos e dinâmicos em alinhamento tenso com você (Saturno e Urano), então muitas atividades que você fazia com facilidade nos últimos anos agora ficam mais difíceis. Ouça o seu corpo, não o force demais. Se você estiver se exercitando e sentir alguma dor ou desconforto, faça uma pausa ou pare. Como sempre, descanse bastante. Como nossos leitores assíduos já sabem, a energia em alta é a primeira defesa contra as doenças.

A Sexta Casa (da Saúde) não estará proeminente este ano, então haverá uma tendência a considerar a boa saúde como alto certo e não prestar atenção a essa área. Você pode ter que se obrigar a prestar mais atenção nela. Contudo, você poderá agir para melhorar a saúde e impedir que os problemas se desenvolvam. Dê mais atenção às seguintes áreas, que são as mais vulneráveis no seu horóscopo.

Tornozelos e panturrilhas. São sempre importantes para os nativos de Aquário, pois o seu signo rege essas áreas. Massagens regulares nos tornozelos e panturrilhas deverão fazer parte da sua rotina de saúde.

Dê mais apoio aos tornozelos quando se exercitar. A fraqueza nos tornozelos pode desalinhar a coluna e o esqueleto, causando todo tipo de problemas.

Estômago e seios. Também são sempre importantes para os nativos de Aquário. O regente dessas áreas (a Lua) é o seu Planeta da Saúde. Os reflexos aparecem em seu mapa. A alimentação é sempre importante para você, muito mais do que para os outros. Comer corretamente é fundamental. O que você come precisa ser avaliado por um profissional, mas *como* você come é igualmente digno de nota (talvez até mais). Faça suas refeições de modo calmo e tranquilo. Transforme o ato de comer em um ritual. Faça uma oração com suas palavras antes e depois das refeições. Abençoe com suas palavras o alimento que você está consumindo. Em resumo: eleve o ato de comer, transforme-o de mero apetite animal em um ato de gratidão e adoração. Colocar uma música tranquila ao fundo durante as refeições também seria bom. Estas práticas não só vão elevar as vibrações do alimento (você vai obter apenas o melhor dele), como as vibrações do sistema digestivo (e do corpo). A comida será mais bem digerida.

Coração. Ganhou importância em 2019, quando Urano entrou em aspecto tenso com você e ficou ainda mais importante no ano passado, quando Saturno entrou em seu signo. Os reflexos aparecem em seu mapa. O importante com o coração é cultivar a fé e a confiança. A ansiedade e preocupação precisam ser evitadas. A meditação será de grande ajuda nisso.

Como a Lua é o seu Planeta da Saúde, ter boa saúde para você significa boa saúde emocional, com uma vida familiar e doméstica saudável. O humor deve ficar positivo e construtivo. Tente ficar em harmonia emocional o máximo possível. Não vai ser fácil este ano, pois as emoções parecem voláteis, mas faça esse esforço. A meditação será de grande ajuda nisso.

Se acontecerem problemas de saúde (Deus queira que não), restaure a harmonia na família o mais rápido possível.

O seu Planeta da Saúde (a Lua) rege o corpo da memória, então o horóscopo está dizendo que os problemas de saúde e seus sintomas podem ter origem nela. Quando isto acontecer, a solução é entrar no corpo da memória e limpar o trauma no ponto de origem. Apenas tratar os sintomas como se fossem sintomas reais não vai resolver. Se a saúde estiver envolvida, a regressão a vidas passadas pode ser uma boa solução.

LAR E FAMÍLIA

A Quarta Casa está proeminente desde 2019, conforme mencionado anteriormente. O lar e a família serão um grande foco para você em 2021 e por vários anos. A situação com todo o círculo familiar está volátil. Haverá abalos e tendências a separações dentro da família. As emoções estarão em alta no círculo familiar. Os parentes, especialmente um pai, mãe, figura paterna ou materna, estarão sujeitos a mudanças de humor súbitas e frequentemente irracionais. Todos parecem mais sensíveis e temperamentais nesse período. É preciso ter muita leveza e delicadeza para lidar com isso.

Os que moram sozinhos podem mudar de endereço várias vezes em 2021 e nos próximos anos. Podem não ser mudanças literais, e sim várias reformas na casa atual. Você vai atualizar a casa do mesmo modo que atualiza o computador. Assim que você colocar tudo do seu jeito, vai surgir uma nova ideia e você mudará tudo de novo. Esse processo parece infinito. Parte do motivo para isso é que você se identifica com o lar. A sua casa é você, representando a extensão da sua personalidade, então à medida que sua personalidade muda, a casa também muda.

Um pai, mãe, figura paterna ou materna estará inquieto e com temperamento nômade este ano, querendo liberdade e mudança. Poderá haver problemas no casamento dele ou dela, mesmo que pareça haver compatibilidade real com o cônjuge. Isso tem a ver com a necessidade de liberdade e mudança. Esta figura paterna ou materna pode não mudar de endereço de modo literal, mas passar muito tempo em vários lugares diferentes.

O outro pai, mãe, figura paterna ou materna poderá se mudar este ano, mas parece complicado. Ele ou ela não terá certeza em relação a isso. Pode haver atrasos envolvidos.

Os irmãos, figuras fraternas, filhos e figuras filiais terão o ano do tipo *status quo* no que diz respeito ao lar e a família. E o mesmo vale para os netos (caso você os tenha).

As reformas em casa podem acontecer a qualquer momento, mas entre 7 de janeiro e 5 de março seria um período excelente par a isso. Se você estiver redecorando ou embelezando o lar, o período entre 15 de abril a 9 de maio será bom. (Isso também vai acontecer bastante neste ano.)

O Planeta da Família (Vênus) é um planeta rápido. Durante o ano ele passa por todos os signos e casas do seu horóscopo, então haverá muitas tendências de curto prazo relacionadas à família que dependem de onde ele está e dos aspectos que recebe. Isso será abordado com mais profundidade nos relatórios mensais.

DINHEIRO E CARREIRA

Este ano será muito próspero. Você é uma pessoa séria, tem muito profissionalismo, parece tranquila e disposta a assumir mais responsabilidades. Como já mencionamos, a sua habilidade administrativa está excelente.

Júpiter passará a maior parte do ano na Primeira Casa, então você vai viver bem e com padrões elevados, como se fosse próspero. Você vai apreciar todos os prazeres dos sentidos: a boa comida, bons vinhos, viagens e roupas boas. Você pode não ter dinheiro no banco, mas o cosmos vai fornecer tudo isso.

Júpiter vai entrar na Casa do Dinheiro no dia 14 de maio e vai ficar lá por pouco tempo. Será apenas um flerte e prenúncio do que está por vir. No final do ano, em 30 de dezembro, ele vai entrar na Casa do Dinheiro a longo prazo, então 2022 será mais próspero do que 2021.

Júpiter rege a Décima Primeira Casa, que é benéfica, e também é um planeta benéfico. Ele estará forte quando entrar na Casa do Dinheiro, o signo de Peixes. Portanto, Júpiter estará forte, duplamente benéfico e bem posicionado, o que indica aumento nos ganhos.

Como Júpiter rege a Décima Primeira Casa, isso mostra que você poderá ganhar dinheiro com seus pontos fortes naturais: a capacidade de fazer contatos e se envolver com grupos e organizações relacionadas a sua profissão. Você cairá nas boas graças financeiras dos amigos (e eles também parecem dedicados a você de outras formas). Júpiter na Casa do Dinheiro (de 14 de maio a 29 de julho e a partir de 30 de dezembro) mostra uma afinidade pelo mundo da tecnologia e da internet (outro ponto forte para você) e também favorece empresas envolvidas com ciência, astronomia e astrologia.

Netuno, o mais espiritual dos planetas, está na Casa do Dinheiro há muitos anos, o que mostra uma fabulosa intuição financeira e uma necessidade de ganhar dinheiro de modo correto em termos espirituais. Haverá um idealismo em relação ao dinheiro. Você estará caridoso até demais. Além disso, você parece imune aos movimentos econômicos e do mercado, transcendendo a eles. A sua intuição vai permitir que você prospere em todas as condições.

Em um nível mais mundano, Netuno na Casa do Dinheiro (seu próprio signo e casa) favorece as indústrias de petróleo e gás natural, navegação e estaleiros, pesca, água e esgoto. Também favorece determinadas empresas farmacêuticas, como fabricantes de anestésicos ou medicamentos para melhorar o humor. A maconha está sendo legalizada aos poucos e esta indústria também estará sob o domínio de Netuno.

A carreira também será boa em 2021. Você parece mais ambicioso e com os pés no chão. Saturno no seu signo aumenta as ambições mundanas. O Planeta da Carreira (Plutão) está na Décima Segunda Casa (da Espiritualidade) há muitos anos e ficará lá por outros tantos, então muitos de vocês estão atraídos pelo mundo das empresas sem fins lucrativos, tanto em termos financeiros quanto profissionais.

Mesmo se estiver em uma carreira mundana, você estará envolvido em organizações sem fins lucrativos nas horas vagas. Embora seja uma pessoa verdadeiramente altruísta, você verá que isso vai avançar a carreira mundana como efeito colateral. (Esta tendência está em vigor há muitos anos e foi discutida em relatórios anteriores.)

AMOR E VIDA SOCIAL

A sétima Casa (do Amor e Romance) não está proeminente este ano, pois estará basicamente vazia. Apenas planetas rápidos vão passar por lá, com impacto de curto prazo. Portanto, essa área tende ao *status quo*. Os solteiros provavelmente ficarão solteiros e os casados continuarão casados.

Haverá uma complicação no amor que foi mencionada anteriormente. Saturno está no seu signo, o que tende a deixar você indiferente, frio e distante para os outros. (Você pode nem estar assim, mas as pessoas o verão desta forma.) A influência de um planeta pode ser comparada a de uma droga. Você vai emanar uma determinada energia inconscientemente. Esta frieza e as atitudes consideradas bruscas tendem a prejudicar o romance e complicar os relacionamentos atuais. Saturno no seu signo é bom para os negócios e ganhar dinheiro, mas não para o amor.

Felizmente, isso pode ser resolvido com facilidade. Transforme o ato de projetar amor e carinho para os outros em um projeto espiritual. Faça isso todas as noites antes de dormir e os resultados virão.

O seu Planeta do Amor (o Sol) é um planeta rápido. Ao longo do ano ele vai passar por todos os signos e casas do seu horóscopo (felizmente, ele não fica retrógrado e seu movimento é sempre estável), portanto haverá muitas tendências de curto prazo no amor que dependem de onde o Sol está e dos aspectos que recebe. Isso será abordado com mais profundidade nos relatórios mensais.

O romance estará *status quo*, mas a área das amizades parece muito mais feliz. O Planeta dos Amigos (Júpiter) estará em seu signo quase o ano inteiro, indicando que os amigos estarão dedicados a você, colocando os seus interesses acima dos deles. Além isso, você não precisará se esforçar para atrair amigos. Eles virão até você, basta seguir a vida normalmente.

Quando Júpiter entrar em Peixes, entre 14 de maio e 29 de julho, os amigos e conexões sociais estarão envolvidos nas suas finanças e parecem dar apoio financeiro. Além disso, você vai encontrar oportunidades de amizade enquanto busca seus objetivos financeiros, talvez no banco, escritório de corretagem ou palestras sobre finanças.

Um pai, mãe, figura paterna ou materna terá o casamento testado e será difícil manter a relação. Os irmãos e figuras fraternas terão um ano romântico do tipo *status quo*. Os filhos e figuras filiais (de idade adequada) poderão encontrar oportunidades para o amor na universidade, no local de culto ou no exterior. De 14 de maio a 29 de julho, haverá oportunidades românticas enquanto você busca seus objetivos profissionais ou com pessoas envolvidas na sua carreira. Os netos (caso você os tenha) ou as pessoas que desempenham esse papel em sua vida encontrarão o amor este ano, mas em 2022 será ainda melhor.

AUTOAPRIMORAMENTO

Nós já discutimos a necessidade de levar tudo menos a sério. A situação não é tão ruim quanto parece. Pratique o ato de enviar amor e carinho aos outros. É possível ser eficiente sem ser frio.

Ao longo dos anos, você aprendeu muito sobre as dimensões espirituais da riqueza e viveu o fenômeno do "dinheiro milagroso" provavelmente muitas vezes, mas esta tendência continuará em vigor. E, embora você tenha aprendido bastante, ainda há muito a aprender.

Pela perspectiva espiritual, a riqueza vem do espírito em sua essência e também é ilimitada. Toda pessoa tem acesso a um oceano de riqueza espiritual. O Divino não tem favoritos e distribui a todos por igual, tanto para você quanto para o Bill Gates ou Warren Buffet. A única diferença entre você (nós) e eles é a "capacidade". Eles têm uma capacidade maior de receber do que a maioria das pessoas. Quando nós entramos no oceano com uma xícara de chá, eles entram com um barril. Não há condenação nesse raciocínio. Eles desenvolveram sua capacidade ao longo de várias encarnações e também têm necessidades diferentes das pessoas comuns.

Pela perspectiva espiritual, nós reconhecemos apenas uma fonte de riqueza: o Divino. Claro que o Divino usa muitos instrumentos para prover: os pais, o cônjuge, o emprego, a empresa, mas tudo isso é considerado efeito colateral da atividade do suprimento Divino.

Quando nós acessamos o suprimento Divino, o que você tem ou não tem é imaterial. Não é uma questão de recursos pessoais, e sim de recursos do universo. Muita gente empaca ao pensar: como isso pode acontecer? A mente tridimensional não consegue conceber como o suprimento virá (e nem é equipada para isso), portanto a dúvida e a negação tendem a bloquear tudo. Mas o "como" não é da nossa conta. O resultado final é o que importa. Abra espaço para o suprimento Divino, pegue o que você quer (espiritualmente) e permita que o poder aja. Acredite nesse poder. Não fique em negação. E, cedo ou tarde, a sua manifestação vai acontecer, geralmente na hora certa.

Não há verdadeira independência financeira sem esta compreensão. Enquanto você depender das condições, das circunstâncias externas ou das pessoas, não haverá independência financeira. Esses vislumbres e lições vão acontecer porque este é o caminho do cosmos para você. Há muito mais a dizer, mas o espaço não permite. Se você quiser saber mais sobre isso, visite meu blog [em inglês] em *www.spiritual-stories.com.*

PREVISÕES MENSAIS

JANEIRO

Melhores dias: 5, 6, 14, 15, 23, 24
Dias mais tensos: 1º, 2, 7, 8, 21, 22, 28, 29
Melhores dias para o amor: 1º, 2, 3, 4, 10, 12, 13, 21, 22, 23, 28, 29, 30, 31
Melhores dias para o dinheiro: 5, 7, 8, 14, 16, 17, 23, 24, 26, 27
Melhores dias para a carreira: 4, 7, 8, 13, 22, 31

Você começa 2021 de modo espiritual, o que é um bom jeito de começar o ano. O poder está na Décima Segunda Casa (da Espiritualidade), significando um período maravilhoso para meditação, práticas espirituais e estudo de literatura sagrada. Até o amor, que parece feliz este mês, acontecerá em locais espirituais, como aulas de meditação, seminários ou palestras sobre espiritualidade, eventos beneficentes e similares. Se você estiver procurando o amor, frequentar bares e casas noturnas será uma perda de tempo.

O seu ano começa com a maioria dos planetas no setor oriental do "eu". Você estará em um período de forte independência pessoal, sendo responsável pela sua felicidade, então aja para que ela aconteça. Se as condições não forem favoráveis, mude-as. Não será preciso consultar outras pessoas ou se preocupar com o que elas pensam. O mundo vai se adaptar a você nesse período. Este foco no eu e na felicidade pessoal não é egoísmo, é apenas o ciclo em que você está agora. Como você vai ajudar os outros se não estiver feliz?

O Sol (que também é o seu Planeta do Amor) vai entrar em seu signo no dia 20, marcando o início de um ápice anual de prazer pessoal (um deles). Será o momento de mimar o corpo e recompensá-lo pelos serviços prestados. Aproveite isso agora, mas sem exageros.

A metade superior do seu horóscopo estará praticamente vazia até o dia 20, então este não será um período muito forte para a carreira. O foco deverá estar nos valores internos: o bem-estar emocional, a família e a vida doméstica. Se tudo isso estiver em ordem, a carreira também estará mais adiante. Embora janeiro não seja um mês forte para a carreira, haverá boas notícias nessa área, com oportunidades profissionais surgindo, especialmente entre os dias 13 e 15.

A entrada do Sol em seu signo no dia 20 será excelente para o amor. Se você estiver solteiro, o amor vai encontrá-lo sem esforço. Uma pessoa espiritual vai entrar na sua vida nos dias 23 e 24. Essa pessoa poderá ser mais velha que você. Entre os dias 28 e 30 também será um ótimo período para o amor, que poderá vir de um amigo que deseja ser algo mais ou de alguém que você vai conhecer por intermédio de outro amigo ou pela internet. Além disso, a saúde estará excelente o mês inteiro.

Marte vai viajar com Urano entre os dias 18 e 21. Este é um trânsito dinâmico, então tenha mais cuidado no plano físico, evitando discussões, conflitos e dirigindo mais defensivamente.

FEVEREIRO

Melhores dias: 2, 3, 11, 12, 20, 21
Dias mais tensos: 4, 5, 18, 19, 25, 26
Melhores dias para o amor: 2, 3, 10, 11, 20, 21, 23, 25, 26
Melhores dias para o dinheiro: 2, 3, 5, 11, 13, 14, 20, 21, 24
Melhores dias para a carreira: 1º, 4, 5, 9, 10, 19, 28

Este será um mês feliz e saudável, aquariano, aproveite! Saturno está no seu signo e talvez você esteja se sentindo pessimista ultimamente, mas tudo isso vai mudar este mês. Os planetas rápidos e benéficos vão apoiar você e haverá muitas boas notícias.

Você ainda está no meio de um ápice anual de prazer pessoal, um ótimo período para apreciar os prazeres do corpo e colocá-lo na forma que você deseja. A aparência pessoal vai brilhar: você parece um astro ou estrela, há graça e beleza na sua imagem e seu estilo estará incrível (especialmente até o dia 26), então será um bom momento para comprar roupas, acessórios e objetos de beleza.

O amor será feliz. Ele continuará vindo até você sem esforço da sua parte. Os que já estiverem envolvidos em um relacionamento vão perceber que o ser amado estará ansioso para agradar. O amor acontecerá do seu jeito nesse período.

A independência pessoal estará no máximo para o ano, então crie as condições para a sua felicidade. A iniciativa pessoal será importante. Quem você é e o que você faz serão mais importantes do que as pessoas que você conhece. Faça as mudanças que precisam ser feitas agora.

A saúde continuará boa este mês. Você terá três planetas em alinhamento tenso com você, mas os outros vão apoiá-lo. Melhore a saúde das formas mencionadas no relatório anual.

Marte está na Quarta Casa (do Lar e da Família) desde 7 de janeiro e continuará lá o mês inteiro, então este será um bom momento para fazer reformas ou reparos necessários no lar. Os parentes talvez estejam mais belicosos este mês (o temperamento pode aflorar), então tenha mais paciência com eles.

Fevereiro será próspero. O Sol vai entrar na Casa do Dinheiro no dia 18 e ficará lá pelo resto do mês, marcando o início de um ápice financeiro anual. Os contatos sociais serão muito importantes para as finanças. O cônjuge, parceiro ou interesse amoroso atual parece dar apoio nessa área. Os solteiros terão oportunidades amorosas enquanto buscam seus objetivos financeiros e com pessoas envolvidas nas finanças. A riqueza será motivo de excitação amorosa e o mesmo vale para presentes materiais. É assim que você vai se sentir amado e demostrar amor.

MARÇO

Melhores dias: 1º, 2, 9, 10, 19, 20, 28, 29

Dias mais tensos: 3, 4, 16, 17, 18, 24, 25, 30, 31

Melhores dias para o amor: 3, 4, 12, 13, 24, 25

Melhores dias para o dinheiro: 1º, 2, 4, 9, 10, 12, 13, 19, 20, 23, 28, 29, 31

Melhores dias para a carreira: 3, 4, 8, 18, 27, 30, 31

Este mês será muito poderoso para começar novos projetos ou empreendimentos, pois tanto o seu ciclo solar pessoal quanto o ciclo solar cósmico estarão crescentes. O Sol vai entrar em Áries no dia 20, marcando a melhor energia inicial do zodíaco. E o mais importante: todos os planetas estarão se movendo para a frente o mês inteiro. Se você juntar a Lua Crescente (entre os dias 13 e 28), terá o melhor período para iniciar algo. Haverá um imenso apoio cósmico para os seus esforços e, como nossos leitores assíduos já sabem, o início de um projeto determina o resultado final, então sempre queremos começar com o pé direito.

Vamos pensar como seria uma criança nascida neste mês (especialmente entre os dias 20 e 28). Esta criança será uma pessoa conquistadora, que terá sucesso rápido, fácil e vai superar os colegas, além de se desenvolver rapidamente.

Você ainda estará no meio de um ápice financeiro anual este mês, então haverá prosperidade. Entre os dias 9 e 11 (o Sol viajará com o Planeta das Finanças); 14 e 15 (Vênus viajará com o Planeta das Finanças); e de 29 a 31 (Mercúrio viajará com o Planeta das Finanças) serão períodos particularmente prósperos.

A saúde continuará boa, mas ficará ainda melhor após o dia 14, quando Marte se afasta do aspecto tenso em você. Os filhos e figuras filiais poderão estar excessivamente ativos e talvez apressados, além de combativos. Eles precisarão ter mais cuidado no plano físico, evitando conflitos e confrontos.

A Sexta Casa (da Saúde) estará vazia e apenas a Lua passará por lá nos dias 22 e 23, o que é outro sinal de boa saúde. Você não precisará dar atenção a essa área porque não há nada de errado nela. Melhore ainda mais a saúde das formas mencionadas no relatório anual.

Até o dia 20, as tendências para o amor serão basicamente as mesmas do mês passado. A riqueza será atraente para você e os solteiros encontrarão oportunidades amorosas enquanto buscam seus objetivos financeiros. Uma ida ao banco ou corretora poderá virar algo a mais. Após o dia 20, quando o Planeta do Amor entrar em Áries, você vai virar o tipo de pessoa que se apaixona à primeira vista. Talvez você entre em relacionamentos rápido demais, mas será um período para desenvolver a coragem no amor. Se não der certo, basta sacudir a poeira, dar a volta por cima e tentar novamente. Se você dominar o medo, terá sucesso.

ABRIL

Melhores dias: 6, 7, 15, 16, 17, 25, 26
Dias mais tensos: 13, 14, 20, 21, 27, 28
Melhores dias para o amor: 1º, 2, 11, 12, 20, 21, 23, 24
Melhores dias para o dinheiro: 7, 8, 9, 16, 17, 19, 26, 28
Melhores dias para a carreira: 4, 14, 24, 27, 28

Ainda há uma pequena janela para começar novos projetos ou empreendimentos este mês. Todos os fatores mencionados em março continuam presentes em abril. Esta janela será entre os dias 12 e 20. Se você ainda não deu início, o momento é agora. Depois, as circunstâncias não serão favoráveis.

A saúde ficará mais delicada a partir do dia 20. Então, como sempre, descanse bastante. Mantenha o nível de energia mais alto possível. Marte vai entrar na Sexta Casa (da Saúde) no dia 21 e passará o resto do mês lá, então melhore a saúde das formas mencionadas no relatório anual, mas exercícios vigorosos, massagens na cabeça, rosto e couro cabeludo e terapia craniossacral serão bons após o dia 21. Como a energia não estará no padrão habitual, preste atenção ao corpo quando se exercitar. Muito provavelmente o seu desempenho não será o habitual. Se você sentir dor ou desconforto, pare ou descanse. Evite levar o corpo além dos limites.

A Terceira Casa (da Comunicação e Interesses Intelectuais) ficou poderosa no dia 20 de março e continuará poderosa até o dia 20 deste mês. É um trânsito maravilhoso para estudantes abaixo do nível superior. Mesmo se você não for um estudante formal, estará mais estudioso neste período e provavelmente vai ler mais e frequentar mais palestras e seminários, expandindo seus conhecimentos. Muitos de vocês vão dar aulas ou palestras e seminários. As pessoas do dinheiro na sua vida terão um mês forte nas finanças (os ricos ficarão mais ricos). As finanças pessoais serão boas, não tão ativas quanto no mês passado, mas ainda assim boas.

O amor estará no seu bairro e talvez entre vizinhos este mês. Não será preciso viajar para longe em busca de romance. Os intelectuais serão atraentes até o dia 20. Você vai gostar de pessoas com quem é fácil conversar e cuja mente você pode admirar. Após o dia 20, o amor continuará perto de casa. Os solteiros vão encontrar oportunidades românticas por meio da família ou de conexões familiares, especialmente nos dias 29 e 30. Antes do dia 20, você admirava a mentalidade da pessoa que você ama, mas depois dessa data você ficará atraído por pessoas com quem você possa compartilhar suas emoções. A intimidade emocional poderá ser tão importante quanto a física.

Embora este não seja um mês forte para a carreira porque a metade inferior do horóscopo (o lado noturno) estará facilmente mais poderosa, boas oportunidades profissionais virão após o dia 20. Contudo, é preciso se sentir emocionalmente confortável com essas oportunidades, que não poderão perturbar sua casa ou família.

MAIO

Melhores dias: 3, 4, 13, 14, 22, 23, 30, 31
Dias mais tensos: 10, 11, 18, 19, 24, 25
Melhores dias para o amor: 1º, 2, 13, 10, 11, 18, 19, 22, 23, 30
Melhores dias para o dinheiro: 4, 5, 6, 14, 15, 16, 24, 25
Melhores dias para a carreira: 2, 12, 21, 24, 25, 29

A saúde e a energia poderiam estar melhores (isso vai mudar após o dia 21), mas você terá boas notícias. Júpiter vai entrar na Casa do Dinheiro no dia 14 e ficará lá por alguns meses, o que anuncia prosperidade. Os amigos e a capacidade de fazer contatos serão fontes de lucro.

O Sol vai entrar na Quinta Casa no dia 21, marcando o início de um ápice anual de prazer pessoal, uma espécie de férias cósmicas. É hora de curtir a vida e dar vazão ao seu lado criativo.

A atividade retrógrada aumentará este mês. Estamos longe do máximo para o ano, mas tudo continua desacelerando, no mundo e na sua vida.

O eclipse lunar do dia 26 será basicamente benigno para você, mas não custa nada fazer uma agenda mais tranquila nesse período. O eclipse talvez não seja bom para as pessoas ao seu redor. (Se você tiver planetas em Gêmeos, Virgem, Sagitário ou Peixes, este eclipse poderá afetar você mais do que mostramos, mas isso só poderá ser descoberto fazendo um mapa astral personalizado, com sua data, hora e local de nascimento.)

Este eclipse não só acontecerá na Décima Primeira Casa (dos Amigos), como afetará Júpiter, o senhor da Décima Primeira Casa, testando, então, as amizades. Pode ser apenas um relacionamento em si que precisa ser corrigido, mas em outras ocasiões (o mais comum) será devido a momentos dramáticos do tipo divisor de águas na vida dos amigos. Além disso, haverá abalos nas organizações profissionais ou de ofício com as quais você está envolvido. Computadores e equipamentos tecnológicos serão testados e poderão se comportar de modo errático, muitas vezes exigindo reparos ou substituições. Faça cópias dos seus arquivos importantes, atualize seus programas antivírus e contra hackers e não abra e-mails suspeitos. Todo eclipse lunar afeta o emprego e a saúde, então mudanças de emprego vão acontecer na sua situação atual ou em uma nova e poderá haver perturbações no local de trabalho. As condições de trabalho estão mudando. Se você for empregador, poderá haver rotatividade de pessoal e momentos dramáticos na vida dos empregados. Também haverá sustos relacionados à saúde. Nos próximos meses, você vai fazer mudanças importantes na rotina de saúde. Além disso, um pai, mãe, figura paterna ou materna será obrigado a fazer mudanças financeiras importantes.

A saúde poderá ser melhorada das formas mencionadas no relatório anual, mas em maio, como Marte vai ocupar a Sexta Casa o mês inteiro, continue a se exercitar e faça massagens na cabeça, rosto e couro cabeludo para melhorar a saúde. A terapia craniossacral continuará boa este mês.

JUNHO

Melhores dias: 9, 10, 18, 19, 26, 27
Dias mais tensos: 6, 7, 8, 14, 15, 20, 21
Melhores dias para o amor: 11, 12, 14, 15, 18, 19, 21, 27
Melhores dias para o dinheiro: 1º, 2, 3, 11, 12, 13, 20, 21, 27, 29, 30
Melhores dias para a carreira: 8, 17, 20, 21, 24

Teremos outro eclipse este mês: agora um eclipse solar no dia 10, que também será relativamente benigno para você (mas lembre-se dos comentários do mês passado: o seu mapa astral personalizado poderá mostrar outros impactos).

Este eclipse acontecerá na Quinta Casa, afetando os filhos e figuras filiais em sua vida, que deverão ficar longe do perigo neste período. É melhor fazer uma agenda mais tranquila. Eles terão experiências do tipo divisor de águas. Algumas serão bem normais, mas não deixam de ser perturbadoras. Às vezes, isso mostra o início da puberdade e o despertar sexual, os filhos saindo para estudar fora, casando ou tendo filhos. Se você estiver envolvido nas artes criativas, este eclipse indica uma mudança na criatividade. Você vai abordar tudo de um jeito novo. Todo eclipse solar testa o amor e o relacionamento amoroso atual, e este não será diferente. Geralmente a roupa suja e os ressentimentos ocultos vêm à tona. Os bons relacionamentos vão sobreviver a isso e melhorar, mas os problemáticos terão dificuldades. Um pai, mãe, figura paterna ou materna terá que fazer mudanças financeiras importantes. Ele ou ela parece emocionalmente estressado, então tenha mais paciência. Já os irmãos e figuras fraternas deverão dirigir com mais cuidado. Eles também vão fazer mudanças na criatividade. Além disso, a vida das figuras filiais será afetada.

A saúde melhorou bastante em relação ao mês passado. Além disso, a Sexta Casa (da Saúde) ganhará força após o dia 21. Você terá foco nessa área e isso é bom.

Marte vai entrar na Sétima Casa (do Amor) no dia 12 e ficará lá pelo resto do mês. Evite a tentação de se envolver em lutas pelo poder com a pessoa que você ama, pois ele ou ela poderá estar mais agressivo, temperamental e impaciente. Não piore isso sendo uma pessoa negativa.

O amor será complicado este mês. Conforme já mencionamos, o eclipse vai testar o relacionamento atual, mas as suas necessidades no amor vão mudar. Até o dia 21, o amor será divertido, uma questão de entretenimento. Os solteiros vão ficar atraídos por pessoas que garantam bons momentos. A compatibilidade mental e facilidade de comunicação serão muito importantes. Após o dia 21, quando o Sol entrar no emotivo signo de Câncer, a intimidade emocional ganhará importância. Você (ou a pessoa que você ama) poderá estar com o humor excessivamente instável na vida amorosa. Quando você está bem-humorado, o amor é sublime. De mau humor, ele pode se transformar em ódio. Independente de ser solteiro ou casado, trabalhe para manter a atmosfera emocional positiva.

JULHO

Melhores dias: 6, 7, 16, 17, 24, 25
Dias mais tensos: 3, 4, 5, 11, 12, 18, 19, 31
Melhores dias para o amor: 1º, 2, 8, 9, 11, 12, 19, 21, 28, 29, 31
Melhores dias para o dinheiro: 8, 9, 10, 18, 19, 26, 27
Melhores dias para a carreira: 5, 14, 18, 19, 23

A Sexta Casa (da Saúde e do Trabalho) ficou poderosa no dia 21 de junho e continuará forte até o dia 23, então haverá foco na saúde. Este foco vai ajudar você após o dia 23, quando a saúde ficará mais delicada. Será como depositar créditos de saúde na sua conta cósmica.

O amor estará no ambiente de trabalho este mês, que será tanto um centro social quanto profissional. Os que estão procurando emprego precisarão levar isso em conta ao se candidatar a uma vaga. Não será apenas uma questão de pagamentos e benefícios, as oportunidades sociais também serão importantes. Para os solteiros, haverá oportunidades românticas no trabalho ou com colegas de trabalho e também enquanto você busca seus objetivos de saúde e com pessoas envolvidas na sua saúde. Você ficará atraído por médicos, terapeutas e profissionais de saúde. A necessidade de intimidade emocional continuará forte até o dia 23. Após o dia 23, o amor precisará de mudanças. Você vai preferir a diversão e ficará atraído por quem conseguir oferecer bons momentos. O amor será uma forma de entretenimento. As mulheres em idade fértil estarão mais férteis do que o usual este mês. As oportunidades amorosas virão das formas usuais após o dia 23, em festas, reuniões, resorts e locais de entretenimento.

Você começará um ápice amoroso e social anual no dia 23. Será um período social ativo e feliz. Você vai se dar bem com todo tipo de pessoas:

intelectuais, criativos, atletas e estrangeiros. (A Sétima Casa estará repleta de planetas).

A saúde precisará de mais atenção após o dia 23. Como sempre, tenha cuidado para não se cansar demais. Melhore a saúde das formas mencionadas no relatório anual.

Este mês será próspero, especialmente até o dia 23. Depois disso, os ganhos vão acontecer, mas com mais desafios e dificuldades. Não será um processo tranquilo. O outro problema com as finanças será o movimento retrógrado do Planeta das Finanças (Netuno), que começou em 25 de junho e ficará assim por vários meses. Então, é melhor evitar grandes compras ou investimentos agora (compre apenas alimentos e itens de primeira necessidade). Se você precisar comprar algo (e às vezes a vida nos obriga a isso), pesquise muito e aja com cuidado.

A atividade retrógrada aumentará ainda mais este mês, com quarenta por cento dos planetas retrógrados. Você provavelmente vai sentir uma desaceleração em sua vida. Saiba que não há nada errado com você, é apenas o clima cósmico.

AGOSTO

Melhores dias: 2, 3, 4, 12, 13, 20, 21, 30, 31
Dias mais tensos: 1º, 7, 8, 14, 15, 27, 28
Melhores dias para o amor: 1º, 7, 8, 11, 17, 20, 26, 30, 31
Melhores dias para o dinheiro: 1º, 6, 13, 15, 21, 22, 23, 31
Melhores dias para a carreira: 1º, 11, 14, 15, 19, 28, 29

A lentidão cósmica vai aumentar este mês. Cinquenta por cento dos planetas estarão retrógrados, e ainda não estamos no máximo para o ano (isso vai acontecer em setembro). Então, seja paciente, especialmente nas questões financeiras e pessoais.

Urano (o senhor do seu horóscopo) ficará retrógrado no dia 20 e continuará assim pelo resto do ano. Neste momento, isso é bom. Autoconfiança, vontade própria e autoestima não serão tão importantes, pois você estará em um período social. O poder planetário estará majoritariamente no setor social ocidental do seu mapa, então deixe os outros agirem do jeito deles, desde que não seja destrutivo. Os objetivos serão alcançados pelas graças dos outros e não tanto pela sua iniciativa ou mérito. Isso pode causar complicações no amor, pois você não sabe muito bem o que quer. A vida amorosa estará boa e você terá muitas oportunidades este mês, mas parece indeciso.

Você ainda estará em um ápice amoroso e social anual até o dia 23, mas, mesmo depois disso, a vida amorosa estará boa e as oportunidades vão aparecer. Contudo, o amor precisará de mudança no dia 23. O magnetismo sexual parece ser o fator mais importante. Este período parece sexualmente ativo. Um dos obstáculos a evitar são as críticas excessivas e destrutivas. Você estará mais perfeccionista em relação ao amor após o dia 23, tendendo a exagerar pequenas falhas, transformando-as em algo maior. Você vai agir mais guiado pela cabeça do que pelo coração. A análise tende a acabar com a magia do romance. Se você puder evitar os julgamentos e críticas destrutivas, a vida amorosa será boa.

A saúde também vai melhorar após o dia 23, mas poderá ficar ainda melhor das formas mencionadas no relatório anual.

As finanças estarão mais estressantes após o dia 23. Não só o Planeta das Finanças estará retrógrado, como receberá aspectos tensos, significando que os ganhos vão acontecer, mas com mais trabalho e esforço. Se você trabalhar bastante, a prosperidade virá, ainda que mais lentamente que o usual. O cônjuge, parceiro ou interesse amoroso atual terá um ótimo mês para as finanças, o que deverá cobrir os seus problemas. Seu parceiro parece generoso este mês.

A metade superior do mapa (o lado diurno) estará dominante agora. A família é importante, mas é hora de manter o foco na carreira e nos objetivos externos. A carreira parece bem-sucedida este mês, mas tudo pode acontecer com atraso, pois o Planeta da Carreira (Plutão) continuará retrógrado.

SETEMBRO

Melhores dias: 8, 9, 17, 18, 26, 27
Dias mais tensos: 4, 5, 10, 11, 24, 25
Melhores dias para o amor: 4, 5, 6, 7, 9, 15, 19, 26, 29, 30

Melhores dias para o dinheiro: 2, 9, 11, 18, 19, 20, 27, 30
Melhores dias para a carreira: 7, 10, 11, 15, 16, 25

Agora que a atividade retrógrada estará no máximo para o ano, com sessenta por cento dos planetas retrógrados a partir do dia 27, dificilmente você vai conseguir impedir todos os adiamentos e problemas que surgirão neste mês, mas você pode fazer o possível para minimizá-los. Tome mais cuidado com os pequenos detalhes. Seja meticuloso e reserve um tempo para aperfeiçoar tudo o que fizer e evite atalhos, que poderão gerar mais atrasos. Tenha paciência, pois tudo vai desacelerar no mundo e em sua vida. Não há nada errado com você. (É por isso que a astrologia é tão importante: ela nos dá uma compreensão do que está acontecendo e podemos ser mais filosóficos em relação a tudo.)

A saúde estará boa este mês. Você ainda terá dois planetas lentos em alinhamento tenso com você, mas os planetas rápidos vão apoiá-lo, especialmente após o dia 22.

O amor será mais sexual nesse período. O magnetismo sexual parece ser a principal fonte de atração, mas isso vai mudar após o dia 22, quando o Planeta do Amor entrar no romântico signo de Libra e as delicadezas do amor vão ganhar importância. Você ficará mais atraído por pessoas altamente educadas e religiosas. As oportunidades românticas vão acontecer na universidade ou em eventos religiosos, talvez no seu local de culto. Os estrangeiros também ficarão atraentes agora e uma oportunidade romântica poderá acontecer em uma viagem ao exterior. Os relacionamentos atuais também podem se fortalecer com uma viagem a outro país.

A Nona Casa estará muito poderosa a partir do dia 22, o que é ótimo para universitários e indica sucesso nos estudos. Também será um bom mês para viagens ao exterior, mas reserve mais tempo para chegar ao destino e tente não agendar conexões muito próximas, pois poderá haver muitos atrasos.

Quando a Nona Casa está forte, há um grande foco na religião, teologia e filosofia. Esses assuntos serão mais interessantes do que uma noitada na cidade. Mesmo se você não for um estudante formal, boas oportunidades educacionais virão até você.

A metade superior do seu horóscopo (o lado diurno) continuará dominante este mês, então o foco deverá estar na carreira. Até a família parece apoiar suas atividades profissionais nesse período. A única questão profissional será o movimento retrógrado do Planeta da Carreira, Plutão. Isso significa que o progresso será mais lento que o habitual.

As finanças também vão melhorar após o dia 22. O aspecto tenso com Netuno vai passar. Contudo, Netuno continuará retrógrado, por isso vá devagar nas finanças. Trabalhe para conseguir a clareza mental antes de tomar decisões importantes nessa área.

OUTUBRO

Melhores dias: 5, 6, 14, 15, 23, 24, 25
Dias mais tensos: 1º, 2, 8, 9, 21, 22, 28, 29, 30
Melhores dias para o amor: 1º, 2, 5, 6, 10, 14, 15, 18, 19, 26, 28, 29, 30
Melhores dias para o dinheiro: 6, 7, 9, 15, 16, 17, 24, 25, 27
Melhores dias para a carreira: 4, 8, 9, 13, 22

A carreira terá sucesso este mês. Haverá uma bela sincronicidade. Plutão (o Planeta da Carreira) começará a se mover para a frente no dia 6, pouco antes de você começar o ápice profissional anual (a partir do dia 23), então haverá clareza e foco na carreira, o que indica sucesso.

A Nona Casa continuará poderosa até o dia 23, então muitas tendências que discutimos no mês passado continuarão em vigor. Os países estrangeiros chamam você. A vontade de viajar será forte (após o dia 18 parece o melhor momento para isso). Além disso, haverá avanços religiosos e filosóficos para os que desejarem. Eles são mais importantes do que a maioria das pessoas pensa porque moldam a nossa forma de viver.

No amor, você ficará atraído por mentores e pessoas com quem pode aprender. Você terá os aspectos de alguém que se apaixona pelo professor ou líder religioso. A compatibilidade filosófica será muito importante. Você e a pessoa que você ama não precisam concordar em tudo, mas precisam ter a mesma visão de mundo. A maioria dos relacionamentos fracassa devido às diferenças filosóficas. (Embora as desculpas para isso tendam a ser diferentes, na raiz do problema está uma diferença filosófica, uma perspectiva diferente em relação à vida.)

O Planeta do Amor (o Sol) vai cruzar o Meio do Céu e entrar na Décima Casa no dia 23, o que envia muitas mensagens. Primeiro, mostra que o amor está em alta na sua agenda, talvez até seja a sua missão para o resto do mês. Em segundo lugar, mostra que você vai avançar na carreira pelos meios sociais, ao frequentar as reuniões e festas certas. Em terceiro lugar, indica uma mudança de atitude em relação ao amor: o poder e prestígio passam a ser interessantes para você, que ficará atraído por quem possa ajudar você profissionalmente (e você vai conhecer esse tipo de pessoa agora). Os solteiros vão encontrar oportunidades românticas enquanto buscam seus objetivos profissionais. O único problema no amor é você que não sabe muito bem o que quer e parece hesitante.

A saúde precisará de mais atenção a partir do dia 23. O problema é que, com a Sexta Casa vazia (apenas a Lua passará por lá nos dias 26 e 27), você deve ignorar essa área e terá que se obrigar a manter o foco na saúde. Portanto, descanse e relaxe mais. Retire o trivial da sua vida e concentre-se no que é realmente importante. Melhore a saúde das formas mencionadas no relatório anual.

Embora o Planeta das Finanças continue retrógrado, as finanças ganharão força a partir do dia 23. Poderá haver atrasos e problemas, mas a prosperidade vai acontecer.

NOVEMBRO

Melhores dias: 2, 3, 10, 11, 20, 21, 29, 30
Dias mais tensos: 4, 5, 17, 18, 25, 26
Melhores dias para o amor: 4, 5, 8, 12, 13, 17, 18, 25, 26, 27, 28
Melhores dias para o dinheiro: 3, 5, 11, 12, 13, 14, 21, 23, 30
Melhores dias para a carreira: 1º, 4, 5, 9, 18, 28

O eclipse lunar no dia 19 será forte para você, aquariano, então faça uma agenda leve e tranquila nesse período. (Você deverá fazer uma agenda leve antes disso, pois a saúde estará mais delicada até o dia 22, mas especialmente no período do eclipse.) Todos vocês serão afetados por este eclipse, mas os nascidos entre 14 e 16 de fevereiro vão senti-lo com mais força. Este eclipse acontecerá na Quarta Casa, então poderá haver momentos dramáticos na vida de parentes, especialmente um pai, mãe, figura paterna ou materna. Falhas ocultas no lar serão reveladas e você conseguirá corrigi-las. Todo eclipse lunar afeta o trabalho e a rotina de saúde, então poderá haver mudanças de emprego e nas condições de trabalho. Muitas vezes haverá perturbações no local de trabalho. Se você é empregador, poderá haver rotatividade de pessoal nos próximos meses. Às vezes, esse tipo de eclipse produz sustos relacionados à saúde, exigindo mudanças na rotina de saúde.

Como este eclipse afetará Vênus e Júpiter (felizmente, não de modo direto), talvez haja momentos dramáticos na vida dos amigos, e os equipamentos tecnológicos e computadores podem ser testados. Estudantes de nível universitário poderão fazer mudanças nos planos educacionais. O casamento de um pai, mãe, figura paterna ou materna será testado e ele ou ela poderá viver momentos dramáticos com amigos. Os irmãos e figuras fraternas serão obrigados a fazer mudanças financeiras importantes e poderão viver momentos dramáticos em casa. Os filhos e figuras filiais viverão mudanças espirituais e serão obrigados a corrigir o rumo na vida financeira. O cônjuge, parceiro ou interesse amoroso atual terá mudanças na carreira e abalos na empresa ou ramo de trabalho.

Conforme já mencionamos, a saúde precisará de mais cuidados este mês, especialmente até o dia 22. Como no mês passado, você terá que se obrigar a prestar mais atenção nessa área. A Sexta Casa estará vazia. (Talvez o eclipse obrigue você a prestar atenção.) Melhore a saúde das formas mencionadas no relatório anual. E, como sempre, descanse bastante. A saúde vai melhorar dramaticamente após o dia 22.

Apesar dos eclipses, novembro será bem-sucedido. Você ainda estará no meio de um ápice profissional anual até o dia 22. As finanças estarão mais fortes antes do dia 22 do que depois. Após o dia 22, haverá mais desafios a enfrentar nessa área.

O poder planetário mudará para o Leste este mês, então a independência pessoal ganha mais força a cada dia. Você terá mais poder para criar as condições que deseja. O único problema é que você não sabe o que quer, pois Urano (o senhor do seu horóscopo) continuará retrógrado. Contudo, uma vez que você determine o que lhe traz felicidade, será mais fácil fazer as mudanças agora. (E no mês que vem, será ainda mais fácil.)

DEZEMBRO

Melhores dias: 7, 8, 17, 18, 27, 28
Dias mais tensos: 1º, 2, 14, 15, 16, 22, 23, 29, 30
Melhores dias para o amor: 3, 4, 5, 6, 12, 13, 14, 15, 22, 23, 24, 25
Melhores dias para o dinheiro: 2, 8, 9, 10, 11, 18, 20, 21, 28, 30
Melhores dias para a carreira: 1º, 2, 6, 16, 25, 29, 30

Este mês será basicamente feliz, saudável e próspero. Até o eclipse solar do dia 4, será basicamente benigno para você. Aproveite.

Júpiter vai entrar na Casa do Dinheiro no dia 30, garantindo que 2022 será muito próspero. O ímpeto planetário estará majoritariamente avançado: até o dia 19, noventa por cento dos planetas vão se mover para a frente e, depois disso, oitenta por cento.

Vênus vai ficar estacionado no Planeta da Carreira (Plutão) a partir do dia 11, indicando um grande desenvolvimento profissional, que pode envolver a família, um país ou entidade estrangeira. Talvez o resultado disso apareça depois, pois Vênus vai ficar retrógrado, mas algo de bom vai acontecer.

Este mês também será feliz por outros motivos. O poder estará na Décima Primeira Casa (dos Amigos, Grupos e Atividades em grupo) até o dia 21, então o cosmos está levando você aos seus pontos fortes e às áreas que mais ama.

O eclipse solar do dia 4 acontecerá na Décima Primeira Casa (dos Amigos), então haverá momentos dramáticos com os amigos e as amizades serão testadas. Pode ser que seja devido ao relacionamento em si, mas geralmente isso acontece devido a momentos dramáticos na vida deles. Equipamentos tecnológicos, computadores e softwares serão testados neste período e tenderão a se comportar de modo errático. Embora isso cause aborrecimentos, não será fisicamente perigoso. Faça copias dos seus arquivos importantes, confira se os programas antivírus e contra hackers estão atualizados e tenha cuidado ao abrir e-mails de quem você não conhece. Todo eclipse solar testa o relacionamento amoroso. Você passa por isso duas vezes por ano. Os bons relacionamentos sobrevivem e saem até melhores, mas os problemáticos podem ter dificuldades. O cônjuge, parceiro ou interesse amoroso atual poderá viver momentos dramáticos e isso vai atrapalhar o relacionamento. Os filhos e figuras filiais também terão perturbações sociais. Se eles forem casados ou estiverem em um relacionamento sério, haverá uma crise. Um pai, mãe, figura paterna ou materna será obrigado a fazer mudanças financeiras importantes. Os irmãos e figuras fraternas poderão viver momentos dramáticos jurídicos e abalos no local de culto. Se eles estiverem na faculdade, haverá mudanças de planos educacionais.

Embora o eclipse traga algumas perturbações, o amor parece basicamente feliz este mês. Você será o tipo de pessoa que se apaixona à primeira vista nesse período e vai entrar em relacionamentos com rapidez. As oportunidades românticas acontecerão pela internet, em redes sociais ou enquanto você se envolve com grupos e atividades em grupo. Após o dia 21, o amor será mais espiritual. As oportunidades românticas acontecerão em ambientes como aulas de meditação, palestras sobre espiritualidade ou encontros de oração.

♓

PEIXES

OS PEIXES

Nascidos entre 19 de fevereiro e 20 de março

PERFIL PESSOAL

PEIXES EM UM RELANCE

Elemento: Água
Planeta Regente: Netuno
  Planeta da Carreira: Júpiter
  Planeta da Saúde: Sol
  Planeta do Amor: Mercúrio
  Planeta das Finanças: Marte
  Planeta do Lar e da Vida Familiar: Mercúrio
Cores: verde-água, azul-turquesa
Cores que promovem o amor, o romance e a harmonia social: tons terrosos, amarelo, amarelo-ouro
Cores que propiciam ganhos: vermelho, escarlate
Pedra: diamante branco
Metal: estanho
Perfume: lótus
Qualidade: mutável (= flexibilidade)
Qualidades essenciais ao equilíbrio: estruturação, capacidade de lidar com a forma
Maiores virtudes: sensitividade psíquica, sensibilidade, abnegação, altruísmo
Necessidades mais profundas: iluminação espiritual, liberação
Características a evitar: escapismo, procura de más companhias, estados psicológicos negativos

Signos de maior compatibilidade: Câncer, Escorpião
Signos de maior incompatibilidade: Gêmeos, Virgem, Sagitário
Signo mais útil à carreira: Sagitário
Signo que fornece maior suporte emocional: Gêmeos
Signo mais prestativo em questões financeiras: Áries
Melhor signo para casamento e associações: Virgem
Signo mais útil em projetos criativos: Câncer
Melhor signo para sair e se divertir: Câncer
Signos mais úteis em assuntos espirituais: Escorpião, Aquário
Melhor dia da semana: quinta-feira

COMPREENDENDO A PERSONALIDADE PISCIANA

Se os piscianos exibem uma virtude notória, é sua capacidade de acreditar no lado espiritual, invisível ou psíquico das situações. Os bastidores da realidade são tão verdadeiros para eles quanto o chão onde pisam. São tão concretos que frequentemente ignoram os aspectos visíveis e palpáveis da realidade, a fim de concentrar-se em suas facetas invisíveis, ditas intangíveis.

Peixes é o signo zodiacal no qual as faculdades intuitivas e a emoção se acham mais desenvolvidas. Os piscianos parecem fadados a viver sob a égide delas, e esse procedimento pode tirar os outros do sério, sobretudo as pessoas dotadas de natureza materialista, científica ou técnica. Se você é daqueles que acreditam que o dinheiro, o status e o sucesso mundano são as únicas coisas na vida que valem a pena, jamais conseguirá compreender um pisciano.

Os piscianos são dotados de intelecto, mas este serve apenas para racionalizar o que já sabem intuitivamente. Para um aquariano ou geminiano, o intelecto se revela uma ferramenta valiosa na hora de adquirir conhecimentos. Para um bom pisciano, ele não passa de uma ferramenta que revela o conhecimento.

Os piscianos percebem-se como peixes nadando em um vasto oceano de pensamento e emoção. Esse oceano apresenta diversos níveis de profundidade e é perpassado por variadas correntes e subcorrentes. Eles anseiam por águas límpidas, habitadas por criaturas boas, belas e verdadeiras, mas muitas vezes se veem subitamente arrastados para profundezas de águas turvas e lodosas. Os piscianos sentem que não criam os próprios pensamentos, apenas sintonizam ideias preexistentes, e é por isso que fazem questão de buscar águas límpidas. Essa habilidade em sintonizar com pensamentos de ordem superior presenteia-os com acentuada inspiração musical e artística.

O fato de Peixes ser tão voltado para a espiritualidade — por mais que os piscianos envolvidos com o universo empresarial tentem ocultá-lo — nos obriga a analisar esse aspecto em detalhes. Sem o qual fica quase impossível compreender a personalidade pisciana.

Existem quatro tipos de posicionamento espiritual. O primeiro deles é o ceticismo inveterado, a postura dos materialistas seculares. A segunda atitude caracteriza-se pela crença intelectual ou emocional e pela adoração da figura de um Deus distante; é a atitude da maioria dos frequentadores de igrejas. A terceira postura transcende a crença, por incluir a vivência espiritual direta; é a postura dos religiosos que renasceram misticamente de alguma forma. O quarto tipo de posicionamento é a união com o Divino, a fusão plena com o universo espiritual, que caracteriza a prática da yoga. Esse quarto tipo de atitude corresponde à mais profunda das necessidades piscianas. E os nativos do signo se acham singularmente qualificados para se dedicar a essa tarefa e obter êxito nela.

Consciente ou inconscientemente, os piscianos buscam a comunhão com o mundo espiritual. A crença em uma realidade maior os torna compreensivos e tolerantes em relação aos demais, talvez até em excesso. Haverá ocasiões em suas vidas nas quais terão de dar um basta e preparar-se para defender seus pontos de vista e até armar uma confusão para salvaguardá-los, se preciso for. Contudo, em virtude das qualidades, que exibem, será necessário pisar muito fundo em seus calos para extrair deles esse tipo de reação.

Os piscianos aspiram, basicamente, à santidade. E com esse desejo trilham um caminho muito pessoal. Ninguém deve tentar impor-lhes um conceito estereotipado de santidade: eles terão de encontrá-lo por meio de sua própria busca.

FINANÇAS

O dinheiro, em geral, não é excessivamente importante para os piscianos. É claro que necessitam dele para sobreviver, tanto quanto os nativos dos demais signos, e muitos nativos de Peixes conseguem grande fortuna. Não é, porém, sua meta principal. Fazer o bem, sentirem-se satisfeitos consigo mesmos, alcançar a paz de espírito e o alívio da dor e do sofrimento são os pontos verdadeiramente cruciais para eles.

Eles ganham dinheiro de forma intuitiva e instintiva. Seguem mais suas premonições do que a lógica racional. Tendem a ser generosos e até caritativos em excesso. O menor dos infortúnios basta para que os piscianos coloquem a mão no bolso e façam doações. Embora seja uma de suas maiores virtudes, eles devem ser mais cuidadosos com as finanças. Precisam escolher bem a quem emprestam dinheiro, para que não sejam explorados. Se doarem verbas a instituições de caridade, devem acompanhar o destino que estas darão às suas doações. Mesmo quando não são ricos, os piscianos gostam de gastar dinheiro auxiliando seus semelhantes. Uma vez mais, precisam agir com cautela, aprender a dizer não algumas vezes e servir-se em primeiro lugar, vez por outra.

Talvez a maior pedra no caminho financeiro dos piscianos seja a passividade. Eles alimentam uma postura no estilo "deixe estar" que poderá fazê-los tropeçar. Apreciam mesmo é agir sem compromisso. Mas, no terreno das finanças, certa dose de agressividade é necessária. Os nativos de Peixes precisam aprender a fazer com que as coisas aconteçam, a gerar sua própria riqueza. A passividade excessiva tende a causar perda de dinheiro e de oportunidades. Simplesmente preocupar-se com a segurança financeira não trará a segurança almejada. Os piscianos precisam aprender a perseguir com maior tenacidade seus objetivos.

CARREIRA E IMAGEM PÚBLICA

Os piscianos gostam de ser publicamente vistos como pessoas prósperas (tanto espiritual quanto materialmente), generosas e propensas à filantropia. Respeitam os que demonstram coração magnânimo e empatia pela humanidade. Admiram muito os que se envolvem com empreendimentos de larga escala. Gostariam até de ocupar posições semelhantes. Em suma, gostam de se sentir ligados a organizações de porte que realizem tarefas grandiosas.

Para atingir seu pleno potencial profissional, é vital que viajem mais, aprimorem sua educação e conheçam verdadeiramente o mundo. Em outras palavras, precisam do otimismo desbravador dos sagitarianos para chegar ao topo.

Devido ao seu desvelo e à sua generosidade, os piscianos costumam optar por profissões em que possam ser úteis aos seus semelhantes. É por isso que há tantos piscianos médicos, enfermeiros, assistentes sociais e professores. Pode levar um bom tempo até que os piscianos descubram o tipo de atividade que desejam exercer profissionalmente, mas, tendo encontrado uma carreira que lhes desperte o interesse e que lhes permita empregar suas virtudes, eles a desempenharão primorosamente.

AMOR E RELACIONAMENTOS

Não é de surpreender que alguém tão voltado para o outro mundo como os piscianos procure parceiros práticos e de pés no chão. Eles preferem ligar-se a cônjuges que lidem bem com os detalhes, visto que eles próprios detestam fazer isso. Buscam essa qualidade tanto em seus parceiros profissionais quanto nos sentimentais. Mais do que qualquer outra coisa no mundo, isso lhes confere a sensação de estarem ancorados em terra e conectados com a realidade.

Conforme seria de esperar, esse tipo de relacionamento, embora necessário, certamente será marcado por altos e baixos. Mal-entendidos tendem a ocorrer com frequência quando polos tão opostos tentam se atrair. Se você estiver apaixonado por um pisciano, vivenciará essas flutuações na pele e precisará ser muito paciente até as coisas se estabilizarem. Os piscianos são temperamentais, intuitivos, afetuosos e difíceis de conhecer. Somente o tempo e as atitudes corretas poderão desvendar os segredos do universo pisciano. Entretanto, se estiver apaixonado por um nativo do signo, constatará que nadar nessas correntezas vale a pena, pois são pessoas boas e sensíveis, que apreciam e necessitam doar amor e afeição.

Quando apaixonados, adoram fantasiar. Para eles, a fantasia representa noventa por cento do prazer em uma relação. Tendem a idealizar o par, o que pode ser simultaneamente bom e ruim. O lado difícil para qualquer um que se apaixone por um pisciano é o de corresponder às elevadas aspirações idealizadas pelos nativos do signo.

VIDA DOMÉSTICA E FAMILIAR

Em sua vida doméstica e familiar, os piscianos precisam resistir ao impulso de querer que seu cônjuge e os familiares adivinhem seus sentimentos e estados de espírito. Não é razoável, leitor de Peixes, esperar que eles exibam o mesmo grau de intuição que você. Será preciso que você desenvolva mais a comunicação verbal. Uma troca serena de ideias e opiniões, marcada pela calma e pelo distanciamento emocional, beneficiará a todos.

Muitos piscianos apreciam a mobilidade. A estabilidade parece cercear sua liberdade. Eles detestam ficar trancafiados em um local por uma eternidade.

O signo de Gêmeos ocupa a cúspide da Sexta Casa solar pisciana, do Lar e da Vida Familiar. Isso indica que os nativos de Peixes necessitam de um ambiente doméstico que estimule seus interesses mentais e intelectuais. Tendem a tratar os vizinhos como uma extensão da família. Alguns exibem atitude ambivalente em relação ao lar e à família. Por um lado, apreciam o apoio emocional que a família fornece; mas, por outro, não se habituam às obrigações, às restrições e aos deveres que ela impõe. Encontrar o equilíbrio é, para os piscianos, a chave mestra de uma vida familiar afortunada.

PEIXES
PREVISÃO ANUAL PARA 2021

TENDÊNCIAS GERAIS

Este ano parece feliz e saudável, pisciano. Aproveite. Não existem planetas lentos em alinhamento tenso com você em 2021, então a saúde e a energia estarão boas. Com o aumento na energia, tudo que não era possível, passa a ser. Voltaremos a esse assunto em breve.

Você já nasceu com interesse em assuntos espirituais, mas este foco ganhou mais força nos últimos anos. Netuno está em seu signo desde 2012. Além disso, a sua Décima Segunda Casa (da Espiritualidade) ficou poderosa no ano passado e continuará em 2021, então este será um ano de aumento na percepção extrassensorial, na vida onírica e nas experiências sobrenaturais. A essa altura você já se acostumou a esse tipo de evento. Voltaremos a esse assunto em breve.

Você está começando em 2021 um ciclo de prosperidade que vai durar vários anos. Este ainda não é o ciclo a todo vapor (isso vai acontecer no final do ano), mas será um gostinho do que está por vir. Voltaremos a esse assunto em breve.

Haverá quatro eclipses este ano. Dois deles vão acontecer na Décima Casa (da Carreira), o eclipse lunar de 26 de maio e o eclipse solar de 4 de dezembro, portanto haverá abalos na carreira. Esses abalos parecem positivos, pois significa que barreiras serão derrubadas. Haverá muito sucesso na carreira este ano. Voltaremos a esse assunto em breve.

Urano está na Terceira Casa (da Comunicação e Interesses Intelectuais) desde 2019 e ficará lá por muitos anos, então o seu gosto para leitura está mudando e ficando eclético. Você vai preferir livros sobre ciência, astronomia, astrologia e espiritualidade e o seu gosto para leitura vai fugir do usual. Para estudantes abaixo do nível superior, isso indica mudanças de escola ou planos educacionais e prováveis abalos internos na escola que você frequenta.

Plutão está na Décima Primeira Casa (dos Amigos) desde 2008. Isso indica que mais amigos vão aparecer esse ano, e dos bons. Eles poderão ser estrangeiros, pessoas que você conheceu na escola ou em seu local de culto. Voltaremos a esse assunto em breve.

As principais áreas de interesse este ano serão: corpo e imagem; comunicação e interesses intelectuais; amigos, grupos e atividades em grupo; espiritualidade.

Os caminhos de maior realização em 2021 serão: lar e a família; espiritualidade (de 1º de janeiro a 14 de maio e de 29 de julho a 30 de dezembro); corpo e imagem (de 14 de maio a 29 de julho e a partir de 30 de dezembro).

SAÚDE

(Esta é uma perspectiva astrológica sobre a saúde, não uma visão médica. No passado essas perspectivas eram idênticas, mas hoje podem ocorrer diferenças significativas. Para obter uma opinião com base em diagnósticos da medicina convencional, consulte seu médico ou um profissional da área da saúde.)

Conforme já mencionamos, a saúde estará boa este ano. Não existem planetas lentos em alinhamento tenso com você. A Sexta Casa vazia mostra que não é preciso dar atenção excessiva a essa área. Como diz a sabedoria popular, "não conserte o que não está quebrado".

O seu desafio este ano será usar a energia extra do jeito certo, adequado e construtivo. Ter saúde e energia é uma grande benção, geralmente mal utilizada porque as pessoas costumam se entregar a práticas que vão causar problemas no futuro.

Por mais que a saúde esteja boa, você poderá deixá-la ainda melhor dando mais atenção às seguintes partes do corpo, que são as mais vulneráveis do seu mapa.

Pés. São sempre importantes para o pisciano, pois o signo rege esta área. Massagens regulares nos pés (ver nosso mapa acima) deverão fazer parte da sua rotina de saúde. Você não só fortalecerá os pés como também o corpo inteiro. Tratamentos de spa do tipo turbilhão nos pés também serão bons. Existem vários tipos de aparelhos baratos no mercado que fazem isso automaticamente e seria um bom investimento para você.

Coração. Sempre é importante para os nativos de Peixes, pois o seu Planeta da Saúde (o Sol) rege esta área. Os reflexos aparecem em seu mapa. O importante com o coração é evitar preocupações e ansiedade, as duas emoções que o estressam. Cultive a fé e a confiança.

Júpiter vai entrar em seu signo de 14 de maio a 29 de julho, mas isso é só um flerte. Ele vai ficar lá a longo prazo a partir de 30 de dezembro.

Este será basicamente um trânsito feliz, mas de uma perspectiva de saúde pode indicar um ganho de peso indevido, então será necessário observar seu peso neste período e em todo o ano de 2022. As mulheres em idade fértil ficarão mais férteis durante este trânsito. Isso acontecerá mais no ano que vem do que em 2021.

O seu Planeta da Saúde (o Sol) é um planeta rápido. Ele passa por todos os signos e casas do seu horóscopo ao longo do ano. Portanto, haverá muitas tendências de curto prazo na saúde que dependem de onde o Sol está e dos aspectos que recebe. Isso será abordado com mais profundidade nos relatórios mensais. Quando o Planeta da Saúde é muito rápido, mostra que as suas necessidades de saúde estão sempre mudando. E o mesmo vale para as terapias que funcionam para você. Não haverá soluções prontas. O que funciona uma vez poderá não funcionar na próxima.

Contudo, podemos fazer algumas afirmações de modo geral. O Sol é o regente genérico das crianças, diversão, e criatividade, portanto é importante se manter criativo. Bloqueios nessa área podem ser a causa de vários problemas. Além disso, é importante ter boas relações com as crianças ou figuras infantis em sua vida. Caso surja algum problema (Deus queira que não), restaure a harmonia nessas áreas o mais rapidamente possível. Também é importante curtir a vida. Evite a depressão a qualquer custo. Um hobby criativo, algo que você faça porque gosta não apenas seria divertido, como também terapêutico.

A alegria é uma poderosa força curativa, portanto terapias como a yoga do riso serão boas. Muitas curas aconteceram vendo filmes de comédia pastelão e gargalhando várias horas por dia. Se você estiver indisposto, uma noitada muitas vezes poderá fazer mais do que uma visita a um profissional de saúde.

A saúde estará boa este ano, mas haverá períodos em que a saúde e a energia estarão piores que o habitual. Não é nada para se preocupar, será apenas o impacto dos planetas rápidos, com efeitos de curto prazo e que não configuram tendências para o ano. Quando o trânsito estressante passar, a saúde e a energia voltarão ao normal.

LAR E FAMÍLIA

A Quarta Casa do Lar e da Família não estará proeminente em 2021. Isso vem acontecendo há muitos anos, então a tendência nessa área é o *status quo*. Na verdade, isso é bom, pois você parece contente com a situação atual e não precisará prestar muita atenção ou fazer mudanças dramáticas no lar e na família.

O seu Planeta da Família é Mercúrio, um planeta muito rápido, portanto haverá muitas tendências de curto prazo nessa área que dependem de onde Mercúrio está e dos aspectos que recebe. (Mercúrio passa por todo o seu mapa a cada ano.) Além disso, a Quarta Casa vai ganhar ou perder força de acordo com os movimentos dos planetas rápidos. Essas tendências serão explicadas com mais profundidade nos relatórios mensais.

Haverá um eclipse solar na Quarta Casa no dia 10 de junho, que vai trazer momentos dramáticos na família e talvez reparos em casa.

Mercúrio atua em dose dupla no seu mapa. Ele é o seu Planeta da Família e o Planeta do Amor, indicando uma forte conexão entre o amor, a vida social e a situação do lar e da família. Quando tudo estiver bem em casa, a vida amorosa estará boa, e vice versa. Isso também mostra que você será uma pessoa que socializa de casa e com parentes. A tendência será transformar a casa em centro social. Além disso, você vai redecorar muito e se preocupar com a beleza do lar.

O Nódulo Norte da Lua estará na Quarta Casa o ano inteiro, que é um sinal positivo. Você vai apreciar a família e a situação doméstica, conseguindo uma sensação de realização nessas atividades.

Um pai, mãe, figura paterna ou materna em sua vida poderá se mudar de endereço este ano, mas será mais provável em 2022. O casamento de um pai, mãe, figura paterna ou materna será testado pelos eclipses (26 de maio, 10 de junho e 4 de dezembro).

Irmãos ou figuras fraternas podem não se mudar formalmente, mas terão uma vida nômade. Talvez eles só tenham uma casa para constar, pois vão morar em vários lugares, de acordo com a vontade. A vida será boa, mas o casamento não é aconselhável. Se eles já estiverem casados, o casamento será gravemente testado.

Os filhos ou figuras filiais terão oportunidades de trabalho maravilhosas, mas a situação do lar e da família será do tipo *status quo*. Os netos (caso você os tenha) ou as pessoas que desempenham esse papel em sua vida provavelmente vão mudar de endereço este ano, mas é uma situação complicada, pois haverá muitas idas e vindas e atrasos envolvidos.

Se você planeja fazer reformas ou grandes reparos em casa, o período entre 5 de março a 12 de junho será bom para isso. Se você estiver redecorando ou embelezando o lar, o período entre 9 de maio e 2 de junho será bom para isso.

DINHEIRO E CARREIRA

Este ano marcará o início de um ciclo de prosperidade e sucesso na carreira que vai durar vários anos. Entre 14 de maio e 29 de julho de 2021, será apenas o início, mas o ciclo vai se estabelecer realmente em 2022.

A entrada de Júpiter em seu signo em 14 de maio traz uma vida boa: você vai viajar mais, comer em bons restaurantes, usar roupas boas e apreciar os prazeres do corpo. Não importa se o dinheiro no banco existe ou não, pois você vai viver como se o tivesse. Você vai viver em um padrão mais alto do que o habitual. (E o cosmos vai fornecer isso.)

A entrada de Júpiter em seu signo também vai impulsionar a carreira. Júpiter é o seu Planeta da Carreira, então você cairá nas graças de chefes, figuras de autoridade, pais, mães, figuras paternas ou maternas e até do governo. Eles darão apoio e estarão dedicados a você. Oportunidades profissionais felizes virão até você, que não vai precisar correr atrás delas. Você terá a imagem do sucesso e as pessoas o verão assim. Você também vai se vestir e se apresentar desta forma. Os que nasceram no início do signo de Peixes (de 19 a 23 de fevereiro) vão sentir isso com mais força em 2021, mas ano que vem todos vocês sentirão.

Júpiter está muito forte no signo de Peixes. Pela astrologia clássica, ele rege o signo e fica confortável lá, porque é seu lar natural, então a prosperidade e o sucesso na carreira deverão ser fortes.

Júpiter vai passar boa parte do ano em Aquário, a Décima Segunda Casa, o que favorece uma carreira do tipo espiritual (e muitos de vocês estão envolvidos em carreiras espirituais). Contudo, mesmo se você estiver em uma carreira mundana, vai passar muito tempo em atividades voluntárias e de caridade. Embora você realmente seja altruísta, vai descobrir que isso também beneficia a carreira. Este trânsito também pode ser lido como espiritualidade, pois o seu crescimento e prática espiritual serão a verdadeira carreira e missão neste ano.

Júpiter no signo de Aquário favorece o uso da tecnologia e do mundo da internet para avançar na carreira. Os seus conhecimentos tecnológicos serão um fator importante para o sucesso.

Marte é o seu Planeta das Finanças. Ele é relativamente rápido. Não tão rápido quanto a Lua, Mercúrio, Vênus ou o Sol, mas é mais rápido que Júpiter, Urano, Netuno e Plutão. Durante o ano ele passa por nove signos e casas do seu horóscopo, então haverá muitas tendências de curto prazo nas finanças que dependem de onde Marte está e dos aspectos que recebe. Isso será abordado com mais profundidade nos relatórios mensais.

AMOR E VIDA SOCIAL

A Sétima Casa (do Amor) e romance não será uma Casa do Poder este ano, isto é, não estará proeminente, e sim basicamente vazia. Apenas planetas rápidos passarão por lá, com impacto de curto prazo. Isso tende ao *status quo*. Os solteiros devem permanecer solteiros e os casados provavelmente vão continuar casados. Isso pode ser lido como algo bom. Você parece satisfeito com a situação atual e não terá necessidade de prestar muita atenção nesta área.

Haverá períodos em que a vida amorosa estará mais ativa que o habitual e os solteiros vão encontrar possíveis parceiros amorosos, mas serão períodos causados pelos trânsitos dos planetas rápidos. Eles serão temporários e não configuram tendências para este ano.

O seu Planeta do Amor, Mercúrio, é um planeta rápido (como nossos leitores assíduos já sabem). Junto com a Lua, ele é o mais rápido de todos os planetas. Ao longo do ano, ele passa por todos os signos e casas do seu horóscopo, portanto haverá muitas tendências de curto prazo no amor que dependem de onde Mercúrio está e dos aspectos que recebe. Isso será abordado com mais profundidade nos relatórios mensais.

O movimento de Mercúrio é errático. Às vezes, ele passa por três signos e casas do seu mapa correndo como uma lebre. Em outros momentos, ele desacelera. Às vezes, ele fica parado e, às vezes, fica retrógrado. Esta também é uma ótima descrição da sua vida amorosa.

Com um planeta tão rápido regendo a vida amorosa, suas necessidades no amor podem mudar rapidamente. Talvez as pessoas vejam você como volúvel ou difícil de agradar, mas essa é apenas a sua natureza.

Mercúrio ficará retrógrado três vezes este ano, o que é normal. Isso vai acontecer de 30 de janeiro a 20 de fevereiro; de 29 de maio a 21 de junho; e de 27 de setembro a 17 de outubro. Não tome decisões importantes no amor nesses períodos. Os relacionamentos parecem andar para trás em vez de avançar e o seu julgamento social não estará dentro dos padrões usuais. Será melhor usar esses períodos para ganhar clareza sobre a vida amorosa e sobre um relacionamento em particular. Talvez haja formas de melhorar a situação. Quando Mercúrio começar a se mover para a frente, você estará em posição melhor em termos mentais para tomar uma boa decisão.

A Décima Primeira Casa (dos Amigos) ficará proeminente este ano e está assim desde 2008, indicando uma depuração do seu círculo social. O cosmos está separando o joio do trigo. Você poderá ter menos amigos, mas os que sobrarem serão bons. Cosmicamente falando, você está dando à luz as amizades dos seus sonhos. E os nascimentos geralmente são complicados: há muito sangue envolvido, mas o resultado final é bom.

AUTOAPRIMORAMENTO

Você está sob fortes influências espirituais há muitos anos e em 2021 estará ainda mais. A Décima Segunda Casa (da Espiritualidade) estará imensamente poderosa. Além disso, Júpiter vai se juntar a Netuno no seu signo no dia 14 de maio. O seu desafio não será a espiritualidade e, sim, manter os dois pés no chão. Fortes influências espirituais podem deixar uma pessoa sonhadora e esquecida. Se você não tiver cuidado, viverá mais no mundo espiritual do que no material. Visões podem acontecer a qualquer momento, em qualquer lugar. Você não quer algo do tipo quando estiver dirigindo ou fazendo algum trabalho físico, o que poderá causar acidentes ou lesões.

Então, acrescente à sua prática espiritual o ato de ter cuidado no reino físico. Haverá muito tempo e oportunidade para sonhos, meditações, visões e para contemplar as belezas do mundo espiritual, mas, enquanto você estiver no corpo, é necessário ter atenção plena. Concentre-se no que está fazendo. Fique no seu corpo. Isso também é muito espiritual, mas de outra forma. E também é mais seguro.

Netuno (o mais espiritual dos planetas) está em seu signo há muitos anos, deixando o corpo cada vez mais refinado e espiritualizado. Ele é um instrumento de recepção bastante sensível. Quando entendido adequadamente, isso é um grande dom, especialmente para um curador, médico, pai ou mãe. Você sente o que o paciente está passando, percebe o problema dele e encontra uma solução. Contudo, se isso não for compreendido, poderá ser muito doloroso. Você sente vibrações psíquicas como se fossem físicas, como sensações no corpo. Por exemplo, essas pontadas de fome que você sente: elas são suas ou estão vindo das pessoas ao seu redor? A dor no peito é um problema cardíaco ou você está captando a dor das pessoas com quem você tem uma conexão? Por isso, é muito importante se cercar de pessoas positivas e edificantes. Pessoas negativas não só vão colocar você para baixo, como vão criar dores físicas.

Também será importante tomar uma atitude diferente e mais impessoal em relação ao corpo. Não se identifique com todas as sensações que tiver. Observe-as. Veja o corpo como um instrumento que registra e não leve para o lado pessoal. Isso vai evitar muitos problemas e idas ao consultório médico.

Evite álcool e drogas em excesso. Uma taça de vinho no jantar de vez em quando está liberada, mas não exagere. O seu corpo pode ter uma reação exacerbada a eles. Na verdade, você não precisa de nada para "viajar". Faça meditação e "viaje" naturalmente, sem ingerir qualquer substância.

Não é apenas o seu corpo que está ficando espiritualizado ultimamente. As amizades e círculo social também estão se elevando espiritualmente. Você está atraindo amigos do tipo espiritual, que vão ajudar nas suas práticas e compreensão nessa área (e, em muitos casos, você vai ajudá-los).

A sua carreira, o trabalho da sua vida, também está ficando mais espiritualizada. Apenas ganhar dinheiro e ter sucesso mundano não será suficiente. Você precisará de algo mais significativo. Conforme já mencionamos, isso costuma levar a uma carreira do tipo espiritual ou a uma carreira mundana com muito envolvimento em organizações de caridade.

O lado esotérico e filosófico da astrologia será um caminho espiritual válido nesse momento e também será bom estudar o lado científico da espiritualidade, pois existe uma ciência nela. Para obter mais informações sobre isso, visite meu blog [em inglês] em *www.spiritual-stories.com*.

PREVISÕES MENSAIS

JANEIRO

Melhores dias: 7, 8, 16, 17, 26, 27
Dias mais tensos: 3, 4, 9, 10, 23, 24, 30, 31
Melhores dias para o amor: 2, 3, 4, 10, 14, 15, 21, 22, 23, 24, 30, 31
Melhores dias para o dinheiro: 2, 5, 12, 13, 14, 18, 19, 20, 21, 23, 24, 30, 31
Melhores dias para a carreira: 5, 9, 10, 14, 23, 24

Você começou o ano com todos os planetas no setor oriental do "eu". Apenas a Lua visitará o setor social ocidental de vez em quando, então você estará em um forte período de independência pessoal, que ganhará ainda mais força nos próximos meses. Outras pessoas são importantes e devem ser respeitadas, mas elas não são responsáveis pela sua felicidade. Este é um período para desenvolver a iniciativa pessoal e criar as circunstâncias que desejar. Você terá muito apoio cósmico. Isso não é egoísmo, trata-se apenas do ciclo em que você está agora. Faça as mudanças necessárias para a sua felicidade.

A metade superior do seu mapa (o lado diurno) ainda está mais forte, então o foco deverá estar na carreira e nos objetivos externos. Você servirá melhor à família tendo sucesso na carreira.

A saúde e a energia estarão excelentes este mês. Não haverá planetas lentos nem rápidos em alinhamento tenso com você. (Vênus ficará temporariamente em alinhamento tenso, mas isso vai passar no dia 9.) Então, você terá muita energia para conquistar tudo o que desejar. O seu desafio será usar essa energia extra com sabedoria e de modo produtivo, sem desperdiçá-la. Se você quiser melhorar a saúde ainda mais, massagens nas costas e nos joelhos serão poderosas até o dia 20. Após o dia 20, massagens nos tornozelos e panturrilhas serão poderosas. Técnicas de cura espiritual também vão funcionar muito bem.

Você começou o ano com a Décima Primeira Casa (dos Amigos) muito forte, então será um bom período social. Não necessariamente romântico, sendo mais adequado para os relacionamentos platônicos, embora alguns possam virar romances até o dia 8. Após o dia 8, as oportunidades amorosas acontecerão em locais espirituais, como seminários de meditação, encontros de oração, palestras ou seminários sobre espiritualidade e eventos beneficentes. Um importante encontro romântico acontecerá nos dias 11 e 12. O seu Planeta do Amor (Mercúrio), vai se mover para a frente em boa parte do mês, mas ficará retrógrado no dia 30, então o amor ficará mais complicado.

Este mês deverá ser próspero. O Planeta das Finanças estará na Casa do Dinheiro (seu próprio signo e casa) até o dia 7, onde fica poderoso. Ele vai entrar na Terceira Casa no dia 7, o indicando ganhos com vendas, marketing, publicidade, relações públicas e comércio. Marte viaja com o seu Planeta Espiritual entre os dias 18 e 21, indicando uma boa intuição financeira. O dinheiro poderá aparecer subitamente. Às vezes, despesas súbitas podem acontecer, mas o dinheiro para elas também virá.

FEVEREIRO

Melhores dias: 4, 5, 13, 14, 23, 24
Dias mais tensos: 1º, 6, 7, 20, 21, 27, 28
Melhores dias para o amor: 1º, 2, 3, 10, 11, 12, 20, 21, 27, 28

Melhores dias para o dinheiro: 2, 3, 8, 9, 11, 15, 16, 18, 19, 20, 21, 27, 28
Melhores dias para a carreira: 2, 3, 6, 7, 11, 20, 21

A Décima Segunda Casa (da Espiritualidade) estará forte o ano inteiro. No dia 20 do mês passado, ela ganhou força e neste mês ficará ainda mais forte, então fevereiro será um mês para se concentrar na prática espiritual. Haverá avanços nessa área, uma vida onírica hiperativa e mais experiências do tipo sobrenatural do que o usual. A vida social também vai girar em torno da prática espiritual, e o mesmo vale para a vida amorosa. A mensagem do horóscopo é: acerte o seu caminho espiritual, mantenha-se conectado ao Divino e a saúde e o amor vão se acertar.

O poder planetário ainda está totalmente concentrado no setor oriental do "eu". Apenas a Lua vai passar pelo setor social ocidental de vez em quando. Então, o foco estará em você e nos seus interesses, ainda mais do que no mês passado. Tome as atitudes que vão criar a felicidade e o mundo concordará com você. É hora de agir do seu jeito, que será o melhor nesse momento.

A saúde continuará excelente este mês. Não haverá planetas em alinhamento tenso com você, o que é raro. Apenas a Lua vai formar aspectos tensos de curto prazo e ocasionalmente, então a energia está alta. Você poderá conquistar tudo o que desejar. (Essa energia extra costuma ser maléfica para as pessoas, que a utilizam de modo inadequado e criam problemas, então o seu desafio será usá-la com sabedoria.)

Se você quiser melhorar ainda mais a saúde, as técnicas de cura espiritual estarão poderosas o mês inteiro. Até o dia 18, massagens nos tornozelos e panturrilhas serão poderosas. Após o dia 18, as massagens nos pés serão poderosas.

O Sol entrará em seu signo no dia 18, marcando o início de um ápice anual de prazer pessoal. Você já estava bastante espiritualizado antes dessa data e talvez tenha deixado os prazeres corporais de lado. Agora é hora de aproveitar e mimar o corpo, agradecendo por todos os serviços prestados.

Os ganhos ficarão mais fáceis após o dia 18. Fevereiro deverá ser próspero. Marte, seu Planeta das Finanças, ainda está na Terceira Casa, então lembre-se da nossa discussão sobre isso no mês passado.

O amor vai melhorar a partir do dia 21, quando Mercúrio (o Planeta do Amor) começará a se mover para a frente. O amor continuará acontecendo em locais espirituais, como no mês passado. Se você frequentar bares ou casas noturnas em busca do amor, vai perder tempo. Uma palestra sobre espiritualidade, encontro de orações ou evento beneficente é onde estará o amor.

MARÇO

Melhores dias: 3, 4, 12, 13, 22, 23, 30, 31
Dias mais tensos: 5, 6, 19, 20, 26, 27
Melhores dias para o amor: 1º, 2, 3, 4, 10, 12, 13, 22, 23, 24, 26, 27, 30, 31
Melhores dias para o dinheiro: 1º, 2, 9, 10, 14, 15, 19, 20, 28, 29
Melhores dias para a carreira: 1º, 2, 5, 6, 9, 10, 19, 20, 28, 29

Este mês será próspero e feliz, pisciano, aproveite! Você ainda estará no meio de um ápice anual de prazer pessoal (um deles) até o dia 20. A aparência pessoal vai brilhar. É incrível como ter boa saúde é melhor para a aparência de uma pessoa do que vários cremes e loções. O Sol no seu signo dá carisma e qualidade de astro ou estrela à imagem. Vênus no seu signo até o dia 21 fornece beleza, graça e estilo. Netuno, que está em seu signo há muitos anos, traz um tipo de glamour extraordinário e sobrenatural. As pessoas ao redor vão notar.

A saúde continuará ótima neste mês, especialmente até o dia 14. Marte vai entrar em alinhamento tenso com você após o dia 14, mas será o único planeta nesta condição. Isso está longe de causar problemas. Você poderá melhorar ainda mais a saúde com massagens nos pés e métodos de cura espiritual até o dia 20. (Entre os dias 9 e 11 será especialmente bom para a cura espiritual.) Após o dia 20, massagens na cabeça, rosto e couro cabeludo serão poderosas, bem como a terapia craniossacral.

O amor será feliz este mês. O Planeta do Amor está se movendo para a frente (junto com todos os outros planetas) e vai entrar em seu signo no dia 16, portanto os solteiros provavelmente não conseguirão fugir do amor, mesmo se tentarem. Ele vai atrás deles, que não precisarão fazer qualquer esforço. Entre os dias 29 e 31 parece especialmente bom para o romance. Algo importante vai acontecer nesse período.

As finanças estarão excelentes este mês. O Sol vai entrar na Casa do Dinheiro no dia 20 e ficará lá pelo resto do mês, marcando o início de um ápice financeiro anual. Vênus vai entrar na Casa do Dinheiro logo em seguida, no dia 21. Marte (o Planeta das Finanças) vai entrar na Quarta Casa no dia 14 e passará o resto do mês lá, portanto as áreas de vendas, marketing, publicidade, relações públicas e comércio continuam importantes este mês (o signo de Gêmeos rege tudo isso), mas após o dia 14 o apoio familiar será bom. A família e as conexões familiares serão importantes nas finanças.

Após o dia 20, depois do seu aniversário, você terá aspectos incríveis para começar novos projetos ou empreendimentos. O ciclo solar cósmico estará crescente (isso começou em 21 de dezembro de 2020) e o ciclo solar pessoal também estará crescente (o que começou no seu aniversário). Todos os planetas estarão se movendo para a frente, o Sol estará em Áries (a melhor energia inicial do zodíaco) e a fase da Lua Crescente acontecerá entre os dias 13 e 28. Não há aspectos melhores para começar do que esses, então se você planeja iniciar algo, a hora é essa, entre os dias 20 e 28. Se você esperar demais, os aspectos não estarão tão favoráveis.

ABRIL

Melhores dias: 8, 9, 18, 19, 27, 28
Dias mais tensos: 1º, 2, 15, 16, 17, 23, 24, 29, 30
Melhores dias para o amor: 1º, 2, 10, 11, 12, 23, 24
Melhores dias para o dinheiro: 6, 7, 10, 11, 12, 16, 17, 26, 27
Melhores dias para a carreira: 1º, 2, 7, 16, 17, 26, 29, 30

Você ainda terá uma janela para começar novos projetos ou empreendimentos este mês. Todos os fatores que discutimos no mês passado continuam em vigor e o período de Lua Crescente acontecerá entre os dias 12 e 27. Enquanto o Sol estiver em Áries (entre os dias 12 e 20), será o momento mais favorável para isso. Se você perder esta oportunidade, não conseguirá o mesmo apoio cósmico mais adiante, pois a atividade retrógrada vai aumentar nos próximos meses.

Você ainda estará em um período de forte independência pessoal. Essa situação vai se alterar nos próximos meses, então faça o que precisa ser feito agora. Você ainda terá um bom apoio cósmico. As mudanças poderão ser feitas mais tarde, mas haverá mais dificuldade.

Abril será próspero. Você ainda estará em um ápice financeiro anual até o dia 20. O dinheiro virá de várias formas este mês: por meio do trabalho até o dia 20, pelas conexões sociais entre os dias 4 e 19, e por empréstimos de investidores externos até o dia 15. O Planeta das Finanças (Marte) continuará em Gêmeos (a Quarta Casa) até o dia 24. Então, como já vimos nos últimos meses, será muito importante comercializar o seu produto ou serviço adequadamente. Os outros precisarão saber o que você está oferecendo. Você terá que usar bem os meios de comunicação. Escritores, jornalistas, vendedores e profissionais de marketing deverão ter sucesso. Além disso, o apoio familiar também será bom este mês. No dia 24, quando seu Planeta das Finanças vai entrar na Quinta Casa, haverá sorte em especulações. O dinheiro será ganho de modo feliz e gasto em objetos que trazem alegria. Você vai apreciar a riqueza que tem.

A saúde continuará excelente este mês. O único planeta estressante em você (Marte) vai sair do aspecto tenso no dia 24 e começará a formar aspectos harmoniosos. Além disso, você poderá melhorar ainda mais a saúde com exercícios físicos, massagens na cabeça, rosto e couro cabeludo até o dia 20 e massagens no pescoço após o dia 20. A cura espiritual será muito eficaz nos dias 29 e 30.

O amor parece feliz. Mercúrio está se movendo rapidamente este mês, mostrando confiança e uma pessoa que avança bastante. Entre os dias 4 e 19, Mercúrio estará na Casa do Dinheiro, indicando atração pela riqueza e presentes materiais. O amor será expresso de formas materiais. Além disso, você será o tipo de pessoa que se apaixona à primeira vista nesse período. Haverá uma tendência a entrar em relacionamentos rápido demais. Após o dia 19, você vai ficar mais cauteloso. Até o dia 19, as oportunidades amorosas para os solteiros acontecerão enquanto você busca seus objetivos financeiros e com pessoas envolvidas nas suas finanças. Após o dia 19, o amor estará mais cerebral. Você ficará atraído por pessoas que tenham o dom da oratória e com quem seja fácil conversar. As oportunidades românticas estarão no bairro, na escola ou em eventos escolares, além de palestras, seminários ou workshops.

MAIO

Melhores dias: 5, 6, 15, 16, 24, 25
Dias mais tensos: 13, 14, 20, 21, 26, 27
Melhores dias para o amor: 1º, 2, 13, 14, 20, 21, 22, 23, 30, 31
Melhores dias para o dinheiro: 4, 5, 6, 7, 8, 9, 14, 15, 16, 24, 25
Melhores dias para a carreira: 4, 14, 15, 24, 26, 27

Este mês será tão movimentado que fica até difícil saber por onde começar. Maio terá bons e maus momentos. No lado positivo, Júpiter (o planeta mais benevolente do zodíaco) vai entrar em seu signo no dia 14, o que aumenta a riqueza, traz um estilo de vida elevado e oportunidades profissionais felizes para você. (Este será um breve flerte, mas o impacto real vai acontecer em 2022.) A atividade retrógrada aumentará este mês, então os eventos começam a desacelerar. Pela primeira vez este ano, a saúde precisará de mais cuidados, a partir do dia 21. Por fim, haverá um forte eclipse lunar no dia 26, que terá forte impacto em você.

A saúde estará boa no geral, mas após o dia 21 haverá alguns estresses de curto prazo causados pelos movimentos dos planetas rápidos, então sua energia que normalmente é abundante estará um pouco menor nesse período. Atividades que você fazia com facilidade nos últimos meses devem ser mais difíceis agora, então faça uma agenda mais leve, especialmente no período do eclipse do dia 26. Você poderá melhorar a saúde com massagens no pescoço até o dia 21 e com massagens nos braços e ombros depois disso. A massagem no ponto do reflexo dos pulmões (veja nosso mapa de reflexologia no relatório anual) também será boa.

O eclipse lunar do dia 26 acontecerá na Décima Casa (da Carreira), trazendo mudanças na carreira. Eu sinto que elas serão positivas.

Lembre-se de que mudanças positivas podem ser tão perturbadoras quanto as negativas, pois exigem muita atenção. Todos vocês sentirão este eclipse, mas os que nasceram no início do signo (entre 19 e 26 de fevereiro) vão senti-lo com mais força. Poderá haver abalos em sua empresa ou ramo de trabalho, com novas regulamentações do governo que mudam as regras do jogo. Isso pode significar uma troca de carreira, mas geralmente mostra uma mudança de abordagem e estratégia. Poderá haver momentos dramáticos na vida de chefes, um pai, mãe, figura paterna ou materna, além de cirurgias ou experiências de quase morte. Os filhos e figuras filiais também serão afetados (todo eclipse lunar os afeta e este não será diferente). Eles poderão viver momentos dramáticos na vida pessoal, mudanças de emprego ou nas condições de trabalho. E também vão mudar a rotina de saúde nos próximos meses. Um pai, mãe, figura paterna ou materna poderá viver momentos dramáticos, com o casamento ou outros relacionamentos do coração sendo testados.

JUNHO

Melhores dias: 1º, 2, 3, 11, 12, 13, 20, 21, 29, 30
Dias mais tensos: 9, 10, 16, 17, 23
Melhores dias para o amor: 11, 12, 16, 17, 18, 19, 21, 25, 26
Melhores dias para o dinheiro: 1º, 2, 3, 4, 5, 11, 14, 20, 23, 27
Melhores dias para a carreira: 1º, 11, 20, 22, 23, 27

Existe outro eclipse que será forte para você no dia 10. Será um eclipse solar que acontecerá na Quarta Casa e afetará outros dois planetas, Mercúrio e Netuno, aumentando sua força. Com isso, poderá haver momentos dramáticos em casa, com parentes e especialmente um pai, mãe, figura paterna ou materna. Talvez seja preciso fazer reparos em casa. O eclipse na Quarta Casa vai acelerar a vida onírica, mas não é prudente prestar muita atenção nesses sonhos, que serão basicamente resíduos psíquicos trazidos pelo eclipse, sem base real por trás deles. Como o Sol é o seu Planeta da Saúde e do Trabalho, este eclipse indica mudanças de emprego na empresa atual ou em outra, além de mudanças nas condições de trabalho e perturbações no local de trabalho. Se você for empregador, poderá haver rotatividade de pessoal nos próximos meses. Esse tipo de eclipse pode trazer um susto relacionado à saúde, com algum diagnóstico assustador, mas, como a saúde estará boa, no geral, peça uma segunda opinião se isso acontecer. De qualquer modo, a rotina de saúde vai mudar dramaticamente nos próximos meses. Os filhos ou figuras filiais farão mudanças espirituais e serão obrigados a fazer mudanças financeiras importantes. Além disso, os irmãos e figuras fraternas deverão dirigir com mais cuidado. Se eles estiverem em idade escolar (abaixo do nível universitário), haverá mudanças nos planos educacionais e poderão viver momentos dramáticos com os filhos ou figuras filiais em suas vidas.

Quando a empolgação do eclipse passar, o mês será feliz. A saúde ainda precisará de cuidados até o dia 21, mas depois disso você verá uma melhora dramática nessa área. O Sol vai entrar na Quinta Casa no dia 21, marcando o início de um período anual de prazer pessoal. Este será um momento de muita criatividade (e muitos de vocês estão envolvidos nas artes criativas). É hora de entrar em contato com a alegria da vida e ser feliz.

A vida amorosa continuará complicada até o dia 21, pois Mercúrio estará retrógrado. Portanto, evite decisões importantes no amor antes do dia 21. O Planeta do Amor passará o mês na Quarta Casa (do Lar e da Família), indicando mais socialização em casa e com parentes. A família e as conexões familiares terão um papel importante na vida amorosa por meio da apresentação de pessoas novas. Um evento de família poderá levar ao romance para os solteiros. Com o Planeta do Amor no intelectual signo de Gêmeos e na Quarta Casa, você ficará atraído por intelectuais e por pessoas com quem você poderá compartilhar sentimentos. A intimidade intelectual e a emocional serão igualmente importantes.

JULHO

Melhores dias: 8, 9, 10, 18, 19, 26, 27
Dias mais tensos: 6, 7, 13, 14, 20, 21

Melhores dias para o amor: 1º, 2, 9, 10, 12, 13, 14, 20, 21, 31
Melhores dias para o dinheiro: 1º, 2, 8, 11, 12, 18, 21, 26, 28, 29, 30, 31
Melhores dias para a carreira: 8, 18, 20, 21, 26

Marte formará um aspecto tenso com Urano nos dias 3 e 4, o que poderá trazer abalos financeiros de curto prazo. Será preciso fazer mudanças. A intuição financeira precisará de mais verificação.

Tenha mais paciência com o ser amado (e os parentes) nos dias 5 e 6. As discordâncias serão de curto prazo.

O amor vai brilhar nos dias 11, 12, 23 e 24, com oportunidades românticas maravilhosas para os solteiros.

Este mês será basicamente feliz e saudável. Você ainda estará no meio de um ápice anual de prazer pessoal até o dia 23. Com poucos movimentos retrógrados acontecendo (quarenta por cento dos planetas), você poderá muito bem aproveitar a vida. A alegria também vai melhorar a saúde, visto que é uma grande força curativa.

Conforme já mencionamos, a saúde estará excelente este mês. Com a Sexta Casa ficando proeminente a partir do dia 23, o perigo estará no excesso de foco. Talvez haja uma tendência a focar em algo pequeno e transformá-lo em um problema maior. Você poderá melhorar ainda mais a saúde das formas mencionadas no relatório anual após o dia 23. Antes do dia 23, melhore a saúde com alimentação correta e harmonia emocional.

A Sexta Casa estará forte o mês inteiro, especialmente após o dia 23. Isso é excelente para quem procura emprego, com várias oportunidades profissionais felizes. Também será bom para contratar funcionários. Os filhos e figuras filiais vão prosperar este mês. Um pai, mãe, figura paterna ou materna também vai prosperar até o dia 23. Depois disso, eles parecem concentrados em outras áreas da vida.

O amor estará feliz em julho. Mercúrio vai se mover rapidamente este mês, passando por três signos e casas do seu mapa, o que indica confiança social e mostra que suas necessidades no amor vão mudar rapidamente. Até o dia 12, a intimidade emocional será importante. Alguns de vocês poderão reencontrar amores do passado, mas em geral isso acontece apenas para resolver questões antigas. Entre os dias 12 e 28, você não parece interessado em nada sério, querendo apenas entretenimento. As oportunidades românticas poderão vir da família e das conexões familiares nos lugares usuais: festas, resorts, locais de entretenimento e similares. O Planeta do Amor vai entrar na Sexta Casa no dia 28, significando oportunidades românticas no local de trabalho e com pessoas envolvidas na sua saúde.

As finanças deverão ser boas este mês. Você vai ganhar dinheiro à moda antiga, por meio do trabalho e serviço produtivo. O esforço vai criar a boa sorte. Você poderá ser mais especulativo e correr mais riscos nas finanças e talvez gastar de modo impulsivo.

AGOSTO

Melhores dias: 5, 6, 14, 15, 22, 23
Dias mais tensos: 2, 3, 4, 10, 11, 16, 17, 30, 31
Melhores dias para o amor: 1º, 7, 8, 10, 11, 18, 19, 20, 28, 29, 30, 31
Melhores dias para o dinheiro: 1º, 10, 11, 13, 18, 19, 21, 24, 25, 28, 29, 31
Melhores dias para a carreira: 1º, 13, 16, 17, 21, 31

A saúde precisará de mais cuidados este mês, especialmente a partir do dia 23. A boa notícia é que você estará concentrado na saúde até o dia 23 e este foco deixará você em boa situação depois. Será como estocar créditos de saúde na sua conta cósmica. Melhore a saúde das formas mencionadas no relatório anual até o dia 23. Após o dia 23, será bom massagear o reflexo do intestino delgado (veja o mapa no relatório anual). Não será nada sério e a saúde continuará boa. Serão apenas estresses de curto prazo causados pelos planetas rápidos. No geral, a energia não estará nos níveis habituais. Você talvez descubra que não terá um desempenho tão bom nos exercícios físicos quanto o habitual. Respeite isso, descanse e relaxe mais.

O Sol vai entrar na Sétima Casa (do Amor) no dia 23, marcando o início de um ápice amoroso e social anual, portanto agosto será um mês ativo em termos sociais. Os solteiros vão namorar mais, mas todos vocês vão frequentar mais festas e reuniões sociais. Na astrologia, o seu oposto é o seu parceiro natural de casamento porque é visto como complementar a você. Esta pessoa será forte nas áreas em que você é fraco e vice-versa. Juntos, vocês formarão um todo unificado e completo. Você verá isso em setembro. O amor será uma questão de lidar com as diferenças, respeitar a perspectiva oposta em relação à vida e formar uma síntese a partir daí.

Quando o Planeta da Saúde entrar na Sétima Casa (do Amor), a boa saúde para você significará boa saúde social. Os problemas nessa área poderão afetar a saúde física, então caso surja algum problema (Deus queira que não), restaure a harmonia com as pessoas que você ama o mais rapidamente possível.

A Sétima Casa (do Amor) será facilmente a mais forte do horóscopo este mês, mostrando que você vai se dar bem com todos os tipos de pessoas: profissionais de saúde, atletas, militares, pessoas do dinheiro, intelectuais e parentes. No amor, o problema poderá ser excesso de oportunidades. Isso pode ser confuso, mas é um bom problema para se ter.

Marte (seu Planeta das Finanças) passará o mês na Sétima Casa, o que envia várias mensagens. O seu traquejo e os contatos sociais serão importantes nas finanças e você poderá ter oportunidades para uma sociedade ou parceria. Além disso, você vai prosperar, mas talvez não goste do processo, pois terá que sacrificar alguns interesses e desejos pessoais para isso.

SETEMBRO

Melhores dias: 1º, 2, 10, 11, 19, 20, 29, 30
Dias mais tensos: 6, 7, 12, 13, 26, 27
Melhores dias para o amor: 6, 7, 8, 9, 17, 18, 19, 26, 27, 29, 30
Melhores dias para o dinheiro: 7, 9, 16, 17, 18, 21, 22, 23, 26, 27
Melhores dias para a carreira: 9, 12, 13, 18, 27

A saúde ainda precisará de cuidados este mês, mas vai melhorar bastante a partir do dia 15. No dia 22, a saúde e a energia voltarão aos níveis maravilhosos de sempre. Enquanto isso, melhore a saúde das formas mencionadas no relatório anual. Até o dia 22, massagens no ponto do reflexo do intestino delgado serão boas, além de massagens abdominais. Após o dia 22, as massagens nos quadris serão poderosas, bem como massagens no ponto do reflexo dos rins (veja o mapa no relatório anual).

Você ainda estará no meio de um ápice amoroso e social anual até o dia 22. Você ficará atraído por pessoas do dinheiro e profissionais de saúde este mês. As oportunidades românticas para os solteiros poderão acontecer enquanto você busca seus objetivos financeiros ou de saúde e com pessoas envolvidas nas suas finanças e na saúde. Ainda haverá necessidade de equilibrar diferenças e respeitar pontos de vista opostos.

Tudo está desacelerando no mundo e em sua vida. Até o dia 27, cinquenta por cento dos planetas estarão retrógrados. Após o dia 27, quando Mercúrio ficará retrógrado, sessenta por cento dos planetas estarão retrógrados, o máximo para o ano. Portanto, setembro será voltado para aprender a paciência (isso significa compreender o que está acontecendo. A paciência é o conhecimento da alma). Este Mercúrio retrógrado será bem mais forte do que os anteriores deste ano, pois cinco outros planetas também estarão retrógrados e um fortalece o outro. Portanto, o amor ficará mais delicado após o dia 27. Um relacionamento que parecia bom poderá piorar. Evite tomar decisões amorosas importantes.

A Oitava Casa ganhará força após o dia 22, então é o momento de crescer cortando os excessos e tirar o que é fraco e superficial da sua vida. Isso vai melhorar a saúde (especialmente a partir do dia 23) e as finanças (a partir do dia 15). Também será bom para regimes de desintoxicação e emagrecimento, além de organizar a vida financeira e os objetos pessoais. Boa parte do que temos não é utilizado, portanto venda ou doe para caridade. Analise suas finanças: há redundâncias? Desperdícios? Livre-se deles.

O cônjuge, parceiro ou interesse amoroso atual terá um excelente mês para as finanças e você parece muito envolvido nisso. O Planeta das Finanças na Oitava Casa mostra que você vai prosperar ajudando os outros a prosperar. (Muitos gerentes financeiros têm esse tipo de aspecto no horóscopo: eles trabalham para ganhar dinheiro para seus clientes e prosperam quando têm sucesso nisso.) O interesse financeiro dos outros sempre deverá ser lembrado este mês.

OUTUBRO

Melhores dias: 8, 9, 16, 17, 26, 27
Dias mais tensos: 3, 4, 10, 11, 23, 24, 25, 31
Melhores dias para o amor: 3, 4, 5, 6, 10, 14, 15, 18, 19, 23, 24, 25, 29, 30, 31
Melhores dias para o dinheiro: 5, 6, 7, 14, 15, 18, 19, 20, 24, 25, 31
Melhores dias para a carreira: 6, 7, 10, 11, 15, 24, 25

A saúde melhorou bastante em relação ao mês passado e certamente está maravilhosa agora. Apenas um planeta (Vênus) vai formar aspecto tenso com você, o que só acontecerá após o dia 7. A Lua vai formar aspectos tensos, mas serão ocasionais e de curto prazo, então você estará com muita energia. Use-a com sabedoria. Você poderá melhorar ainda mais a saúde com massagens nos quadris, sexo seguro e moderação sexual até o dia 22. Massagens no ponto do reflexo dos rins também serão boas nesse período. Regimes de desintoxicação serão poderosos o mês inteiro. Após o dia 22, massagens no ponto do reflexo do cólon e bexiga serão boas. (Veja o mapa de reflexologia no relatório anual.)

A Oitava Casa continuará forte até o dia 22, então lembre-se da nossa discussão sobre isso no mês passado. Este será um período sexualmente ativo, então tenha cuidado para não exagerar. Ouça o seu corpo, que vai dizer a hora de parar.

Desde que seu Planeta das Finanças, Marte, entrou na Oitava Casa (em 15 de setembro) você está em um período para pagar ou fazer dívidas, dependendo da necessidade. Também será um bom período para fazer planejamento tributário e de seguros, além da compra de imóveis, se você estiver em idade adequada. Outubro será um mês em que você terá a capacidade de enxergar valor onde os outros veem deterioração, portanto você poderá encontrar algo valioso em um ferro-velho ou brechó. Você vai conseguir lucrar com empresas ou propriedades em dificuldades (ou até falidas) e virar o jogo.

Este também é um mês em que você terá mais lições sobre a morte. Uma boa compreensão sobre isso ajudará você a viver melhor. Todos nós queremos viver, mas o medo da morte impede a maioria das pessoas de alcançar o seu potencial máximo.

A saúde estará boa o mês inteiro, mas ficará ainda melhor após o dia 22. As finanças também vão melhorar após o dia 22.

A atividade retrógrada ainda estará no auge até o dia 6, mas cairá bastante a partir daí. Nós começamos o mês com sessenta por cento dos planetas retrógrado e terminaremos com apenas vinte por cento retrógrados. Os eventos começam a acelerar no mundo e em sua vida. Com isso, os projetos empacados vão avançar.

O amor continuará complicado até o dia 18, mas se acertará quando o Planeta do Amor (Mercúrio) voltar a se mover para a frente. O amor será muito sexual este mês. O magnetismo sexual será a principal fonte de atração e o sexo bom vai disfarçar vários problemas em um relacionamento.

NOVEMBRO

Melhores dias: 4, 5, 12, 13, 14, 22, 23
Dias mais tensos: 1º, 6, 7, 20, 21, 27, 28
Melhores dias para o amor: 1º, 2, 3, 8, 12, 13, 17, 18, 23, 24, 27, 28
Melhores dias para o dinheiro: 3, 4, 11, 12, 13, 15, 16, 21, 22, 23, 30
Melhores dias para a carreira: 3, 6, 7, 11, 21, 30

A carreira será o destaque de novembro. Este é um momento cósmico maravilhoso. No dia 18 do mês passado, Júpiter (seu Planeta da Carreira) começou a se mover para a frente após vários meses de movimento retrógrado. E no dia 22 deste mês, você começará um ápice profissional anual, portanto haverá clareza e foco nessa área, o que vai trazer sucesso. O seu profissionalismo será notado pelos superiores e vai impulsionar a carreira. Mercúrio (seu Planeta do Amor e da Família) vai entrar na Décima Casa no dia 24, mostrando o apoio da família, que não parece se importar com o seu foco na carreira. Além disso, indica que você vai impulsionar a carreira pelos meios sociais, frequentando ou sendo o anfitrião das festas e reuniões sociais certas. A capacidade dos outros gostarem de você e o traquejo social, provavelmente serão tão importantes quanto as suas habilidades profissionais.

A saúde estará maravilhosa até o dia 22, mas precisará de mais cuidados depois disso. No geral, a saúde estará boa. Este será apenas um estresse de curto prazo causado pelos planetas rápidos e não parece ser algo sério. Contudo, quando a energia estiver baixa (e se ficar cansado demais), poderá ficar mais vulnerável a invasões oportunistas. Portanto, mantenha a energia em alta e não leve o corpo além da zona de conforto ao se exercitar. Melhore a saúde até o dia 22, com sexo seguro e massagens no ponto do reflexo do cólon e bexiga. Após o dia 22, massagens nas coxas e massagens no ponto do reflexo do fígado serão boas.

O eclipse lunar no dia 19 será relativamente benigno para você, mas não custa nada fazer uma agenda mais tranquila. Este eclipse acontecerá na Terceira Casa, afetando outros dois planetas: Vênus (o senhor da Terceira Casa) e Júpiter (o Planeta da Carreira). Então, estudantes de todos os tipos vão mudar os planos educacionais e talvez de escola. Além disso, haverá perturbações na escola. Os carros e equipamentos de comunicação podem se comportar de modo errático, muitas vezes exigindo reparos ou substituições. Também será uma boa ideia dirigir com mais cuidado. O impacto em Júpiter afetará a carreira e sinto que isso será bom, pois as barreiras ao seu progresso vão cair. Poderá haver momentos dramáticos na vida de chefes, idosos, um pai, mãe, figura paterna e materna e figuras de autoridade em sua vida. (Isso também vai acontecer no mês que vem.) Todo eclipse lunar afeta os filhos e figuras filiais em sua vida, que terão momentos dramáticos na vida pessoal. Haverá uma necessidade de redefinir a imagem e o conceito de si que vai levar a mudanças na apresentação para o mundo nos próximos meses.

DEZEMBRO

Melhores dias: 1º, 2, 10, 11, 19, 20, 21, 29, 30
Dias mais tensos: 4, 17, 18, 24, 25, 31

Melhores dias para o amor: 4, 5, 6, 13, 14, 15, 24, 25
Melhores dias para o dinheiro: 1º, 2, 8, 9, 11, 12, 13, 18, 22, 23, 28
Melhores dias para a carreira: 3, 4, 8, 9, 18, 28, 31

Outro eclipse afetará sua carreira este mês. Este eclipse solar acontecerá no dia 4 e será forte em você, então vá devagar nesse período. Ele acontecerá na Décima Casa (da Carreira), trazendo mudanças positivas na vida profissional, pois as barreiras ao seu progresso vão cair. Como no mês passado, poderá haver abalos em sua empresa ou ramo de trabalho. Novas regulamentações governamentais podem ser impostas e mudar as regras do jogo. Além disso, haverá mais momentos dramáticos na vida de chefes, idosos, um pai, mãe e figura paterna ou materna. Poderá haver abalos nas agências governamentais que cuidam do seu ramo de trabalho. Este eclipse afetará Mercúrio (o Planeta do Amor e da Família), então poderá haver momentos dramáticos na vida de parentes e talvez seja necessário fazer reparos em casa. As emoções no ambiente doméstico estarão voláteis, então seja mais paciente com a família. A vida onírica também poderá estar excessivamente ativa neste período, mas não preste atenção a ela. Geralmente, esses sonhos são apenas escombros psicológicos trazidos pelo eclipse. Na vida amorosa, um relacionamento atual será testado. Geralmente, as mágoas e ressentimentos enterrados há muito tempo voltam para ser resolvidos. A roupa suja no relacionamento vem à tona. Os bons relacionamentos sobrevivem a isso, mas os problemáticos podem não resistir. O cônjuge, parceiro ou interesse amoroso atual também poderá viver momentos dramáticos na vida pessoal, que poderá ser a causa do teste. Todo eclipse solar traz mudanças de emprego, que poderá ser na empresa atual (com mudança de cargo ou demissão) ou em uma nova empresa. Haverá perturbações no local de trabalho. É muito comum que esse tipo de eclipse traga sustos relacionados à saúde, mas esta área estará basicamente boa e é provável que não passe de um susto. Mesmo assim, haverá mudanças importantes na sua rotina de saúde nos próximos meses.

Vênus ficará por um bom tempo em Plutão, a partir do dia 11, o que indica eventos românticos importantes para os irmãos ou figuras fraternas em sua vida. Você também estará mais envolvido com estudos religiosos, teológicos e filosóficos neste período.

Apesar do eclipse, o amor parece feliz. O Planeta do Amor estará na Décima Casa (da Carreira) até o dia 14, significando que solteiros ficarão atraídos por poder e prestígio e vão conhecer esse tipo de pessoa. Todos vocês vão se misturar com pessoas de status e prestígio e boa parte da socialização estará relacionada à carreira. Mercúrio vai entrar em Capricórnio no dia 14, deixando você mais conservador na vida amorosa. Antes do dia 14, você entrava nos relacionamentos com rapidez, mas agora você terá mais cautela e não vai se apaixonar logo de cara. As oportunidades românticas acontecerão na internet, nas redes sociais ou durante o envolvimento com grupos, atividades em grupo e organizações profissionais ou de classe.

A saúde vai melhorar dramaticamente após o dia 21.

Este livro foi composto na tipografia
Minion Pro, em corpo 10/13, e impresso em
papel off-set 56g/m² no Sistema Cameron da
Divisão Gráfica da Distribuidora Record.